Treasures for Scholars Worldwide

古籍保护丛书
姚伯岳 主编

Guidelines for Pest and Mildew Control of Collections

藏品虫霉防治指引

刘家真　郭晓光　著

广西师范大学出版社
GUANGXI NORMAL UNIVERSITY PRESS
·桂林·

藏品虫霉防治指引
CANGPIN CHONG MEI FANGZHI ZHIYIN

图书在版编目（CIP）数据

藏品虫霉防治指引 / 刘家真，郭晓光著. -- 桂林：广西师范大学出版社，2023.9
（古籍保护丛书 / 姚伯岳主编）
ISBN 978-7-5598-6081-1

Ⅰ.①藏… Ⅱ.①刘… ②郭… Ⅲ.①古籍—防虫②古籍—防霉 Ⅳ.①G253.6

中国国家版本馆 CIP 数据核字（2023）第 097826 号

广西师范大学出版社出版发行
（广西桂林市五里店路9号　邮政编码：541004）
　网址：http://www.bbtpress.com
出版人：黄轩庄
全国新华书店经销
广西昭泰子隆彩印有限责任公司印刷
（南宁市友爱南路39号　邮政编码：530001）
开本：787 mm × 1 092 mm　1/16
印张：33.75　　　字数：739 千
2023 年 9 月第 1 版　　2023 年 9 月第 1 次印刷
定价：188.00 元

如发现印装质量问题，影响阅读，请与出版社发行部门联系调换。

前 言

随着气候的变化以及文化交流的日益频繁，危害藏品的昆虫的全球迁徙以及霉菌发生几率的增多，藏品被虫霉损毁的风险增大。本书中的藏品是指在博物馆、文物保护单位、美术馆、科技馆、图书馆、档案馆等单位中收藏的或个人藏家收藏的文物、艺术品、标本、书籍、档案等珍贵或特殊收藏品，既包括纸质、纺织、皮毛、木质、动植物标本等有机质类藏品，也包括那些在室内环境中易发生霉变的陶器、泥塑等非有机质藏品。

本书的研究目标是针对危害各类藏品的昆虫与霉菌，探讨不同物种的危害对象、危害特点以及藏品的被害迹象，通过对不同物种的生物学与生态学特性的研究，探讨它们在收藏环境中的生存、对藏品的危害，以及预防虫霉的方法与虫霉发生后的补救措施。

全书为4个部分：第一部分昆虫，第二部分虫害的防与治，第三部分霉菌的预防与去霉，第四部分附录。附录部分摘录了国际上重要的相关研究，有助于我国收藏部门与研究部门对相关问题的进一步了解。除以上主体结构外，本书含案例15个、图片166幅、表74个，以及索引。

索引是基于藏品维护角度设计，按照11个板块将书中所涉及的相关内容的位置以页码方式标识列出，以便指导读者快速地找到所需解决问题的相关内容。这11个板块是：高危藏品/易感材质，虫霉的发现与检查，发霉/生虫物品的处理，隔离，防虫与监测昆虫的设备，霉菌的预防，虫霉处理过程中的藏品损坏风险，灭虫方法，灭虫参数，除霉，有害生物。在有害生物部分，可依据要检索的对象，查到该有害生物特点与其防治方法。

1. 本书的特色

对藏品的虫霉防治，尽管国内已经有不少论述与研究，但多为纯粹的生物学论述，或是虫霉防治方法或技术的操作说明，从藏品管理的角度深入研究的基础理论尚缺乏。本书从虫霉的生物学与生态学特性入手，结合我国藏品管理的实际情况，将生物学与藏品管理学知识充分融合起来，理论结合实践地讨论虫霉发生以及虫霉综合防治（IPM）的基础理论与方法，为构建该领域的基础理论打下基础。

在虫霉预防与消杀方面，本书吸收了国内外先进理论与实践，特别是结合当前的科学技术环境以及对藏品价值的理解，对各类虫霉防治技术与方法进行了深度评价，有利于藏品管理人员对这些方法与技术的理解与选择。

本书对预防性保护方法与虫霉发生后的处理方法，均按照工作程序进行深入、细致的论述，并辅以图片说明，在以下这些方面有所创新：

①对危害藏品的重要害虫与常见害虫逐个进行了详细论述（参见4.重要害虫），特别着重剖析了这些昆虫的危害对象、高危藏品以及危害迹象，对于危害迹象用图辅助进行说明，便于基层人员识别与处理。对每类害虫的特别防治方法加以具体说明，使操作与选择更有针对性。

②依据藏品的特点分别论述了可能危害这类藏品的昆虫物种以及防治措施，以便管理人员对高危藏品管理的关注与防治方法的选择（参见2.危害藏品的昆虫分类）。

③针对霉菌的治理，特别是去霉，有明确的指导性说明，并用图辅助指引操作。

④对每项虫霉治理技术的选择与操作方法有特别清晰的数据与文字说明，使指引更为具体可行，见3.虫害的基本迹象与识别以及第二部分与第三部分。

本书中涉及大量虫霉危害迹象的图片，以及虫霉治理方法的图片，这些图片均为原创，在我国首次发表，对不同种类昆虫的危害迹象与识别具有重要价值。

2. 本书的读者对象

鉴于本书的撰写方式，其读者对象较为宽泛，包括：

（1）图书馆、博物馆、档案馆等藏展管理单位与个人收藏者

如何根据拥有藏品的特点，选择有针对性的预防措施；若虫霉不幸发生，如何选择对虫霉治理更成功且最能保全藏品价值的消杀技术与方法，这些知识是藏品管理者必备的。

（2）藏品馆库与修复第一线的工作人员

如何第一时间发现虫霉并及时控制其传播与减轻危害，是每个藏品守护者必须具备的基本知识与技能。虫霉预防的方法，如何识别虫霉的发生，虫霉发生后的补救措施等，在本书中均有详尽的论述并辅以图片说明。

（3）研制虫霉防治产品的科研工作者

对于藏品的虫霉防治，不是说具有杀伤力的产品就是好产品，更多地理解不同藏品的价值与其不可使用的相关技术，可以开拓科研工作者的产品开发思路，利于有的放矢地开发产品。

（4）保护文化遗产的科学研究单位与教学单位

保护文化遗产是一门科学，它是物理、化学、生物学与文化遗产管理知识相互融合的科学，而绝对不是将相互独立的研究生硬地捏在一起的。文化遗产的保护有自己的基础理论，这些理论我国正在研究中。本书含有大量对这类基础理论的论述，这些论述来自全球同行的知识共享，将为学者们的深入研究打开一扇门。

图文并茂的论述，对于刚刚踏入该专业的学生具有很好的引导作用，让他们在尚未进入实战前就接触到这类科学知识与管理方法，让他们对所学的专业有更深刻的理解、更浓厚的兴趣与更多的热爱。

（5）对虫霉防治感兴趣的各类人群，包括家庭

对于这些危害藏品的昆虫与霉菌任何人都不会陌生，也许你见过其中一类或几类，也许它们就在你家中。只是对此深恶痛绝的你，不知道如何对付它们。本书同样能给你一把钥匙，打开解决问题的大门。

3. 本书的分工

在本书的撰写中，部分资料的翻译、案例的采集、技术资料的提供等均由天津森罗科技股份有限公司高级工程师郭晓光先生（本书第二作者）承担，其他工作由刘家真完成。

本书的图片均由不同单位的工作人员拍摄，在每幅图片下面均有拍摄者与图片提供者的署名。若需要使用书中的图片，必须与著作权人联系，未经授权不得复制。这些图片拍摄者与图片提供者是：

- ◎ 天津森罗科技股份有限公司，marketing@cnrotech.com
- ◎ 广州文保文化传播有限公司，835829225@qq.com
- ◎ 宁波图书馆
- ◎ 净善法师，南京栖霞古寺
- ◎ 杨时荣，中国台湾，yang-sz@yahoo.com.tw
- ◎ 钟达志，中国香港，tcchung8@yahoo.com
- ◎ 费永明，1272167725@qq.com
- ◎ 陈　龙，江阴市博物馆，457537802@qq.com
- ◎ 缪延丰，江苏镇江，7977174@qq.com
- ◎ 杨敏仙，云南省图书馆，25297874@qq.com
- ◎ 王　蕾，中山大学图书馆，wlei@mail.sysu.edu.cn
- ◎ 张珊珊，中山大学图书馆，zhshansh@mail.sysu.edu.cn
- ◎ 黄艳燕，复旦大学中华古籍保护研究院，huangyy@fudan.edu.cn
- ◎ 李　燕，复旦大学中华古籍保护研究院，lliyan@fudan.edu.cn
- ◎ 王晨敏，上海图书馆，cmwang@libnet.sh.cn
- ◎ 孙雯霞，江西省宜春市图书馆，180210475@qq.com
- ◎ 汪　帆，浙江图书馆，983039921@qq.com
- ◎ 黄小平，湖北孝感，1294656344@qq.com

4. 鸣谢

首先感谢天津师范大学古籍保护研究院能够在我退休后给我研究该项目的机会，使我能够在没有任何压力之下用三年时间完成了这项研究与本书的撰写。

感谢复旦大学生命科学学院博士生导师钟江教授，本书中的昆虫分类、昆虫署名均等得到他的悉心指导。

感谢为本书拍摄照片的众多朋友，他们用实践（具体画面）来支持了理论研究，为本书增色不少，不少画面都是很难见到的。特别要感谢广州文保文化传播有限公司的总经理罗晓东女士，她为本书获得相关图片特地组建了"虫虫特工队"，在邓秀连经理的带领下，每到一处对藏品进行清洁或除菌杀虫，都会发给我现场照片。我深深感谢工作认真负责的"虫虫特工队"的队员们，他们是：邓秀连、王锦森、林智锋、林晓玲、冯韵诗。

刘家真

2022年3月15日写于武汉大学珞珈山樱花开放的时节

目录 | CONTENTS

导　语 001

第一部分　昆　虫 003

1　昆虫的基本特点 005
  1.1　昆虫的生物学特性 006
    1.1.1　形态特征 006
    1.1.2　昆虫的某些器官 007
    1.1.3　繁殖能力 009
    1.1.4　生活习性 010
  1.2　昆虫的生态环境 015
    1.2.1　温度 016
    1.2.2　相对湿度 021

2　危害藏品的昆虫分类 024
  2.1　昆虫的生物学分类 024
    2.1.1　鞘翅目 027
    2.1.2　鳞翅目 028
    2.1.3　其他昆虫 029
  2.2　依危害藏品风险的高低分类 029
  2.3　依昆虫的栖息地分类 032
    2.3.1　喜湿昆虫或卫生昆虫 033
    2.3.2　仓储昆虫 034
  2.4　依昆虫食性分类 036
    2.4.1　喜食角蛋白和甲壳素的昆虫 038
    2.4.2　喜食植物源性纤维的昆虫 042
    2.4.3　杂食性昆虫 042
    2.4.4　喜食霉菌的昆虫 042
  2.5　依取食特点分类 044
    2.5.1　钻蛀性昆虫 044
    2.5.2　咬碎性昆虫 047
    2.5.3　侵蚀性昆虫 049
  2.6　危害纸质物品的昆虫 050

2.7　危害纺织品的害虫 051
　　2.7.1　主要昆虫 052
　　2.7.2　主要防治方法 053
2.8　危害动物材质制品的昆虫 055
　　2.8.1　主要昆虫与危害迹象 056
　　2.8.2　预防虫害 056
2.9　危害木、竹、藤器的昆虫 058
　　2.9.1　常见的害虫 059
　　2.9.2　害虫的习性 062
　　2.9.3　虫害的发现与鉴别 065
　　2.9.4　主要防治方法 073
2.10　生物标本 076
　　2.10.1　攻击生物标本的昆虫的共性 077
　　2.10.2　植物标本 079
　　2.10.3　干制的昆虫标本 081
　　2.10.4　剥制动物标本 084

3　虫害的基本迹象与识别 089

4　重要害虫 095
4.1　衣蛾 095
　　4.1.1　衣蛾的危害对象与危害方式 097
　　4.1.2　衣蛾的生活习性 101
　　4.1.3　衣蛾的预防 102
　　4.1.4　衣蛾的消杀 104
4.2　幕衣蛾 106
　　4.2.1　形态特征 106
　　4.2.2　生活习性 107
　　4.2.3　危害迹象 108
4.3　袋衣蛾 108
　　4.3.1　形态特征 108
　　4.3.2　生活习性 109
　　4.3.3　危害迹象 110
4.4　皮蠹科昆虫的共性 110
　　4.4.1　形态特征 110

4.4.2　危害对象与危害迹象 ……………………………… 111
　　　4.4.3　不同种皮蠹的危害特点 …………………………… 115
　　　4.4.4　皮蠹的习性 ………………………………………… 119
　　　4.4.5　皮蠹的防治 ………………………………………… 121
4.5　小圆皮蠹 ………………………………………………………… 123
　　　4.5.1　基本信息 …………………………………………… 123
　　　4.5.2　主要危害对象与高危物品 ………………………… 123
　　　4.5.3　虫体特征识别 ……………………………………… 124
　　　4.5.4　危害迹象与识别 …………………………………… 124
　　　4.5.5　生活史和生活习性 ………………………………… 124
　　　4.5.6　虫害控制 …………………………………………… 125
4.6　黑毛皮蠹 ………………………………………………………… 127
　　　4.6.1　基本信息 …………………………………………… 127
　　　4.6.2　主要危害对象与高危物品 ………………………… 128
　　　4.6.3　虫体特征识别 ……………………………………… 128
　　　4.6.4　危害迹象与识别 …………………………………… 128
　　　4.6.5　生活史与生活习性 ………………………………… 130
　　　4.6.6　虫害控制 …………………………………………… 131
4.7　花斑皮蠹 ………………………………………………………… 132
　　　4.7.1　基本信息 …………………………………………… 132
　　　4.7.2　主要危害对象与高危物品 ………………………… 133
　　　4.7.3　虫体特征识别 ……………………………………… 134
　　　4.7.4　危害迹象与识别 …………………………………… 135
　　　4.7.5　生活史与生活习性 ………………………………… 136
　　　4.7.6　虫害控制 …………………………………………… 139
4.8　药材甲 …………………………………………………………… 141
　　　4.8.1　基本信息 …………………………………………… 141
　　　4.8.2　主要危害对象与高危物品 ………………………… 142
　　　4.8.3　虫体特征识别 ……………………………………… 143
　　　4.8.4　危害迹象与识别 …………………………………… 144
　　　4.8.5　生活史与生活习性 ………………………………… 145
　　　4.8.6　虫害控制 …………………………………………… 146
4.9　烟草甲 …………………………………………………………… 148
　　　4.9.1　基本信息 …………………………………………… 148
　　　4.9.2　主要危害对象与高危物品 ………………………… 149
　　　4.9.3　虫体特征识别 ……………………………………… 149

- 4.9.4 危害迹象与识别 ... 150
- 4.9.5 生活史与生活习性 ... 151
- 4.9.6 虫害控制 ... 153

4.10 档案窃蠹 ... 156
- 4.10.1 基本信息 ... 156
- 4.10.2 主要危害对象与高危物品 ... 157
- 4.10.3 虫体特征识别 ... 158
- 4.10.4 危害迹象与识别 ... 158
- 4.10.5 生活史与生活习性 ... 161
- 4.10.6 虫害控制 ... 163

4.11 衣鱼 ... 164
- 4.11.1 衣鱼虫体的共同特征 ... 165
- 4.11.2 衣鱼的危害对象与高危物品 ... 166
- 4.11.3 衣鱼的危害迹象 ... 166
- 4.11.4 衣鱼的共同习性 ... 169
- 4.11.5 不同种类衣鱼的特点 ... 170
- 4.11.6 衣鱼的控制 ... 177

4.12 蜚蠊 ... 182
- 4.12.1 基本信息 ... 182
- 4.12.2 主要危害对象 ... 183
- 4.12.3 共同的虫体特征 ... 183
- 4.12.4 虫害迹象与识别 ... 184
- 4.12.5 生活史和生活习性 ... 188
- 4.12.6 预防与治理 ... 190

4.13 书虱 ... 192
- 4.13.1 基本信息 ... 192
- 4.13.2 主要危害对象 ... 193
- 4.13.3 虫体特征 ... 194
- 4.13.4 危害迹象与识别 ... 195
- 4.13.5 生活史与生活习性 ... 195
- 4.13.6 预防与消杀 ... 196

4.14 蛛甲 ... 199
- 4.14.1 基本信息 ... 199
- 4.14.2 主要危害对象 ... 200
- 4.14.3 虫体特征 ... 200
- 4.14.4 危害迹象与识别 ... 202

  4.14.5 生活史与生活习性 ……………………………………………… 202
  4.14.6 预防与消杀 ………………………………………………………… 203
4.15 粉蠹虫 ……………………………………………………………………………… 204
  4.15.1 基本信息 …………………………………………………………… 204
  4.15.2 主要危害对象 ……………………………………………………… 205
  4.15.3 虫体特征 …………………………………………………………… 205
  4.15.4 危害迹象与识别 …………………………………………………… 206
  4.15.5 生活史与生活习性 ………………………………………………… 207
  4.15.6 褐粉蠹与中华粉蠹特点 …………………………………………… 209
  4.15.7 预防与消杀 ………………………………………………………… 211
4.16 家具窃蠹 …………………………………………………………………………… 212
  4.16.1 基本信息 …………………………………………………………… 212
  4.16.2 主要危害对象 ……………………………………………………… 213
  4.16.3 虫体特征 …………………………………………………………… 213
  4.16.4 危害迹象与识别 …………………………………………………… 214
  4.16.5 生活史与生活习性 ………………………………………………… 215
  4.16.6 预防与消杀 ………………………………………………………… 217
4.17 竹长蠹虫 …………………………………………………………………………… 219
  4.17.1 基本信息 …………………………………………………………… 219
  4.17.2 主要危害对象 ……………………………………………………… 220
  4.17.3 虫体特征 …………………………………………………………… 220
  4.17.4 危害迹象与识别 …………………………………………………… 220
  4.17.5 生活史与生活习性 ………………………………………………… 221
  4.17.6 预防与消杀 ………………………………………………………… 222
4.18 天牛 ………………………………………………………………………………… 223
  4.18.1 基本信息 …………………………………………………………… 223
  4.18.2 主要危害对象 ……………………………………………………… 224
  4.18.3 虫体特征 …………………………………………………………… 225
  4.18.4 危害迹象与识别 …………………………………………………… 226
  4.18.5 生活史与生活习性 ………………………………………………… 226
  4.18.6 预防与消杀 ………………………………………………………… 228
4.19 白蚁 ………………………………………………………………………………… 229
  4.19.1 基本信息 …………………………………………………………… 229
  4.19.2 主要危害对象 ……………………………………………………… 230
  4.19.3 虫体特征 …………………………………………………………… 232

  4.19.4 危害迹象与识别 232
  4.19.5 生活史与生活习性 233
  4.19.6 预防与消杀 235

第二部分 虫害的防与治 237

5 虫害综合治理（IPM） 239
 5.1 阻止昆虫的进入 241
  5.1.1 严格制订规章制度 242
  5.1.2 以机械方式堵塞有害生物的入口 243
 5.2 减少对昆虫的吸引 243
 5.3 使昆虫失去生存环境 244
 5.4 昆虫陷阱监测与跟踪 245
  5.4.1 昆虫陷阱的选择 245
  5.4.2 昆虫诱捕器的管理 255
 5.5 人工定期检查 261
  5.5.1 检查对象：建筑物 261
  5.5.2 检查对象：藏品 262
 5.6 发现问题后的补救性处理 264
  5.6.1 处理的主要环节 264
  5.6.2 隔离方法与隔离时间 266
  5.6.3 灭虫后污物的清除 267

6 灭虫方法的选择 270
 6.1 灭虫技术选择的原则 270
 6.2 选择灭虫技术面临的挑战 273
 6.3 化学灭虫法 275
  6.3.1 化学灭虫法的优势与危害 276
  6.3.2 杀虫剂 278
  6.3.3 化学灭虫的作用方式 283
 6.4 化学驱虫法 296
  6.4.1 植物类驱虫剂 296
  6.4.2 化学品驱虫剂 297
 6.5 非化学灭虫法概述 299
  6.5.1 电磁辐射灭虫法的危害 300

  6.5.2 尚在使用中的非化学灭虫法 302
 6.6 受控冷冻灭虫法 309
  6.6.1 藏品损坏风险 311
  6.6.2 影响昆虫死亡率的主要因素 317
  6.6.3 冷冻灭虫的温度与冻结时间 322
  6.6.4 冷冻灭虫的过程控制 328
  6.6.5 冷冻灭虫的其他关键问题 333
  6.6.6 建议 336
 6.7 气调法灭虫：二氧化碳 337
  6.7.1 二氧化碳气调灭虫法的基本原理与方法 338
  6.7.2 二氧化碳气调灭虫法的优势与不足 339
 6.8 低氧气调灭虫法 340
  6.8.1 低氧气调灭虫法的基本原理 341
  6.8.2 低氧气调的降氧模式与特点 342
  6.8.3 低氧气调灭虫系统 354
  6.8.4 低氧气调灭虫效果的影响因素 358
  6.8.5 低氧气调灭虫法的特点 369

第三部分 霉菌的预防与去霉 373

7 霉菌的特点 375
 7.1 霉菌的生长与发育 376
  7.1.1 霉菌的生命周期 377
  7.1.2 霉菌生长发育的条件 380
 7.2 霉菌的危害 385
 7.3 霉菌的发现与检查 389
  7.3.1 感知观察 389
  7.3.2 设备检测 391
 7.4 霉菌与昆虫防治的异同 392
  7.4.1 影响虫霉发生的因素比较 392
  7.4.2 虫霉防治措施比较 394

8 霉菌的预防与抢救 399
 8.1 预防霉菌的主要措施 401
  8.1.1 降低建筑物内孢子浓度 401

8.1.2 控制环境的湿度与温度 402
8.1.3 保持建筑物内空气流通 405
8.1.4 藏品应有恰当的装具 406
8.1.5 定期检查与清洁 407
8.2 霉菌发生后的抢救 408
8.2.1 发霉藏品的处置 410
8.2.2 发霉环境的处置 414
8.2.3 藏品的去霉 417

第四部分 附 录 429

附录1 中国境内危害藏品的昆虫统计 431
附录2 国家档案局档案科学技术研究所：中国档案昆虫统计 439
附录3 我国皮蠹科昆虫的分布与危害 444
附录4 蠹木虫 448
附录5 博物馆虫害综合治理工作组：危害藏品的昆虫及消杀方式 457
附录6 加拿大文化遗产保护研究所技术公报：材料、物品及常见有害昆虫 467
附录7 美国费城博物馆：昆虫对藏品的影响 472
附录8 危害藏品的昆虫分布 474
附录9 台湾史前文化博物馆：危害文物的昆虫的特点及危害 478
附录10 英国东南博物馆：某些昆虫的特征与鉴别 480
附录11 低氧灭虫参数 484

参考文献 489

索引 507

图目录

图1-1　昆虫的头部 007
图1-2　药材甲幼虫发育速率与温度的关系 016
图1-3　昆虫发育率与温度的关系 016
图1-4　被蛀的大鸢羽毛 039
图1-5　被蠹的毛皮鼓 040
图1-6　被蠹的民国时期的牛角制品 040
图1-7　衣蛾在为害地毯 041
图1-8　衣蛾危害的纺织品 041
图1-9　黏虫陷阱捕获的各类昆虫 043
图1-10　虫在虫道内 045
图1-11　成虫的出口孔 045
图1-12　纸面上的虫道 045
图1-13　虫道内充满虫屎 046
图1-14　书页被穿透 046
图1-15　皮蠹科昆虫在咬断的纤维内 047
图1-16　皮蠹虫将皮鼓上的毛咬断 048
图1-17　昆虫侵蚀性危害的后果 049
图1-18　木胎漆器脱漆部分生虫 059
图1-19　掉下的蛀屑 066
图1-20　天牛的蛀屑 067
图1-21　颗粒状蛀屑 067
图1-22　虫道内的排遗物与幼虫 067
图1-23　被虫蚀的剥皮动物标本 085
图1-24　附在物品表面的虫蛹 091
图1-25　放大镜下的幼虫 091
图1-26　沾满蛀屑的昆虫 092
图1-27　画轴头被蠹状及其中幼虫 093
图1-28　民国前的书画轴头极少被蠹 093
图1-29　紧靠轴头的命纸的危害状 094
图1-30　幼虫（已死）及其排遗物 094

图1-31	袋衣蛾与幕衣蛾	096
图1-32	蛾茧在蛹室中	098
图1-33	被蛾开凿的蛹室	098
图1-34	从书中夹出的蛾茧	098
图1-35	毛毯被衣蛾蠹的洞	099
图1-36	衣蛾的丝网与茧	100
图1-37	衣蛾信息素黏捕器	104
图1-38	衣蛾在毛皮上结网	107
图1-39	黑毛皮蠹幼虫（左）与花斑皮蠹幼虫（右）	111
图1-40	被蠹的牛角印章	113
图1-41	皮蠹留下的大面积的蛀孔	114
图1-42	黑毛皮蠹成虫	129
图1-43	黑毛皮蠹幼虫	129
图1-44	毛毯上的黑毛皮蠹	129
图1-45	毛皮鼓上的黑毛皮蠹	129
图1-46	花斑皮蠹幼虫在纸中	134
图1-47	花斑皮蠹成虫	134
图1-48	花斑皮蠹的幼虫（左）与皮蜕（右）	135
图1-49	药材甲成虫	143
图1-50	被药材甲蛀蚀的书（左）与鹿头（右）	144
图1-51	烟草甲成虫	150
图1-52	书中发现的幼虫	151
图1-53	烟草甲危害的卷轴画	151
图1-54	档案窃蠹的成虫与幼虫	158
图1-55	被档案窃蠹危害的书	159
图1-56	死去的档案窃蠹及其排遗物	160
图1-57	书页被粘结成一体	161
图1-58	被捕获的衣鱼	165
图1-59	被衣鱼咬过的托裱后的画	167
图1-60	被衣鱼咬断的纤维	168
图1-61	衣鱼危害的孔洞特点	168
图1-62	衣鱼留下的黄色污迹	168
图1-63	衣鱼与黑色排遗物	168
图1-64	四类衣鱼的形体比较	170
图1-65	泛蓝光的灰衣鱼	174
图1-66	粘虫板	179

图1-67	小型蟑螂的排遗物	185
图1-68	大蟑螂的排遗物	185
图1-69	卵鞘	186
图1-70	被蟑螂危害的书脊	188
图1-71	放大镜下的书虱成虫	194
图1-72	书虱的低温冷冻灭虫效果	198
图1-73	放大镜下的蛛甲成虫	201
图1-74	粉蠹虫成虫	205
图1-75	粉蠹虫的危害	206
图1-76	粉蠹虫陈旧的出口孔	207
图1-77	粉蠹虫正在危害的特点	207
图1-78	家具窃蠹成虫	214
图1-79	家具窃蠹排遗物	214
图1-80	家具窃蠹的旧虫孔	215
图1-81	褐天牛成虫与幼虫	225
图1-82	天牛的蛀屑（左）与出口孔（右）	226
图1-83	被天牛蛀蚀的木制品	227
图1-84	铲头堆砂白蚁有翅成虫	232
图1-85	小楹白蚁有翅成虫	232
图1-86	被白蚁危害的书	233
图2-1	帐篷式陷阱（左）与平面陷阱（右）	247
图2-2	监视书架/书柜上的害虫活动	248
图2-3	光阱	253
图2-4	皮蠹科幼虫监视器	254
图2-5	附有陷阱位置的建筑物平面图	256
图2-6	检查藏品	263
图2-7	虫害的痕迹	263
图2-8	发现虫情后的补救性处理	264
图2-9	从被蠹书中清理出的活虫与排遗物	268
图2-10	灭虫后虫道内的污物	268
图2-11	灭虫后的清理工作	268
图2-12	灭虫后取出的死虫与污物	268
图2-13	32种博物馆昆虫的低温死亡率统计图	325
图2-14	冷冻灭虫流程简图	328
图2-15	昆虫从物品内逃向气密帐篷封口处	343
图2-16	书柜就地整体除虫	352

图2-17	袋式低氧气调灭虫与检疫	355
图2-18	柔性帐篷灭虫	356
图2-19	刚性气密系统	357
图2-20	几种鞘翅目昆虫的致死时间	364
图2-21	在同等环境中不同昆虫及其不同生命阶段的致死时间	365
图2-22	氩气气调环境与氮气气调环境的灭虫效率比较	366
图3-1	霉菌的生长发育过程	376
图3-2	霉菌的菌丝	377
图3-3	书上的白霉	378
图3-4	书脊上的黑霉	378
图3-5	霉菌对书籍的玷污	387
图3-6	函套发霉初期	389
图3-7	类似于蜘蛛网的霉菌（广州）	390
图3-8	霉迹与虫屎	390
图3-9	放大后的霉菌	391
图3-10	古籍表面分离的霉菌	391
图3-11	书画表面分离的霉菌	391
图3-12	纸表采样的各种真菌与细菌	391
图3-13	霉菌爆发后的紧急处理路径	409
图3-14	具有活性的霉菌（左）与失活的霉菌（右）	412
图3-15	带空气过滤器的清洁箱	419
图3-16	真空吸尘与软刷配合去霉	422
图3-17	覆盖网格式纤维保护被去霉的易碎物品	422
图3-18	内置HEPA滤网的真空吸尘器所配的多种附件	423
图3-19	书本的书页去霉	425
图3-20	用软刷将订口处的霉送入吸嘴	425
图3-21	刷子与吸嘴在书本上运行的方向	426
图3-22	对吸霉后图书的再清洁	426
图3-23	在网格式纤维保护下对纺织品进行真空除尘除霉	428

表目录

表1	危害藏品的有害生物的分类	001
表1-1	谷蠹后代数量的繁衍	010
表1-2	仓储昆虫对温度反应的概率统计	018
表1-3	某些昆虫的冰点	019
表1-4	环境温湿度与虫害发生的程度	023
表1-5	不同类别昆虫的主要特点	026
表1-6	高风险昆虫（MPWG发布）	030
表1-7	常见的中风险昆虫（MPWG发布）	032
表1-8	常见仓储昆虫及其危害对象	035
表1-9	某些常见昆虫的食性	037
表1-10	书虱与姬薪甲的基本生态习性	043
表1-11	皮蠹与衣蛾的主要危害对象	053
表1-12	我国国内常见的竹木蠹虫	060
表1-13	某些蠹木昆虫的特点	069
表1-14	攻击干木材的甲虫特征	069
表1-15	危害生物标本的昆虫及其损害迹象	077
表1-16	国内发现的危害昆虫标本的害虫	082
表1-17	昆虫标本虫害预防管理的关键时间点	084
表1-18	国内有记载的危害剥制动物标本的昆虫	086
表1-19	几种衣蛾的特点与鉴别	101
表1-20	几种毛皮蠹为害程度的比较	116
表1-21	三种皮蠹的生命周期	120
表1-22	药材甲初龄幼虫的杀灭温度与致死时间	148
表1-23	各虫态烟草甲100%死亡的低温及时间	155
表1-24	危害藏品的衣鱼的某些特点	171
表1-25	几种蛛甲科昆虫的外形特征	201
表1-26	环境温度对竹长蠹虫的影响	222
表1-27	国内发现的天牛危害	224
表1-28	几种常见白蚁的危害	231
表2-1	昆虫陷阱的常见种类与特点	246

表2–2	虫害数据库报告样本	259
表2–3	主要熏蒸剂的特点	290
表2–4	我国曾经使用的驱虫法	296
表2–5	非化学灭虫法与使用现状	299
表2–6	温控灭虫对某些材质的影响	305
表2–7	受控冷冻的风险因子	311
表2–8	某些仓储昆虫的冰点	319
表2–9	冷冻杀死烟草甲的不同温度与时间	320
表2–10	受控冷冻灭虫的温度与藏品安全	323
表2–11	冷冻灭虫的温度和冻结持续时间的计算	328
表2–12	几类冷冻设备的特点	334
表2–13	两类烟草甲四龄幼虫低温致死时间比较	335
表2–14	受控冷冻灭虫法的风险因子分析	336
表2–15	主要降氧模式	344
表2–16	不同的降氧方法及特点	345
表2–17	有效杀灭木制美术品内蛀木虫的时间	351
表2–18	柔性气密系统的特点	355
表2–19	氧气浓度与昆虫死亡时间的关系	359
表2–20	温度对低氧充氮气调灭虫时间的影响	360
表2–21	相对湿度对低氧充氮气调灭虫时间的影响	362
表2–22	杂拟谷盗成虫（$T.\ confusum$）低氧气调灭虫结果	368
表2–23	昆虫在0.03％氧气浓度下的死亡率	369
表3–1	虫霉对藏品的破坏性比较	386
表3–2	霉菌破坏藏品的基本途径与后果	386
表3–3	昆虫与霉菌检查与监控的方法比较	389
表3–4	虫霉入侵的基本路径比较	392
表3–5	虫霉的生存要素比较	393
表3–6	虫霉预防措施比较	395
表3–7	虫霉发生后的补救措施比较	396
表3–8	预防霉菌发生的主要措施	400
表3–9	建筑物和工程系统的维护	404
表4–1	蠹木虫的危害特征	449
表4–2	重要竹木质文物蠹虫名录及危害对象一览表	451
表4–3	侵害木材的甲虫种群和特征	453
表4–4	蠹木虫与被侵害的木材种类	454
表4–5	蛀蚀木材甲虫的种类	455

表4–6	常见昆虫及高危藏品	472
表4–7	危害木材的昆虫	475
表4–8	危害纺织品和自然历史标本的昆虫	475
表4–9	危害藏品的一般昆虫	476
表4–10	危害文物的昆虫的特点及危害	478
表4–11	100%杀死博物馆常见昆虫所有生命阶段的最短时间	485
表4–12	低氧气调法推荐的灭虫时间	486
表4–13	氮气调低氧灭虫时间推荐	487

案例目录

案例1： 皮与毛皮制品低温保存与缺氧保存的比较 057
案例2： （台湾）朱铭美术馆的木雕灭虫实践 076
案例3： 植物标本的保护 080
案例4： 我国干制标本的传统驱虫法 082
案例5： 台湾中兴大学昆虫标本馆的标本管理 083
案例6： 当代画虫蠹分析 093
案例7： 花斑皮蠹的生活史及对标本的危害 139
案例8： 冷藏以预防烟草甲 154
案例9： 虫害数据库报告样本 259
案例10： 硅藻土与硼酸的使用 280
案例11： 烟草甲与药材甲在高温下致死的温度与时间 303
案例12： 太阳能灭虫法 304
案例13： 不宜受控冷冻灭虫的对象 315
案例14： 霉菌危害的实例 388
案例15： IFLA推荐的纸质文献隔离法 411

导　语

　　本书中的藏品是指在博物馆、文物保护单位、美术馆、科技馆、图书馆、档案馆等单位中收藏的或个人藏家收藏的文物、艺术品、标本、书籍、档案等珍贵或特殊收藏品，既包括纸质、纺织、皮毛、木质、动植物标本等有机质类藏品，也包括那些在室内环境中易发生霉变的陶器、泥塑等非有机质藏品。

　　就藏品保护而言，有害生物是指污损、破坏和摧毁藏品的活着的生物。其生物种类相当多，主要分类见表1。

表1　危害藏品的有害生物的分类

分类		主要类别
动物界	节肢动物门（无脊椎动物）	昆虫纲，蛛形纲
	脊椎动物门	鸟类、哺乳类（啮齿动物）
真菌界	真菌门	霉菌等
细菌界		如放线菌

　　动物界中的节肢动物（arthropod）是有节肢和外壳的无脊椎动物。节肢动物中对藏品最为有害的是昆虫纲（Insecta）中的某些昆虫。昆虫纲是整个动物界中种类和数量最多的一个纲，昆虫的踪迹几乎遍布世界的每一个角落。目前科学界列出的危害藏品的有害生物有123种，其中有98种属于昆虫。[1] 这些昆虫遍布世界各地，并通过藏品巡展或由于全球气候的变化激增。

　　除昆虫外，我国有文献记载蛛形纲中的某些螨虫对标本藏品也具有危害作用。

---

[1] Beauchamp R, Kingslover J, Parker T. Appendix C: Reference Listing of Museum Pests[M]. Kansas: Association of Systematics Collections, 1981: 100-102.

除无脊椎动物外，脊椎动物也可能对藏品造成危害，如老鼠（啮齿动物）。老鼠锋利的牙齿与排泄物对藏品非常有害，老鼠的尸体还会吸引皮蠹与衣蛾取食。美国东北文献保护中心（Northeast Document Conservation Center, NEDCC）告诫：不得在藏品收藏部门内使用啮齿动物诱饵毒杀鼠类，这些诱饵可能成为其他昆虫（包括蟑螂等）的无毒食物。老鼠中毒后不会死在现场，而是爬到较为隐蔽的地方，如柜架下、黑暗的角落处，其尸体会吸引更多的昆虫或造成更大的问题。[1] 为避免鼠类死后的继发性危害，在藏展环境内灭鼠，应使用捕鼠器和/或胶水板等诱捕器，不得使用毒饵。

鸟类对藏品也有间接威胁，窗台或雨阳棚上的鸟巢就会吸引昆虫，有些危害藏品的昆虫就生活在鸟巢中。

真菌门（eumycota）是真菌界（eumycetes）的一门。真菌（fungi）有细胞核却无叶绿素，它们可通过有性无性繁殖产生孢子，其营养体通常是丝状的且有分支的结构。霉菌（mold，moulds）是形成分枝菌丝的真菌的统称，即"发霉的真菌"。它具有从有机物中吸取养分并消化有机物的菌丝，可破坏与玷污材质为有机物的藏品，无机物材质的藏品若附着有机物（如汗液等污迹）也难以幸免。

另一类危害藏品的生物属于微生物。微生物是肉眼难以看清，需要借助光学显微镜或电子显微镜才能观察到的一切微小生物的总称。微生物包括细菌、病毒、真菌和少数藻类等，危害藏品的放线菌（actinomycetes）就属于细菌。霉菌与放线菌都是通过菌丝危害藏品的，其外观有些类似，但仔细观察就可发现差别。霉菌菌落疏松，为绒毛状，与培养基结合不紧，易挑取。放线菌菌丝相互交错缠绕形成质地致密的小菌落，干燥、不透明、难以挑取。

由上可见，影响藏品长期保存的主要有害生物是昆虫、霉菌、微生物与啮齿动物等。在藏展馆所还可能存在其他"非有益"生物，如蜘蛛、蜈蚣、千足虫或蜗牛等，它们通过建筑物围护结构的裂缝进入藏展场所。尽管它们并不直接危害藏品，但它们可能对藏品造成污染，特别是它们本身就可能是某些危害藏品昆虫的食物，因此也必须将其排除在馆藏环境之外。

---

[1] 3.10 Integrated Pest Management—NEDCC.https://www.nedcc.org/free-resources/preservation-leaflets/3.-emergency-management/3.10-integrated-pest-management.

第一部分
昆 虫

Part | Insect

1　昆虫的基本特点

对藏品具有破坏力的昆虫（insect），其危害主要来自其取食、排遗及活动过程，对藏品造成的损坏包括形体损坏与污损。有些昆虫还有害藏品管理人员的健康，或给用户（参观或阅读者）带来滋扰。其实进入收藏单位建筑物内部的任何昆虫，都对藏品的安全具有威胁性，尽管某些昆虫对藏展物品并不构成直接危害，但如果它们死在建筑物内将引发继发性危害，因为它们会吸引其他昆虫或老鼠来取食，成为藏展环境虫害与鼠害的诱饵。

对于藏品管理人员而言，重要的是了解昆虫的特点，知晓昆虫的习性，识别昆虫的嗜好，以利于发现它们的存在，并将其拒之于藏展单位的建筑物之外，或通过适当的方法消灭侵入建筑物的昆虫。

了解昆虫的某些生物学特性与生态学特性，是保护藏品不为虫害的必备知识之一。

1.1 昆虫的生物学特性

昆虫的生物学特性所包含的内容较多，以下仅对与危害藏品相关的某些生物学特性进行介绍，以便于对昆虫防治原理的理解。

1.1.1 形态特征

昆虫的身体可分为头、胸、腹三节。成虫通常有三对足和两对翅，头部有眼、一对触角和口器等，头部为昆虫的感觉和摄食中心。

（1）外骨骼与蜕皮

与脊椎动物不同的是，昆虫的身体并没有内骨骼的支持，昆虫身体外裹了一层由几丁质、蜡质层构成的轻巧且坚固的体壁，该体壁起着皮肤和骨骼的作用且会分节以利于运动。昆虫的几丁质外骨骼除保护内部器官外，还可减少虫体内水分蒸发以适应陆地上的干燥环境。昆虫坚硬的体壁使其生长受到限制，蜕皮（ecdysis）成为昆虫发育的一种生理现象。昆虫蜕皮时，体形可能骤变。正常情况下，每蜕一次皮，昆虫不仅躯体增大，其内部各器官也得到进一步的发育。

昆虫蜕皮的次数因种类而异，大部分较高等的昆虫一生蜕皮的次数比较固定，常见为3~6次，低等的昆虫如衣鱼，一生不断蜕皮，次数可达60次之多。[1] 环境因素（如环境温度与食物）的改变有可能改变昆虫蜕皮的次数。通常环境温度升高可能增加蜕皮次数，但也有一些昆虫在温度升高时蜕皮次数反而减少。营养不足也有可能增加昆虫的蜕皮次数，如皮蠹科昆虫（Dermestidae）与幕衣蛾（*Tineola bisselliella*）等的幼虫，在饥饿或太干燥时，会大大增加蜕皮次数，例如幕衣蛾的蜕皮次数可由4次增加到40次之多，发育期则延长。不过，营养不良带来的蜕皮次数增加，不仅不会使虫体增大，反而使之越变越小。

由于蜕皮是昆虫生命中不可少的环节，依此规律有助于发现虫害，如在虫害发生处或在其周围有可能发现虫蜕（即昆虫脱下的皮），但也有些昆虫会吃掉自身的虫蜕。

---

[1] 马祖南竿昆虫网络. 昆虫的生活史 [EB/OL]. [2021-11]. http://client.matsu.idv.tw/gov/jsps/insect/insect_history.htm.

接近蜕皮时，幼虫会逐步停止取食并排出排遗物，吐少量的丝以固定虫体，静止不动地进入蜕皮过程。故在书页卷曲处、粘结处常常可能发现休眠状的幼虫。

（2）形体小

昆虫体型较小，成虫的长度都是以毫米（mm）进行计算，例如：白腹皮蠹成虫6~10 mm，火腿皮蠹成虫7~10 mm，褐粉蠹成虫5~6 mm，黄蛛甲成虫3~4.5 mm，报死窃蠹成虫4~7 mm，等等。

躯体小给昆虫的生存带来很多优势，例如所需的生活空间就小，更利于隐藏、躲避侵害。同时，也便于与寄主一起移动而广为传播扩散，由此使其流动性强。如危害藏品的昆虫可寄居在藏品、装具中，随藏品巡展、交流等人类活动而全球蔓延。

体小的昆虫对环境的控制能力小，为了生存，其对环境的适应能力就强。昆虫最适宜在温暖的环境中生存，全球气候变暖，可能会对昆虫种群产生许多影响，如使昆虫跨地域生存能力加强，这些都使得很多危害藏品的昆虫生存的地理区域性界线不明显。有证据表明，危害藏品的昆虫正在向新的地域扩散，这需要我们在虫害分布与风险评估上考虑全球气候变化。也正因为这个，本书附录8危害藏品的昆虫分布列出了在世界其他地区发现的危害藏品的昆虫，以便我国藏品管理人员知晓与警惕。

1.1.2 昆虫的某些器官

昆虫的器官较多，这里仅就与昆虫危害与消杀相关的器官进行介绍。

（1）感觉器官

昆虫体型虽小但感官却很发达，可以看到人眼看不到的光线，听到人耳听不到的声音，嗅到不同的气味。

昆虫的感觉器官主要集中在头部，

图 1-1 昆虫的头部
摄影：广州文保文化传播有限公司

头部的多个感觉器官可获取与处理外界信息。例如，其嗅觉就分布在触角与口须。长在昆虫头部前上方的触角随昆虫种类不同而形状各异，有的细长像一对鞭子，有的则像两把刷子，有的更像两把短锤，等等。不同形状的触角上分布着许多感觉器和嗅觉器，除了能够感知物体与气流，更能嗅到各种气味，甚至百米之外的同类的气味。在昆虫口部下方的两对短小的口须与触角一样分布了许多能感知气味的嗅觉器，使它们能够辨别气味。昆虫就是依据这些嗅觉器官，辨认不同藏品发出的不同气味信息，准确地找到最喜爱吃的藏品。由此，这类藏品也就成为最可能受害的高危藏品。

除头部外，昆虫的感觉器官可能位于昆虫体内的几乎任何位置。例如，其外骨骼也具有许多感知器官，可检测光线、压力、声音、温度、气流和气味。又如，其触角除可感知外，有时还会传递气味信息等。

（2）呼吸器官

氧气是维持动物生命的最重要因子之一，昆虫是需要吸入氧气呼出二氧化碳的。与人不同的是昆虫没有肺，它是通过胸部和腹部两侧的圆形小孔（即气门）进行呼吸的，气门连着气管，气管又分支成许多微气管，通向昆虫身体的各个部位。昆虫依靠腹部的一张一缩，通过气门、气管进行呼吸，使体内维持一定的氧气浓度。正常情况下，昆虫的呼吸数基本是恒定的，这是由气门开闭的时间来控制的。体壁上气门的开合控制，也有效地减少了因蒸腾作用而造成的虫体水分流失。

遇到外界环境改变，如空气中氧气浓度降低，为了维持体内氧气浓度，昆虫会加速呼吸，此时昆虫会延长气门打开的时间，直到可吸入所需的氧气。昆虫呼吸越急促，气门打开的次数越频繁，虫体水分散发就会越多。若气门被迫持续打开，而外界无法补充水分给虫体，昆虫就会干萎而死。低氧气调灭虫后的死虫多为干瘪状，就是其失水而死所致。

（3）取食器官

昆虫的取食器官称为口器（trophi），位于昆虫头部。不同的昆虫因为取食方式不同，其口器类型也不同。

在很多情况下，对藏品造成最大破坏的是昆虫的幼虫，但也有例外，例如衣鱼，其若虫与成虫都具有取食藏品的能力。这些具有取食藏品能力的昆虫，其口器都是咀嚼式口器。

咀嚼式口器是最原始的口器类型，其主要特点是具有发达而坚硬的上颚，用来咬碎与嚼碎固体食物，给物品带来直接伤害。如钻蛀性昆虫常将器物蛀成隧道或孔洞；咬碎性昆虫的幼虫能将被害物咬成片状，直到被害物完全被毁坏；侵蚀性昆虫啃食物品表面，留下虫洞与抓痕（更多相关内容见：2.5 依取食特点分类）。危害物品的昆虫利用其发达的咀嚼式口器咬啮或蛀穿藏品的同时，留下各种形状的咬食痕迹（食痕），这为辨别昆虫的种类提供了一定的证据。

昆虫口器的构造还会随昆虫的发育有所变化，如危害藏品的鳞翅目昆虫的幼虫，其口器多数为咀嚼式口器，待其发育到成虫则会转变为虹吸式口器。又如危害仓储物品的鞘翅目昆虫的成虫与幼虫都是咀嚼式口器，但其成虫口器退化，不能再取食固体食物，基本丧失了对物品的危害能力，但钻蛀性害虫为离开物品而咬的出口孔仍然会对物品造成伤害。

1.1.3　繁殖能力

昆虫是地球上数量最多的动物群体，直到21世纪初，人类已知的昆虫已经超过100万种[1]，但仍有许多种类尚待被发现。环境的恶劣和种群繁衍的需求促使昆虫具有强大的繁殖能力，有些昆虫具有一次受孕终身产卵的能力，如鞘翅目的所有甲虫以及蟑螂、蟋蟀等。

大多数危害藏品的昆虫都具有繁殖力强的特点，如在25℃的标本馆内，烟草甲每天可产10~20粒卵，黑毛皮蠹每头雌虫可产450~900粒卵。[2] 有学者指出，谷蠹的增殖因子是70，即在最佳条件下，其后代每月数量都在呈70倍的增加。[3]

---

[1] Wilson E O（University of Michigan）. Threats to Global Diversity[J/OL]. 2015-2[2021-11]. https://web.archive.org/web/20150220154543/http://www.globalchange.umich.edu/globalchange2/current/lectures/biodiversity/biodiversity.html.

[2] 刘蓝玉."国内"博物馆须正视之虫害问题[J]. 博物馆学季刊，2010（3）：79-95，97.

[3] Gwinner J, Harnisch R. Manual on the Prevention of Post-harvest Grain Losses（GTZ）[M]. Eschborn:Deutsche Gesellschaft für Technische Zusammenarbeit（GTZ）GmbH，1996:350.

表 1-1　谷蠹后代数量的繁衍[1]

起始	2 只
1 个月后	2×70=140 只
2 个月后	140×70=9 800 只
3 个月后	9 800×70=686 000 只
4 个月后	686 000×70=48 020 000 只

昆虫除有性生殖外，亦有孤雌生殖、幼体生殖等现象，即卵不经过受精就能发育成新的个体。

以上特点，使得危害藏品的昆虫一旦进入收藏单位，即可从少数个体发展到泛滥成灾的程度，管理人员一旦发现虫情，就必须尽快采取治理措施。

1.1.4　生活习性

昆虫的习性包括昆虫的活动及行为，了解不同种昆虫的不同习性有利于虫害的防治。昆虫种类繁多、形态各异，遍布全球，所以生活习性是大不相同的，以下介绍的仅是危害藏品的昆虫的主要共性，相关昆虫的生活个性见：4.重要害虫。

1.1.4.1　食性

昆虫的生长与发育离不开食物，在食物营养丰富与充足的情况下，虫口密度才能得到快速增长。但不同种类的昆虫对自身的食料有明显的选择性和适应性。食性（feeding habit）是指昆虫对食物的一定要求，即昆虫取食习性、取食范围及取食偏好。昆虫对食物的选择性与昆虫的口器、消化系统和共生体相关。[2]

不同种类的昆虫具有不同的口器与消化系统，因此对食物具有一定的要求与选择。例如尽管干燥的植物种子和被淀粉糊处理过的纸都含有大量淀粉，但象鼻虫更容易攻击干种子，而衣鱼则优先攻击有淀粉糊的纸。出现这一区别的主要原因是二者的口器结构差别太大。尽管象鼻虫与衣鱼都可以消化淀粉，但二者口器结构不同。象鼻

---

[1] 该表数据来源于：Gwinner J, Harnisch R. Manual on the Prevention of Post-harvest Grain Losses (GTZ) [M]. Eschborn: Deutsche Gesellschaft für Technische Zusammenarbeit (GTZ) GmbH, 1996:350.

[2] Tom Strang, Rika Kigawa. Agent of Deterioration: Pests[J/OL]. 2021-02-05[2021-11]. https://www.canada.ca/en/conservation-institute/services/agents-deterioration/pests.html.

虫头前有个如象鼻一般的长长口器，可以刺穿植物组织进行取食并在里面产卵，但衣鱼的口器很原始，虽然露在头外，但只能在材质表面啃咬，难以取食干种子，故优先攻击纸张上的淀粉了。

不同种类的昆虫可能具有不同的消化系统与共生体，使得它们对不同食物具有的消化能力不同。共生体是指不同物种的生物之间的紧密且长期的相互作用。例如，有些昆虫肠道内的微生物可将纤维素转化为可用的糖类并消化，有些昆虫肠道内就没有这类共生体，有这类共生体的昆虫就具有取食植物性纤维的能力。

昆虫的以上特点决定了它们的危害对象大多具有专化性，即攻击对象是具有一定特点的材质。了解主要昆虫的食性，便于有针对性地采取防控措施。

依据昆虫取食的偏好，危害藏品的昆虫可分为4大类，即危害植物源性纤维的食植昆虫（herbivore）、危害动物源性纤维的食肉昆虫（carnivore）、杂食性昆虫（omnivore）与腐食性昆虫（saprophagous）。其中杂食性昆虫为不挑食的昆虫，其他类型的昆虫都有其最优先取食的对象（见2.4 依昆虫食性分类）。利用昆虫的该特点，可识别昆虫以及防治昆虫。

需要说明的是，尽管昆虫取食具有专化喜好性，但并非绝对不取食其他类型的食物，只是在食物具有多种选择时，才会执行优先取食的选择。例如，喜食动物源性纤维的昆虫，只在同时存在植物源性纤维、动物源性纤维时，才会优先攻击动物源性纤维，但并非严格拒食植物源性纤维。又如一些喜爱以干燥植物材料为食的昆虫，如蛛甲、烟草甲等，其幼虫不仅会危害植物标本，也能够侵扰基于角蛋白或几丁质的材料，只是当一个区域内有多种材质的物品时，它们更喜欢以植物源性纤维为食。再如药材甲的食性很杂，动植物干品均可取食，但它更爱取食植物源性干品，故为中草药与植物标本的重要害虫。

昆虫取食的专化性除直接威胁到不同材质藏品对昆虫的敏感性外，也直接影响到昆虫自身的生长发育。若能取食到最喜欢吃的食物，昆虫就发育快，死亡率低，生殖力强。有些昆虫尽管属于不挑食的杂食性昆虫，但不同的食物仍然可以影响杂食性昆虫的发育速度、存活率、生殖率及滞育等各方面。

有研究表明，昆虫消耗食物的速度还受到环境条件、食物本身性质（如食物的时代、营养价值和特殊成分）的强烈影响。[1]

---

[1] Arthur C G A H. Recent Advances in Stored Product Protection[M]. Switzerland:Springer Link，2018:229-260.

1.1.4.2 释放气味信息

昆虫个体可向体外释放非常特殊的挥发性化学物质——信息素，同物种的其他个体通过嗅觉器官可以感知这类特殊的气味信息，它是同物种不同昆虫间沟通信息的通讯工具。

昆虫至少可以释放5种信息素：报警信息素（alarm pheromones）是向同种昆虫发出警告或呼叫求助并发动攻击的信息素；踪迹信息素（trail pheromones）是被社会性昆虫（如白蚁）用来记录自己踪迹，引导该物种其他成员跟随的信息；性信息素（sex pheromones）是昆虫散布求偶的信息，因为大多数成虫的寿命都很短，所以使用性信息素来迅速吸引配偶并排斥其他物种；聚集信息素（aggregation pheromones）是告知同一物种的个体到此群聚的信息，个体聚积越多，该位置的信息素的浓度就越高，如蟑螂就是利用该信息素聚集活动的；当昆虫的个体密度达到一定程度时，会释放分散信息素（dispersing pheromones）以保持个体之间的距离。①

人类利用昆虫这类行为沟通工具，研制出某些信息素（如性信息素）用于诱捕昆虫，以检测目标昆虫的存在，确定其丰度或进行控制。

1.1.4.3 抗逆性强

抗逆性是昆虫在逆境中得以生存的关键特征。

当昆虫遇到不良环境时（如高温或低温，食物短缺），它可以通过休眠（dormancy）来适应外界环境以求得长期存活。

在不宜昆虫生长发育的恶劣环境中，昆虫会通过暂时停止生长发育的方式延缓生命，这种现象即为休眠。一旦环境适宜，昆虫会从休眠状态苏醒，恢复其生长发育。休眠的昆虫呼吸和新陈代谢显著降低，并且长时间不食也不动，以此承受正常生物无法生存的严酷低温、低氧、无补给的恶劣环境。因此，无论是冷冻灭虫还是低氧灭虫，都需要在灭虫结束后在隔离室观察一段时期，避免其在入库的正常环境中苏醒，再次危害藏品。

---

① 维基百科. 信息素 [EB/OL]. 2021-12-15[2021-12-30]. http://www.youkud.com/tool/referance/index.html.

例如，花斑皮蠹的抗逆性很强，在温度为 38~40℃，储藏物含水量 8%~10%，RH≤50%的条件下，均能正常发育和繁殖。[1] 百怪皮蠹对高温、低温的抵抗力很强，成虫在 0℃和 0℃以下可存活 37 天，幼虫在 -6.7~3.9℃下可存活 67 天，-15~12.2℃下可存活 12 天。[2]

在缺乏食物情况下，花斑皮蠹休眠幼虫可耐饥 8 年不死。[3] 又如，日本蛛甲在 -5℃下能存活 164 天；东方蜚蠊在 0℃下可生活 91 天；黑毛皮蠹成虫在 40℃左右仍能继续繁殖，其幼虫在 -3.9℃时能存活 198 天；异斑皮蠹耐饥能力强，可以 5 年不食。[4]

在环境不利时，有些昆虫可以通过蜕皮缩小虫体以延长其生命，如家扁天牛（*Euryphagus antennata*）、衣蛾（*Tinea*）、谷斑皮蠹（*Trogoderma granarium*）。[5] 在蜕皮过程中，蜕皮液可将虫皮内营养物质消化吸收，以此作为虫体继续生存的物质能量来源。[6]

昆虫的抗性不仅体现在在不宜生存的藏展环境中的强大生命力，也体现在灭虫过程中的不易杀灭性，这种抗逆性与昆虫的物种以及其生命阶段相关。

1.1.4.4　变态发育

生命周期（life cycle）是指昆虫经历孵化、发育、死亡的全过程，通常这一过程也称为一个世代（generation）。昆虫在其生命周期不同发育阶段表现出不同的形态、结构、功能和生活习性的变化被称为变态（metamorphosis）。[7] 昆虫因种类不同，生活情形各异，变态也不一致。昆虫的变态可以划分为两大类：完全变态（complete metamorphosis）与不完全变态（incomplete metamorphosis）。

---

[1] 凤舞剑，戴优强，胡长效.花斑皮蠹的生物学特性及防治技术 [J].安徽农业科学，2004（3）：472-473.
[2] 王晖，董慧，杨地.标本害虫主要种类及其综合防控现状 [J].安徽农业科学，2014（27）：9373-9378，9480.
[3] 洪兆春.浅论标本害虫防治技术 [J].生物学教学，2003（11）：48-49.
[4] 李隆术，朱文炳.储藏物昆虫学 [M].重庆：重庆出版社，2009：1-371.
[5] 陈耀溪.仓库害虫（修订本）[M].北京：农业出版社，1984：96-105.
　郭郛.昆虫的变态 [M].北京：科学出版社，1956：33-35.
[6] 陈耀溪.仓库害虫（修订本）[M].北京：农业出版社，1984：96-105.
[7] 洪芳，宋赫，安春菊.昆虫变态发育类型与调控机制 [J].应用昆虫学报，2016（1）：1-8.

（1）完全变态

完全变态的昆虫在其发育过程中要经历4个阶段（虫期）的变化，即卵、幼虫、蛹、成虫。在其生活史中，所有的生长都发生在幼虫期，其卵、蛹和成虫都不会长大。完全变态的昆虫的成虫在适当的地点、适合的材料上产卵，微小的幼虫（larvae）从卵中孵化出来，它可能立即钻入藏品材质中，在不断蛀蚀藏品中长大；有的微小幼虫并不立即钻入藏品中，而是在藏品表面到处觅食而侵扰藏品材质。随着幼虫不断长大并老熟后，就会经过一个吐丝结茧并在茧内化蛹的过程，在化蛹期间幼虫组织完全改变而转化为成虫构造。为了降低蛹被其他昆虫捕食的几率，化蛹可能发生在远离其食物处或其他较为隐蔽的角落。成虫一旦羽化，性器官就成熟，不需要取食即可交尾、产卵，这时成虫口器一般都会退化，寿命很短。有的成虫口器发生变化不再具有取食固体物质的能力，如鳞翅目的蛾类，其口器变为虹吸式，只有吸食花蜜的能力。

由上可见，完全变态昆虫的幼虫是直接危害物品的主要虫期，成虫与幼虫具有不同的食性，并生存在不同空间。大多数成虫不再具有对物品的直接危害能力，而成为昆虫的繁殖工具。对仓储物品危害最大的鞘翅目、鳞翅目均属于完全变态。需要注意的是，有些成虫尽管不再取食物品，但若其在物品内化蛹，则会咬破物品而离开，这时物品也会受到危害，例如留下不同形态的羽化孔（emergence hole）。羽化孔一般是指钻蛀性昆虫由蛹变为成虫，从被害物品内部的蛹室爬出时在物品表面留下的孔洞，在国内又称为成虫出口孔（exit hole）、成虫出现孔等，本书统一称为"出口孔"，以更利于非专业人员理解。

（2）不完全变态

不完全变态昆虫与完全变态昆虫不同的是，其发育过程中缺失化蛹阶段，其生长发育只经过3个阶段，即卵、若虫期、成虫期。昆虫的卵经孵化而成的"幼虫"被称为若虫（nymph），体态与成虫相似，但异于成虫。不完全变态的过程比较缓慢，若虫在生长过程中要经历多次蜕变，才能完全发育成成虫。

从卵孵化出的若虫与成虫形态基本相同，只是在生长发育过程中个体增大、性器官逐渐成熟，有的在成虫期还会继续蜕皮，如衣鱼；有些若虫与成虫相比，不仅性器官尚未成熟，其翅也尚未发育完全，如蟋蟀、书虱。与完全变态昆虫不同的是，不完全变态昆虫的若虫与成虫的习性完全相同,如不仅食性相同,其栖息地或寄主也相同。如衣鱼,其若虫和成虫生活在同一空间,都以纸张、淀粉与纺织品为食。由此,不完全变态昆虫的幼虫与成虫都具有直接危害藏品的能力。

1.1.4.5 假死性

不少昆虫具有假死性(play dead),假死性的昆虫不同于休眠的昆虫。昆虫的假死性实际上是一种很简单的刺激反应,当遇到外界惊扰,其神经就会发出信号,使昆虫的浑身肌肉收缩起来,暂时停止活动或自动坠落,好像死去一样。过片刻后,它又爬行或起飞。烟草甲、档案窃蠹、竹蠹、拟裸蛛甲等危害藏品的昆虫,不少具有假死性。

1.2 昆虫的生态环境

昆虫的生命活动受很多环境因素的影响,如光、空气流动、食物、温度与相对湿度,了解昆虫与周围的环境的关系,是防治昆虫的基础。

光照变化可以极大地影响昆虫的活动和繁殖力,如飞蛾在黎明和黄昏时最活跃,人造光可以大大限制飞蛾的飞行活动和繁殖力[1]。空气流通可以降低气温和相对湿度,从而对昆虫的体温和水分产生影响,昆虫最喜欢生活在空气不流通处。

食物直接影响昆虫的生长、发育、繁殖和寿命。若食物数量足、质量高,昆虫生长发育就快,自然死亡率低,生殖率高;反之,则生长慢,其发育和生殖均受到影响,饥饿同样也会引起昆虫个体大量死亡。某些昆虫成虫期有取食补充营养的特点(如不完全变态的成虫),若得不到营养补充,则产卵甚少或不产卵,寿命也会缩短。

除以上因素外,与昆虫的生命活动关系非常密切的生态因子主要是环境温度与相对湿度,特别是温度的影响最大。每种昆虫都有适于其发育的最佳温度和最佳相对湿度,在不利其发育的条件下,其发育期会延长。昆虫的这些特性,对于有效控制昆虫至关重要。

---

[1] Gwinner J, Harnisch R, Mück, etc.Manual on the Prevention of Post-harvest Grain Losses[M]. Eschborn: Deutsche Gesellschaft für Technische Zusammenarbeit, 1990:294.

1.2.1 温度

昆虫属变温动物，其体温的高低随环境温度变化而变化，温度是决定昆虫生长发育速率的最重要的因子。

昆虫的新陈代谢是在各种酶和激素的作用下进行的一系列生化反应，其生化反应的速度与虫体温度有关，其体温的变化可直接加速或抑制虫体的代谢过程。由于虫体的热量来源于环境，故昆虫的生长、发育的速度明显受制于环境温度。有研究指出，低于15℃的环境温度对减缓或阻止危害藏品的昆虫生长、摄食和繁殖非常有效，有时可以作为抑制虫害的临时措施。[1]

图1-2是药材甲幼虫发育的速率与温度的关系图[2]，图1-3是昆虫发育率与温度的关系图[3]。由图1-2可见，昆虫幼虫的发育速率随环境温度升高而加快。图1-3类似于抛物线的曲线说明，在较低的环境温度下，昆虫基本没有发育迹象；随环境温度上升，昆虫发育速率增加并达到最大值，若温度继续增加，其发育速率迅速下降并趋近于零。

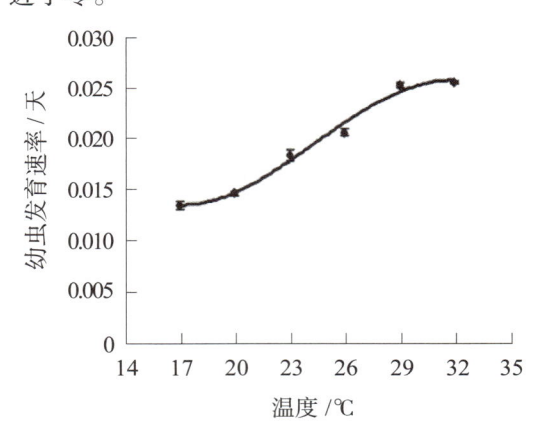

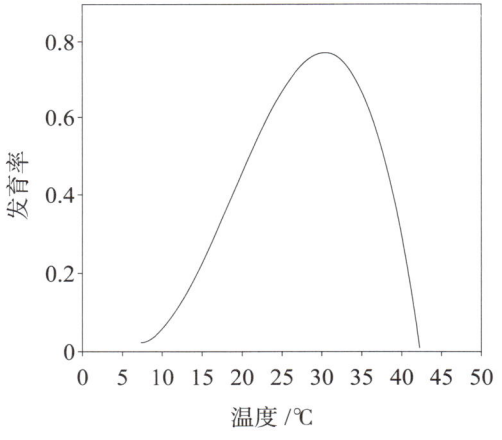

图1-2 药材甲幼虫发育速率与温度的关系　　图1-3 昆虫发育率与温度的关系

---

[1] Strang T J. Notes 3/3（Controlling Insect Pests with Low Temperature）[M]. Ottawa :Canadian Conservation Institute，1991 :1-3.

[2] 李灿，金道超，柳琼友，等. 温度对药材甲（*Stegobium Paniceum L.*）实验种群发育和繁殖参数的影响 [J]. 生态学报，2007（8）：3532-3535.

[3] D. C. Harcourt, J. M. Yee.Polynomial Algorithm for Predicting the Duration of Insect Life Stages[J].Environmental Entomology, 1982（3）:11.

尽管环境温度的升高提高了昆虫体温并促进了虫体代谢，但其温度上升的峰值不是无限的。过高的虫体温度可以致死昆虫，如虫体温度过高会导致昆虫体内水分剧烈汽化并蒸发而脱水致死，或是高温导致虫体蛋白质凝固变性，或高温破坏了虫体的细胞线粒体，甚至高温也可以抑制虫体内酶与激素的活性，加速虫体各生理过程的不协调，轻者会抑制昆虫的发育或给昆虫留下一些后遗作用，如引起成虫发育不全，体小，翅膀不能正常展开，或是不孕卵数量增多等；重者则造成昆虫死亡率增加或直接导致昆虫死亡。

较低的环境温度不仅会抑制昆虫的生长与繁殖，同样也会加速昆虫的死亡。在不太低的低温下（如0℃左右或稍高），一些耐寒性弱的昆虫体内养分会逐渐缺失，出现生理失调，尽管昆虫可采用休眠以抵抗，但若在较短时间内不能恢复到正常温度就可能死亡。

有研究将仓储昆虫可正常进行生命活动的温度范围称为适温区或有效温区，并参照大多数昆虫发育的速度，将适温区再划分为三个温区，即高适温区（33~35℃）、最适温区（25~33℃）与低适温区（13~25℃）。最适温区是大多数仓储昆虫生长和繁殖的最佳温度，大多数仓储昆虫在高适温区或低适温区是能够完成发育并产生后代的，但低于13℃或高于35℃，仓储昆虫会逐步走向死亡。温度越极端，它们死得越快。在–20℃或55℃的温度下，大多数仓储昆虫几分钟内就会死亡。致死温度的差别很大，这取决于物种、发育阶段、昆虫对环境的适应和环境的相对湿度等。[1] 表1-2是仓储昆虫对温度反应概率统计的研究[2]，它更详细地展示了仓储昆虫在不同环境温度内的反应。

---

[1] Paul G.Fields.The Control of Stored-product Insects and Mites with Extreme Temperatures[J]. Journal of Stored Products Research, 1992（2）:89-118.

[2] Langford Lane.The Control of Stored-product Insects and Mites with Extreme Temperatures[J]. Journal of Stored Product Research, 1992（3）:89-188.

表 1-2　仓储昆虫对温度反应的概率统计

温区	温度/℃	效应
致死高温区	50～60	几分钟内死亡
	45	数小时死亡
高适温区	35	停止发育
	33～35	发育减缓
最适温区	25～33	发育速度最快
低适温区	13～25	发育减缓
	13～20	发育停止
致死低温区	5	不适应低温者运动停止，数天内死亡
	−10～5	适应低温者数周到数月内死亡
	−25～−15	几分钟内死亡

每种昆虫或同种昆虫的不同虫期（如卵、幼虫、蛹、成虫）都有自身发育的最低温度和最高温度的临界值（或称为阈值温度），超出最高温度或低于最低温度，昆虫发育就会停滞，其死亡率增大。但在达到致死温度之前，昆虫不会死亡。[1] 有研究指出，危害藏品的常见昆虫平均发育阈值（LDT）顺序为：螨（6.8℃）和双翅目（8.1℃）的发育阈值较低，鳞翅目（11.3℃）和啮虫目（13.8℃）次之，鞘翅目（14℃）和蜚蠊目（15℃）的发育阈值较高。[2]

昆虫在致死高温区与致死低温区的死亡，与恶劣温度的程度及其持续的时间均有关系。在致死高温区，昆虫会出现热昏迷状态，并随时间的延续而死亡。在高温下一时尚未杀死的昆虫，高温对该虫的生命与繁殖均会产生不利影响，如存活率显著降低，卵孵化率降低。

在致死低温区，大多数昆虫体内原生质析出水分结冰，不断扩大的冰晶可使原

---

[1] Klaus H. Hoffmann.Environmental Physiology and Biochemistry of Insects[M]. Berlin Heidelberg: Springer-Verlag, 1985:33-66.
[2] Vaclav Stejskal, Tomas Vendl, Zhihong Li, etc.Minimal Thermal Requirements for Development and Activity of Stored Product and Food Industry Pests（Acari, Coleoptera, Lepidoptera, Psocoptera，Diptera and Blattodea）: A Review[J].Insects, 2019（5）:149.

生质遭机械损伤、脱水，生理结构受到破坏，细胞膜破损，从而引起组织或细胞内部产生不可复原的变化而引起昆虫死亡。尽管有些昆虫是可以耐受结冰的，即组织中有冰形成时也能存活，但这种耐受性是相对的，随着温度的持续下降和处于冻结状态的时间延长，其存活率同样下降，所有的仓储昆虫在冷冻时都会死亡。[1] 可见，利用低温杀灭昆虫既要考虑到低温的强度也要强调低温持续的时间。一般说来，在致死低温区，温度越低，昆虫死亡越快，杀灭昆虫所需的时间越短。但处于冷昏迷的昆虫一旦回到了正常温度，其生命活力就会恢复，因此灭虫低温的持续时间十分关键。

从昆虫的抗逆性强弱分析，昆虫耐寒性较耐热性强，即昆虫忍受低温强度和持续时间的能力相对较强。这与昆虫体内含有大量糖、脂肪、蛋白质等物质，与原生质形成一定的有机结构，使其体液可以忍受0℃以下的一定低温而不结冰有关。

昆虫耐寒性的划分主要是依据其过冷却点的高低，过冷却点（supercooling points，SCP）是昆虫体液开始结冰时的体温，它代表着该类昆虫能够存活的温度下限。昆虫的体液降到冰点以下不一定都会结冰，只有在环境温度达到其过冷却点时，其体液才开始结冰，这个现象对于冷冻灭虫相当重要。表1-3列出了某些昆虫体液结冰的温度。[2]

表1-3 某些昆虫的冰点

昆虫的学名	中文俗名	虫期	昆虫的冰点 / ℃
Alphitobius diaperinusa	黑菌虫	成虫	−12.3 ~ −9.4
Cryptolestes ferrugineus	锈赤扁谷盗	成虫	−20.4 ~ −16.7
Cryptolestes pusillus	长角扁谷盗	成虫	−14
Ephestia kuehniella	地中海粉螟	幼虫	−21.7 ~ −16.9
Gibbium psylloides	裸蛛甲	成虫	−10.7
Oryzaephilus surinamensis	锯谷盗	成虫	−13.7

---

[1] 李冰祥，陈永林，蔡惠罗. 过冷却和昆虫的耐寒性 [J]. 昆虫知识，1998（6）：361-364.
[2] Hagstrum D W, Phillips T W, Cuperus G. Stored Product Protection[M]. Kansas State:Kansas State University, 2012:181.

续表

昆虫的学名	中文俗名	虫期	昆虫的冰点 / ℃
Plodia interpunctellab	印度谷螟	幼虫	−16 ~ −7.4
		蛹	−22 ~ −5
		成虫	−22.5
Rhyzopertha dominica	谷蠹	成虫	−15.2
Sitophilus oryzaec	米象	成虫	−22
Stegobium paniceum	药材甲	幼虫	−9 ~ −6.5
		蛹	−4
		成虫	−15.2
Tenebrio molitor	黄粉虫	幼虫	−14.9 ~ −7.7
		蛹	−13.3
		成虫	−14.9 ~ −7.7
Tineola bisselliella	幕衣蛾	卵	−22.6
		幼虫	−16.2 ~ −13
		蛹	−16.9
		成虫	−18.8
Tribolium castaneum	赤拟谷盗	成虫	−16 ~ −12.3

由表1-3可见，不仅不同昆虫的过冷却点不同，即使同一昆虫的不同发育期的过冷却点也不一样。一般说来，昆虫的过冷却点为 −22 ~ −4℃[1]，随昆虫的物种、体重、发育阶段、营养状况的差异、暴露于低温时间的长短以及遗传因素、气候等的变化而变化[2]。通常情况下，越冬虫态的耐寒性最强，休眠或滞育虫期对低温的耐受能力较强，而发育中的虫态耐寒能力较差。例如，蛾类基本上是以蛹和老熟幼虫越冬的，这两个虫态脂肪含量高，较耐寒，尤以蛹耐寒性最强。故甜菜夜蛾不同虫态耐寒性由

---

[1] Paul G.Fields.The Control of Stored-product Insects and Mites with Extreme Temperatures[J]. Journal of Stored Products Research, 1992(2): 89-118.
[2] LEE R E.Insect Cold Hardiness: to Freeze or Not to Freeze[J]. Bioscience, 1989(2): 308-313.

弱至强的顺序是：卵、成虫、幼虫和蛹。[1] 又如，西藏飞蝗四川种群以卵越冬，卵期的过冷却点显著低于其他虫态。[2] 即使同一虫种在同一个虫期内，耐寒性也不同。如在飞蝗的卵中，因胚胎的发育阶段不同，耐寒性不同，初产的卵耐寒性显著高于胚转期和孵化前的卵。[3] 家蚕完好卵要比受伤卵的过冷却点低，滞育卵和非滞育卵的过冷却点也有显著差异。[4]

昆虫的耐寒性受环境影响很大，如缺氧条件可以提高昆虫的耐寒性，故高纬度、高海拔地区的昆虫种类或种群通常具有更强的耐寒能力。又如，家蝇蛹在无氧条件下处理 10 分钟，就能使将其在 –7℃处理 2 小时的存活率从 0 提高到 25.3%。[5] 昆虫在被冷冻前若曾经经历过一段时期的低温，就可提高该昆虫的耐寒性，这也就是越冬的昆虫的抗寒性强的原因。

1.2.2　相对湿度

相对湿度（relative humidity, RH）。人类能够忍受广泛的相对湿度，但在45%~65%的范围内最舒服。一般来说，温度较低或较干燥的环境对昆虫的吸引力小。

大多数昆虫喜欢选择在湿度较高的环境内生活，如家具窃蠹、档案窃蠹，有人发现凡是捕获到档案窃蠹的库房，库房环境湿度都超过了55%。[6] 有些昆虫对潮湿环境有强烈的偏爱与依赖，只能在潮湿环境下生存，例如衣鱼与书虱等，这类昆虫只有在湿度超70%以上的环境才可能快速繁殖并引起严重的问题（更多见：2.3.1 喜湿昆虫或卫生昆虫）。

也有不少昆虫对环境湿度有较大的容忍度，在非常干燥或潮湿的环境中都可以存

---

[1] 江幸福，罗礼智，李克斌，等. 甜菜夜蛾抗寒与越冬能力研究 [J]. 生态学报，2001（10）：1575-1582.
[2] 王思忠，李庆，封传红，等. 西藏飞蝗各发育阶段的耐寒性 [J]. 昆虫知识，2007（6）：797-798.
[3] Jia Q X, Chen L, Zuo Z Y.Comparison of Cold Tolerance among Differentartemia Strains[J].Acta Zoologica Sinica, 1999(1): 32-39.
[4] 李冰祥，陈永林，蔡惠罗. 过冷却和昆虫的耐寒性 [J]. 昆虫知识，1998（6）：361-364.
[5] Coulson S J, Bale J S. Anoxia Induces Rapid Cold-hardening in the Housefly Musca Domestica (Diptera: Muscidae)[J].Journal of Insect Physiology, 1991(7): 497-501.
[6] 熊洪治，冯惠芬，熊兴占，等. 档案窃蠹发生规律研究 [J]. 档案学研究，1991（2）：73-78.

活很长时间，例如药材甲发育的最佳湿度为60%~90%。① 尽管这类昆虫可以在接近60%的相对湿度下生存，但在潮湿的环境下更能茁壮成长。②

尽管就环境湿度而言，每种昆虫的需求不同，但整体而言，大多数昆虫的生长、发育的适宜湿度为70%~90%③，因为相对湿度会影响到昆虫的生长、发育和繁殖能力。例如档案窃蠹，50%以下的相对湿度不利于卵的孵化，在36%的相对湿度条件下，卵不孵化。④ 家具窃蠹或某些蠹食木制品的昆虫，只有环境相对湿度在55%以上才能成功完成其生命周期。⑤

相对湿度过高或过低都可以抑制昆虫的新陈代谢而使其发育延迟，昆虫卵的孵化、蜕皮、化蛹、羽化，一般都要求较高的相对湿度。在大多数情况下，控制环境的相对湿度对虫害具有一定的抑制作用。但这只是一般规律，不同种类的昆虫、同种昆虫的不同发育阶段都有可能对相对湿度具有不同的需求（更多见：4.重要害虫）。

一般情况下，降低藏展场所的相对湿度，可以抑制昆虫的发生与发育。这就是为什么在选择藏展环境的相对湿度时，在考虑藏品材质的前提下，应尽量选择材质可以忍受的相对湿度下限作为藏展环境的相对湿度，如保存纸质藏品的相对湿度为50%~60%，选择50%作为其保存环境的相对湿度更不利于昆虫的滋生。

高温与高湿是任何昆虫都喜欢的生存环境，表1-4⑥呈现了这一事实。

---

① A Product of the Integrated Pest Management Working Group. Drugstore Beetle[EB/OL]. 24 March, 2019[2021-11]. https://museumpests.net/wp-content/uploads/2019/03/Drugstore-Beetle.pdf.
② Opit G P, Throne J E.Effect of Diet on Population Growth of Psocids *Lepinotus reticulates* and *Liposcelis entomophila*[J].Econ Entomol, 2008(2): 616-622.
③ 王春，于小玲.博物馆藏品害虫的综合防治[J].四川文物，2003（1）：91-93.
④ 熊洪治，冯惠芬，熊兴占，等.档案窃蠹发生规律研究[J].档案学研究，1991（2）：73-78.
⑤ Dee Lauder, David Pinniger. English Heritage（EH）Guideline for Insect Pest Management（IPM）in English Heritage Historic Properties[J/OL]. [2021-5]. https://www.english-heritage.org.uk/siteassets/home/learn/conservation/collections-advice--guidance/eh-guideline-for-insect-pest-management-ipm-in-eh-historic-properties---website-version.pdf.
⑥ 川上裕司，杉山真紀子.博物館・美術館の生物学カビ・害虫対策のためのIPMの実践[M].日本：雄山閣，2009：108.

表 1-4 环境温湿度与虫害发生的程度

相对湿度	温度	虫害发生的程度
10%以下	10℃以下	少
30%以上	15℃以上	增多
	20℃以上	显著增多
50%~70%	25~35℃	非常多
90%	35℃	减少

2 危害藏品的昆虫分类

隐藏在收藏单位的任何种类的昆虫，无论其大小，都会导致藏品不可挽回的损伤。不同物种的昆虫，其栖息地可能不同，生理机能和嗜好也会不一样，因而其破坏藏品的方式与程度也会不同。要控制危害藏品的昆虫，首先必须认识它们，对昆虫的科学分类有助于对它们的了解、监测与采取控制措施。

遵照昆虫学分类，本书在生物学分类部分对危害我国藏品的昆虫进行了统计分类，但更多的昆虫分类方式是从管理者视角，按照昆虫的习性（如栖息地、食性）、危害藏品的程度与方式进行分类。为了便于对易感材质藏品的虫害防治，本书分门别类地专门讨论了危害纸质物品、纺织品、动物材质制品（皮革、皮制品与毛皮制品等）、木/竹/藤器以及生物标本等昆虫的行为与防治方法等，见2.6~2.10。

2.1 昆虫的生物学分类

生物学分类法（biological classification）是根据物种共有的生理特征对生物体进行

命名、描述和分类的方法。其分类的依据是生物在形态结构和生理功能等方面的特征，其分类系统是阶元系统，通常包括七个主要级别：界、门、纲、目、科、属、种。其中"界"是最大的分类单位，往下依次减小，"种"是最基本的分类单位。分类单位越大，所含的生物共同特征越少，生物种类越多，亲缘关系越远；反之，分类单位越小，所包含的生物共同特征越多，生物种类越少，亲缘关系越近。

昆虫被分入动物界节肢动物门的昆虫纲（Insecta），昆虫纲不仅是节肢动物门，也是整个动物界种类和数量最多的一个纲，被分为多个目。每个目又依照昆虫的生物特性的相似程度划分不同的科、属、种。生物分类法不仅对每种生物进行了定位，而且还用拉丁语名称对每个物种进行标识，以便全球统一命名。

利用生物学分类法对危害藏品的昆虫进行分类有两大益处：一是便于知晓不同昆虫的形态结构和生理功能等，有利于对该类昆虫进行预防与消杀。二是利用拉丁文对每类昆虫进行统一命名（又称为科学名称或学名），可以消除对同一昆虫的不同称谓。同一昆虫具有多个俗名，无论是中文还是英文都存在这个问题，这为我们研究昆虫平添了障碍。例如，衣鱼的俗名就很多，如银鱼、剪刀虫、蠹鱼、璧鱼、燕尾虫。又如黑皮蠹的英文俗名至少就有两个：black larder beetle，incinerator beetle，但其拉丁文学名（科学名称）仅一个：*Dermestes ater* De Geer。生物分类给每种昆虫以一个拉丁文的统一科学名称后，可应对同一昆虫而称谓不同的分歧，更便于管理者或研究者间的交流。

昆虫的生物学分类也在不断地修改与完善，不同国家也有差异。例如，国际上的昆虫分类有28目或29目，我国最常用的是34目的分类。[①] 世界上已知的几十万种昆虫按照其特点分列在昆虫纲的30多个目内，其中有8个目的昆虫在我国均有危害藏品的记录（见附录1：中国境内危害藏品的昆虫统计），它们分别是：鞘翅目（Coleoptera）、鳞翅目（Lepidoptera）、衣鱼目（Zygentoma）、啮虫目（Corrodentia）、蜚蠊目（Blattaria）、直翅目（Orthoptera）、膜翅目（Hymenoptera）、革翅目（Dermaptera）。2007年开始，原等翅目的白蚁被并入蜚蠊目，等翅目被废除。衣鱼目属现昆虫纲下一目，20世纪末原属于缨尾目（Thysanuara），后缨尾目被取消。其中，鞘翅目昆虫的种类最多，危害也最

---

① 李鸿兴，隋敬之，周士秀，等.昆虫分类检索[M].北京：农业出版社，1987：35.

大。国外文献中有报道，双翅目皮蝇科的皮蝇对艺术和自然历史博物馆藏品有危害[1]，但我国尚未见到相关文献报道。表1-5列出了这几个目的昆虫的特点。

表1-5 不同类别昆虫的主要特点

类别	口器	食性与危害	生活史	分布
鞘翅目	咀嚼式	种类繁多，食性复杂，大多为重要的仓储昆虫，可危害多种类型的材质，包括植物源纤维、动物源纤维与动物干制品等	卵—幼虫—蛹—成虫	在我国广泛分布
鳞翅目/谷蛾科	幼虫口器为咀嚼式	危害毛制品、丝制品、动物标本皮毛和羽毛等物品	卵—幼虫—蛹—成虫	在我国广泛分布
衣鱼目	咀嚼式	植食性，以淀粉、胶质、纸张、纤维等为食物，常造成书籍及衣物等的损伤	卵—若虫—成虫	全国各地均有分布
啮虫目	咀嚼式	植食性，喜食霉菌。主要危害纸质藏品、动植物标本等	卵—若虫—成虫	在湿度较大的区域
蜚蠊目	咀嚼式	其中蜚蠊（蟑螂）为杂食性，几乎取食任何物品，包括皮革、毛发、皮张、纸和书籍；白蚁主要危害竹、木、藤制品与书籍等	卵—若虫—成虫	除两极外的世界各地，在我国广泛分布
直翅目（蟋蟀）	咀嚼式	杂食性，危害蛋白质和植物纤维素材料，包括纺织品（羊毛、丝绸、亚麻和棉花）、皮革、动物皮和毛皮。特别容易被污迹吸引	卵—若虫—成虫	世界各地，我国几乎各地都有
膜翅目/木蜂	咀嚼式	植食性，对木材、木质器具、建筑、篱笆等危害很大	卵—幼虫—蛹—成虫	在我国广泛分布
革翅目（蠼螋）	咀嚼式	杂食性，既吃植物，也吃动物尸体的残余物等	卵—若虫—成虫	在我国广泛分布

---

[1] Athanassiou C G, Arthur F H. Recent Advances in Stored Product Protection[M]. Springer Link，Switzerland，2018: 229-260.

2.1.1 鞘翅目

鞘翅目（Coleoptera）统称甲虫（beetle），是昆虫纲中分布最广、种类最多的一个目。目前已知的种类有39万多种，占昆虫纲的40%以上。[1] 在鞘翅目昆虫中与储藏物有关的昆虫约有600种，在我国，张生芳先生在《中国储藏物甲虫》中记述我国储藏物鞘翅目种类301种。[2] 鞘翅目昆虫分布极广，除海洋和极地之外，任何环境都可以发现该物种。关于鞘翅目的分类，各家的见解不一，有分为182科，也有分为178科，总之类别很多。尽管其类别众多，但有以下共同点：

①属于完全变态昆虫，其生活史要经历卵、幼虫、蛹、成虫4个阶段。

②幼虫与成虫均具有咀嚼式口器，幼虫口器发达，其危害主要在幼虫期，幼虫利用发达的咀嚼式口器来咬啮或蛀穿材质，导致藏品受损。

③其蛹为自由蛹（裸蛹），蛹的外形如同其成虫的形态。

④其成虫的外形共同特点是：身体坚硬，体小或中等大小，前翅角质硬化、坚硬，故称为"鞘翅"。其前翅不透明，不具飞行功能，用以保护后翅及身体。后翅膜质宽大，可快速扇动，具有飞行及迁移能力，故能适应各种生态环境。

破坏我国藏品的主要昆虫，笔者发现已有文献记载的鞘翅目昆虫主要分布在14个科内（更多信息见附录1），即窃蠹科（Anobiidae）、皮蠹科（Dermestidae）、蛛甲科（Ptinidae）、象甲科（Curculionidae）、薪甲科（Lathridiidae）、伪瓢甲科（Endomychidae）、天牛科（Cerambycidae）、大蕈甲科（Erotylidae）、吉丁科（Buprestidae）、隐食甲科（Cryptophagidae）、锯谷盗科（Silvanidae）、拟步甲科（Tenebrionidae）、扁谷盗科（Laemophloeidae）、长蠹科（Bostrychidae）。其中原粉蠹科（Lyctidae）昆虫并入了长蠹科，原长小蠹科（Platypodidae）昆虫归入了象甲科。

鞘翅目昆虫的食性很杂，可危害各类储藏物，如木材、纸张、谷物、干果、药材、标本、植物的种子等，几乎任何有机物质都有可能成为其中某些物种的食物。

鞘翅目窃蠹科、天牛科、小蠹科、吉丁甲科、象甲科、长蠹科与蜚蠊目鼻白蚁科

---

[1] Zhang Z Q. Phylum Arthropoda[J]. Zootaxa, 2013 (1)：17-26.
[2] 江亚杰. 我国常见鞘翅目储粮害虫系统发育研究[D]. 河南工业大学，2017.

等昆虫多以钻蛀方式危害材质，其取食行为隐蔽，一旦发现，材质已经被蛀蚀得千疮百孔，虫道纵横，故这些昆虫属于风险特别大的昆虫，一旦发现，必须立即隔离被害对象并进行消杀处理，更多相关信息见：4.8 药材甲，4.9 烟草甲，4.10 档案窃蠹，4.15 粉蠹虫，4.16 家具窃蠹，4.17 竹长蠹虫，4.18 天牛。皮蠹科幼虫喜食动物干制品，是危害动物皮毛、皮服、动物与昆虫标本、干茧、地毯、毛织品、毛呢服装、绢丝等的重要害虫，更多相关信息见：4.4 皮蠹科昆虫的共性，4.5 小圆皮蠹，4.6 黑毛皮蠹，4.7 花斑皮蠹。

2.1.2 鳞翅目

鳞翅目（Lepidoptera）是昆虫纲的第二大目，是广泛分布的世界性重要仓储昆虫。目前已经发现，蕈蛾科（Tineidae，旧称谷蛾科）的 4 种飞蛾均可危害藏品（见附录 1），其中尤以幕衣蛾（*Tineola bisselliella*）和袋衣蛾（*Tinea pellionella*）为甚。这两种衣蛾的主要区别在于幼虫，袋衣蛾的幼虫是会造巢的衣蛾，其运行随身携带"袋子"，该"袋子"是由其吐出的丝以及被害物的纤维黏附而成的。幕衣蛾不具有这类"袋子"，它吐丝并滚卷一番，造出可以栖息的网道，幼虫就躲在其内取食为害，因此也称为网衣蛾。

这两类衣蛾都广布世界各地，其幼虫喜食动物源性纤维与甲壳素/几丁质，主要破坏对象为动物毛纺织品和自然历史藏品，动物毛纤维制品、丝纤维、动物标本、昆虫标本、皮毛、羽毛、毛毡、毛发、软垫家具及地毯、挂毯等都可能受害，故被列为危害藏品的重要害虫。这类昆虫的共同特点是：

①属于完全变态昆虫，其生活史要经历卵、幼虫、蛹、成虫 4 个阶段。

②幼虫具有咀嚼式口器，是危害材质的重要虫期。成虫口器为虹吸式，呈吸管状，不再具有直接危害藏品的能力。

③成虫小而不显眼，体长 5~7 mm，不取食。成虫都是夹杂着银色光泽的小蛾子，喜黑暗，只在温暖时飞翔，可从门、窗飞进室内，但进入藏展环境的主要途径是依附在物品缝隙中被携带入内。

④衣蛾的成虫及幼虫都喜欢幽暗的环境，通常在湿度高（相对湿度大于 60%）、空气较不流通的角落可以发现衣蛾的成虫及幼虫。

除以上常见衣蛾外，有些衣蛾尽管不直接取食藏品，但化蛹前会在藏品上挖掘蛹室，造成藏品损坏。

更多相关信息见：4.1衣蛾，4.2幕衣蛾，4.3袋衣蛾。

2.1.3 其他昆虫

衣鱼目、啮虫目与蜚蠊目昆虫均为常见昆虫，其中衣鱼目、啮虫目昆虫的发生常与环境湿度相关，蜚蠊目昆虫为常见的卫生昆虫（更多相关信息见：4.11衣鱼，4.12蜚蠊，4.13书虱）。尽管它们的危害性没有鞘翅目、鳞翅目昆虫严重，但由于其繁殖能力强，也会给藏品带来很大危害。特别是蜚蠊目的白蚁，尽管对馆藏的危害几率不大，但一旦危害藏品就会带来毁灭性危害（更多相关信息见：4.19白蚁）。

此外，其他几个目的昆虫也有危害记录。例如，直翅目的蟋蟀一旦进入藏展场所，其很强的咀嚼式口器与杂食性的特点，使其危害的对象较为广泛，包括纺织品（如羊毛、丝绸、亚麻、棉花）、皮革、动物皮和毛皮，并特别容易被污迹吸引。[1] 又如，我国浙江省林业局有关于木蜂蛀空木质家具、门窗等的报道。

2.2 依危害藏品风险的高低分类

进入藏展场所的昆虫对藏品都具有危害的风险，有些是直接危害，有些是间接危害，例如后者成为前者的诱饵。即使是直接危害，也有严重危害与轻微伤害之分。依危害藏品的风险高低对昆虫进行分类，有利于采取有针对性的治理措施，避免藏品的重大损坏。

一般说来，具有咀嚼式口器的任何昆虫都可能对藏品造成直接危害，但其危害程度是有所不同的。昆虫危害力的大小与很多因素相关，例如其生命历程的长短、繁殖力以及取食方式等。博物馆虫害综合治理工作组（The Museum Pests Working Group，MPWG）依据昆虫对藏品的危害程度将昆虫分为三大类：高风险昆虫、中风险昆虫与

---

[1] Ziad al-Saad. Preventive Conservation[EB/OL]. 2018[2021-11]. https://docplayer.net/25136074-Course-outline-preventive-conservation-basic-definition.html.

低风险昆虫。

一旦攻击藏品，在短时期内就会给藏品带来极大危害的昆虫为高风险昆虫。这类昆虫直接咬食物品，多栖息在藏展场所，甚至深入物品内部，具有很大的破坏性。一旦发现这类昆虫就必须立即采取行动进行控制与消杀，以防虫害蔓延与危害程度加剧。

其他所有噬食藏品的昆虫都为中风险昆虫，一旦发现就要寻找起因，并尽快治理。

低风险昆虫主要是指卫生昆虫等。这类昆虫多藏匿在藏展场所周围，一旦入侵到藏展场所内就表征该环境适合昆虫生长，发现这类昆虫就须检查藏展环境存在的问题并进行调控。

博物馆虫害综合治理工作组公布了这三大类昆虫的名单，以及学者对名单内昆虫的相关研究。这些统计并不完全，例如档案窃蠹尚未列入高风险昆虫，但其分类原则还是值得借鉴的。

表 1-6　高风险昆虫（MPWG 发布）

中文俗名	英文俗名	拉丁文学名
美洲大蠊	American cockroach	*Periplaneta americana*（Linnaeus）
德国小蠊	German cockroach	*Blattella germanica*（Linnaeus）
东方蜚蠊	oriental cockroach	*Blatta orientalis*（Linnaeus）
褐带皮蠊	brownbanded cockroach	*Supella longipalpa*（Fabricius）
黑毛皮蠹	black carpet beetle	*Attagenus unicolor*（Brahm）
钩纹皮蠹	black larder beetle	*Dermestes ater*（De Geer）
烟草甲	cigarette beetle	*Lasioderma serricorne*（Fabricius）
报死窃蠹	deathwatch beetle	*Xestobium rufovillosum*（De Geer）
家具窃蠹	furniture beetle	*Anobium punctatum*（De Geer）
药材甲	drugstore beetle	*Stegobium paniceum*（Linnaeus）
水牛皮蠹	buffalo carpet beetle	*Anthrenus scrophulariae*（Linnaeus）
白腹皮蠹	hide beetle	*Dermestes maculatus*（De Geer）
火腿皮蠹	larder beetle	*Dermestes lardarius*（Linnaeus）

续表

中文俗名	英文俗名	拉丁文学名
标本圆皮蠹	museum beetle	*Anthrenus museorum*（Linnaeus）
小圆皮蠹	varied carpet beetle	*Anthrenus verbasci*（Linneaus）
百怪皮蠹	odd beetle	*Thylodrias contractus*（Motschulsky）
家具皮蠹	furniture carpet beetle	*Anthrenus flavipes*（LeConte）
斯氏毛皮蠹	vodka beetle	*Attagenus smirnovi*（Zhantiev）
花斑皮蠹	warehouse beetle	*Trogoderma variabile*（Ballion）
粉蠹	true powderpost beetle	*Lyctus* spp.
家希天牛	old house borer	*Hylotrupes bajulus*（Linnaeus）
象鼻甲虫	wood-boring weevil	*Euophryum confine*（Broun）
干木白蚁	drywood termite	*Cryptotermes brevis*（Walker）
北美散白蚁	subterranean termite	*Reticulitermes flavipes*（Kollar）
拟裸蛛甲	shiny spider beetle	*Gibbium aequinoctiale*（Boieldiew）
袋衣蛾	case-making clothes moth	*Tinea pellionella*（Linnaeus）
褐家蛾	brown house moth	*Hofmannophila pseudospretella*（Staint.）
幕衣蛾	webbing clothes moth	*Tineola bisselliella*（Hummel）
白肩家蛾	white-shouldered house moth	*Endrosis sarcitrella*（Linnaeus）
家衣鱼	firebrat	*Thermobia domestica*（Packard）
灰衣鱼	gray silverfish	*Ctenolepisma longicaudata*（Escherich）
衣鱼	silverfish	*Lepisma saccharina*（Linnaeus）

加拿大文化遗产保护研究所（Canadian Conservation Institute，CCI）29号技术公报发布了加拿大的16种主要昆虫及其危害特征（见附录6），这16种主要昆虫包括粉蠹虫、家具窃蠹、烟草甲、药材甲、家希天牛、黑尾拟天牛、吉丁虫、白腹皮蠹、皮蠹、幕衣蛾、袋衣蛾、衣鱼、德国小蠊、书虱、木蚁、白蚁等，其中大部分被博物馆虫害综合治理工作组列为了高风险昆虫。随地域的不同，我国有些重要害虫并未在列，例如档案窃蠹。

博物馆虫害综合治理工作组列出的中风险昆虫见表1-7。

表 1-7　常见的中风险昆虫（MPWG 发布）

中文俗名	英文俗名	拉丁文学名
书虱	book lice or psocids	*Liposcelis* spp.
褐点衣蛾	brown-dotted clothes moth	*Niditinea fuscella*（Linnaeus）
赤足郭公虫	red-legged ham beetle	*Necrobia rufipes*（Fabricius）
红颈蕈甲	minute brown scavenger beetle	*Dienerella ruficollis*（Marsham）
异色瓢虫	multicolored asian lady beetle	*Harmonia axyridis*（Pallas）
跳虫	springtails	*Order Collembola*

MPWG 列出的常见低风险昆虫主要为环境昆虫，如茶翅蝽（brown marmorated stink bug）*Halyomorpha halys*（Stål）、木蜂（carpenter bee）*Xylocopa virginica*（Linnaeus）、蚰蜒（house centipede）*Scutigera coleoptrata*（Linnaeus）及蜘蛛等。这类昆虫通常不会直接威胁到藏品的完整性，但有可能玷污藏品或由于其尸体吸引许多其他有害生物而对藏品造成继发性危害。

2.3　依昆虫的栖息地分类

栖息地是昆虫生存和繁衍的环境，也是昆虫的藏匿点及活动场所。在藏展场所发现的昆虫，其栖息地有两大类：

一类是寄居在物品内或室内，物品为其提供营养物质或藏匿场所，这类昆虫对物品的危害极大，常称为储藏物害虫或仓储害虫。

另一类主要生活在户外，通过建筑物缝隙、裂口或门窗等入侵到建筑物内。这类昆虫有的不具备在室内长期生活的能力，有的可以寄居在建筑物或物品的缝隙，它们可能直接取食藏品或成为其他昆虫的食物源。它们的存在表明该建筑物结构或环境存在问题，如潮湿、不洁净，故这类昆虫也被称为喜湿昆虫或卫生昆虫。按照栖息地对危害藏品的昆虫进行分类，有助于寻找虫源和发现藏品管理问题，也便于对目标昆虫的精准消杀。

2.3.1 喜湿昆虫或卫生昆虫

喜湿昆虫或卫生昆虫又被称为环境指示性昆虫，它们的存在表征该环境存在脏乱、潮湿或管理问题，这类昆虫包括书虱、衣鱼、跳虫、蟑螂（蜚蠊）、啮虫、千足虫、蜈蚣、黄蜂、蟋蟀、蚂蚁和蜘蛛等。它们的以下行为对藏品的材质会造成损害：取食，污染，在存藏场所筑巢，或成为其他昆虫的食物源等。

喜湿昆虫（moisture-loving pests）又称为湿气昆虫（moisture pests）或潮虫，这是一类与霉菌及高湿度有关的昆虫。这类昆虫滋生栖息在潮湿的环境中，且往往集结出现，大多喜暗、畏光，聚集在潮湿阴暗角落，多以霉菌、真菌或腐烂物品为食，有的也会取食霉菌孢子、发芽种子与粮食等。这类昆虫有：衣鱼、书虱、木虱、跳虫、蕈甲、拟裸蛛甲、米扁虫等。其中，书虱、木虱、跳虫、蕈甲、拟裸蛛甲和米扁虫均属食霉性昆虫，它们对藏品也会构成威胁，如书虱啃食附着淀粉胶的纸张，木虱有可能会侵扰潮湿的纸张和纸板等。又如以微小的霉菌为食的跳虫，通常会侵扰潮湿或发霉的物品。[1] 再如无翼昆虫衣鱼，白天藏匿在建筑物的裂缝和缝隙里，在黑暗环境中就出来取食纸张、胶料、胶水和墙纸等。更多见：4.11衣鱼，4.13书虱，4.14蛛甲，等等。

喜湿昆虫的繁殖能力很强（如一只雌性书虱可产近100枚卵），且繁殖周期短（如跳虫一年至少繁殖四代），并通常把卵产在潮湿木头表面、书架书柜、踢脚线、门窗框等处，一旦环境的湿度过高，就会出现虫口爆发。这类昆虫在干燥的环境中难以生存，如绝大多数衣鱼在相对湿度70%以上的环境生存（见4.11衣鱼）。衣鱼、书虱和大多数蛀木虫（如家具窃蠹）等需要潮湿的条件才能繁殖，相对湿度低于60%时，书虱、木虱都会因失水而死亡。[2]

使建筑物尽可能的密闭，建筑物的内外管道尽可能密封，可预防这类昆虫进入建筑物内。以黏性陷阱对其长期监测，及时发现虫情并堵截虫源通道，控制藏展场

---

[1] National Park Service. NPS Museum Handbook Part 1, Chapter 5: Biological Infestations[EB/OL]. [2014]. https://www.nps.gov/museum/publications/mhi/CHAP5.pdf.
[2] 喻梅，谢令德，唐国文. 书虱综合防治技术研究进展[J]. 武汉工业学院学报，2006（4）：18-22. Athanassiou C G, Arthur F H. Recent Advances in Stored Product Protection[M]. Switzerland: Springer Link, 2018: 229-260.

所的相对湿度（相对湿度最好不高于55%）与洁净度，保持通风，及时除霉与移除藏展场所内的杂物，可预防这类虫害的发生与发展。

卫生昆虫既对人类健康有直接或间接危害，或影响人们的正常生活，有的还可直接危害物品。例如家蟋蟀（Acheta domesticus），一般生活在户外或田野，为具有咀嚼式口器的杂食性昆虫，取食植物、动物或互残。一旦进入建筑物，就会对材质为蛋白质和纤维素的物品进行攻击，如取食纺织品（羊毛、丝绸、亚麻和棉）、皮革、动物皮和毛皮等。又如户外的蚂蚁，一旦进入了存藏场所，就会破坏木材、纸张、胶水和其他有机材料[1]。千足虫、蜈蚣虽然不直接取食藏品，但会污染藏展环境或引诱其他昆虫。以上这类昆虫的存在，至少表征该藏展环境适于昆虫生长，说明藏展环境的建筑存在一定问题，其卫生清洁与环境维护工作需要进一步完善。

2.3.2 仓储昆虫

仓储昆虫（stored product insects）又称储藏物昆虫、贮藏物昆虫、储粮昆虫、干货昆虫与仓虫等，指的是能适应储藏环境，在干燥的储藏物内能正常生活、繁殖的一类昆虫[2]，其全部生活或大多数时期都在以储藏物为中心的基本封闭环境中。仓储昆虫是损坏或破坏储藏的食物或其他有保存价值物品的昆虫。藏匿在藏展环境中的仓储昆虫，危害各类有机材质的藏品，其生态系统以藏品为中心。许多仓储昆虫会直接把卵产在寄主内，幼虫以此为食直到蛹期。蛾类幼虫通常爬到一个远离食物源的隐蔽位置化蛹，发育为成虫并交配，直接将卵产在适合幼虫生长的寄主中。

（1）一般生物学特性

仓储昆虫多是世界性昆虫，在全球分布广泛。我国自1957年组织了五次全国性仓储昆虫调查，发现仓储昆虫共242种、螨类141种，其中分布较广、危害较重的约50种。[3]

---

[1] National Park Service. NPS Museum Handbook Part 1, Chapter 5: Biological Infestations[EB/OL]. [2014]. https://www.nps.gov/museum/publications/mhi/CHAP5.pdf.
[2] 白旭光. 储藏物害虫与防治 [M]. 北京：科学出版社，2002：2.
[3] 李隆术，朱文炳. 储藏物昆虫学 [M]. 重庆：重庆出版社，2009：52.

仓储昆虫主要分布在鞘翅目（甲虫）和鳞翅目（蛾）。仓储昆虫多具有体小、色暗，且活动隐蔽的特征，非成虫期很难被发现。这类昆虫的抗逆性强，耐干燥、耐饥饿，繁殖力强，其生命周期的很长一段时间都藏匿在被害物中。仓储昆虫均属于完全变态昆虫，生活史包括卵、幼虫、蛹和成虫4个阶段，其成虫飞行力弱，喜黑暗，怕光照。

（2）栖息地与危害对象

仓储昆虫一生大多时间都栖息在含水量较低、干燥的储藏物（植物源性物品、动物源性物品等）中，并以此为取食对象。仓储昆虫多具有多食性、食性广而杂、危害物种多样的特点，例如危害谷物、种子、坚果、玉米、烟草、面粉、香料、巧克力、干果、干燥或熏制的肉类和豆类等。藏展场所内的仓储昆虫危害对象也很广，危害对象包括纸质物品，纺织品，书籍，竹、木、藤器，植物标本，动物标本，木乃伊，皮张，毛皮制品，骨与骨制品，羽毛，毛发，玻璃纸，塑料和纸板等，甚至可食基于谷物的啮齿动物饵料，以及藏展环境中的其他设施，包括某些金属材料。表1-8为常见仓储昆虫及其危害对象。[①]

表1-8　常见仓储昆虫及其危害对象

昆虫	主要危害对象
烟草甲 Lasioderma serricorne	严重危害亚麻、香料、种子、干植物、书籍和药材的昆虫。该虫也被称为"植物标本甲虫"，因为它会对干燥的植物标本造成较大伤害
药材甲 Stegobium paniceum	是危害纸质文献的高风险昆虫，它们还能咬碎锡纸和铅片
锯谷盗 Oryzaephilus surinamensis	以谷类食品为食，也危害植物标本
谷蠹 Rhyzopertha dominica	以全谷物、木材和纸张为食
赤拟谷盗 Tribolium castaneum	以面粉、加工过的谷物为食，也危害标本

---

① National Park Service. NPS Museum Handbook Part 1, Chapter 5: Biological Infestations[EB/OL]. [2014]. https://www.nps.gov/museum/publications/mhi/CHAP5.pdf.

续表

昆虫	主要危害对象
杂拟谷盗 *Tribolium confusum*	主要危害储存的谷物、面粉和香料，但也寄生在一些标本中，包括植物标本和冻干动物标本
米扁虫 *Ahasverus advena*	以发霉藏品中的霉菌为食，是存藏场所太潮湿的表征
大谷盗 *Tenebrioides mauritanicus* Linne	以各种各样的全谷物和加工产品为食，也危害木制品
蛛甲科昆虫 Ptinidae	以植物和动物材料和加工食品为食，经常钻入木材、纺织品、黄麻、亚麻、玻璃纸、塑料、纸板和包装材料进行危害。它们可以消化角蛋白，通常寄生在动物的皮、动物毛发和羽毛上，对动物与植物标本均有危害
赤足郭公虫 *Necrobia rufipes*	危害干肉和烟熏肉，也危害骨骼、皮革、皮张、木乃伊、植物材质藏品、博物馆标本、丝绸、棉花和羊毛等

（3）危害特点

仓储昆虫危害藏品的方式多样，除以藏品材质为食外还玷污藏品或使其变色、字迹消退等。其取食藏品的方式主要有钻蛀式（borers）、咬碎式（shredders）与侵蚀型/啃食（grazers），无论哪种取食方式，都会在藏品或藏品周围留下破坏痕迹，例如不规则的缺刻（即部位上的残缺）、虫孔，以及被丝网连缀成块等，这些都为管理者发现虫害提供了证据（更多内容见：3.虫害的基本迹象与识别）。

2.4　依昆虫食性分类

在有选择的情况下，昆虫取食是有偏好的，即使是杂食性昆虫也是如此。表1-9列出了几类常见的昆虫[①]，在有多种食物可选择的情况下，它们优先取食的对象。

---

① Christa Deacy-Quinn（Spurlock Museum）. Fundamentals of Museum IPM[EB/OL]. [2020]. https://www.spurlock.illinois.edu/pdf/fundamentals-of-museum-ipm-low.pdf.

表 1-9　某些常见昆虫的食性

昆虫	取食偏好	优先选择的攻击对象
木蚁	杂食	喜欢攻击潮湿受损的木材与木制品
德国小蠊	杂食	有营养价值的任何物品，如胶、纸张
火腿皮蠹	杂食	骨骼、毛皮、羽毛、干烟草、熏肉、干肉、带有高蛋白的污渍（如汗液、血液）、死虫、废弃的鸟窝、死去的啮齿动物、无蜂的蜂巢，以及啮齿动物的毒饵
黑皮蠹与小圆皮蠹	动物源性物品	羊毛、纱线、皮革、兽皮、羽毛、动物犄角、皮革书、丝绸、动物坐骑、动物标本
书虱或啮虫	植物源性纤维	纸质藏品、书籍装帧、植物标本、储物盒，或其他纸品
烟草甲和药材甲	植物源性纤维	种子、坚果、谷物、香料、干果、植物标本及植物源性纤维制品，如纸张、编制的篮子
衣蛾	动物源性纤维	羊毛、马海毛、羽毛、皮草、毛发、棉绒、毡制品、死虫、灰尘，以及天然动物源性纤维制成的物品等
家具窃蠹	植物源性纤维	木材，尤其是使用较久、干燥的松木和杨木的边材制品
衣鱼	植物源性纤维	淀粉质材料，如糊墙纸、釉面纸，书籍封皮与装帧、纺织品、棉花、丝绸和胶水
粉蠹	植物源性纤维	大孔硬木的边材，如橡木、白蜡树木、山胡桃木、桃花心木，还有竹子
白蚁	植物源性纤维	潮湿的木头、纸张
花斑皮蠹	动物源性纤维	毛皮、羽毛、动物毛织品、丝绸、毡制品、毛线、动物毛或丝绸地毯、兽皮、动物角制品、动物标本、剥制标本等
百怪皮蠹	动物源性纤维	干燥的动物物品，包括动物标本、昆虫标本、兽皮、羽毛，天然纤维纺织品，如丝绸、羊毛
家蟋蟀	杂食性	取食蛋白质和植物源性纤维物质，包括纺织品（羊毛、丝绸、亚麻和棉）、皮革、动物皮和毛皮
书虱、蕈甲等	腐霉性	取食藏品上的霉斑，由此带来藏品表面的损坏

昆虫食性使得某些种类的昆虫与被害物（易感材质）建立了关联性，这种关联性有利于管理者感知哪类材质更可能受到哪类昆虫的攻击，也便于有针对性地进行监管和治理。一般说来，最容易受到昆虫攻击的藏品，其材质（易感材质）主要有以下几类。

①纺织品：以羊毛或其他动物毛为原料或将羊毛与其他纤维混纺、交织的纺织品，包括衣服、地毯和室内装饰品。

②毛皮：带毛的兽皮，包括由毛皮制作的衣服和动物的剥制标本。

③动物毛：动物毛（鸭绒、鹅绒、驼绒等）制作的衣服以及禽类动物标本。

④丝绸：丝绸的衣服和刺绣品等。

⑤干燥的植物：植物干燥后的制品，如植物标本，干草、藤皮或竹条等的编织品，以及棉花、干果、粮食等。

⑥纸张：各类纸质文献，纸质艺术品，壁纸和照片的相纸等。

⑦竹木材：各类竹木制品，各种用竹木以及胶合木制作的结构用材等。

除以上物品外，被玷污的物品会增加其对昆虫的敏感性，特别是丝绸、亚麻和棉织物。干净的棉织品、丝绸和纸张被虫害的几率小，若其受潮或脏污则被虫害的几率大大提升。此外，放在黑暗或不干净地方的材质，要比置于清洁与光线充足的地方的材质更容易被虫害。①

这里仅将其分为4大类，即危害植物源性纤维的昆虫、危害动物源性纤维的昆虫、腐食性昆虫与杂食性昆虫，以便对这类昆虫特点有初步了解。在随后的部分还会依据易感材质与某些昆虫进行关联，专题讨论危害纸质物品，纺织品，木、竹、藤器，动物材质制品（皮毛制品），皮革以及动植物标本的主要昆虫与防治方法。更多论述见2.6~2.10。

2.4.1 喜食角蛋白和甲壳素的昆虫

角蛋白（keratin）又称为角质素，属纤维结构蛋白，是构成动物毛发、犄角、爪、牙齿、蹄甲、龟甲、指甲、皮张的表皮的关键性结构材料。甲壳素（chitin）又称几丁质，是一种更强的角蛋白，是爬行动物、鸟类、两栖动物和哺乳动物具有的纤维结

---

① Dee Lauder, David Pinniger. English Heritage（EH）Guideline for Insect Pest Management（IPM）in English Heritage Historic Properties[J/OL]. [2021-5]. https://www.english-heritage.org.uk/siteassets/home/learn/conservation/collections-advice--guidance/eh-guideline-for-insect-pest-management-ipm-in-eh-historic-properties---website-version.pdf.

构蛋白质。几丁质的化学结构和纺织品纤维素非常相似，故几丁质又称为动物源性纤维，喜食动物源性纤维的昆虫又称为食肉性昆虫。

富含角蛋白与甲壳素的高危藏品有：动物毛纤维制品，皮革制品，毛皮制品，呢绒衣服，动物毛及羽毛制品，毛线制品，丝纤维（真丝与含桑蚕丝或柞蚕丝等）制品（如各类丝绸、刺绣），挂毯/地毯，毛毡，毛绒物品，鬃毛刷，动物标本，昆虫标本，羊皮纸，兽角与动物角制品，动物的蹄甲、龟甲和指甲等。含有以上材质的藏品均属于易感虫藏品，须格外小心虫害。此外，这类昆虫也捕食其他仓储昆虫的幼虫或卵，即虫吃虫，甚至窗外的死苍蝇也会吸引它们。

尽管这类昆虫喜食动物蛋白，但在没有选择时也会危害其他藏品，例如皮蠹不单蛀害皮制品，还会攻击纸质文献，并在其内部蛀洞化蛹。[1]

含有角蛋白与甲壳素的材质很难被昆虫消化与分解，取食这些成分的昆虫，其肠道内都有特殊的分解酵素，它们不仅依靠微生物分泌的多种角蛋白酶，自己也能产生一些角蛋白酶来消化动物源性纤维。这类昆虫的常见种类有：皮蠹科（Dermestidae）、谷蛾科（Tineidae）昆虫等[2]。此外，蛛甲科甲虫也可以消化角蛋白，经常侵扰动物皮制品、动物毛制品以及羽毛类藏品。

图 1-4 被蛀的大鸢羽毛
摄影：杨时荣，中国台湾

---

[1] Contact the Canadian Conservation Institute. Basic Control of Typical High Risks[J/OL]. [2017-09-21]. https://www.canada.ca/en/conservation-institute/services/agents-deterioration/pests/basic-control-high-risks.html.

[2] 刘蓝玉."国内"博物馆须正视之虫害问题[J]. 博物馆学季刊，2020（3）：79-95，97.

在建筑物外,喜食角蛋白和甲壳素的这类昆虫以死去的动物为食或生活在鸟巢中。

(1) 皮蠹科昆虫

皮蠹科幼虫是蛀蚀皮革和皮制品的重要害虫之一,特别是其中的圆皮蠹属(*Anthrenus*)和毛皮蠹属(*Attagenus*)昆虫。它们取食动物皮革和皮制品的角蛋白和甲壳素,有些皮蠹(如白腹皮蠹和地毯圆皮蠹)还会被油脂吸引,将与皮革相连的装饰材料、颜料黏合剂等蛀蚀。此外,皮蠹科昆虫的幼虫还会危害以动物蛋白为主的其他许多材料,例如动物角、毛皮、羽毛、羊毛和丝布、羊毛毡、毛发、动物标本、干燥的昆虫标本、筋绳、鼓皮以及用胶装订的书籍等。它们藏在黑暗处,通过很小的裂缝钻入被害物深处,很难被人发现。

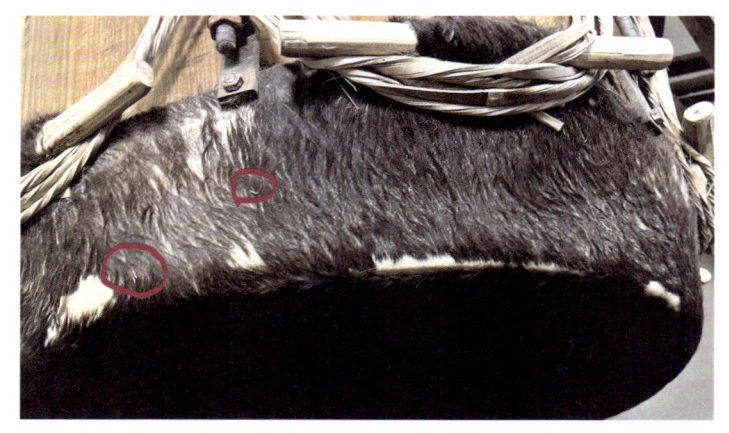

图 1-5 被蠹的毛皮鼓
摄影:森罗股份有限公司

图 1-6 被蠹的民国时期的牛角制品
摄影:陈龙,江阴市博物馆

危害藏品的皮蠹科昆虫主要有[1]：小圆皮蠹（*Anthrenus verbasci*）、地毯圆皮蠹（*Anthrenus scrophulariae*）、丽黄圆皮蠹（*Anthrenus flavipes*）、白腹皮蠹（*Dermestes maculatus*）、火腿皮蠹（*Dermestes lardarius*）、百怪皮蠹（*Thylodrias contractus*）、花斑皮蠹（*Trogoderma variabile*）、饰斑皮蠹（*Trogoderma ornatum*）、肾斑皮蠹（*Trogoderma inclusum*）、钩纹皮蠹（*Dermestes ater*）等。除饰斑皮蠹、肾斑皮蠹与钩纹皮蠹，笔者尚未在国内文献内发现外，其他几种皮蠹在我国均有相关危害的记录。

（2）谷蛾科昆虫

与皮蠹不同的是，谷蛾科昆虫是危害动物毛纤维制品与丝纤维的主要昆虫，其主要昆虫有：袋衣蛾和幕衣蛾。其中袋衣蛾主要危害毛皮、羽毛、毛发、毛毡、丝绸、地毯、挂毯、毯子、室内装潢、钢琴毡、鱼粉、奶粉与毛刷等。尽管幕衣蛾与袋衣蛾的取食对象基本相似，如危害羊毛、挂毯、羽毛材料、毛毡、毛发、毛皮，但袋衣蛾还能以香料、烟草、大麻和皮毛为食。袋衣蛾在博物馆发现较少，因为它需要较高的温度和更潮湿的环境才能生存。

图 1-7 衣蛾在为害地毯
摄影：森罗股份有限公司

图 1-8 衣蛾危害的纺织品
摄影：广州文保文化传播有限公司

---

[1] National Park Service. NPS Museum Handbook Part 1，Chapter 5: Biological Infestations[EB/OL]. [2014]. https://www.nps.gov/museum/publications/mhi/CHAP5.pdf.

2.4.2 喜食植物源性纤维的昆虫

植物源性纤维含有大量的纤维素与木质素，木边材制品和竹制品还含有一定量的淀粉。对于昆虫来说，纤维素与木质素是很难被消化分解的，有些昆虫肠道内含有可分解纤维素、木质素及淀粉等特殊的分解酵素，可以这类材质为食，在混藏多种材质的物品中，这类昆虫会优先攻击含有植物源性纤维（棉花、木棉、黄麻、亚麻、苎麻、竹纤维等）的物品，这类危害植物源性纤维的昆虫被称为食植昆虫。常见的喜食植物源性纤维的昆虫有药材甲、烟草甲、粉蠹虫、衣鱼、白蚁、蛛甲等。尽管这些昆虫优先选择以干植物为食，但它们也会攻击动物源性纤维，如烟草甲也取食动物标本等。

鉴于危害植物源性纤维的昆虫存在，高危藏品包括：木制品、竹制品、干燥的植物标本、篮筐、麻绳、纸制品等。

2.4.3 杂食性昆虫

那些不挑食的昆虫被称为杂食性昆虫，它们是既爱取食动物源性纤维又爱取食植物源性纤维的昆虫。杂食性昆虫见什么就吃什么，是各类藏品库最常见的昆虫，其危害很大。例如蟑螂（学名蜚蠊），以皮革、纸张、胶水、兽皮、毛发和羊毛织物等为食，尤其是当物品上沾有食物和汗液时更能吸引它。

2.4.4 喜食霉菌的昆虫

喜食霉菌的昆虫又称为食霉昆虫，这类昆虫以霉菌的孢子、菌丝和分生孢子为食，通常存在于真菌寄生的腐烂有机物中，例如霉烂的木材、发霉的纸张等以及灰尘较多的地方。这类昆虫的共同特点是体型小、特征模糊，往往难以辨认。这类昆虫的存在与卫生条件差以及潮湿相关，被认为是霉菌指示性昆虫。这类昆虫有书虱、木虱、跳虫、蕈甲、拟裸蛛甲与米扁虫等。有些甲虫也以霉菌为食，例如姬蕈虫科的灰泥甲虫（又名真菌甲虫）。

这些昆虫在取食霉菌时会对藏品表面带来破坏与污染，例如跳虫，它并不直接取食藏品，通常以潮湿或发霉材料的霉菌为食，在啃食霉菌的过程中也损坏与污染物品的表面层。表1-10列出了常见的食霉昆虫的习性与危害[1]。

表 1–10　书虱与姬薪甲的基本生态习性

	书虱	姬薪甲
体型	1~10 mm，室内种体型偏小	1~3 mm
特征	触角丝状，头大且灵活，翅膜质，具发达的复眼与后腿	触角末端1~3节成棍棒状，翅鞘上有脊线与刻点，有些表面还有腊质覆盖物
习性	主要取食霉菌、腐屑；喜温暖潮湿（30℃，70%~80%RH 最适合），具强负趋旋光性、群集性、好氧性和上爬性；常发生于新建或新装修的房屋	食菌性：有些具有趋旋光性，但大多数没有；多半存在潮湿发霉的地下室，偶尔出现在空调系统，另也常出现在内部石膏板发霉的新建筑物中
对藏品的威胁	直接、间接危害与污染书籍、纸张及动植物标本，也可能引发工作人员过敏	湿度过高有霉斑的藏品

这类昆虫的出现表征该环境潮湿、多尘，也表明可能有物品发霉。其防治的基本策略是以黏性陷阱持续监测，保持环境的干燥（相对湿度最好低于50%[2]），若发现有发霉物品应及早隔离与除霉。

图 1-9　黏虫陷阱捕获的各类昆虫
摄影：广州文保文化传播有限公司

---

[1] 杨若苓. 藏品虫害风险管理工作坊纪要[J].（台湾）故宫文物月刊，2018（419）：40-49.
[2] 杨若苓. 藏品虫害风险管理工作坊纪要[J].（台湾）故宫文物月刊，2018（419）：40-49.

2.5 依取食特点分类

昆虫并不是以同样的方式对物品进行侵扰和危害的。不同物种的昆虫，其取食方式与口器类型以及口器与身体形成的角度相关，这就造成了不同昆虫为害藏品后留下的破坏痕迹不尽相同。

尽管很难发现昆虫的幼虫，但其发达的咀嚼式口器，可咬啮或蛀穿物品并留下各种形状和特点的痕迹，这些为管理者发现昆虫与鉴定昆虫提供了线索或证据。依昆虫取食方式与特点，危害藏品的昆虫可以分为三大类：钻蛀性（borers）、咬碎性（shredders）和侵蚀性（grazers）昆虫。[①]

2.5.1 钻蛀性昆虫

钻蛀性（borers）昆虫常被称为钻孔蛀虫、钻眼虫、钻蛀虫、蛀洞虫和蠹虫等，对藏品危害最大、最严重的是这类昆虫的幼虫。钻蛀性昆虫危害过程中，藏品既为这类昆虫提供食物，也是这类昆虫的栖身之地。

成虫一般将卵产在被害物品的缝隙或凹陷处，幼虫一旦孵化出来就取食材质并发育，直到幼虫化蛹并变成成虫后，成虫才从被害物品内飞出。成虫从被害物品内飞出时，会咬破被害物品，对被害物品进行再一次破坏。

钻蛀性昆虫的危害特点如下：

（1）危害活动隐秘

除成虫可从被害物品爬出外，钻蛀性昆虫的整个发育阶段都在寄主（即藏品）内部生活，从被破坏的材质外部是看不到幼虫的。只有其成虫羽化后才咬破被害物品表面从出口孔爬出。只有待被害物品出现了孔洞，才会发现藏品被虫蚀。

（2）以植物源性纤维为食，虫道宽而弯曲

钻蛀性昆虫的幼虫口器比较特别，幼虫先在产卵处蛀蚀表层，然后逐步向下蛀

[①] 本部分某些内容参考了：The Museum Pests Working Group. Museum Pests: A Quick Guide for Pest Management Professions[J/OL]. [2014-4]. https://museumpests.net/wp-content/uploads/2014/07/Museum-Pest-ID-for-PMPs-2014.pdf.

蚀，至一定深度后转而向上蛀蚀，由此在被害物品内部嚼咬出各种形状的、不规则的、如隧道般的虫道系统。图1-12为对折的书叶被蠹后，在纸面上留下的对称虫道。

图1-10　虫在虫道内
摄影：李燕，复旦大学中华古籍保护研究院

图1-11　成虫的出口孔
摄影：李燕，复旦大学中华古籍保护研究院

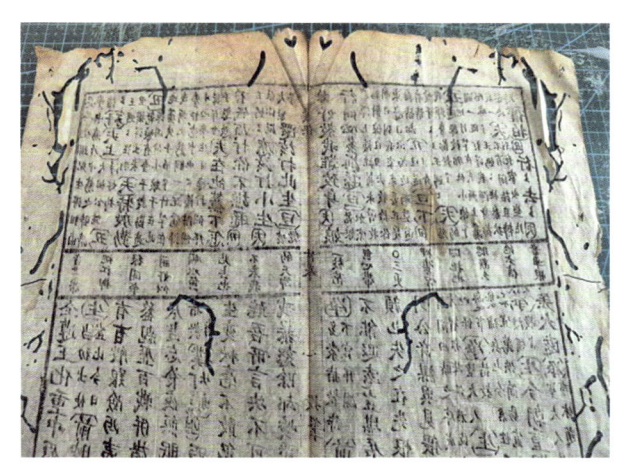

图1-12　纸面上的虫道
摄影：张珊珊，中山大学图书馆

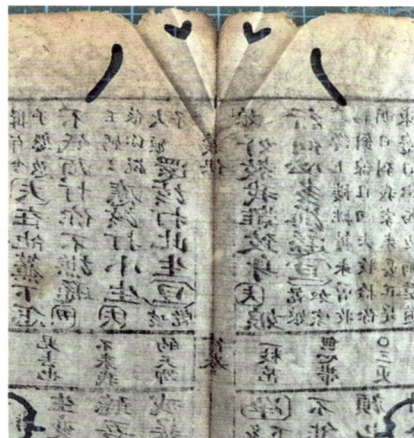

(3) 移动性较弱

由于生活隐蔽，具有较为稳定的繁衍条件，因而钻蛀性昆虫的移动性较弱，一般都集中在离发现处不远的范围内，便于集中消杀。

(4) 危害严重且难以修复

由于整个蛀蚀过程发生在被害物品内部，很难被发现，待发现了蛀孔，被害物品内部已经被严重毁损，很难修复，故钻蛀性昆虫属毁灭性昆虫。一旦发现，必须尽早治理。

(5) 物品被害的迹象

被钻蛀性昆虫危害的物品会存在以下迹象：被害物品上有出口孔，被害物品内部留有各种形状的虫道系统，虫道内充满排遗物或蛀屑，有的在被害物品外部也可以发现泄露出的蛀屑或排遗物，在被害物品上或其周围环境中可能发现其成虫。

图 1-13　虫道内充满虫屎
摄影：李燕，复旦大学中华古籍保护研究院

图 1-14　书页被穿透
摄影：李燕，复旦大学中华古籍保护研究院

钻蛀性昆虫的主要危害对象是竹木藤器、硬木和软木、动物胶胶合板、家具、柳条制品、木浆纸和纸质文献等。

钻蛀性昆虫主要分布在鞘翅目的窃蠹科、粉蠹科、天牛科、小蠹科、吉丁甲科、象甲科、长蠹科与鼻白蚁科等，其常见的昆虫有档案窃蠹 F. sauteri、药材

甲 *Stegobium paniceum*（L.）、烟草甲 *Lasioderma serricorne*（Fabricius）、报死窃蠹 *Xestobium rufovillosum*（De Geer）、家具窃蠹 *Anobium punctatum*（De Geer）、粉蠹 *Lyctus* spp.、家希天牛 *Hylotrupes bajulus* 和蛛甲等。

2.5.2 咬碎性昆虫

咬碎性（shredders）昆虫的幼虫能够咬住被害物并将其一小片一小片地撕下，直到被害物完全被毁坏，见图1-4被蛀的大鸢羽毛，图1-5被蠹的毛皮鼓，图1-8衣蛾危害的纺织品。

与钻蛀性昆虫不同的是，这类昆虫的危害特点是：

（1）主要危害对象

喜食毛纺织品、毛发、羽毛、动物皮、动物角、动物指甲与蹄及羊皮纸等，取食这类物品的蛋白质。这些材质越脏或污染越严重，越能引诱这类昆虫取食。这类昆虫的幼虫对物品最具破坏力。

（2）危害的特点

与钻蛀性昆虫不同的是，这类昆虫多在物品表面活动，从材料表面取食。口器强大，可咬碎物品形成虫洞。故在被害物表面不仅可以观察到成虫，也可能发现正在破坏的幼虫，这类昆虫主要分布在蕈蛾科和皮蠹科。

图1-15 皮蠹科昆虫在咬断的纤维内
摄影：广州文保文化传播有限公司

蕈蛾科昆虫的幼虫可以咬碎毛纺织品、动物标本等，留下虫洞。幕衣蛾（*Tineola bisselliella*）、袋衣蛾（*Tinea pellionella*）与白肩家蛾（*Endrosis sarcitrella*）属于这类昆虫。它们的共同特征是能吐丝并把被害物连缀起来，幼虫就躲在其内进行取食危害。其存在的证据是：被害物表面有孔洞，残留有衣蛾吐的丝、藏品的碎屑及衣蛾可携式的巢等。可在被害物表面发现包在茧中的幼虫、蛹等，幼虫行动缓慢（更多见重要害虫部分：4.1衣蛾）。

皮蠹科昆虫会咬断材质，形成不规则孔洞。如蚕茧和生丝在储藏过程中就会遭到皮蠹科昆虫的攻击，它从蚕茧表面开始为害，将蚕茧表面纤维咬成一截一截的，蚕茧表面留下孔洞。皮蠹为害以羊毛和丝绸为材质的纺织品时，会留下不规则形状的虫孔、与被害物颜色一致的蛀屑以及幼虫蜕掉的皮，但不会像蕈蛾科昆虫那样留有丝网。因此当发现皮蠹科昆虫的幼虫时，它们已经对藏品造成了严重的损坏。有的皮蠹科昆虫（如小圆皮蠹）还会在动物角上蛀洞，并留下蛀屑（更多见：4.5小圆皮蠹）。

图1-16　皮蠹虫将皮鼓上的毛咬断
摄影：森罗股份有限公司

常见的咬碎性昆虫主要有：小圆皮蠹（*Anthrenus verbasci*）、斯氏毛皮蠹（*Attagenus smirnovi*）、短角褐毛皮蠹（*Attagenus unicolor*）、根西皮蠹（*Anthrenus sarnicus*）、白腹皮蠹（*Dermestes maculatus*）、肾斑皮蠹（*Trogoderma inclusum*）、花斑皮蠹（*Trogoderma variabile Ballion*）、幕衣蛾（*Tineola bisselliella*）、袋衣蛾（*Tinea pellionella*）与白肩家蛾（*Endrosis sarcitrella*）等。[1]

2.5.3 侵蚀性昆虫

与以上两大类昆虫危害藏品方式不同的是，侵蚀性（grazers）昆虫危害藏品是从藏品的表面或边缘开始以渐进方式啃食，由外及里，通过抓破、刮擦、磨损、侵蚀等方式逐步削弱与毁坏物品。其主要取食对象为含有淀粉与蛋白质的物品。

图 1-17　昆虫侵蚀性危害的后果
摄影：王晨敏，上海图书馆（左）；陈龙，江阴市博物馆（右）

---

[1] MPWG. Museum Pests: A Quick Guide for Pest Management Professions[J/OL]. [2014-4]. https://museumpests.net/wp-content/uploads/2014/07/Museum-Pest-ID-for-PMPs-2014.pdf.

侵蚀性昆虫对藏品的损坏是从外向内，在掠食过程会导致物品底层被划伤和损坏，并在被害物上留下不规则的缺刻，较容易发现。其危害状为层状，而不是有规则的孔洞，留下虫蚀后的缺刻为不规则的残缺。例如，衣鱼从纸张表面开始侵蚀纸张，把纸一层一层啃薄，甚至啃穿成孔洞（见重要害虫部分：4.11衣鱼，4.13书虱）。

常见的侵蚀性昆虫主要有：书虱（*Liposcelis* spp.）、衣鱼（*Lepisma saccharina*）与蜚蠊（Blattidae）等。这类昆虫主要取食含有淀粉和蛋白质的材质，在潮湿的环境中会快速繁殖与蔓延。其危害状见图1-17与图1-59。

2.6　危害纸质物品的昆虫

古代名人的字画、碑帖和古旧图书、档案资料、纸质艺术品以及纸质的书盒、文物囊匣（纸板结构）等均有可能被昆虫取食，吸引这类昆虫的不仅是纸，还包括纸张的黏合剂以及玷污这类藏品的污垢。

20世纪90年代，国家档案局档案科学技术研究所编写的《新档案保护技术实用手册》，将危害我国的档案昆虫进行了统计分析与分类，发现共有54种档案昆虫，分属于6目19科。其中鞘翅目13科41种，蜚蠊目2科5种，等翅目1科1种，缨尾目1科1种，啮虫目1科4种，鳞翅目1科2种。[①] 这可能是我国最早的对危害纸质藏品的昆虫的统计（见附录2）。

危害纸制品最为严重的昆虫是鞘翅目昆虫，在被害物的外表仅见针孔般的细小虫孔，内部却被蛀蚀成一条条隧道般的虫道。鞘翅目昆虫的繁殖速度与传播速度都相当快，一旦发现必须尽快隔离被危害的物品，以防止其进一步的蔓延。

有研究指出，在藏展环境温湿度得不到很好调控的年代，经常发现家具窃蠹（*Anobium punctatum*）为害纸质文献。在藏展环境的温湿度已被调控后，家具窃蠹大大减少，取而代之的是药材甲（*Stegobium paniceum* Linnaeus）、烟草甲（*Lasioderma*

---

① 国家档案局档案科学技术研究所.新档案保护技术实用手册[M].北京：中国文史出版社，2013.

serricorne）和蛛甲科昆虫（如澳洲蛛甲 [*Ptinus tectus* Boieldieu]、白斑蜘甲 [*Ptinus fur*] 等），因为这类昆虫比家具窃蠹对温湿度的耐受性更高。这类昆虫的幼虫特别爱取食纸质文献上的黏合剂，其中药材甲对历史文献的损坏最严重，因为它们繁殖更快，传播更迅速。①

另外一类严重危害纸质物品的昆虫是白蚁（属蜚蠊目），虽然在藏展环境中不常见其发生，但一旦危害就是毁灭性破坏。被白蚁危害的纸制品，外表看不到虫孔，它是从纸张表面的边缘取食，危害状成层状（见图1-86）。降低这类风险的方法是，避免纸质物品与地面接触或不将其置于柜架底层，柜架也不宜直接与地面接触。更多相关问题见：4.19白蚁。

还有一类经常危害纸质物品的昆虫是蟑螂（属蜚蠊目）、衣鱼（属衣鱼目）与书虱（属啮虫目）等，它们通常在潮湿和污垢环境中成群出现。被它们危害的纸张，纸面上会留下不规则的小孔与排遗物。衣鱼和蟑螂对纸张的危害状很相似，但其留下的排遗物不同，衣鱼排遗物是细细、尖尖的，有时还混有其身上的银粉（见图1-63衣鱼与黑色排遗物）；蟑螂的排遗物为较长、较粗的颗粒物（见图1-67小型蟑螂的排遗物，图1-68大型蟑螂的排遗物），通过这些可以区分二者。

衣鱼和书虱的生存环境都需要较高的相对湿度，只有在潮湿的环境中（相对湿度为60%或以上）才会在建筑物内出现。② 堵塞建筑物的裂缝，保持藏展环境的干燥（相对湿度小于60%）与清洁，是降低衣鱼、书虱侵袭风险的有效举措。更多的治理措施见：4.11衣鱼，4.12蜚蠊，4.13书虱，等等。

2.7　危害纺织品的害虫

纺织品有两大类型，一类是以植物纤维（棉、麻、亚麻等）制作的纺织品，如棉

---

① Pascal Querner.Insect Pests and Integrated Pest Management in Museums，Libraries and Historic Buildings[J].Insects, 2015（2）:595-607.
② Pascal Querner.Insect Pests and Integrated Pest Management in Museums，Libraries and Historic Buildings[J].Insects, 2015（2）:595-607.

织品、棉麻制品等；另一类为天然蛋白质纤维（蚕丝、动物毛、羽毛等）制成的纺织品，如丝绸、毛毡、毯类、羽绒类以及毛线编纺织品等。

MPWG指出：一般说来，洁净的植物源性纤维纺织品生虫的几率较小，除非其受潮或被玷污。此外，上过浆的植物纤维纺织品，即使是洁净的，也容易被衣鱼、蟑螂等侵蚀。

天然蛋白质纤维的纺织品最容易被虫侵害，危害这类藏品的昆虫主要是以取食动物源性纤维的食肉昆虫为主。有研究指出，危害羊毛和羊毛制品的昆虫约有30种衣蛾幼虫和约15种甲虫幼虫[1]，但最常见的是黑皮蠹、小圆皮蠹、衣蛾和衣鱼，其危害处会出现大小不一的蛀孔。

2.7.1 主要昆虫

皮蠹科昆虫与谷蛾科昆虫的幼虫对纺织品危害最大，这两大类昆虫的成虫不会对藏品造成直接危害，如皮蠹科的成虫一般以花粉为食[2]，谷蛾科幼虫的主要食物是脏的毛织品，其成虫不取食。

危害天然蛋白质纤维纺织品的皮蠹科昆虫主要有：黑毛皮蠹（*Attagenus unicolor*）、小圆皮蠹（*Anthrenus verbasci*）、地毯圆皮蠹（*Anthrenus scrophulariae*）、丽黄圆皮蠹（*Anthrenus flavipes*）、百怪皮蠹（*Thylodrias contractus*）、白腹皮蠹（*Dermestes maculatus*）、火腿皮蠹（*Dermestes lardarius*）与花斑皮蠹（*Trogoderma variabile*）等。其更多信息见：4.5小圆皮蠹，4.6黑毛皮蠹，4.7花斑皮蠹。

危害天然蛋白质纤维纺织品的谷蛾科昆虫主要有袋衣蛾（*Tinea pellionella*）与幕衣蛾（*Tineola bisselliella*），其更多信息见：4.1衣蛾。

皮蠹和衣蛾的幼虫在觅食偏好上有些是重叠的，见表1-11。

---

[1] Menachem Lewin, Stephen Sello. Handbook of Fiber Science and Technology: Volume I, Chemical Processing of Fibers and Fabrics: Fundamentals and Preparation Part B [M]. New York: Dekker, 1984: 381.

[2] Audrey D.Aitken. Insect Travellers volume I. Coleoptera[M]. London: Tech Bull, 1975: 31-191.

表 1-11 皮蠹与衣蛾的主要危害对象

	主要危害对象	不危害的对象
皮蠹	幼虫主要以动物材料为食,如羊毛、毛皮、毛发、羽毛、胶水、书籍的淀粉装帧、丝绸、角、骨、皮革和死昆虫 合成纤维和天然纤维的混合物会被破坏 当棉花、亚麻和合成纤维被污染时,也会受到攻击	洁净的合成纤维和植物源性纤维,如棉花和亚麻类纺织品
衣蛾	幼虫优先取食天然纤维制品,如丝绸、羊毛、羽毛、毛皮、毛发、皮革等。幼虫还会以皮棉、灰尘和纸制品为食 与动物源性纤维(如羊毛)混合而成的合成纤维也可能会偶然受到破坏	幼虫不能消化纤维素纤维,如棉花、人造丝或亚麻等,不危害纯合成纤维地毯和其他合成纤维制成的材料

2.7.2 主要防治方法

纺织品的虫害防治方法如下:

2.7.2.1 虫害的预防

危害纺织品的昆虫喜潮湿温暖的环境,藏展环境保持干燥、通风可降低虫害发生的风险。彻底、频繁的清洁特别重要,因为幼虫非常小,几乎可以爬进任何裂缝或缝隙,深度、细心的清洁可清除隐藏区域的幼虫。海外某些博物馆建议,每月或每两个月刷一次易感物品(或吸尘)。

物品入藏前的检疫与灭虫是非常关键的,在当前的科技环境下,推荐采用冷冻灭虫、低氧气调灭虫等灭虫技术对入藏前的物品进行灭虫处理。

对纺织品的驱虫、灭虫,长期以来使用对二氯苯、萘、樟脑球、樟脑晶或驱虫片等化学品处理。对二氯苯与萘升华后的气体对取食纺织品的所有生命阶段的昆虫都是致命的,特别是对衣蛾与皮蠹的幼虫,但气体浓度必须达到特定值才可起作用。由于对二氯苯和萘对人体有毒,不再推荐使用。若没有条件使用冷冻或低氧气调法存储或灭虫,只能采用这类化学品驱虫、灭虫时,必须用胶带密封容器,在容器外部应丝毫闻不到这类化学品的气味,否则无法满足化学品灭虫的浓度要求。不推荐使用普通塑料容器或塑料袋来进行灭虫处理,因为对二氯苯会融化或损坏某些类型的塑料，破坏里面的物品。聚乙烯袋不受对二氯苯影响，可考虑选用。由于这类气态的化学品比空气重，推荐将其放在被处置的物品上部，让其气体下沉到物品中。[①] 经过处理后，这些物品应放进空旷的空间散去残留的化学品，否则有害人体健康。

不推荐用普通塑料袋储存纺织品，因为塑料袋会限制空气循环，并能促进纤维上霉菌的生长。不推荐采用植物驱虫、防虫，如将有特殊气味的植物放置在储存容器中。待植物的气味散尽，其茎秆会招虫，如药材甲与烟草甲等。

不推荐利用某些木制品（如樟木箱等）来长期存放动物源性纤维纺织品，木制品的特殊气味也并非永恒的，也并非所有昆虫都对其特别气味敏感，其驱虫作用有限。

阳光下的曝晒对纺织品是有伤害的，且阳光并不足以消除虫害。在有阳光的环境内，适宜有针对性地清扫纺织品，清除其虫卵和幼虫。

2.7.2.2 被虫侵扰物品的处置

若发现纺织品上有被虫侵扰的迹象，如蛀孔、丝网或虫茧等，应及时隔离被害物品，彻底清洁受感染区域，以免虫害蔓延，尽快找到虫源并进行灭虫处理。

对已经被虫侵扰的纺织品，不推荐使用化学法直接对物品进行灭虫处理，可采用冷冻灭虫或低氧气调灭虫法。灭虫后被处理物品应仔细吸尘，以消除蛀屑和昆虫残骸，再隔离一段时期，确认昆虫已经彻底杀灭方可返回藏展区域。

对于可水洗的物品，可采用热水清洗，以杀灭纺织品上所有生命阶段的昆虫。不宜水洗的纺织品，可考虑干洗，同样可以杀灭纺织品上所有生命阶段的昆虫。干洗之前应注意以下问题[②]：

①用于干洗的洗涤剂可能会损害一些物料。

②纺织品必须足够坚固，能承受干洗过程中的翻滚。

③应明确被洗纺织品以及附着在纺织品上的其他物品的化学成分，以及干洗过程对每种成分的影响。在不得不选用干洗、清洗后可能需要修复时，有可能需要从被

---

① Bertone M A, Leong M, Bayless K M, et al. Arthropods of the Great Indoors: Characterizing Diversity Inside Urban and Suburban Homes[J]. PeerJ, 2016: 1582.

② Dawson J E; Strang J K.（revised）. Technical Bulletin No.15（Solving museum insect problems: chemical control）[M]. Ottawa: Canadian Conservation Institute，2000（Reprint）:5-7.

干洗的物品上移除某些受到影响的材料。

④拟干洗的纺织品必须能够承受干洗循环中的温度。虽然羊毛制品不受干洗过程中温度的影响，但有些合成化学制品可能会受到干洗温度的影响。例如，附着在纺织品上的塑料或赛璐珞珠子和纽扣、层压板、印花颜料、丙烯酸、皮革、麂皮和装饰品等可能不宜采用干洗溶剂清洗，或可能需要非常小心，以避免溶剂或温度对其造成损坏。

⑤拟干洗的受感染物品，在干洗前应彻底用真空吸尘器吸尘。

2.7.2.2部分，除已有的注释外还参考了以下论文：

①吴海涛.青藏高原服饰类文物虫害菌害的化学防治[J].青海师范大学学报（自然科学版），2005（3）：84-86.

②杨若苓."引虫入室"？——以博物馆及典藏环境为例[J].文化资产保存学刊，2010（13）：79-88.

③ Audrey D Aiken. Insect Travellers volume I. Coleoptera[M]. London: Tech Bull，1975: 31-191.

2.8 危害动物材质制品的昆虫

皮革、皮制品与毛皮制品是多种昆虫的营养物质，危害这类物品的昆虫主要取食皮与毛皮类物品所含的角蛋白和明角质。毛皮比皮革与皮制品更容易受到昆虫侵扰，因为动物毛对某些昆虫尤其是皮蠹和衣蛾来说，是非常有吸引力的食物，而且毛皮为昆虫提供了藏身和发育的庇护所。皮革、皮制品与毛皮制品上的油脂或与皮革相连的装饰材料（羽毛、毛发、颜料黏合剂等）也很容易吸引昆虫，有时这类对象还会首先受到昆虫的侵袭。[1]

---

[1] Carole Dignard，Janet Mason. Caring for Leather，Skin and Fur[M]. Ottawa:Canadian Conservation Institute，2018: 1-64.

2.8.1 主要昆虫与危害迹象

危害皮革、皮制品与毛皮制品的昆虫主要为皮蠹科与谷蛾科昆虫，其中最常见的昆虫为小圆皮蠹、白腹皮蠹与袋衣蛾等，它们会啃食皮与毛皮制品。此外，蟑螂和蟋蟀也可能会损坏毛皮。发生虫害最多的地方是肮脏、潮湿、黑暗且不容易被发现的位置，以及长期没有被翻检的物品，昆虫特别容易在这些地方产卵。

虫害的迹象包括：皮革上出现蛀孔，表面被虫啃咬坏，在藏展装具内还可能发现虫屎、幼虫蜕下的虫皮等。昆虫往往从毛皮制品的毛根部进行危害，当移动毛皮时，毛就会大量脱落，只留下毛根，皮变得破烂不堪，在毛皮内还会发现残留的虫屎。参考图1-38。

2.8.2 预防虫害

清洁与防潮是预防皮与毛皮制品虫害的重要日常措施。例如将这类物品用棉或中性的无酸纸巾等防潮材料包裹或覆盖，再密封到盒内，或密封进透明塑料袋中，后者更便于目视检查，偶尔也可以将其取出并放到室外阴凉处透风。

为了防潮，有人采用去湿机对这类物品去湿，但湿度控制不好会导致皮毛发硬。专业人员特别提示，在干燥环境（低于30% RH）中处理时要采取额外的预防措施，因为水分流失可能会导致皮或毛皮制品失去柔韧性，且有物理损坏的风险。

对虫害的检疫、监控与检查是非常重要的预防措施，由于皮与毛皮制品的感虫性，每年需至少两次（春季和秋季）检查储藏区域，看是否有昆虫活动的迹象。一旦发现要尽快采取措施，包括隔离与灭虫等。

随着科学技术的发展，现在更推荐将皮与毛皮制品置于冷库或缺氧环境中保存，两者相比较，加拿大文化遗产保护研究所的案例研究更支持缺氧保存，见案例1：皮与毛皮制品低温保存与缺氧保存的比较。

> 案例

> ### 案例1：皮与毛皮制品低温保存与缺氧保存的比较[1]
>
> 加拿大西北地区耶洛奈夫威尔士（wales）亲王北方遗产中心对皮与毛皮制品曾经采用过低温保存（17年），经过与缺氧保存比较，他们现今选择了缺氧保存。
>
> **（1）低温保存**
>
> 加拿大西北地区耶洛奈夫威尔士亲王北方遗产中心曾经采用冷藏方式保存这类物品。他们将这类物品用吸湿缓冲材料层层包裹后置于密封的塑料袋中，再将处理好的物件置于冷库中保管。最初，冷库的环境被设计为4℃与50%～60% RH并有良好的空气流动。为尽量减少物品从冷库移到室温下可能出现的潜在问题，后来他们将冷藏室的温度由4℃改为10℃。在管理过程中，他们发现冷库保管这类物品具有两大优势。一是在低温下保存这类物品可以有效地预防昆虫的侵扰，因为昆虫在寒冷的温度下基本上是不活动的或是休眠的；二是低温可减缓兽皮和有机材料固有的化学降解。
>
> 必须注意的是，冷藏保存的温度不能灭虫，全面控制虫害还须进行综合虫害管理，包括检查、隔离、监测和灭虫等相互协调的过程。
>
> 在实践中，他们发现冷藏保存也存在不少问题，包括：
>
> ①材料中可能会出现轻微的水分流失，而失去的水分可能只能得到部分恢复。
>
> ②若需要利用这类藏品，需要较长时间的回温处理，例如要从10℃过渡到室温是需要时间的。
>
> ③系统故障会带来很大的风险。实践中发现，系统发生故障是会有的，而湿度失控会造成霉变、水损害、皮损坏，还有可能因有染料而产生污渍。

[1] 该案例来源于：Carole Dignard, Janet Mason. Caring for Leather, Skin and Fur[M]. Ottawa: Canadian Conservation Institute, 2018: 56-61.

> **案例**
>
> ④维持该系统正常运行需要持续的费用支持。
>
> **（2）缺氧保存**
>
> 采用吸氧剂而不是低氧气调法来降低密封袋内的氧气浓度，使昆虫无法生存，很适于皮与毛皮制品的保存。其主要优势有：
>
> ①在防虫和灭虫方面都很有效，因此比低温保存的效率更高。
>
> ②缺氧环境也减少了毛皮和其他有机物的氧化降解，比低温降低其化学活性的优势更大。
>
> ③装袋后的物品可以存放在储藏室，保持在50% RH和20℃，可以灵活地存储与使用物品，而不必再需要使物品适应室温，可及性较冷藏有所改善。
>
> ④非机械系统无须对任何系统故障做出迅速响应，并且没有能源消耗。
>
> 基于以上，使用缺氧存储的方法来存储皮毛藏品的效果要比低温保存更佳。

2.9 危害木、竹、藤器的昆虫

木、竹、藤材质的藏品或装具、配件等在收藏单位相当多，如竹木雕、木刻雕板、画框与工艺品等。这些材质均为植物纤维，含有丰富的淀粉与可溶性糖类，是食植昆虫与杂食昆虫的取食目标，特别容易发生虫害。

攻击木、竹、藤器的昆虫基本相同，这是由于它们的制成材料含有相似成分，这些成分正是昆虫生存必需的营养物质。例如，木制品、竹制品与藤器的材质均为植物纤维，含有丰富的纤维素、半纤维素、淀粉与可溶性糖类以及一定量的微量元素与微量氮素，这些都是食植昆虫赖以生存的基本营养品。一般说来，可溶性糖分含量越多的材质越容易发生虫害，故竹制品比木制品更容易生虫。边材的细胞腔中含有比心材更多的可溶性糖分，且淀粉大多存在于边材中，故木制品的边材比心材更易受到虫害。氮素是幼虫发育不可缺少的营养物质，但竹、木材的含氮量都很低，故取食木、竹、藤器的昆虫要大量取食这类材质才能维持其生存。

油漆或清漆处理后的木、竹、藤器一般不会发生虫蛀，但一旦这类涂层剥落，漆脱落后的部位仍然会发生虫害。图1-18为乾隆壬申年（十七年，1752）的木胎漆器，其脱落漆的底圈足部位就生虫了。

图 1-18　木胎漆器脱漆部分生虫（右图为其底圈足部位）
摄影：缪延丰，江苏镇江

2.9.1　常见的害虫

危害竹、木、藤器的昆虫种类较多，据1989年浙江省调查，城市中这类昆虫有9科14属18种之多。据1990年武汉市统计，有白蚁、长蠹、粉蠹、天牛、木蜂等16种之多。这些昆虫中的有些种类也是危害纸质物品、棉织品等的昆虫，例如白蚁和粉蠹科、长蠹科、天牛科的某些甲虫。[1]

随着海内外交流的增多，不断有新虫种通过多种渠道进入我国。各类新型木材被引入收藏单位，例如相框、木地板或现代艺术作品等，若预防不到位就会在收藏单位内部引入更多种类的蛀蚀竹、木、藤器的昆虫。

---

[1] Athanassiou C G, Arthur F H. Recent Advances in Stored Product Protection[M]. Springer Link, Switzerland, 2018: 229-260.

表1-12列出了我国国内户内危害竹、木制品的常见昆虫。[①]

表1-12 我国国内常见的竹木蠹虫

虫名	被害物
木白蚁科 铲头堆砂白蚁 Cryptotermes declivis 小楹白蚁 Incisitermes minor	柱子、门窗框和少数房屋的木楼梯及楼板
鼻白蚁科 台湾乳白蚁 Coptotermes formosanus Shiraki 黑胸散白蚁 Reticulitermes chinensis Snyder 黄胸散白蚁 Reticulitermes flaviceps（Oshima） 尖唇散白蚁 Reticulitermes aculabialis	竹木类物品
粉蠹科 褐粉蠹 Lyctus brunneus 中华粉蠹 L.sinensis 栎粉蠹 L.linearis 竹粉蠹 L.branneus	竹材及其制品、木制品等 建房用材、木制品 竹木制品 竹木器物
长蠹科 竹长蠹 Dinoderus minutus 大竹蠹 Bostrychopsis parallela	竹屋和竹制品
天牛科 Cerambycidae 长角凿点天牛 Stromatium longicorne 家扁天牛 Eurypoda antennata 褐天牛 Nadezhdiella cantori（Hope）	房屋木构件和家具材，木托盘 楼板、栅、木家具，木托盘等 雕版
窃蠹科	竹木器物

[①] 毛志平，曹盛葆．浅谈基层文博单位文物藏品虫害及其防治 [C]．中国文物保护技术协会第三次学术年会论文集．北京：紫禁城出版社，2004：239-243．
刘博，魏国锋．文物库房虫害的分布情况及解决方案 [C]．新世纪辽宁省保管工作论文集．长春：吉林文史出版社，2002：2728-2731．
郭义强．重庆渝北区馆藏木质文物的保护与修复 [D]．重庆师范大学，2016：21-23．
尹兵，陈铺尧．室内蛀木害虫的发生、危害和防治 [J]．安徽农业大学学报，2004（2）：151-155．
萧刚柔．中国森林昆虫 [M]．北京：中国林业出版社，1992．

我国学者发现，室内蛀木昆虫有3目10科25属41种，以白蚁、粉蠹、长蠹、天牛最为普遍。[1] 台湾朱铭美术馆收藏了大量木雕，发现其常见的昆虫有蟑螂、白蚁、衣蛾、啮虫、粉蠹虫、象鼻虫与泥壶蜂等，其中会造成木雕藏品较严重损害的为白蚁、粉蠹虫与象鼻虫。[2] 这类昆虫以木材为食料，有的在木材或木构件中做巢并以此为栖居地。

危害竹干材的昆虫，有的直接嚼食竹材摄取养分；无法直接消化竹纤维者就将竹材嚼碎，靠繁殖真菌来分解竹材，再取食这些被分解物。对竹干材危害最严重的蠹虫和天牛如下[3]：

长蠹科（Bostrychidae）

竹长蠹 *Dinoderus minutus* Fabricius

日本竹长蠹 *Dinoderus japonicus* Lesne

双棘长蠹 *Xylopsocus bicuspis* Lesne

粉蠹科（Lyctidae）

竹褐粉蠹 *Lyctus brunneus* Stephens

窃蠹科（Anobiidae）

梳齿角番死虫 *Ptilinus pectinicornis* Linnaeus

天牛科（Cerambycidae）

竹虎天牛 *Chlorophorus annularis* Fabricius

竹红天牛 *Purpuricenus temminckii* Guerin

玉米坡天牛 *Pterolophia cervina* Gressitt

若按对竹干材危害的严重程度分类，竹长蠹为严重危害，褐木蠹为比较严重危害，竹红天牛、二点紫天牛、竹虎天牛为阶段性发生危害，拟吉丁天牛为偶有发现

---

[1] 尹兵，陈铺尧. 室内蛀木害虫的发生、危害和防治 [J]. 安徽农业大学学报，2004（02）：151-155.

[2] 黄筱如，林韵丰. 朱铭美术馆藏朱铭木雕作品研究与典藏维护现状探讨 [J]. 雕塑研究，2012（7）：139-166.

[3] 王文久，陈玉惠，付惠，等. 云南省竹材蛀虫及其危害研究 [J]. 西南林学院学报，2001（1）：34-39.

危害。[①] 竹长蠹是竹材与竹器的重要害虫，亦为害藤器、木材、谷物和薯干。

2005年，台湾昆虫学专家刘蓝玉、杨正泽在台湾植物重要防疫检疫害虫诊断鉴定研习会上发表学术论文《竹木材检疫重要蠹虫类（鞘翅目）昆虫介绍》，在综述国际上的相关发现与研究时，总结出危害竹木器的昆虫主要分布在鞘翅目的长蠹科（Bostrichidae）、粉蠹科（Lyctidae）与窃蠹科（Anobiidae）。尽管小蠹科（Scolytidae）与长小蠹科（Platypodidae）昆虫也为害木材，但其主要属于森林昆虫，即破坏树木的昆虫，对竹木器的为害尚未见报道。作者指出，长蠹科、粉蠹科、窃蠹科是为害竹木材及其制品最严重的3个科，同时这3个科的昆虫亲缘关系相近，生活习性也相似，都会为害干燥的木材、竹材和木器、竹器。[②] 作者发布的"重要竹木质文物蠹虫名录及危害对象一览表"见本书附录4表4-2。

2.9.2 害虫的习性

危害竹木藤器的昆虫属完全变态昆虫，其生活史包括卵、幼虫、蛹和成虫4个阶段。尽管这类昆虫的成虫也会破坏木材，但幼虫造成的破坏最大，是主要的危害源。

成虫喜欢把卵产在竹、木、藤制品的裂隙等缺陷处或表面，幼虫一旦孵化出来就钻入竹、木、藤器内部钻蛀式取食，器物的主要损伤就是幼虫摄食活动造成的。幼虫具有强有力的咀嚼式的口器，能啃会钻，在竹、木、藤器内部边钻边滚动，使器物内部形成无数条纵横交错的坑道，幼虫在其中完成发育与化蛹阶段。它们边蛀食边排遗，虫道内布满成堆的虫屎与粉屑。幼虫期多为数月或数年，这取决于虫种以及环境的相对湿度。幼虫经历蛹期而发育为成虫后，咬破器物表面破茧而出，在器物表面留下出口孔。

这类昆虫的幼虫深藏在器物内部很难被观察到，但有一些共同特点是，其幼虫虫体呈圆柱状或扁平状，肉肉的，特别柔软，虫体为白色或奶油色，头部有一褐色、

[①] 林峰，徐金汉，黄可辉，等. 福州地区竹材害虫种类初步调查 [J]. 植物检疫，2008（1）：52-53.
[②] 刘蓝玉、杨正泽. 竹木材检疫重要蠹虫类（鞘翅目）害虫介绍 [R]. 台湾：植物重要防疫检疫害虫诊断鉴定研习会（五），2005：35-54.

较其他部位硬的类似胶囊类膜。成虫多为深色的甲虫。

这类昆虫的生命周期长度因物种和环境条件而异，有些昆虫在几个月内完成一个生命周期，另一些昆虫的生命周期可能长达几十年。其幼虫发育特别缓慢，例如有的幼虫在器物内生活长达30年，然后才发育为成虫。在竹木蠹虫中，粉蠹虫较其他蠹虫发育更快，其生命周期为一年，其他蠹虫的幼虫需要多年才能羽化飞出。由于幼虫期较长，其侵扰很难被检测与控制，危害的后果极为严重。

蠹食竹木材与藤器的昆虫有一个共同点，即耐饥力强。即使在完全无食物的条件下，某些昆虫也可以以休眠方式保持生命力，一旦有了食物源就会迅速恢复活力，大肆危害藏品。

竹、木、藤器受虫害的影响因素很多，既与昆虫的消化器官相关，也与木材的材性相关。昆虫的消化器官直接影响到其危害对象，例如窃蠹科昆虫具有直接消化植物纤维素的能力，故硬木、软木、竹类通吃，还取食含有植物纤维素的纸质物品等，对各类木制品均可造成危害。粉蠹虫不能消化木质素、纤维素和半纤维，它们主要吸取木材里的淀粉及少量的糖分，因此主要危害边材，也危害含糖分较多的竹制品。竹蠹、天牛也以淀粉和糖分作为营养源，竹制品都是其食物源。

木材的材性也直接影响到其被危害的可能性，除因木材所在部位含昆虫所需的营养成分不同而遭遇虫害的程度不同外，木材硬度也影响到其被害的可能性。一般说来，木材硬度越大，抗虫性能就越强；硬度越小，越易遭受虫害。另外一个影响因素就是木材的含水量，危害竹、木、藤器的昆虫对材料的含水量很敏感，有些昆虫只能在含水量低的材料上发育，而有些昆虫却只能在含水量高的湿木材上发育。竹、木、藤器的含水量直接与空气湿度相关，知晓这点有助于识别和预防这类昆虫。以下就昆虫取食对象的含水量与其被危害特点加以介绍。

（1）干燥的木材

粉蠹科昆虫与干木白蚁（如堆砂白蚁）均对干燥的木材与木制品有危害。

粉蠹科昆虫主要取食含水量在20%以下的干燥竹木材及其制品，很少取食含水量高于30%以上的竹木材，一般在竹木材含水量为12%～15%时它们才开始危害，含水量在8%左右的竹木材是它们的理想取食对象。常见的昆虫有褐粉

蠹 *Lyctus brunneus*（Stephens）、栎粉蠹 *Lyctus linearis*（Goeze）、中华粉蠹 *Lyctus sinensis* Lesne、齿粉蠹 *Lyctoxylon dentatum*（Pascoe）与鳞毛粉蠹 *Minthea rugicollis*（Walker）等。

有资料介绍，粉蠹虫喜取食有大孔的硬木和竹子的边材，直到把边材全部蛀光为止。这些边材都含有较高的木浆，如橡树、榉树、胡桃树、桃花心木等。有记录的危害对象有竹木制工艺品、木框架、木质镶板、木质家具，以及楼梯、栏杆、螺柱、地板和其他木制建筑组件、竹材以及高品质胶合板等。粉蠹虫取食竹木制品与竹木材后，使竹木材变成细小的粉末。

粉蠹类昆虫的雌性成虫在竹木材表面或裂缝中产卵，其幼虫生命周期为3个月至1年多不等，发育快速，在很短的时间内就会使竹木制品受到严重损坏。木材含水量越低，幼虫在木材中的生存时间越长。

与湿木白蚁不同，很多种干木白蚁筑巢于干燥的木材内，依赖空气和木材中的湿气就足以维持生命。尽管干木白蚁的大多数危害都发生在建筑结构上，但也有收藏单位的木制品受到侵袭的记录。

（2）较为干燥的木材

家希天牛与竹长蠹对被危害的竹木材的含水量都要求不高，适于在较干的竹木材内生存。

（3）高湿度的木材

由于蛀蚀干燥的木材有困难，或即使已经蛀入，但幼虫在干燥的木材内生长发育很慢，故这类昆虫喜食相当潮湿的木材。

蛀蚀木材的家具窃蠹 *Anobium punctatum*（De Geer），生存在黑暗与潮湿的环境（相对湿度大于60%），可危害硬木的边材，有时也取食潮湿的书籍或其他纸质物品，以及动物胶层与一些复合纤维素材料。雌性甲虫在木头表面的裂缝或旧的出口孔内产卵，卵在几周时间内孵化成幼虫，并钻入木头中。幼虫纵向蛀食木材进行危害，幼虫成熟需要3~4年，对多种木质器具均可造成严重危害。

钻木象鼻虫 *Euophryum sp.* 取食木材需要借助木材中的真菌，因此喜食潮湿的软木和硬木。在潮湿环境中，它们也侵袭纸质物品，如书籍等。适于其生存的环境为60% RH以上的潮湿、黑暗的环境，将环境的相对湿度降低到60%以下可停止其侵蚀活动。

以上两类昆虫都可能在收藏单位的建筑物内被发现。而报死窃蠹 *Xestobium rufovillosum*（De Geer）一般很少活跃在收藏单位的建筑物内，因为它们的危害活动需要更高的环境湿度（75%以上）。报死窃蠹通常取食潮湿与黑暗环境中的硬木（橡木和榆木）和软木。

侵入竹、木、藤器的蠹虫多来自室外，如随物品、包装物等携带进入，或是其成虫飞入室内产卵等。由于幼虫期长且难以观察到危害迹象，所以预防极为重要，须执行综合虫害管理（IPM）方案进行防控。

2.9.3　虫害的发现与鉴别

大多数竹、木、藤器昆虫都是以钻蛀的方式对物品进行危害的，幼虫深藏在竹、木、藤器内部挖掘虫道，使竹、木、藤器与结构性木材受到严重损坏，只有在物品上发现了虫孔才察觉到其已被虫蛀。这类昆虫的成虫破茧而出时，也会在器物表面造洞而留下蛀孔。因物种不同，其危害方式与留下的破坏迹象有所不同，但都具有一些共同特点，这为判断木虫的存在以及其属于何物种提供了依据。

2.9.3.1　竹、木、藤器被虫危害的迹象

很难通过人眼观察到竹、木、藤器内的幼虫活动，只有在竹、木、藤器被危害到一定程度后，才可能观察到昆虫活动迹象。当在竹、木、藤器外部观察到以下现象，可表征其正在发生或曾经发生了虫害。

（1）观察到成虫

很难观察到这类昆虫的幼虫，除非破坏被蛀蚀的物品，但其成虫有可能会由于趋光而聚集在窗台与灯光处等，其颜色、大小和形状有助于对其物种进行鉴别。一旦发现了收藏单位建筑物内出现了深色甲虫，就必须寻找周围有无器物出现孔洞、蛀屑等，以查明其来源与出没的区域。

（2）蛀孔

被害物品表面出现的蛀孔是成虫从器物内钻出后留下的危害痕迹，通过蛀孔的大小与形状，可以基本判断昆虫的种类。

若蛀孔的边缘相当明晰，虫孔显得干净、新鲜，有很大可能是虫害正在进行时

留下的新蛀孔。若蛀孔表面积聚灰尘和污垢，很可能是昆虫曾经危害该器物时留下的旧的蛀孔，该器物内是否还有正在活动的昆虫还需要持续观察。

若发现了新的蛀孔，就应该及时将该器物隔离，避免虫害蔓延。可用聚乙烯纤维布严密包裹被害物品并送入隔离室处置，并继续检查其周围物品是否有损坏。

需要注意的是，有几种甲虫会在之前的出口孔中产卵，建议在对这类物品灭虫后，将这些出口孔堵塞。

（3）蛀屑或排遗物

危害竹、木、藤器的昆虫是藏在器物内部进行蛀蚀的，虫道内留有大量粉状或颗粒状的物质，这些物质被称为蛀屑（frass）。蛀屑是由虫子排遗物（即虫屎等）与被虫咀嚼成粉末的物品所组成的，它们松散地塞在虫道内，堆积在蛀孔下，或聚集在器物的裂缝中，只要受到轻微的震动，就可能泄露到器物的外部。当发现器物下面或表面出现蛀屑时，就可以判定该器物已经被虫蛀。究竟是否现在还有昆虫在活动，需要隔离观察，因为蛀屑也可能从曾经被蛀蚀的器物内掉出，即便器物内昆虫已经不再存在。

随昆虫种类的不同，其蛀屑特点也不同。借助放大镜或显微镜可以观察到蛀屑的形状（粉末状或颗粒状）、粗细，甚至可以用手触摸感受其特点。依据蛀屑的特征也可以初步判断昆虫的物种。

图 1-19　掉下的蛀屑
摄影：广州文保文化传播有限公司

第一部分　昆虫　067

图 1-20　天牛的蛀屑
摄影：森罗股份有限公司

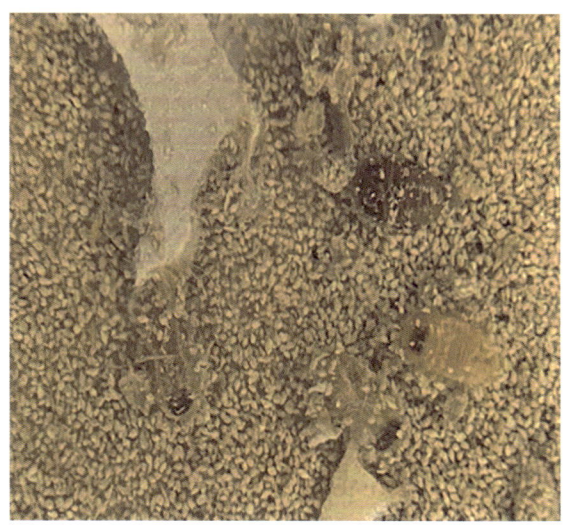

图 1-21　颗粒状蛀屑
摄影：广州文保文化传播有限公司

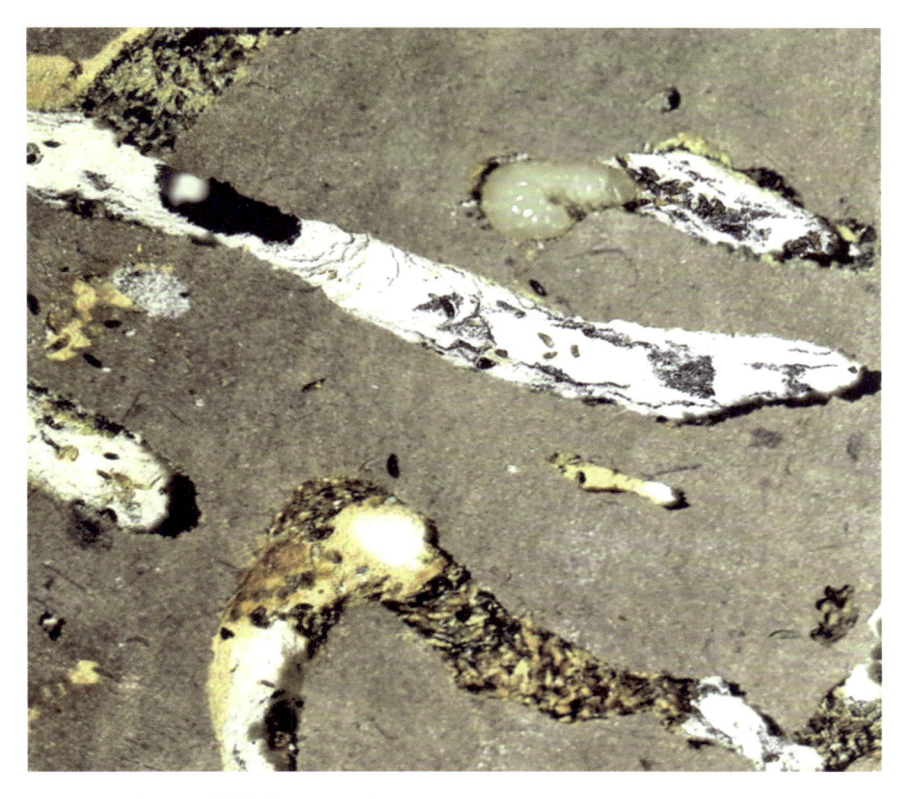

图 1-22　虫道内的排遗物与幼虫
摄影：森罗股份有限公司

（4）器物表面变色或起泡

被虫蛀的竹、木、藤器，有的表面会出现颜色变化或表皮起泡，这是幼虫在器物内部开掘虫道而导致器物表面染色或起泡。一旦发现器物出现这类问题，就表征器物受到了虫害。

（5）聆听

可以用手指轻轻敲击木材表面，聆听声音差异，若发现下方有空心区域，表明存在隧道现象。有些钻木甲虫（如天牛）的幼虫在咀嚼木头时会发出声音，有时借助听诊器可诊断木材是否被侵扰。

2.9.3.2 木虫的鉴别

除对被抓获的成虫、幼虫进行鉴定外，在没有捕获到昆虫时，以下信息有助于为木虫的识别提供佐证。

（1）出口孔的形状与大小

成虫出口孔是昆虫的成虫从被害物品内钻出时留下的洞，出口孔的形状（圆形，不规则的圆形或椭圆形等）和大小有助于识别甲虫的种类。

一般说来，天牛科昆虫留下的出口孔为椭圆形大孔，其他木虫留下的出口孔多为圆形针孔，依照圆形蛀孔的大小还可以进一步判断虫种。有研究介绍，尽管粉蠹科昆虫与窃蠹科昆虫都会在被害物上留下小且圆的蛀孔，但窃蠹科昆虫留下的蛀孔比粉蠹科昆虫的蛀孔更小。将一个滚珠型圆珠笔插入蛀孔，若圆珠笔尖端可穿过蛀孔，则为粉蠹科昆虫留下的出口孔；若圆珠笔尖端只能进入蛀孔的一小段，则为窃蠹科昆虫留下的出口孔。[1]

（2）蛀屑的形态与出现的位置

虫种不同，蛀屑的粗细、形状与分布的位置有可能不同，如有的蛀屑被排到被害物外部，有的蛀屑充满虫道而不外泄，据此可在尚未对甲虫做鉴定前初步判断昆虫的种类。例如，粉蠹科昆虫蛀屑如滑石粉般细腻，而窃蠹科昆虫留下的蛀屑虽然

---

[1] Heather Gooch. Techniques to Manage Lyctine True Powderpost Beetles[J/OL]. [2017-8-2]. https://www.mypmp.net/2017/08/02/techniques-to-manage-lyctine-true-powderpost-beetles/.

也是粉状的，但摸起来感觉很粗糙。干木白蚁的蛀屑是干燥松散的，其颗粒为独特的六面体，堆积在蛀孔外。

表 1-13 某些蠹木昆虫的特点[1]

昆虫	出口孔（蛀孔）	蛀屑
窃蠹科	圆形；直径 1.6~3 mm	带有明显细长颗粒的细粉末；粘在一块
长蠹科	圆形；直径 2.5~7 mm	从细至粗的粉末；感觉很坚韧；往往粘在一起
粉蠹科	圆形；直径 0.8~1.6 mm	细，面粉状，松散地分布在虫道内

表 1-14 攻击干木材的甲虫特征[2]

甲虫	被攻击的木材	出口孔特点	蛀屑特征
粉蠹科 Lyctidae	硬木	圆形（直径 1.5~3 mm），仅圆珠笔笔尖能插入	散布在虫道中；细腻，面粉状，触手有细滑石粉的感觉
窃蠹科 Anobiidae	软木和硬木	圆形（直径 1.6~3 mm），圆珠笔笔尖和笔面倾斜的部分与出口孔吻合	细长颗粒的细粉末，与废渣粘在一起，在手指间摩擦时感觉像砂砾
长蠹科 Bostrichidae	硬木，很少有软木	圆形（直径 2.5~7 mm），整支圆珠笔的笔尖都能插入出口孔	堆积在虫道里，从细到粗的粉末，粗糙；倾向于粘在一起；触感坚硬，似砂砾
家希天牛（*Hylotrupes bajulus*）	软木	椭圆形（直径 6~10 mm），比圆珠笔笔尖大得多	粗，1.1~1.21 mm，椭圆形

[1] Klein D. Identifying Museum Insect Pest Damage[J]. Comerve 0 Gram，2008（11）:1-7.
[2] 主要参考：Goodell B. Wood Products: Deterioration by Insects and Marine Organisms[J/OL].[2003-1]. https://www.sciencedirect.com/science/article/pii/B0080431526017605.

（3）被害木材的类别

不同种类的钻木甲虫对取食对象是有选择的，有的喜欢攻击软木，有的仅危害硬木，有的偏好干燥的木头，有的仅仅蠹食潮湿的木材，这些特点不仅有助于识别钻木甲虫，还利于控制虫害。

（4）对原寄主再次侵袭的可能性

大多数钻木甲虫的成虫从被害物品内钻出后，会寻找新的寄主并在上面产卵，但也有钻木甲虫的成虫会再次在曾被其侵染过的竹木材上产卵，造成二次侵染。这些不同的特点，均有助于昆虫的鉴别与控制。

附录4提供了更多这类昆虫的鉴别信息。

2.9.3.3 几种钻木甲虫的特点

以下列出了某些钻木甲虫的生物学特征，有利于对钻木甲虫的鉴别。[1]

（1）粉蠹科 Lyctidae

虫体：成虫长2.5~8 mm，红棕色至黑棕色，身体细长，呈棒状。其幼虫比天牛幼虫小得多。

食物来源：硬木的边材，包括木制品、竹子与书籍等。

危害的虫期：幼虫

出口孔：圆形，直径约1~1.5 mm

常见的生命周期：3~12个月

蛀屑特征：粉蠹科成虫的出口孔周围伴有细小、浅色粉末（蛀屑），其状如面粉或滑石粉，不会形成颗粒物；排遗物易从出口孔和裂缝中泄出。见图1-77"粉蠹虫正在危害的特点"。

---

[1] 2.9.3.3参考了以下两份文献：
Jackman J A. Structure-Infesting Wood-Boring Beetles[J/OL]. [2012-3]. http://counties.agrilife.org/galveston/files/2012/03/Structure-Infesting-Wood-Boring-Beetles-Publ.-E-394.pdf.
K.H. Jurgen Buschow. Encyclopedia of Materials: Science and Technology[M]. Amsterdam:Elsevier, 2001: 9696-9701.

（2）窃蠹科 Anobidae

出口孔：圆形，1.5~3 mm

危害的虫期：幼虫

常见的生命周期：1~3 年

蛀屑特征：从细到粗；颗粒状，通常像沙；释放在虫道内；出口孔很少发现排遗物。见图 1-20，图 1-21，图 1-56，等等。

①报死窃蠹 *Xestobium rufovillosum*（De Geer）

虫体：成虫长 6~9 mm

食物来源：通常是硬木（橡木和榆木）和软木

条件：黑暗和潮湿环境（75% RH 以上）

损害：幼虫钻蛀式地危害木材，留下虫道与直径 3 mm 的出口孔，其蛀屑为圆形颗粒状的碎屑。

特点：雄性成虫会用头部敲击木材以产生振动来吸引配偶。

②家具窃蠹 *Anobium punctatum*（De Geer）

虫体：成虫圆筒形，长 3~5 mm，颜色为红色至棕色。

食物来源：喜好陈年木材；攻击软木的边材，但也会侵染一些硬木，对多种木质器具均可造成严重危害；有时也取食潮湿的书籍和木浆纸。

条件：黑暗和潮湿环境（60% RH 以上）

损害：幼虫钻蛀式地危害木材，幼虫可在化蛹前存活 3~5 年。成虫的出口孔直径为 1.5~2 mm。其蛀屑为类似于小麦粒状或雪茄状的颗粒物，易碎。见图 1-30。

（3）长蠹科 Bostrichidae

出口孔：圆形，3~9.7 mm

危害的虫期：幼虫与成虫

常见的生命周期：通常 1 年

蛀屑特征：从细到粗；紧凑，容易粘在一起。

（4）蛛甲科 Ptinidae

虫体：成虫长约 3~5 mm，毛茸茸的，外表像蜘蛛。

条件：可以忍受低温（低于10℃），高温利于发育，如一年可繁育2代。

食物来源：范围广泛的植物和动物碎屑，包括纸和木头、昆虫收藏品、动物皮毛、干燥的植物和纺织品。

出口孔：幼虫在化蛹前会在坚硬的材料上钻孔，孔为圆形，孔径1.5~2 mm。

危害的虫期：幼虫

常见的生命周期：条件合适，几个月就能完成一个生命周期。

蛀屑特征：细粉状；填充在幼虫的虫道

（5）象鼻虫科 Curculionidae

出口孔：圆形，0.8~1.5 mm

危害的虫期：幼虫与成虫

常见的生命周期：随虫种而变化

蛀屑特征：填充在不规则虫道中的粉末或颗粒式粉状物

①钻木象鼻虫 *Euophryum* sp.

虫体：成虫长2~3 mm；圆柱形体干，红棕色到黑色；头部前面有一个拉长的"鼻子"，嘴位于鼻子的末端。

食物来源：其危害对象为潮湿的木材（软木或硬木）与木制品，故并非大多数结构性木材的重要害虫。

条件：黑暗和潮湿环境（60% RH 以上）。

损害：幼虫可在木材与木制品内生存1~5年甚或10年，其造成的损害很像粉蠹甲虫。与大多数木虫不同的是，其出口孔并非圆形或椭圆形，而是形状不规则的圆孔，直径约为1 mm。

蛀屑特征：由小颗粒组成的粉状物。

（6）吉丁虫科 Buprestidae

出口孔：椭圆形，0.8~13 mm

危害的虫期：幼虫

常见的生命周期：1~3年

蛀屑特征：出口孔无排遗物，虫道内有粗粉。

（7）天牛科 Cerambycidae

虫体：幼虫为圆头蛀虫，乳白色，成熟时长6 mm，有深色口器。成虫长16~25 mm，黑色或褐色，稍扁平，有长触角。

出口孔：6~10 mm 椭圆形木洞，可能有粉状木屑，可能听到咀嚼噪音。

①家希天牛（*Hylotrupes bajulus*）

出口孔：椭圆形，6 mm

危害的虫期：幼虫

常见的生命周期：1~32年，通常为3~10年

蛀屑特征：虫道内充满颗粒状的细粉，蛀屑紧密地堆积在它们后面的虫道中。

②其他天牛

出口孔：椭圆形，3~13 mm

危害的虫期：幼虫

常见的生命周期：不定

蛀屑特征：虫道内充满粗纤维。

2.9.4　主要防治方法

危害竹、木、藤器的昆虫多由户外传入或长期潜伏在竹、木、藤器之中，杜绝昆虫的侵入是预防措施的第一步。故须严格实施 IPM 管控措施，将昆虫堵截在收藏单位之外。

与其他材质的物品不同的是，竹木制品在制作前就很可能有潜在的昆虫入侵，如携带虫卵或幼虫，这是很难通过常规检查发现的。例如，在制作成为物品前，昆虫可能早已侵入材料之中，故对所有拟进入藏展场所的竹、木、藤器事先进行灭虫十分必要。

在藏展过程中，要加强对这类器物的深度清洁维护，因为这类物品表面多参差不齐、高低不一或错落有致，有些甚至很粗糙，这些部位具有遮蔽性，成为昆虫寄生筑巢的首选地，同时也给器物的例行清洁与维护增添了难度。需要注意的是，请勿使用湿抹布进行清洁，若必须使用，应立即擦干，因为潮湿有利于昆虫的生长发育。

在物品可以承受的湿度范围内，保持环境的干燥是相当重要的，毕竟潮湿给大

多数昆虫的滋生提供了适宜环境。大多数侵扰竹、木、藤器的昆虫喜欢蛀食含水量较高的竹、木、藤器，不能在水分含量低于15%的竹、木、藤材中发育。[1] 在干燥的器物内，即使存在幼虫，其发育速度也会减慢。

一旦发现虫害迹象，须尽快隔离受侵扰的器物并展开消杀，以防虫害加剧与蔓延。

有很多方法可以杀灭侵扰竹、木、藤器的昆虫，如高温或低温处理，但这些方法对于做工精细的对象都有可能带来损伤。化学熏蒸法对这类昆虫有较好的杀灭效果，但竹木制品的吸附性较强，熏蒸后会有化学品残留在对象内，污染保存环境并有害工作人员的健康。较为理想的灭虫方法是低氧气调法。实践证明，即使是生活在器物内部、需氧不多的昆虫，也可以利用低氧气调法杀灭且杀灭效果好。以下对高温灭虫法、冷冻灭虫法以及化学灭虫法的利弊加以简述。

（1）高温灭虫法

针对竹、木、藤器的最早的灭虫法就是热处理。

要用热杀死这类昆虫，须将器物内部的温度升高至60～66℃，持续2～4小时。超过5cm厚的木材处理时间会更长[2]，因为其内部温度要达到指定温度需要更长时间。应注意的是，在高温处理过程中，器物表面的温度通常高于内部温度，高温可能会损坏某些物品。

（2）冷冻灭虫法

有专家建议，若要采用低温杀灭竹、木、藤器内的昆虫，物品应在 –18℃以下保存数周，因为多种蛀木甲虫对低温有抵抗力，持续冷冻时间的长短对于杀死这类昆虫很重要。[3]

（3）化学灭虫法

并非所有的杀虫剂与化学灭虫法都对危害竹、木、藤器的昆虫有效，却都存在

---

[1] Jackman J A. Structure-Infesting Wood-Boring Beetles[J/OL]. [2012-3]. http://counties.agrilife.org/galveston/files/2012/03/Structure-Infesting-Wood-Boring-Beetles-Publ.-E-394.pdf.
[2] Jackman J A. Structure-Infesting Wood-Boring Beetles[J/OL]. [2012-3]. http://counties.agrilife.org/galveston/files/2012/03/Structure-Infesting-Wood-Boring-Beetles-Publ.-E-394.pdf.
[3] Jackman J A. Structure-Infesting Wood-Boring Beetles[J/OL]. [2012-3]. http://counties.agrilife.org/galveston/files/2012/03/Structure-Infesting-Wood-Boring-Beetles-Publ.-E-394.pdf.

一个共同的问题：对人体健康的威胁与物品上的化学品残留。若必须采用，须慎之又慎。

①喷洒或刷涂

在受侵扰的物品表面喷洒或刷涂化学品来处理器物的局部虫害问题是不可取的。因为杀虫剂可能会残留在器物表面或渗入到其材质表面，对于藏匿在器物内部的幼虫毫无作用，仅可能毒杀在器物表面活动的成虫，但不少这类昆虫（如天牛）的成虫可以在不离开幼虫虫道的情况下交配和产卵。

含有灭虫活性成分的产品，如β-氟氯氰菊酯、联苯菊酯、氟氯氰菊酯、氯氰菊酯、溴氰菊酯、氰戊菊酯、吡虫啉和λ-三氯氟氰菊酯等，并不能很好地渗透到竹木材内部，仅仅停留在器物表面是无法杀灭这类昆虫的。[1]

除喷洒外也有采用注射法将化学品通过蛀孔注射到被侵染的器物中，以杀灭活跃在器物内部的昆虫。该法可能很难100%控制竹、木、藤器内的蛀虫，因为要充分、彻底地让药品进入虫害活动区域并不容易。

②化学熏蒸法

化学熏蒸法可使熏蒸剂渗透到竹、木、藤器内部，若熏蒸剂选择恰当，是可以杀灭活跃在器物内的各发育阶段的昆虫的。这种方法也是化学法中对环境污染最大、在器物内残留化学品最多的一种方法，是在所有非化学法均无法发挥作用或紧急情况下才考虑使用的方法。这种方法成本高、技术性强且危险性很大，必须由专业人员才能执行。经过熏蒸后的器物，需要彻底通风，试图让器物内残留化学品最少或没有残留需要漫长的时间。

可考虑的熏蒸剂有环氧乙烷或硫酰氟，这两类熏蒸剂的利弊在本书灭虫方法的选择部分有详细论述，见6.3化学灭虫法。

---

[1] Jackman J A. Structure-Infesting Wood-Boring Beetles[J/OL]. [2012-3]. http://counties.agrilife.org/galveston/files/2012/03/Structure-Infesting-Wood-Boring-Beetles-Publ.-E-394.pdf.

> **案例**
>
> ### 案例 2：(台湾)朱铭美术馆的木雕灭虫实践[1]
>
> 　　基本上建议使用氧含量低于 0.3% 的缺氧环境来进行木雕的除虫处理。使用低氧除虫法效果极佳，处理方式环保，对灭虫对象的影响也最小。针对上彩木质作品的虫害问题，建议使用低氧除虫法，因冷冻除虫法有导致涂层与木材因胀缩不一而产生龟裂现象的可能。此方式更可应用于其他遭虫害的复合性材质作品的除虫处理上，应用广泛且安全。
>
> 　　脱氧剂的密封包形式仅适用于中小型木雕作品，且脱氧剂的价格昂贵，基于成本考虑，大型木雕作品不建议使用脱氧剂处理虫害问题。就长期发展而言，开发设置使用惰性气体的大型低氧除虫箱或帐幕式低氧除虫设备更恰当，它能应用于有大量与大型虫害问题的木雕作品的除虫工作。
>
> 　　处理部分小型木雕作品时也会以施打稀释后除虫菊精的方式进行除虫，让药剂渗透进入木料中心，使虫接触到沾有药剂的木料，然后死亡。有时亦会将此法运用于经过冷冻除虫处理，且有明显虫蚀蛀道的大型木雕作品，以避免大型对象因体积庞大，在进行冷冻除虫时内部温度无法降至所需低温而导致灭虫无效，故在必要时会进行第二重的药剂灭虫工作，以确保除虫效果。

2.10　生物标本

　　具有咀嚼式口器的任何昆虫都可能通过钻蛀、侵蚀和污损等三种方式对生物标本造成危害。表 1-15 列举了部分危害生物标本的昆虫及其损坏迹象[2]。

---

[1] 本案例摘自：黄筱如，林韵丰. 朱铭美术馆藏朱铭木雕作品研究与典藏维护现状探讨 [J]. 雕塑研究，2012 (7)：139-166.
[2] Pinniger D B, Harmon J. D. Pest Management, Prevention and Control [M]. Oxford：Butterwoth Heinemann, 1999: 152-176.

表 1-15 危害生物标本的昆虫及其损害迹象

标本的类型	危害标本的昆虫	损害迹象
干昆虫标本，特别是大型鳞翅目和鞘翅目	圆皮蠹属，毛皮蠹属，蛛甲，皮蠹	翅膀被蠹，有脂肪的身体被吃掉，箱内发现昆虫排遗物与虫皮
干燥的蛛形纲动物和甲壳类动物，特别是未处理干净的蟹、虾等	圆皮蠹属，毛皮蠹属	失去腿，箱内发现昆虫排遗物与虫皮
鸟类毛皮	圆皮蠹属，毛皮蠹属，袋衣蛾，幕衣蛾	剥落的羽毛、蛾的织带和排遗物
哺乳动物的皮	圆皮蠹属，毛皮蠹属，袋衣蛾，幕衣蛾	散落的毛状物，蛾的织带，虫皮和虫的排遗物
冻干的哺乳动物和鸟类	圆皮蠹属，毛皮蠹属，蛛甲，药材甲，烟草甲，袋衣蛾，幕衣蛾	散落的毛状物，圆的羽化洞，织带，虫皮和排遗物
清洁不到位的爬行动物标本	圆皮蠹属，毛皮蠹属	虫皮与排遗物
清洁不到位的骨骼和角	圆皮蠹属，毛皮蠹属，皮蠹属	虫皮与排遗物
干净的骨骼材料	不会被昆虫侵袭	
鱼类	没有机会被昆虫侵袭	
干植物，尤其是种子及一些真菌	药材甲，烟草甲，蛛甲	圆的出口孔，球状的丝蛹壳和幼虫
真菌	书虱，药材甲	灰尘和虫粪

危害生物标本的昆虫主要分布在窃蠹科、皮蠹科与谷蛾科，白蚁与其他蠹虫也有危害的可能。依据文献分析，对我国生物标本危害较多的昆虫分布在鞘翅目、啮虫目、蜚蠊目、缨尾目、双翅目、膜翅目等。螨类也对其有危害，主要分布在蜱螨亚纲螨目的辐螨亚目、粉螨亚目和甲螨亚目等。

2.10.1 攻击生物标本的昆虫的共性

危害生物标本的昆虫种类虽然较多，但都有以下共同的特点。

（1）抗逆性强

攻击生物标本的大多数昆虫都具有较强的环境适应能力，耐寒、耐热、耐干和耐饿等生存能力尤其突出。如袋衣蛾的幼虫遇到环境突变时，可持续休眠长达2年。[1] 又如，日本蛛甲在 −5℃可存活164天，东方蜚蠊在0℃下能生活91天，黑毛皮蠹成虫在40℃左右的环境中仍能继续繁殖，其幼虫在 −3.9℃时还能存活198天，异斑皮蠹可以5年不食。[2]

（2）繁殖能力强

大多数攻击生物标本的昆虫繁殖能力强，孵化期短，可在标本馆或室内完成完整的生活史并繁殖下一代。如烟草甲在25℃的标本馆内，每天可产卵10～20粒，黑毛皮蠹每只雌虫可产卵450～900粒。[3] 因此，生物标本一旦生虫，虫口密度就会迅速增加，标本很快大量受损。

（3）食性广而杂

大多数危害生物标本的昆虫，寄主种类多，食性广而杂，不仅取食生物标本，还为害中药材、烟草、棉、麻、丝、蚕茧、皮毛、纺织品、纸张、图书、档案、文物、竹木及其制品。例如，白腹皮蠹除了为害皮毛、兽骨、羽毛、蚕丝等，也为害书籍、烟草、茶叶、动物性药材等；又如黑毛皮蠹和袋衣蛾不仅摄食标本皮毛的动物蛋白，也摄食填充物的植物蛋白和合成纤维。[4] 因而，一旦生物标本室/库发生虫害，若控制不当，就会迅速蔓延到其他藏品库，造成不可估量的损失。

（4）危害隐蔽

危害生物标本的昆虫体型较小，颜色灰暗，通常藏匿在标本柜缝隙或其他阴暗的环境中，例如袋衣蛾常将卵产在较为隐蔽的毛根部，黑皮蠹成虫多栖息于较为黑暗的标本缝隙。因此，虫害的初期很难及时发现。

---

[1] 万继扬.动物标本害虫及其防治[J].四川文物，1994（增刊1）：56-57.
[2] 李隆术，朱文炳.储藏物昆虫学[M].重庆：重庆出版社，2009.
[3] 刘蓝玉."国内"博物馆须正视之虫害问题[J].博物馆学季刊，2010（3）：79-95，97.
[4] 叶杨，张波，张锐，等.馆藏剥制动物标本害虫防治法的研究进展[J].文物保护与考古科学，2015（3）：97-107.

2.10.2 植物标本

保存完好的植物标本还可用于提供 DNA 和其他生物化合物的样本，并验证科学观察。着眼于长期的科学研究，应完整保留植物标本的重要特征，包括与标本相关的有机体、DNA、化学成分、细胞结构等。但植物标本是脆弱的藏品，特别容易被虫侵扰。

大多数干燥的植物标本（dried herbarium specimens）是通过压制而成的，即通常是将新鲜的植物材料用吸水纸压制，使之干燥，然后装订在白色硬纸上（即台纸）制成标本。植物标本的根、茎、叶、花、果实与枝条都是食植昆虫与杂食性昆虫的取食对象，这类昆虫的幼虫可以将植物标本蛀成粉末。

根据国内已有的文献记载，危害植物标本的昆虫主要有药材甲、烟草甲、黑皮蠹、花斑皮蠹、白腹皮蠹、红圆皮蠹，其中对植物标本危害最大的为烟草甲和花斑皮蠹。[1]

国外发现的危害植物标本的昆虫主要有烟草甲（*Lasiderma serricorne*）、药材甲（*Stegobium paniceum*）、粉蠹（*Lyctus* spp.）、杂拟谷盗（*Tribolium confusum*）与澳洲蛛甲（*Ptinus tectus*）等。

为了避免昆虫对植物标本的侵扰，国内有使用抽真空压膜保藏植物标本的。[2] 这种保藏方式对植物标本有无伤害尚未有人鉴定与评价，但这种方式会影响到标本的某些方面的使用，至少是不便于植物学方面的研究。

为了保留植物标本的生物学数据，在保存植物标本的过程中不得使用任何化学品，如杀菌剂、杀真菌剂、化学驱虫剂、杀虫剂等。化学品不仅对植物标本有潜在损害，也增加了人的健康和安全风险。不得用微波处理植物标本，这会导致植物标本 DNA 和相关蛋白质（酶）的降解。也不得将植物标本置于较高湿度下保存，这会促进

---

[1] 高凯. 馆藏标本害虫种类及其综合防治 [J]. 中国野生植物资源，2018（2）：65-69.
林祁，张春光，覃海宁. 全国生物标本馆技术研讨会论文集 [C]. 北京：中国科学技术出版社，2002.
曾飞燕，叶华谷，陈海山. 植物标本馆防虫方法 [J]. 热带亚热带植物学报，2003（3）：271-274.

[2] 高凯. 馆藏标本害虫种类及其综合防治 [J]. 中国野生植物资源，2018（2）：65-69.

霉菌的生长。建议实施 IPM 计划，以监测任何有害生物的存在，并按照高标准建造橱柜，以减少有害生物对植物标本的侵扰。

> **案例**
>
> ### 案例 3：植物标本的保护[①]
>
> 植物标本馆标本易受昆虫、真菌和细菌的破坏，传统的方法是采用萘（樟脑丸的主要成分）驱虫，但萘是致癌物和潜在的过敏源，对人体健康是有害的。需要注意的是，像萘这类具有升华作用的化学物质会在样本上留下残留物，这会改变植物标本的制药学研究和其他生化分析的结果，所以用萘驱虫不可取。
>
> 将植物标本在低温下干燥以防止微生物生长，还可降低昆虫侵扰的几率。再将标本放置在大张无酸纸上，压平、晾干以节省空间，然后缝或粘在纸上。每张纸都附上详细的标签，说明标本的来源和身份。将处理好的标本置于密封柜内。昆虫一般是难以接触到植物标本的，只有在储藏过程中处理不当时才可能将昆虫引入标本。
>
> 由于某些植物标本的感虫性，植物标本柜周围应放置信息素陷阱（pheromone traps）进行监测，大多数选用针对烟草甲的信息素。信息素陷阱应每三个月更换一次。由于硼酸粉比信息素陷阱更便宜，且能够杀死某些甲虫，可每隔几个月在橱柜周围撒上硼酸粉，毒杀在柜子附近爬来爬去的昆虫。注意硼酸粉是不能直接洒在植物标本上的。也可以使用硅藻土替代硼酸粉，但硅藻土没有硼酸粉的效果好。硼酸粉与硅藻土对人与环境都是安全的，硅藻土对哺乳动物无毒，而硼酸粉须被人摄入后才可能产生毒素。

生虫后的植物标本灭虫，不推荐使用冷冻灭虫法。使昆虫致死的冷冻温度可能会对标本造成冻融损坏；若处置不当，冰箱中的水分会降低经干燥处理后的标本的防霉

[①] 本案例摘译自：A. Berzolla, M.C. Reguzzi, E. Chiappini. Controlled atmospheres against insect pests in museums: a review and some considerations[J]. journal of Entomological and Acarological Research, Ser. II, 2011（2）：197-204.

效果；冷冻和解冻过程也可能改变植物标本的蛋白质结构[1]；冷冻机发生故障还可能导致霉菌快速生长。

建议在20℃以上的温度下使用低氧充氮灭虫，在30~38℃之间进行低氧灭虫最有效。氮气不会在植物标本上留下任何残留物，低氧的环境可以使任何生命阶段的昆虫死亡。有研究指出，用氮气处理过的植物标本中，在停止为此目的的观察后，至少三年内，尚未有一例样本生虫或发霉。

也有其他人使用常压态的低氧法来长期保存标本，例如美国弗吉尼亚州李堡（Fort Lee, Virginia）是美国军队存放考古文物设施的所在地，该地的工作人员将人工制品放入隔氧袋中，从中抽出大部分含氧空气，再用氮气填充。有时还会在袋内添加二氧化硅干燥剂以保持标本的干燥，然后将它们长期（如30年）放在可以存放的柜子中以备不时之需。

2.10.3　干制的昆虫标本

干燥的昆虫和节肢动物的标本，如果妥善保存和护理，可以持续保存数百年。昆虫标本属于高风险藏品，含有高蛋白质的昆虫标本能吸引较多昆虫与螨的侵扰，昆虫标本在较高湿度下还会生霉。昆虫侵扰干燥的昆虫标本后往往会留下迹象，如昆虫的脱落物（虫皮、虫茧与残肢等）、虫屎，以及因其咀嚼标本而造成的损坏等。被轻微损坏的昆虫标本，在昆虫针的周围有虫屎及被粉碎的昆虫组织；被严重危害的昆虫标本，虫体上布满虫孔，或仅剩下虫壳或一些鳞毛和鳞片，虫体形状完全被破坏。

一旦发现有虫害发生的迹象，须立即隔离被侵扰的昆虫标本，并采用冷冻灭虫或低氧灭虫法，以保障标本在灭虫过程中不再受到伤害。

曾经广泛使用化学驱虫剂（如含萘的化学品）与化学熏蒸法来预防与杀灭昆虫标本内的害虫（见案例4），但由于化学品有可能对藏品的蛋白质组分产生影响，所以现在更多地强调通过加强昆虫标本装具的密封性与监测来预防虫害。

---

[1] Morin P, McMullen D C, Storey K B. HIF-1α Involvement in Low Temperature and Anoxia Survival by a Freeze Tolerant Insect[J]. Molecular and Cellular Biochemistry, 2005（1）: 99-106.

> **案例**
>
> ### 案例4：我国干制标本的传统驱虫法[①]
>
> 干制标本主要是以干燥的方法将昆虫、植物或其他无脊椎动物的尸体风干或烘干脱水而成。我国干制标本保存日常维护用樟脑驱虫的单位占多数。放入樟脑的量根据箱、柜的体积而定，一般每立方米放入樟脑200g左右。有的单位为了保险起见，投放了过量的樟脑。因这种消毒方法杀虫灭菌不够彻底，还采用了在昆虫标本内放置敌敌畏熏蒸防虫的方法。

以上方法均应淘汰，其他防治方法见案例5：台湾中兴大学昆虫标本馆的标本管理。在国内文献上有记录的危害昆虫标本的害虫见表1-16[②]。

表 1-16 国内发现的危害昆虫标本的害虫

目	科	种类
鞘翅目 Coleoptera	皮蠹科 Dermestidae	花斑皮蠹 *T. variabile* Ballion 小圆皮蠹 *A. verbasci* linnaeus 白带圆皮蠹 *A. pimpinellae latefasciatus* Reitter 金黄圆皮蠹 *A. flavidus* Solskij 红圆皮蠹 *A. picturatus hintoni* Mroczkowski 黑毛皮蠹 *A. Unicolor japonicus* Reitter 褐毛皮蠹 *A. augustatus gobicola* Frivaldszky 白腹皮蠹 *D. maculatus* De Geer
	窃蠹科 Anobiidae	烟草甲 *L. serricorne* Fabricius 药材甲 *S. paniceum* Linnaeus
	锯谷盗科 Silvanidae	锯谷盗 *O. surinamensis* Linnaeus 大眼锯谷盗 *O. mercator* Fauvel
	扁甲科 Cucujidae	锈赤扁谷盗 *C. ferrugineus* Stephens

[①] 该案例摘录自：陆琴.浅析我国自然标本制作与保管[J].自然科学博物馆研究，2016（增刊2）：95-100.
[②] 王云果，高智辉，卜书海，等.昆虫标本害虫种类调查[J].陕西林业科技，2008（2）：116-119.

续表

目	科	种类
鞘翅目 Coleoptera	拟步甲科 Tenebrionidae	赤拟谷盗 *T.castaneum* Herbst 杂拟谷盗 *T.confusum* Jacquelin du Val
	蛛甲科 Ptinidae	裸蛛甲 *G.psylloides* Czempinski 日本蛛甲 *P.japonicus* Reitter 棕蛛甲 *P.Clavipes* Panzer
鳞翅目 Lepidoptera	谷蛾科 Tineidea	幕衣蛾 *T.bisselliella* Hummel
啮虫目 Corrodentia	书虱科 Liposcelidae	书虱 *T.divinatorius* Mǔller
	窃虫科 Atropidae	尘虱 *A.pulsatorium* Linnaeus
衣鱼目 Zygentoma	衣鱼科 Lepismatidae	毛衣鱼 *C.villosa* Fabricius

在国外文献上，有记载的危害昆虫标本的昆虫有：根西皮蠹（*Anthrenus sarnicus*）、小圆皮蠹（*Anthrenus verbasci*）、火腿皮蠹（*Dermestes lardarius*）、地毯圆皮蠹（*A. scrophulariae*）、丽黄圆皮蠹（*A.flavipes*）、标本圆皮蠹（*A. museorum*）、白带圆皮蠹（*Anthrenus pimpinellae*）、烟草甲（*Lasiderma serricorne*）、药材甲（*Stegobium paniceum*）、百怪皮蠹（*Thylodrias contractus*）、杂拟谷盗（*Tribolium confusum*）、花斑皮蠹（*Trogoderma variabile*）、幕衣蛾（*Tineola bisselliella*）、书虱（*Liposcelis* spp.）等。[1]

> **案例**
>
> **案例 5：台湾中兴大学昆虫标本馆的标本管理**
>
> 台湾中兴大学昆虫标本馆对标本管理的关键环节的虫害防治提出建议，见表1-17。

---

[1] Pascal Querner.Insect Pests and Integrated Pest Management in Museums, Libraries and Historic Buildings[J].Insects, 2015（2）:595-607.
The Museum Pests Working Group（MPWG）. Prevention—Assessing Collection Vulnerabilty[J/OL]. [2019-10]. https://museumpests.net/prevention-introduction/prevention-assessing-collection-vulnerability/.

> 案例

表1-17　昆虫标本虫害预防管理的关键时间点 [①]

关键时刻	注意事项
入库前	・标本是否已经处理得当：是否完全干燥，浸液标本是否密封，浸液是否足够 ・杜绝昆虫侵扰的可能：早期使用樟脑粉、对二氯苯于标本箱内防虫，现已改用超低温冷冻处理
入库后	・恒温恒湿：中兴大学昆虫标本馆的标准是20±2℃、50±5% RH ・保存箱盒的密封性 ・光线的量与质的控制 ・定期检查与维护
展示中	注意温湿度的控制，密闭性与光线
展示后	冷冻完毕后再归库

2.10.4　剥制动物标本

制作剥制动物标本（taxidermy specimens），须先将动物的皮连同皮外的覆盖物一同从躯体上剥离下来，通过相关工艺和材料进行加工处理，再依据动物的生物特性，在其躯壳内填充稻草、棉花、布料等材料，使其恢复原形。本文的剥制动物标本主要以哺乳类动物标本和鸟类标本为例。

剥制动物标本的标本表皮和毛发都富含蛋白质、油脂等有机质，是危害动物源性纤维的昆虫的主要取食对象；其充填物含有大量的植物纤维，是危害植物纤维的昆虫的美食。此外，杂食性昆虫对两者均可以取食。由此可知，剥制动物标本是危害藏品的各类昆虫的优选对象。在我国浙江、上海、江西、北京、重庆等地的自然博物馆内收藏展示的动物标本都曾发生过严重的虫害，有些标本受损面超过45%。[②] 经过虫害后，动物标本身上轻则出现斑块或脱毛脱色、角质破坏，重则变得千疮百孔、皮毛分离。

[①] 杨若苓.藏品虫害风险管理工作坊纪要[J].(台湾)故宫文物月刊，2018（419）：40-49.
[②] 王铨明，鲍荣全，柴文莉.自然博物馆藏害虫及为害特征[C]//城市昆虫控制系统工程研究论文汇编.重庆：重庆市昆虫学会，1991：69-70.
　　万继扬.动物标本害虫及其防治[J].四川文物，1994（增刊1）：56-57.

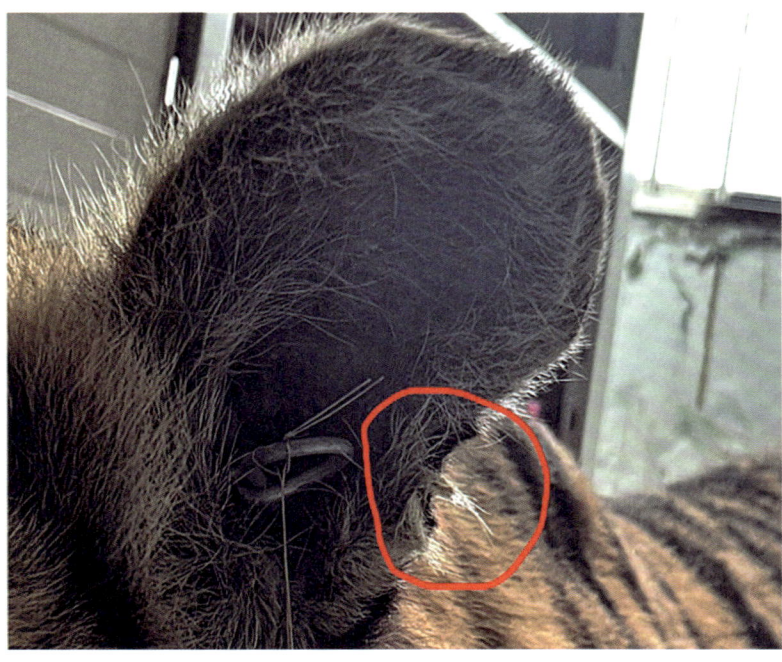

图 1-23 被虫蚀的剥皮动物标本（上图为被蛀豹子标本脚下的蠹粉与脱落物；下图为被咬掉的老虎耳朵）

摄影：广州文保文化传播有限公司

危害剥制动物标本的昆虫以鞘翅目皮蠹科和鳞翅目衣蛾科为主，在国内文献上有记录的昆虫见表1-18[①]。

表1-18 国内有记载的危害剥制动物标本的昆虫

目	科	种类
鞘翅目 Coleoptera	皮蠹科 Dermestidae	黑毛皮蠹 *Attagenus piceus* 小圆皮蠹 *Anthrenus verbasci* 白腹皮蠹 *Dermestes maculatus* 花斑皮蠹 *Trogoderma variabile*
	窃蠹科 Anobiidae	烟草甲 *Lasioderma serricorne* 药材甲 *Stegobium paniceum*
	长蠹科 Bostrychidae	竹长蠹 *Dinoderus minutus*
	郭公虫科 Cleridae	赤足郭公虫 *Necrobia rufipes*
	蛛甲科 Ptinidae	裸蛛甲 *Gibbium psylloides* 日本蛛甲 *Ptinus japonicus*
衣鱼目 Zygentoma	衣鱼科 Lepismatidae	毛衣鱼 *Ctenolepisma villosa*
鳞翅目 Lepidoptera	谷蛾科 Tineidae	袋衣蛾 *Tinea pellionella*

[①] 叶杨，张波，张锐，等.馆藏剥制动物标本害虫防治法的研究进展[J].文物保护与考古科学，2015(3)：97-107.
王春，周理坤，王玉茹，等.馆藏动物标本害虫的综合治理[J].中国文物科学研究，2011(3)：15-17.
高凯.馆藏标本昆虫种类及其综合防治[J].中国野生植物资源，2018(2)：65-69.

国外文献上有记载的危害剥制动物标本的昆虫如下：钩纹皮蠹（*Dermestes ater*）、火腿皮蠹（*Dermestes lardarius*）、白腹皮蠹（*Dermestes maculatus*）、花斑皮蠹（*Trogoderma variabile*）、幕衣蛾（*Tineola bisselliella*）。①

我国目前对剥制动物标本的虫害预防大多还是使用樟脑丸，灭虫多用化学熏蒸法（熏蒸剂为磷化铝、环氧乙烷、溴甲烷等），也有开始选用冷冻法与低氧法灭虫的。②

有效预防虫害必须严格地执行 IPM 程序，在剥制动物标本的藏展场所应放置黏性诱捕器以定期监测昆虫活动。定期检查这类标本是否有虫害活动迹象，可通过提起托盘或抽屉中的每只鸟类或哺乳动物的标本，观察是否有脱落的毛皮、羽毛、昆虫碎屑或活虫（成虫或幼虫）。若托盘或抽屉底部是浅色的或衬有白色吸水纸，就更容易观察到是否有昆虫侵扰的迹象。③除定期检查外，每当工作人员移动标本时也应该进行这类检查，以便及时发现虫害。在春季与其他温暖的季节更要频繁进行虫害检查，特别是最容易遭到虫害的那些标本。

密封良好的橱柜可为鸟类和哺乳动物标本提供最佳保护，可保护标本免受紫外线、灰尘、污染物、昆虫和啮齿动物的侵扰，并可调节环境的温湿度。橱柜不能是气密的，应有空气交换系统以容许排气与受控的新风进入。英国自然历史博物馆（Natural History Museum，London）推荐保存剥皮动物标本的湿度，其上限为55% RH，下限为40% RH。

剥皮动物标本开放式的存储或展示要比封闭式环境更容易受到昆虫的伤害，标本使用后务必放回柜内并密封柜门，切勿将标本留在柜外过夜。

一旦发现虫情，须立即隔离被侵扰的标本，采用低氧或冷冻的方式灭虫。英国自然历史博物馆指出，剥皮动物标本携带了重要的生物信息，包括物种的颜色、形态和结构，以及寄生虫、DNA、蛋白质、胶原蛋白、同位素和酶等关键数据，宜采

---

① The Museum Pests Working Group（MPWG）. Prevention—Assessing Collection Vulnerabilty[J/OL]. [2019-10]. https://museumpests.net/prevention-introduction/prevention-assessing-collection-vulnerability/.
② 陆琴. 浅析我国自然标本制作与保管 [J]. 自然科学博物馆研究，2016（增刊2）：95-100.
③ Ramotnik C A. Handling and Care of Dry Bird and Mammal Specimens[J]. Conserve 0 Gram，2006（9）:1-5.

用最少干预的方法灭虫，使标本保留更多的珍贵数据，为未来的潜在研究和数据采集留下一条途径。英国自然历史博物馆不建议对这类标本进行热处理，低氧灭虫或冷冻灭虫更可取。[①]

除注释以外，2.10部分还参考了以下文献：

1. 毛建萍. 标本害虫小圆皮蠹的发生防治 [J]. 蚕桑茶叶通讯，2001（4）：10-11.

2. 张文同，姚传文. 小圆皮蠹的生物学特性及防治研究 [J]. 安徽农业技术师范学院学报，1994（3）：27-33.

3. 李俊英. 花斑皮蠹的生物学特性研究 [J]. 河北农业大学学报，1998（2）：93.

4. 凤舞剑，戴优强，胡长效. 花斑皮蠹的生物学特性及防治技术 [J]. 安徽农业科学，2004（3）：472-473.

5. 裴海英. 昆虫标本害虫的调查初报 [J]. 植物医生，1998（4）：33.

6. 王晖，董慧，杨定. 标本害虫主要种类及其综合防控现状 [J]. 安徽农业科学，2014（27）：9373-9378，9480.

7. 毛志平，曹盛葆. 浅谈基层文博单位文物藏品虫害及其防治 [C]. 中国文物保护技术协会第三次学术年会论文集. 北京：紫禁城出版社，2004：239-243.

---

① Natural History Museum, London. Standards in the Care of Skins and Taxidermy Collections[EB/OL]. 2-13-1-23[2021-11]. https://conservation.myspecies.info/node/32.

3 虫害的基本迹象与识别

藏品是由不同材质构成的，这些材质会吸引不同种类的昆虫前来取食，由此造成藏品的虫损。藏品管理工作的一项重要的任务就是控制虫害的发生，最有效的控制手段是通过定期检查、良好的内务管理和对建筑物的定期维护来预防。检查、发现并识别昆虫的侵扰活动是控制虫害的基础性工作，藏品被损坏的程度不仅与昆虫的物种相关，还取决于发现和控制虫害的速度。尽早发现问题可减轻物品被损坏的程度，避免重大虫灾的发生和昂贵的虫害处理费用。

持续地监控昆虫活动的迹象，通过对疑似昆虫活动迹象的观察，判断是否有昆虫曾经或正在侵袭藏品，以此为线索找到虫害发生的位置，分析侵扰藏品的昆虫的种类及其生命阶段，并以此为据有针对性地开展灭虫及治理工作。在以上工作中，识别昆虫侵扰的迹象是基础性工作。尽管昆虫研究人员可以借助科学设备来鉴别昆虫种类，但在藏展场所立即找到虫体（活的或死的）并不容易，这需要大量的信息支持与经验累积，更多的虫情是在找到为害藏品的昆虫前，依据虫害迹象来分析与判断的。

尽管昆虫种类繁多，但危害藏品的昆虫种类并不多，因此只要搜集到相关昆虫足够详尽的主要特征及其危害状况等数据，就利于我们快速地识别昆虫的种类或所属的类群，及时开展针对性的救治工作以消杀它们。

并不是所有的危害迹象的样本都容易辨认，相似的危害迹象有可能涉及不同种的昆虫。依据被害物的材质类型可以缩小鉴别昆虫的范围，例如有不少昆虫都可能危害纺织品，但危害的纺织品的材质类型不同。例如，衣鱼仅能消化植物源性纤维类纺织品中的纤维素，包括棉和亚麻布；蟑螂只有污染动物材质产品的能力，无法消化动物性材质藏品；动物性材质的纺织品，是皮蠹与衣蛾的养料来源，它们是极少数能够消化角蛋白等动物材质的昆虫。

由于昆虫活动的隐蔽性，发现藏品虫害的第一迹象往往不是直接看到了昆虫，而是发现藏品形体受损（残缺、污损等），发现了昆虫的排遗物、蛀屑或虫皮等。一般说来，发现藏品上有虫损迹象，也就离找到虫源不远了。

无论是展出还是陈列中，对所有的藏品进行定期检查，是及时发现虫害的第一步。若发现藏品有疑似生虫情况，可将其放在衬有白纸的平坦表面上抖动，观察是否有昆虫、虫皮、虫屎、蛹壳等掉落；或借助15~30倍的放大镜，更便于发现微小的昆虫。若发现昆虫，无论死活均要放置在小瓶中，切勿使其受压，以便于科学鉴定。

尽管随昆虫物种不同，其危害迹象不同，但被虫害的物品一般都可能发现以下危害迹象。

（1）昆虫虫体

昆虫虫体是指活着或已死去的昆虫，包括不同发育阶段的虫体，如会飞的成虫、爬行的幼虫、蛹或蛹化后的残壳、蟑螂的空卵鞘（坚硬，深色，像豆荚）、飞蛾的虫茧等。虫卵很小，且多藏在极其隐蔽的位置，是很难被发现的，但也有人在雕版上观察到天牛的虫卵。

若对昆虫形体事先有一定认识，则可能在窗台上发现某些甲虫的成虫，或发现它们在飞行，或发现它们在爬行（如衣鱼等）或附在藏品上（如衣蛾或其他昆虫的蛹等），甚至有可能在藏品上或藏品周边发现虫体遗骸，或蛹化后的残壳。有时，还可能在藏展环境中发现某些成虫残损的虫体，如蜚蠊的翅膀或断掉的腿，白蚁的翅膀等。

若在藏品上直接看到活体虫（幼虫或成虫）的活动，请务必仔细检查藏品。例如，发现了衣蛾的成虫，很可能在其附近的某个地方发生了衣蛾的侵扰，因为衣蛾成虫

图 1-24　附在物品表面的虫蛹
摄影：广州文保文化传播有限公司

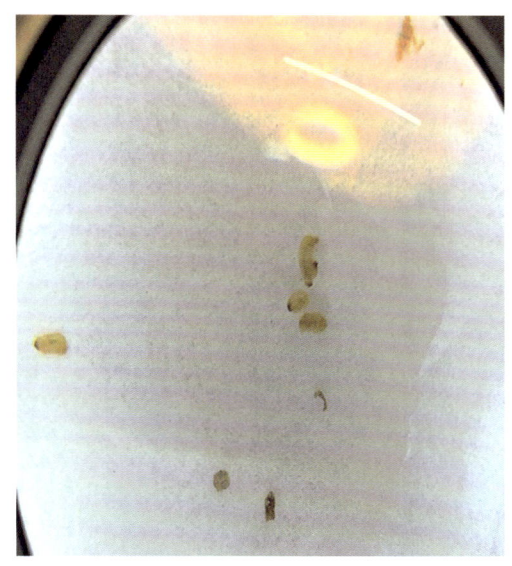

图 1-25　放大镜下的幼虫
摄影：广州文保文化传播有限公司

比其他昆虫更接近它们的食物来源，很可能会聚集在纺织品的接缝或其他隐蔽点上。

若发现了死虫，有可能曾经发生过虫害或目前虫害仍然在发生，需要认真检查藏品，找到被害物，查明危害的时间，并采取相应措施。

（2）虫蜕与其他

凡是昆虫都要蜕皮，在被虫侵扰的物品周围或是在幼虫爬行过的地方都可能发现虫蜕。一旦发现了虫蜕，就说明离找到虫源不远了。但并非所有昆虫的虫蜕都能被发现，因为有些昆虫的虫蜕会被该虫的幼虫吃掉，或是被其他有害生物吃掉。

此外，丝网、蛛网状的东西也是虫害发生的迹象，因为有些昆虫的幼虫会吐丝结网，如衣蛾及某些化蛹的幼虫。

（3）昆虫的排遗物或蛀屑

一旦发现了昆虫的排遗物，就离找到虫源不远了，或昆虫就在其周围。

昆虫的排遗物是其粪便（包括粪便颗粒、干渍或斑点等）与尚未消化的食物残渣，其形状多种多样，可能与昆虫所摄取的食物的材质及昆虫的消化系统有关，蛀屑的颜色通常与昆虫刚刚消化的食物的颜色相似。

许多钻蛀性昆虫，在它们的幼虫阶段，会积累其蛀屑，并用蛀屑覆盖自身，掩饰其存在以保护自己。部分原因可能是为了防御其他蛀虫的幼虫，因为很多蛀虫幼虫都有同类相食的特点。

蛀屑一般聚集在昆虫开挖的隧道和蛀孔中，有时会泄露到被害物的下方或周围。如果每次清洁物品，在其下方都发现一小撮粉末堆积物，则表征该物体内可能存在活跃的昆虫群体。

图1-26　沾满蛀屑的昆虫
摄影：广州文保文化传播有限公司

依据蛀屑的形状及其分布的位置，可以初步判断蛀虫的物种。例如，大多数粉蠹虫的幼虫在它们摄食的木材上钻孔时，会将部分小颗粒状的蛀屑从虫道中喷射出去，而大多数天牛的幼虫则会将它们的蛀屑紧密地堆积在后面的虫道中。更多相关问题见附录4。

（4）人眼可见的损害迹象

不同种类的昆虫可能通过钻蛀、咬碎或侵蚀等不同方式危害藏品材质，由此会在藏品表面或内部留下各种各样的破坏痕迹。例如，纺织品表面变薄或出现小孔，纸张上出现破裂或污损的区域，地毯上有缺少绒毛的区域出现，毛皮上有毛脱落，竹、木、藤器上有蛀孔，等等。

物品的受害状况可以为昆虫的识别提供一定的信息，但要准确地确定其类群有时还是很困难的，因为有些昆虫危害藏品的痕迹很相似，要区分它们还得利用其他发现来综合分析，如排遗物、虫孔大小、形状与分布、被害物以及被害物所处的环境，等等。例如，衣鱼和蟑螂的危害状很接近，要区别它们还得观察它们留下的虫屎。衣鱼虫屎是细细的、尖尖的，衣鱼身上的银粉也会混合在虫屎中，而蟑螂的虫屎则较长较粗。[1] 又如，皮蠹与衣蛾的危害对象与危害状均类似，在没有发现虫体时就得分析其他相关迹象，如虫孔的分布等。再如，蛀木虫藏在竹木材内部，仅靠相似的成虫出口孔来鉴别昆虫的物种有时是很难的，这就需要结合木材类型、排遗物、环境等综合分析。

（5）声音

有些昆虫在危害物品时会发出较大的声响，人在寂静的环境中可以听到其咀嚼的声音，如白蚁、天牛等昆虫。

（6）气味

某些昆虫如蟑螂、白蚁等，会散发独特的气味，人可以嗅到。

案例

案例 6：当代画虫蠹分析

除非发现昆虫的虫体，否则仅靠危害迹象很难准确判断昆虫的类群，因此针对被害状况的特点进行综合分析极为重要。

下图是一幅当代画，其轴头被虫严重蛀蚀（图1-27），离轴头最近的画面命纸被蛀得最为严重（图1-29）。一般说来，民国前的字画，轴头与画轴用材讲究，轴头多为红木、花梨木、紫檀木、黄杨木等，画轴一般为老杉木，罕见被蠹（图

图1-27 画轴头被蠹状及其中幼虫
摄影：广州文保文化传播有限公司

图1-28 民国前的书画轴头极少被蠹
摄影：广州文保文化传播有限公司

---

[1] 岩素芬. 图书蛀虫、防虫处理 [J]. (台湾)佛教图书馆馆刊，2006（43）：40-49.

> **案例**

1-28）。而当代画的画轴与轴头用材较为随意，多用嫩杉木、松木，木材使用前的灭虫也有不彻底的现象，因此常被虫蠹而殃及书画。

依据被危害的状况分析，很可能是家具窃蠹所为。判断的缘由是：形成的蛀孔多为圆孔，其排遗物为细砂状的颗粒，其幼虫也与家具窃蠹幼虫类似（图1-30）。家具窃蠹的危害对象，除木材外，还包括纸质物品。

这幅当代画出现这么严重的虫蚀，估计是因为轴头使用了嫩杉木或松木等，木头制成轴头前可能没有进行认真的灭虫处理，保存过程中可能遇到了潮湿等问题，轴头被虫蠹，连带字画被严重危害。

从这幅画上的虫道看，不排除还存在烟草甲、药材甲的破坏痕迹（图1-29）。

图 1-29　紧靠轴头的命纸的危害状
摄影：广州文保文化传播有限公司

图 1-30　幼虫（已死）及其排遗物
摄影：广州文保文化传播有限公司

4　重要害虫

不同物种的许多昆虫都会影响到收藏单位的藏品安全。对于藏品管理人员来说，重要的是识别昆虫，了解它们的习性以及它们的主要危害对象与防治方法。重要害虫是指对藏品危害特别严重或常见的昆虫，本部分将论述危害藏品的重要害虫的生物学特征、主要危害对象、破坏迹象与识别，以及预防与消杀的措施和方法。

4.1　衣蛾

衣蛾是隶属于鳞翅目（Lepidoptera）谷蛾科（Tineidae）衣蛾属（*Tinea*）的昆虫，分布广泛，是全球性的储藏物昆虫，在我国广泛分布。在世界范围内，危害羊毛和羊毛制品的衣蛾有30余种。[1]

---

[1] Menachem Lewin, Stephen Sello. Handbook of Fiber Science and Technology: Volume I, Chemical Processing of Fibers and Fabrics: Fundamentals and Preparation Part B [M]. New York: Dekker, 1984: 381.

衣蛾种类较多，其形态与特点不完全相同。其共同特点是：衣蛾幼虫是小型的毛毛虫，其头部颜色较深，行动缓慢。幼虫喜欢阴暗环境，一般藏匿于黑暗区域，如橱柜、衣柜、标本柜，纺织品的折叠处与缝隙里面，以及衣物的领口、袖口等。

衣蛾的成虫是有四只带条纹翅膀的淡黄色或稻草色的小型飞蛾，通常长 7~8 mm。成虫飞蛾翅膀很窄，上面有小毛。它们飞行能力弱，飞行不远，故可以看到飞蛾在被害物表面奔跑。与其他种类的蛾不同的是，衣蛾不会被光线吸引，故不会在光线照射处飞舞。它们藏匿于黑暗区域并产卵，所以很少能见到它们，在室内光线下飞来飞去的小飞蛾可能都不是衣蛾。

衣蛾寄主范围广，其侵扰过程细微难以察觉。若天气潮湿或纺织品受潮，衣蛾幼虫发育速度加快，往往突发成灾，使藏品在短时间内遭受难以弥补的损失，故衣蛾被全球收藏界列为重要害虫。

对藏品危害严重且常见的衣蛾为袋衣蛾（$Tinea\ pellionella$）与幕衣蛾（$Tineola\ bissilliella$）。两种衣蛾常混生[1]，两者的幼虫有明显的区别，但成虫外形相似，不易区分。与幕衣蛾成虫区别较大的是，袋衣蛾翅膀上有黑色斑点，见图1-31。

图1-31　袋衣蛾与幕衣蛾
图片来源：森罗股份有限公司

---

[1] 中国科普博览. 防不胜防的衣物蛀虫 [EB/OL]. http://www.kepu.net.cn/gb/lives/insect/relation/rlt1205.html.

4.1.1 衣蛾的危害对象与危害方式

衣蛾是可以破坏纺织品和其他材料的昆虫。衣蛾成虫的口器不具备危害物品的能力，其幼虫可以消化纤维状蛋白质（如角蛋白），仅以动物源性纤维为食。在自然界中，衣蛾成虫寄生在花粉、头发、死昆虫和干燥的动物遗骸中，飞入户内产卵。衣蛾的幼虫具有咀嚼式口器，在户外以鸟类和哺乳动物的筑巢材料或尸体为食，在收藏单位内以含有角蛋白的动物源性纤维为食，如羊毛、毛皮、丝绸、羽毛、毛毡和皮革等。洁净的棉和合成纤维（如聚酯纤维和人造丝）制品很少受到衣蛾幼虫攻击，除非它们被食物或动物油脂严重污染。幼虫可以天然纤维与合成纤维的混合物为食，但不以合成纤维制成的材料为食。此外，衣蛾的幼虫还取食死虫与灰尘等。

4.1.1.1 危害方式

对动物源性纤维纺织品（包括棉毛混纺织物）、动物标本以及其他角蛋白制品（如毛发、毛皮、羽毛等）的破坏是衣蛾幼虫造成的，衣蛾成虫不进食。袋衣蛾与幕衣蛾的幼虫主要危害材料表面，危害后都会留下点状的破损痕迹。

在兽类毛皮上，衣蛾开始多危害毛皮边缘，然后逐步向中部扩展。取食时，先沿毛的基部将毛咬断，再取食毛根、毛囊和表皮。因此，毛皮在被危害初期，是很难从外观上观察到其受害状况的，但一经抖动，皮上的毛便整条或整块地脱落下来。

禽、鸟类标本受害时，毛囊和皮被同时蛀食，毛很容易脱落，因此受害初期较易被发觉。当禽、鸟类标本的上表皮和毛被取食完后，老龄幼虫便会取食其下皮层和皮下粘着的肌肉，形成穿孔和缺刻状。[1]

对于动物源性纤维，幼虫会首先咬住一根纤维并咀嚼，使之成为碎屑，然后移动到下一根纤维上，造成动物源性纤维一系列受损并留下碎屑。

谷蛾科昆虫大多数种类都靠取食毛发、蹄、角、羽毛、尸体甚至粪便获取营养，从而造成物品的损坏，但谷蛾科某些昆虫在开凿蛹室时也会造成其他材质物品的损坏，例如书籍与木材。图1-32、1-33为蛾类造蛹室对书本的危害，但其具体属于哪一物种，由于没有捕获到其幼虫或成虫，笔者难以分析。

---

[1] 林日钊. 袋衣蛾的习性及其防治 [J]. 昆虫知识，1996（5）：289-290.

图 1-32　蛾茧在蛹室中
摄影：广州文保文化传播有限公司

图 1-33　被蛾开凿的蛹室
摄影：广州文保文化传播有限公司

图 1-34　从书中夹出的蛾茧
摄影：广州文保文化传播有限公司

4.1.1.2 高危藏品

衣蛾不以人造纤维为食，但并不说明衣蛾不会危害其他材料（如造蛹室对书籍的危害），在实际工作中从被害木头内也曾发现衣蛾。但高危藏品仍然是衣蛾幼虫取食的对象，即动物源材质，包括动物毛制品（如羊毛、马海毛、驼毛、兔毛等），皮草、皮革和毛皮等动物制品，真丝与丝制品，羽毛，毛毡，毛发，毛毯，动物标本等。

由于幼虫喜欢在黑暗、不受干扰的区域取食，所以动物源材质的物品若长期保存在黑暗的地方，且长久没有被翻动或检查，就更容易被侵蚀。一般来说，衣蛾并不会取食植物性纤维（如干净的棉织品），但其上染有油脂、涂胶或糨糊时也有被害记录。

4.1.1.3 危害的迹象

衣蛾幼虫色白且微小，隐藏在纺织品的褶皱和缝隙的暗处，一般难以发现，但成虫一般会在被害物周围飞来飞去，这是发现虫源的最好信号。

被衣蛾危害的物品都会留下被害痕迹，如在被害物表面会发现磨蚀印迹（缺失或变薄、变松），微小的蛀孔，脱落的碎屑或毛，虫屎，虫壳，筒茧或丝网等。被害处往往混杂以上污物，并使毛皮变僵。有时还会发现被害物上面有幼虫，观察到被害物表面有飞蛾。

不同物种的衣蛾有不同的危害迹象，但其共同特点如下。

（1）被害物上出现细小、分散的蛀洞

衣蛾在被害物上取食时，会咬断纤维，导致纤维松散，出现一个个分散的小孔洞。

图 1-35　毛毯被衣蛾蛀的洞
摄影：广州文保文化传播有限公司

图 1-36　衣蛾的丝网与茧
摄影：广州博环文物保护公司

（2）受害物上会留有衣蛾的丝网、茧壳或筒巢

衣蛾幼虫会吐丝作茧，受损的纺织品表面会发现丝网，有时还会找到茧壳或筒巢，这是不同于皮蠹的危害迹象。

（3）在被害区域，有时还可能发现脱落的毛皮或羽毛、丝网、粪便颗粒、幼虫或成虫

表1-19简要列出了不同衣蛾的鉴别要点。[1]

---

[1] 该表数据来源于：South East Museum. Pest Identification and Management[J/OL]. https://southeastmuseums.org/wp-content/uploads/PDF/Pest_management_presentation_25_Nov.pdf.

表 1-19　几种衣蛾的特点与鉴别

	幕衣蛾 *Tineola bisselliella*	袋衣蛾 *Tinea pellionella*	白肩家蛾 *Endrosis sarcitrella* 褐家蛾 *Hofmannophila pseudospretella*
体长	成虫和幼虫体长 8~10 mm		成蛾体长 8~14 mm
幼虫食物	动物源性纤维纺织品和动物标本		潮湿的羊毛、毛皮、羽毛、皮制品
生存环境	黑暗和温暖的条件		
危害迹象	①幼虫会在被害材料上吐丝，与食物残屑织成薄网，幼虫潜伏其中 ②在被害物上留下坚硬、不透明的颗粒状碎屑 ③找到被侵扰的纺织品、地毯等，检查毛毯下面是否有幼虫	①幼虫爬行时，身上常附有"袋子"，其末端打开，这是它吐的丝和被害物的纤维连接而成的 ②蛀蚀后在被害物上会留下一连串坚硬的、不透明的颗粒	很少损坏干净和干燥的纺织品

为了最大程度地减少藏品被衣蛾危害的风险，应定期检查易感物品，特别是长期没有翻动或是存放在黑暗区域的物品。除采用信息素陷阱或黏性陷阱监测外，还应仔细检查展示和储存的易感物品是否有小的孔洞、"擦伤"的区域或脱落的毛，有无虫屎颗粒，有无丝网与虫茧，有无幼虫与成虫，等等。应重点检查物品较为隐蔽的位置，例如衣物的翻领、口袋或是毛毯的折缝等较暗且隐蔽的位置。一旦发现易感物品周围出现了飞蛾，更要重点排查。

4.1.2　衣蛾的生活习性

袋衣蛾与幕衣蛾生命周期包括卵期、幼虫期、蛹期和成虫期。幼虫具有咀嚼式口器，是危害物品的主要虫期。幼虫期可持续35天至两年，幼虫期的长短在很大程度上取决于虫种、环境条件和食物质量。

成虫口器变化，不再具有直接危害物品的能力。成虫配对后，将针头大小的卵产在皮毛、羽毛、皮制品、毛或丝绸上。一只衣蛾可产下40~50个卵，卵在不到十天的时间内孵化，短时间内造成虫口密度急剧上升，故一旦发现衣蛾成虫必须采取相应的措施。

这两个物种的幼虫都是乳白色蠕虫，都会吐丝，都喜黑暗，喜藏匿在高湿度（>60%）及空气较不流通的室内阴暗角落，或潜伏在被害物的裂缝和缝隙中，特别是袋衣蛾喜欢更潮湿的环境，如相对湿度在70%或70%以上的潮湿环境。潮湿环境会加快两种衣蛾幼虫的发育，使危害程度加重。衣蛾从幼虫发育为成虫的时间差异很大（一个月到两年不等），这取决于温度、食物供应情况和其他因素。24~25℃的温度促使昆虫更快地完成发育，导致衣蛾在一年内可能完成两个或更多生命周期。[1]

4.1.3　衣蛾的预防

在温暖潮湿、光线暗淡的环境内，衣蛾繁殖速度相当快。对于藏展单位，这类昆虫可能给藏品带来无法挽回的损害，因此必须采取预防措施。

不提倡在室内放置防蛀片来驱除飞蛾，一则含有萘或对二氯苯的具有挥发性与异味的产品对人体健康不利，二则在开放的空间放置防蛀片很难达到驱赶飞蛾所需的药品浓度。同样，樟木柜等有驱虫香味的木制箱柜，因为其密封性不足，樟木挥发油难以达到或维持足以驱虫的浓度，所以无法起到预防衣蛾的作用。

建议采用以下预防方案。

（1）封锁或屏蔽衣蛾从外界进入的途径

①收藏单位建筑物的窗户必须加网，以防飞蛾闯入。

②对进入藏展环境的任何物品进行虫害检疫或预防性消杀，以降低夹带虫体进入的风险。

③填补围护结构的缝隙可减少尘埃堆积，也可以预防衣蛾幼虫在此化蛹。

---

[1] Tremmaterra P，Pinniger D. Museum Pests—Cultural Heritage Pests[M]//Recent Advances in Stored Product Protection. Springer，Berlin，Heidelberg，2018: 229-260.

（2）保持藏展环境的洁净

定期进行彻底吸尘有助于减少飞蛾的食物来源与藏匿点，使用真空吸尘器吸尘，以去除地板缝隙、风道和其他裂口中的灰尘、棉绒和藏匿的昆虫，确保各个暗角都没有尘埃污垢集聚，并保持干爽，以破坏衣蛾虫卵的孵化条件。

（3）保持易感物品的洁净

衣蛾最喜欢藏污纳垢的易感物品。易感物品在长期存放之前应进行干洗或水洗，冲刷或梳理纺织品和毛皮，以杀死可能存在的虫卵或幼虫，并去除容易吸引昆虫的气味。

（4）封装易感物品，堵截衣蛾的入侵

刚孵化出的衣蛾幼虫很小，可进入任何开口大于0.1 mm的物体。[1] 应将长期存储的易感物品存放在密封袋内，堵截衣蛾的侵入。

（5）保持干燥，避免潮湿

降低环境的湿度（50%～60%）可降低衣蛾发生的几率。

（6）定期检查易感物品

衣蛾只有在危害发生后才能被发现，一旦发现很难彻底清除。定期对易感物品进行检查，及早发现衣蛾的危害迹象相当重要。若发现了被衣蛾感染的物品，注意检查是否存在幼虫，并及早进行隔离处理。

（7）使用信息素陷阱捕捉衣蛾

使用信息素陷阱（如粘蛾纸），除有助于及时发现衣蛾的侵扰外，还可以阻断衣蛾的交配，以降低衣蛾的虫口密度。粘蛾纸应放置在易感物品的周围，如放置在储物架上、橱柜内，特别是黑暗的地方。图1-37左图诱捕器上独特的黑色条纹可提高陷阱灵敏度，其底部涂有非常黏且不干燥的黏合剂，诱饵放置在黏性垫的中心，以获得最好的捕虫效果。[2] 图1-37右图底部中间放置的也是衣蛾信息素。

---

[1] Keith O.Story. Approaches Topest Management in Museums（1998）[J/OL]. [1998]. https://www.si.edu/mci/downloads/articles/AtPMiM1998-Update.pdf.
[2] 图1-37左图来源于：Preservation Equipment Ltd. Clothes Moth Trap[EB/OL]. 2022[2022-1]. https://www.preservationequipment.com/Catalogue/Disaster-Cleaning/Insect-Pest-Traps/Clothes-Moth-Trap.

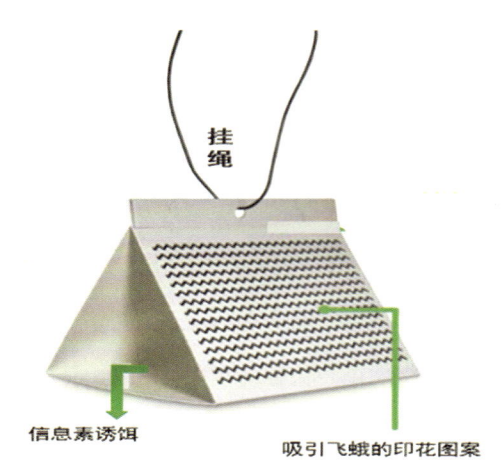

图 1-37　衣蛾信息素黏捕器
摄影：广州文保文化传播有限公司

在大型存储区或展示区中，以格网状安放信息素"诱饵"陷阱，有助于查明被感染的材料与增加衣蛾的捕获数量。

一旦通过诱捕器确定了衣蛾的危害，就可以依据虫情进一步考虑选择杀灭衣蛾的方法。

（8）皮草等贵重物品可以通过冷藏或低氧存储的方法预防衣蛾

将物品冷藏在约9℃的低温环境中，衣蛾会停止取食和繁殖。[1]也可以将物品在低氧状况下存储，见案例1"皮与毛皮制品低温保存与缺氧保存的比较"。

4.1.4　衣蛾的消杀

衣蛾的繁殖能力极强，一旦发现须立即隔离并进行消杀，否则待幼虫完成发育，成虫会到处产卵，造成更大危害。有很多方法可以杀灭衣蛾，但并非所有灭虫法均对藏品安全与有效，其中化学法是风险最大的。

---

[1] Keith O.Story. Approaches Topest Management in Museums（1998）[J/OL]. [1998]. https://www.si.edu/mci/downloads/articles/AtPMiM1998-Update.pdf.

（1）化学灭虫法

任何化学品都不得直接接触藏品，除非已知其对藏品是安全的，或其副作用在可以接受的范围内。灭虫的化学品的不良作用不仅与灭虫的有效成分或活性成分有关，也与相关的溶剂或其他辅助成分有关，因此化学品直接处理藏品的风险太大。

不推荐使用杀虫喷雾剂对被衣蛾危害的藏品进行消杀，因为喷雾剂无法渗透到被侵蚀的材料内，反而可能污染和玷污藏品。

曾经有人使用硫酰氟和甲基溴熏蒸被衣蛾侵扰的物品，但袋衣蛾的卵对硫酰氟具有很强的耐抗力，很难被杀死。[1]

对于衣蛾，可用的化学法是利用无机化学粉剂处理建筑物与柜架等装具的缝隙。

（2）物理灭虫法

有用微波杀灭衣蛾的，但微波灭虫会给藏品安全带来一定的风险。

衣蛾的卵是耐抗力最强的，某些衣蛾的卵在40℃的温度下可存活4个小时。据相关文献报道，在70%相对湿度下，将受感染的物品在41℃下加热4小时，可杀死所有生命阶段的袋衣蛾。

在英国，将被衣蛾侵扰的物品置于-30℃的冰箱保存72小时，证实可杀灭各个虫期的衣蛾。[2] 在进行冷冻处理前，一定要将被冷冻物品放在可密封的聚乙烯塑料袋中，或用聚乙烯布包裹并用胶带密封，以防冷冻过程中物体结霜或结冰。被冷冻物品若需从冰箱移出，应在24小时后其恢复到室温时才可移出，或再拆开包装做进一步处理，这样可降低某些物品在低温下变脆而破损的风险。

在当前的科技条件下，低氧气调灭虫被认为是最安全的消灭衣蛾的方法。

除注释以外，4.1部分还参考了以下文献：

（1）中文维基百科. 衣蛾 [EB/OL]. [2021-7-2]. https://zh.wikipedia.org/

---

[1] Keith O.Story. Approaches Topest Management in Museums（1998）[J/OL]. [1998]. https://www.si.edu/mci/downloads/articles/AtPMiM1998-Update.pdf.

[2] Keith O.Story. Approaches Topest Management in Museums（1998）[J/OL]. [1998]. https://www.si.edu/mci/downloads/articles/AtPMiM1998-Update.pdf.

wiki/%E8%A1%A3%E8%9B%BE.

（2）台湾自然科学博物馆．衣蛾（clothes moths，clothing moths）[JA/OL]．[2022]．http：//dobug.nmns.edu.tw/home-pests/insects/C004/．

（3）昆虫论坛．此衣蛾非彼衣蛾[J/OL]．[2012-8-7]．http：//insectforum.no-ip.org/gods/cgi-bin/view.cgi?forum=2&topic=24971．

（4）Christa Deacy-Quinn（Spurlock Museum）．Fundamentals of Museum IPM[EB/OL]．[2020]．https：//www.spurlock.illinois.edu/pdf/fundamentals-of-museum-ipm-low.pdf．

（5）杨若苓．"引虫入室"——以博物馆及典藏环境为例[J]．文化资产保存学刊，2010（13）：79-88．

（6）卫国．西藏博物馆藏品虫害调研与防治[J]．文物保护与考古科学，2019（5）：91-98．

4.2 幕衣蛾

拉丁学名：*Tineola bisselliella*

英文俗名：webbing clothes moth，common clothes moth

中文别名：衣蛾、网衣蛾、丝谷衣蛾、织带衣蛾、台湾衣蛾

科属：鳞翅目，谷蛾科

危害的虫期：主要为幼虫

分布：分布于除东北外的大多数省区。

4.2.1 形态特征

幕衣蛾成虫为有翅飞蛾，呈闪亮的米色，翅膀覆盖着闪亮的金白色鳞片且没有斑点，见图1-31。

幕衣蛾幼虫为白色，身体柔软，头部的甲壳为橙棕色。幼虫吐丝结网，在其周边可以发现薄薄的丝网，幼虫常常藏身在丝网中，但没有随身携带的虫袋（筒巢），如图1-36。

4.2.2 生活习性

幕衣蛾幼虫先在被害物上吐丝，使其与纺织品的碎屑结网，制造出一个可供其栖息的薄幕网。幼虫潜伏其中并可在该网下自由移动，边爬动边蛀蚀物品。

幕衣蛾幼虫喜欢在黑暗且不受干扰的地方觅食，除非被打扰，否则很少见。在温暖的环境，幕衣蛾每年可以完成两代；若环境不够温暖，幼虫可能需要将近一年的时间才能完成生长发育。在温度25℃、相对湿度75%时，幼虫发育最快。幼虫一般在春季化蛹变成成虫，成虫产卵繁殖。

幕衣蛾成虫不再具有蛀蚀物品的能力，惧光，藏匿在阴暗潮湿的角落，会在幼虫的食物来源上产卵，例如羊毛纺织品和动物标本，完成繁衍后代的任务后死去。

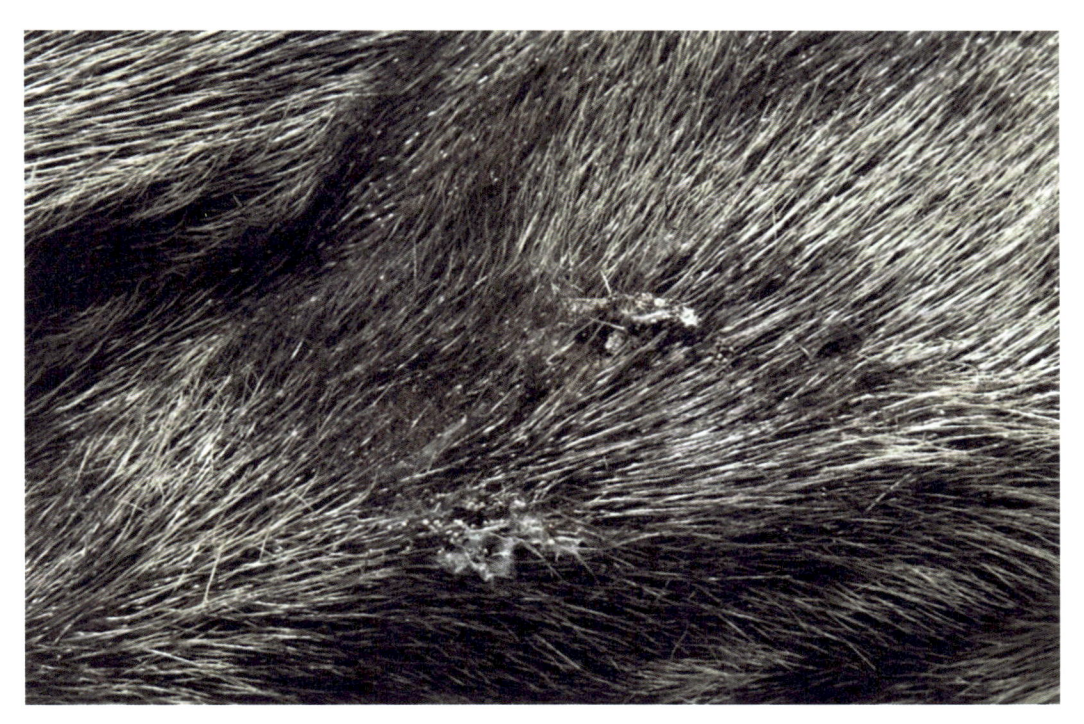

图 1-38　衣蛾在毛皮上结网
摄影：广州文保文化传播有限公司

4.2.3 危害迹象

幕衣蛾幼虫取食含蛋白质的物质，如羊毛、毛皮、羽毛、纺织品（羊毛和丝绸）、鸟类和哺乳动物的皮。幼虫会咬碎羊毛纺织品、动物标本、毛皮和羽毛等，在被害物上留下不规则的蛀孔。该虫还会在被害物上织出一个薄薄的丝网，并与圆形的砂砾状排遗物混在一起。当其攻击动物标本时，通常会在看不见的羽毛根部取食，只有当羽毛大面积脱落时，损伤的迹象才会变得明显。[1]

4.3 袋衣蛾

拉丁学名：*Tinea pellionella*，*T.pellionella*

英文俗名：case-making cloth moth，case-bearing clothes moth

中文别名：谷巢衣蛾、制壳衣蛾、衣箱蛾、负袋衣蛾、带壳衣蛾、瓜子虫、潮湿墙虫、移动水泥（台湾）

科属：鳞翅目，谷蛾科

危害的虫期：主要为幼虫

分布：分布在世界各地，在中国的北京、湖北、西藏、台湾均有发现。[2]

4.3.1 形态特征

袋衣蛾幼虫是小型的、乳白色至白色的蠕虫，其头部为褐色。与幕衣蛾不同的是，袋衣蛾幼虫须负袋生活。该袋称为筒巢或袋衣，是它吐的丝和被咬碎的被害物碎屑、尘埃粘结在一起而形成的，故其筒巢的颜色与被害物颜色相近，但也常因粘结太多尘埃而呈现出黑灰色或灰褐色。筒巢的形状为菱形，和瓜子的外形大致相似，

---

[1] David Pinniger.Pest Fact Sheet 04: Webbing Clothes Moth[J/OL].[2016-10-4].https://collectionstrust.org.uk/wp-content/uploads/2016/10/4_webbing_clothes_moth.pdf

[2] 冯惠芬，李景仁，赵秉中.档案图书害虫及其防治[M].北京：档案出版社，1985：70.
朱彬彬，李慧甫，李枝金.湖北三峡地区首次发现袋衣蛾[J].公共卫生与预防医学，2007（4）：56.

故又名瓜子虫。袋衣蛾幼虫在筒巢中成长、化蛹，直到羽化才离开筒巢。见图1-31。

筒巢是袋衣蛾幼虫的主要生长居所，与幼虫形影相随，幼虫只有在移动时才会探出虫身。每当受到滋扰或者遇到危险的时候，幼虫便会缩进里面。故筒巢为幕衣蛾幼虫身体的必要部分，要将二者分离，除非解剖。筒巢两端有开口，随着幼虫的生长，袋也不断扩大。幼虫可在袋内转身，活动时头和胸足伸出筒巢，缓慢取食爬行。

成虫是呈灰褐色的小蛾，其翅膀一般是黄褐色，每只翅膀上有几个较暗的斑点。

4.3.2 生活习性

无论袋衣蛾幼虫还是成虫，都讨厌光线，只会在夜晚活动，日间一般会粘在墙壁、柜架或被害物上静止不动。最佳的生长及繁殖环境为26℃至30℃、相对湿度达70%或70%以上的阴暗、空气不流通以及少滋扰处。在温度低于18℃时，成虫活动明显减少，15℃以下基本停止活动。[①]

成虫雌蛾在被害物的皱褶和裂缝中产卵，或选择在毛皮的角质碎屑多和毛细嫩的部位产卵，每只雌虫产卵量为2~161粒[②]，雌虫交配、产卵后不几天死去。

幼虫孵化出来后在12小时内就可完成筒巢的构建，随着虫龄的增加，幼虫不断将嚼碎的毛和皮屑黏附到筒巢上，同时吃掉旧的内层，使内外体积不断扩充。幼虫通常不脱离筒巢，但当环境温度超过31℃或受到激烈震动时，部分幼虫会脱离筒巢。脱离筒巢的幼虫，只有少数健壮的个体可重建衣袋，生存下来。袋衣蛾幼虫适应性强，食性广。当食物匮乏时，幼虫可取食自身蜕下的皮、空的筒巢及成虫尸体等。[③]

蛹在春天羽化为成虫，被其废弃的筒巢内附有半透明的褐色蛹壳。

[①] 林日钊. 袋衣蛾的习性及其防治 [J]. 昆虫知识，1996（05）：289-290.
[②] 林日钊. 袋衣蛾的习性及其防治 [J]. 昆虫知识，1996（05）：289-290.
[③] 林日钊. 袋衣蛾的习性及其防治 [J]. 昆虫知识，1996（05）：289-290.

4.3.3 危害迹象

幼虫会吃掉羊毛、头发、毛皮和羽毛，对动物标本以及各种储存的动物产品、丝绸纺织品造成极大损害。侵染迹象是被取食部位出现损伤、磨损和有规则的蛀孔，若筒巢较大则可能发现幼虫，但较小幼虫很难被发现。被袋衣蛾幼虫蛀蚀过的地方会留下条形的危害状，有时会发现成虫羽化后留下的米粒大小的空筒巢。

4.4 皮蠹科昆虫的共性

皮蠹是鞘翅目皮蠹科昆虫的统称，它们分布于世界各地。全世界有记录的皮蠹科昆虫约1000余种，中国已知的皮蠹为8属约100种[1]，遍布全国各省区。许多物种为重要的检疫仓储昆虫，食性杂，危害大。皮蠹不仅对储藏的食品危害极大，也会对馆藏的纺织品、地毯、毛皮与标本等众多藏品造成严重危害。

4.4.1 形态特征

造成物品损坏的主要是皮蠹科幼虫，虽然也是蠕虫状，但其外在特征容易识别。

4.4.1.1 幼虫

皮蠹幼虫的大小取决于物种，但都有一个明显的硬化的头囊。皮蠹幼虫身体细长，有点像蠕虫或毛毛虫，浑身长刺毛，从后方伸长而来的刚毛密集而坚硬。许多常见的物种有渐细的后端，在后端有大量的毛。幼虫颜色从深红、棕色到浅黄色，视物种而异。由于幼虫被不同长度的刚毛深深覆盖，一般呈现出"蓬松"、毛茸茸的外观。

皮蠹幼虫的刚毛对人的呼吸道具有刺激作用，无论接触其死虫或活虫都需要注意。

---

[1] 张生芳，刘永平，武增强. 中国储藏物甲虫 [M]. 北京：中国农业科技出版社，1998：101.

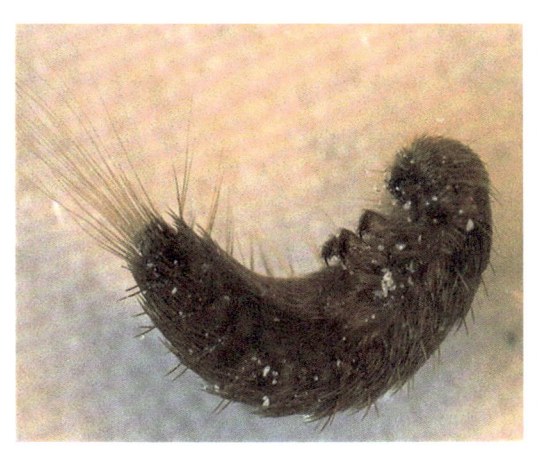

图 1-39　黑毛皮蠹幼虫（左）与花斑皮蠹幼虫（右）
摄影：森罗股份有限公司

4.4.1.2　成虫

皮蠹成虫是非常小的甲虫，体上密生褐色至黑色细毛。身体呈圆形至椭圆形并凸起，有时呈细长状，头扁圆。成虫颜色视物种而异，大多数是深色的，许多更常见的物种通常是深棕色到黑色，并有一些白色、黄色、棕色和橙色斑块的波浪状浅色条纹或斑驳的图案。如火腿皮蠹表皮呈黑色或褐色，鞘翅端部着生黑毛，基部由灰黄色毛形成带状纹及深色斑。花斑皮蠹成虫鞘翅表皮呈褐色至暗褐色，并有淡色花斑（见图1-47）；小圆皮蠹的颜色有褐色也有黑色，通体均有黄色或白色条纹将其隔开；黑毛皮蠹通体为黑色，体外覆有白毛（见图1-42）。

在室内，成虫被光线吸引，并且经常出现在窗台上。

4.4.2　危害对象与危害迹象

危害物品的皮蠹科昆虫主要是幼虫，它们具有咀嚼式口器；大多数成虫会到户外取食花粉或花蜜。

皮蠹最明显的危害迹象是在被害处发现褐色、壳状、外表刚硬的皮蜕等。

4.4.2.1　危害对象

皮蠹幼虫喜食动物及动物性制品，包括各种动物毛、羽毛、皮张、动物角、动物标本和死昆虫等，但也攻击植物性材料，包括书籍、谷物、香料及宠物和人类的食品。它们不取食人造材料，但在既有人造纤维又有天然纤维的物品中可以发现它们。

皮蠹幼虫食用动物与动物制品的目的是为了获取动物的角蛋白与结构蛋白，角蛋白存在于动物的发、毛、鳞、羽、甲、蹄、角、爪、喙、丝和其他表皮结构中，是羽毛、毛发、爪、喙、蹄、角以及脑灰质、脊髓和视网膜神经的蛋白质。结构蛋白是构成动物结缔组织和细胞间质的一类蛋白，例如羽毛、肌肉、头发、蛛丝等的主要成分就是结构蛋白。某些皮蠹幼虫也喜食植物蛋白，因此也以谷物、坚果和种子，甚至丝绸和棉花为食。因此，皮蠹科甲虫对许多常见物品都具有破坏性，如羊毛、皮张、皮革、兽角、毛皮、羽毛、死昆虫、标本、丝绸、棉花、亚麻与纸张等。一般说来，天然纤维比合成纤维更容易受到皮蠹攻击，天然纤维与合成纤维混纺的物品也会被皮蠹取食。若合成纤维物品含有有机物，如染色、污迹等，也会受到皮蠹的危害，干净的合成纤维或人造纺织品一般不会受到皮蠹攻击。

分处不同属的皮蠹科昆虫有不同的食性，在储藏物中发现的皮蠹主要有圆皮蠹属（*Anthrenus*）、毛皮蠹属（*Attagenus*）、皮蠹属（*Dermestes*）、斑皮蠹属（*Trogoderma*）与百怪皮蠹属（*Thylodrias*）等。其中，皮蠹属与毛皮蠹属的昆虫主要取食动物源物品，圆皮蠹属昆虫是羊毛和羊毛制品的重大有害生物，斑皮蠹属的昆虫中以花斑皮蠹的危害最甚。

4.4.2.2 危害迹象

皮蠹科昆虫的幼虫对藏品有直接危害，大部分幼虫的取食活动发生在黑暗、不受干扰的地方。与钻蛀性昆虫不同的是，它们是在被害物表面进行危害，形成不规则的孔洞（见图1-40）。由于难以看到丝网或排遗物，因此当发现幼虫时，物品已经被严重损坏。

以下迹象可供识别是否有皮蠹的侵扰。

（1）取食的幼虫及其留下的蛀孔

因为皮蠹幼虫在物品表面取食，所以有可能观察到正在取食的幼虫（见图1-46），但看到幼虫的几率不大。因为皮蠹幼虫常躲在黑暗的地方，藏在不受干扰的区域，钻入藏品深处，如隐藏在羊毛衫的袖口、衣领或其他纺织品的褶皱处，有的还藏在天

图 1-40 被蠹的牛角印章
摄影：缪延丰，江苏镇江

花板空隙或墙壁、柜子的裂缝内。因此，很难发现皮蠹幼虫。

当皮蠹沿着易感材料的表面掠过时，通常会留下破损的斑点和不规则的孔洞。如取食角或死昆虫等较硬的物品时，可能会留下成堆的如同细锯末的粉末。

皮蠹危害毛皮，会在毛皮上发现脱落下来的皮毛。

皮蠹危害动物源性纤维制品（如羊毛衣、毛毯等）后，会在其表面留下不规则的孔洞，并会有动物源性纤维掉落。被皮蠹侵蚀的纺织品，其表面留下的孔洞类似于衣蛾留下的蛀孔，但没有丝网也难以发现排遗物。此外，被衣蛾损坏的纺织品，其蛀孔常为分散式的小洞，而皮蠹危害纺织品留下的蛀孔是大面积的。

图 1-41　皮蠹留下的大面积的蛀孔
摄影：罗晓东，广州文保文化传播有限公司

（2）有毛的虫蜕

皮蠹在生长发育过程中会多次蜕皮，在发育成熟的全过程中，通常会蜕皮十几次甚至更多。[①] 这些虫蜕外形与幼虫大体相似，空空的，大多为深色、刚硬、贝壳状且多毛的虫壳，这些虫蜕可能会堆积在被侵扰的物品周围，这是典型的皮蠹危害迹象（见图 1-48）。

皮蠹也以死虫如死蟑螂等为食，在死虫旁边也会留下皮蜕和碎屑（排遗物）。

（3）碎刚毛和虫屎

皮蠹幼虫虫体被刚毛覆盖，故在被危害处可能会发现其脱落的刚毛以及大量的排遗物。这些排遗物为颗粒状（大约只有一粒盐大小）。

（4）堆积的粉末

当皮蠹幼虫取食兽角或死昆虫等较硬的物品时，可能会留下如细锯末的粉末堆积物。[②]

（5）成虫

皮蠹幼虫在室内羽化为成虫，成虫趋光，善飞翔，爬行快，喜在门窗或光亮处停留交尾，或出外取食花粉。故皮蠹成虫可能在窗口附近飞行，或沿着窗台聚集，

---

① W.S. Cranshaw. Dermestid Beetles (Carpet Beetles)—Fact Sheet No. 5549 [EB/OL]. 2021[2021-11]. https://extension.colostate.edu/docs/pubs/insect/05549.pdf.
② Michael F. Potter. Clothes Moths[EB/OL]. https://entomology.ca.uky.edu/files/ef609.pdf.

或死在窗台上，成虫有时也会慢慢爬墙。这些都是皮蠹存在的迹象。若在这些地方发现小甲虫，可能预示室内存在皮蠹。

4.4.3　不同种皮蠹的危害特点[①]

以下以属为单位，列出对储藏物危害较大的皮蠹的危害对象与特点。

4.4.3.1　皮蠹属

皮蠹属（*Dermestes*）昆虫是典型的食"肉"昆虫，主要以动物源物品为食，动物标本制作者则用它们来清除附在动物骨骼上的软组织与动物骨架上的肉。其主要取食对象为兽皮、兽角、毛发、羽毛、动物标本等，也取食存储的烟草，甚至是啮齿动物的毒饵。其成虫大多数是深色的椭圆形甲虫。

（1）火腿皮蠹

火腿皮蠹（*Dermestes lardarius*）幼虫比成虫长，覆盖着深棕色或黑色刚毛，成虫卵为圆形，呈黑色或褐色，鞘翅上部有一条宽阔的淡黄色斑点带。

幼虫破坏力极强，危害皮张、皮革、蚕丝、地毯、毛毯、动物标本与中药材，也取食奶酪与干肉（尤其是火腿和咸肉）。火腿皮蠹成虫也具有危害力，可取食生皮与皮革，但大多情况下是到室外取食花粉。因此，有可能见到成虫在窗口附近飞行，以便出外取食花粉。

（2）钩纹皮蠹

钩纹皮蠹（*Dermestes ater*）的成虫背面呈暗褐色至黑色，腹面表皮呈暗红褐色，背面着生褐色毛夹杂淡黄色毛。成虫主要取食动物性物质[②]；幼虫食性更复杂，以皮

[①] 本部分除特别标记的文献外，还参考了：
张生芳，刘永平，武增强. 中国储藏物甲虫 [M]. 北京：中国农业科技出版社，1998：100-162.
Whitney Cranshaw, Colorado State University. Dermestids[EB/OL]. 2010-1-28[2011-11]. https://wiki.bugwood.org/HPIPM:Dermestids.
Michael F. Potter. Carpet Beetles[EB/OL]. [2021-11]. https://entomology.ca.uky.edu/files/ef601.pdf.
Christa Deacy-Quinn. Fundamentals of Museum IPM[EB/OL]. 2019[2011-11]. https://www.spurlock.illinois.edu/pdf/fundamentals-of-museum-ipm-low.pdf.

[②] 张生芳，刘永平，武增强. 中国储藏物甲虫 [M]. 北京：中国农业科技出版社，1998：127.

毛、骨头、尸体、羊毛、动物性中药材、动物标本等动物蛋白含量丰富的储藏物为食，也危害木材、软木塞和绝缘材料[1]。

（3）白腹皮蠹

白腹皮蠹（*Dermestes maculatus*）成虫表皮呈赤褐色至黑色，腹面大部分着生白色毛，可短距离飞行。

白腹皮蠹的幼虫与火腿皮蠹的幼虫一样，以各种基于动物蛋白的产品为食，并对蚕丝及收藏品造成严重破坏。有文献报道，白腹皮蠹曾经吃掉了大量腐烂的恐龙。

有可能在毛皮、羽毛等被害物上发现带褐色条纹的毛茸茸的幼虫和皮蜕，或是看到幼虫在爬动，在抽屉底部有可能看到松散的带毛的皮蜕或虫屎堆。

4.4.3.2 毛皮蠹属

毛皮蠹属（*Attagenus*）内许多虫种严重为害贮藏谷物，也严重为害皮毛、蚕丝及博物馆收藏品。广泛分布于我国东部的是黑毛皮蠹，分布于我国西部及其他地区的是褐毛皮蠹，两种均为我国毛皮蠹属中为害最严重的种类。黑毛皮蠹主要为害动物性产品，褐毛皮蠹主要为害植物性产品。张生芳、刘永平先生以表格形式对几种主要毛皮蠹的危害特点进行了比较。

表 1-20 几种毛皮蠹为害程度的比较[2]

	生皮毛	兽毛,羽毛	蚕茧	谷物	博物馆收藏品	家庭贮藏物
黑毛皮蠹	++	+++	—	—	++	++
短角褐毛皮蠹	+++	+++	+	+++	+++	++
褐毛皮蠹	+++	+++	+	+++	+++	+

注：+++严重为害，++中度为害，+轻度为害

---

[1] Forensic Entomology: the Utility of Arthropods in Legal Investigations[M]. Florida: CRC Press, 2019.
[2] 张生芳，刘永平. 对六种皮蠹科仓虫的探讨[J]. 郑州粮食学院学报，1985（03）.

（1）二星毛皮蠹

二星毛皮蠹（*Attagenus pellio*）的幼虫的食物来源广泛，幼虫攻击羊毛、昆虫类标本、动物皮毛、羽毛、皮革、羊皮纸和动物碎屑，也取食干燥的植物、纺织品、纸和木头。

（2）斯氏毛皮蠹

斯氏毛皮蠹（*Attagenus smirnovi* Zhantiev）幼虫危害羊毛、皮毛、羽毛、丝绸和皮革等。

4.4.3.3　圆皮蠹属

圆皮蠹属（*Anthrenus*）昆虫是户内可以发现的最小的皮蠹，成虫为圆形，有由黄色、棕色和白色鳞片组成的彩色图案，身体粗短，头部比后部略窄，形似瓢虫，取食花粉。成虫飞行力强，通常在春天进入建筑物。其幼虫多刚毛，红褐色或金褐色，以多种植物和动物产品为食，破坏力极强，危害皮革、家具、地毯、毛毯和衣服等。幼虫不是很活跃，通常在有限的区域内觅食，因此经常可观察到堆积的皮蜕。在建筑物内，常常可以见到的圆皮蠹属昆虫有小圆皮蠹（*Anthrenus verbasci*）、丽黄圆皮蠹（*Anthrenus flavipes*）和地毯圆皮蠹（*Anthrenus scrophulariae*）等，标本圆皮蠹（*A. museorum*）是博物馆的重要害虫。

（1）小圆皮蠹

小圆皮蠹（*Anthrenus verbasci*）是危害藏品的重要害虫，成虫为宽椭圆形，深褐色到黑色，有光泽。头部几乎满披黄色鳞片，鞘翅基部的中部由白色鳞片组成两条波状横带，每个鞘翅端部各有由白色鳞片组成的鳞片斑。其幼虫严重为害蚕丝、生丝、动物性药材、剥制的鸟兽标本和昆虫标本、动物毛与羽毛制品、皮毛、皮革、毛呢、毛毯等，也取食被玷污的亚麻布、棉花和人造丝。更多见4.5小圆皮蠹。

（2）丽黄圆皮蠹

丽黄圆皮蠹（*Anthrenus flavipes*）成虫背面着生白色、金黄色及暗褐色鳞片，每只鞘翅近内角处各有一圆形白斑。幼虫能消化角蛋白，取食多种动物组织和由动物组织构成的物品，如多种动物毛、毛皮、羽毛、真丝、丝绸、兽角、龟壳、刚毛、羽毛制成的物品、动物标本、皮革装订和羊皮纸等。丽黄圆皮蠹幼虫也危害地毯、棉织物、亚麻布、人造丝和黄麻等，还会损坏木料和纸板，特别是软木的边材，但也会侵扰一些硬木。①

（3）标本圆皮蠹

标本圆皮蠹（*A. museorum*）俗称博物馆甲虫，其幼虫危害剥制动物标本，如危害博物馆中的北极熊和大型猫科动物标本。也会危害所有形式的干燥皮张和毛发，偶尔也会取食干奶酪、面粉或可可。

（4）地毯圆皮蠹

地毯圆皮蠹（*Anthrenus scrophulariae*）成虫为椭圆形的小黑虫，以花粉和花蜜为食。幼虫是棕色的，老熟幼虫呈红褐色，有许多黑毛。化蛹发生在最后的幼虫皮上，化蛹的位置取决于幼虫最后取食的地点。例如，如果幼虫最后一次是在地毯上觅食的，蛹可能会出现在地毯、地毯垫或地板上的裂缝中。

幼虫取食动物制品，如地毯、羊毛、纺织品、羽毛、毛皮、皮革和丝绸，以及保存的博物馆动物标本和压制植物标本，有时也会出现在粮食中。被地毯甲虫危害的纺织品、地毯会布满不规则的洞。通常标本被其危害后，标本周围或下面会留下细小的灰尘。

4.4.3.4　斑皮蠹属

斑皮蠹属（*Trogoderma*）的皮蠹通常在植物材料上发育，例如种子、坚果、草药、香料和可可等，但也有该属的皮蠹取食动物源物品。花斑皮蠹是斑皮蠹属中危害最大的昆虫。

（1）花斑皮蠹

花斑皮蠹（*Trogoderma variabile*）为当前斑皮蠹属昆虫中在国内分布最广、危害最大的物种，主要危害毛织品、棉织品、丝纺织品，以及毛皮、动物毛、羽毛、昆虫标本、生丝、丝绸、皮革、尼龙与人造纤维等，也危害多种仓储谷物。此外，还取食死动物等。更多见4.7花斑皮蠹。

---

① Wikipedia. *Anthrenus flavipes*[EB/OL]. 2021-2-23[2021-11]. https://en.wikipedia.org/wiki/Anthrenus_flavipes.

（2）谷斑皮蠹

谷斑皮蠹（*Trogoderma granarium* Everts）雄性成虫是棕色到黑色的，有红棕色斑纹；雌性成虫稍大，颜色较浅。幼虫是黄白色的，但头部和身体刚毛是棕色的。随着幼虫的进一步发育，它们的颜色会变成金黄色或红褐色。

谷斑皮蠹危害极大，是唯一取食贮粮的皮蠹。它们通常发生于以植物源为主的不同的干燥储藏物中，也危害很多干燥的动物源的制品，如皮革、干燥的动物尸体、死亡昆虫等。谷斑皮蠹很难控制，因为它们爬进裂缝和裂孔后可长期存在。

（3）饰斑皮蠹

饰斑皮蠹（*Trogoderma ornatum*）以动物及动物性制品如羊毛、羽毛、毛皮、蜂胶、茧和枯木白蚁为食，也以植物性物品如谷物、坚果、小麦、玉米、香料、种子和烟草为食。

（4）肾斑皮蠹

肾斑皮蠹（*Trogoderma inclusum*）以储藏的谷物、毛织品、干昆虫、干酪蛋白和玉米粉为食。

4.4.3.5　百怪皮蠹属

百怪皮蠹属（*Thylodrias*）的百怪皮蠹（*Thylodrias contractus*）主要取食干燥的动物性物品，包括皮革、兽皮、羽毛、动物标本、丝绸、生丝、呢绒、动物毛与死虫等，也以植物性物品为食，如危害中药材、图书与字画等。

4.4.4　皮蠹的习性

皮蠹科昆虫均为完全变态昆虫，一生要经历卵、幼虫、蛹和成虫4个阶段。不同物种的生命周期长度差异很大，有些物种可在6周内从卵发育为成虫，而其他物种则可能需要长达一年或更长时间才能完成发育。

表 1-21　三种皮蠹的生命周期[1]

	小圆皮蠹		丽黄圆皮蠹		黑毛皮蠹	
	幼虫	成虫	幼虫	成虫	幼虫	成虫
产卵数	40 粒		60 粒		90 粒	
卵孵化天数	10～20 天		9～16 天		6～16 天	
幼虫期天数	220～630 天		70～94 天		166～330 天	
化蛹天数	10～13 天		14～17 天		8～14 天	
成虫存活的周数	雌性 2～6 周 雄性 2～4 周		4～8 周		4～8 周	

大多数皮蠹科的成虫有趋旋光性，能飞善爬，白天多在光亮的地方活动、交配，故通常可以在窗台、窗玻璃附近发现它们。

成虫不再取食藏品，而飞到户外寻找能生产大量花粉和花蜜的植物为食，也可能会飞入户内产卵。雌虫多在易感材料（如动物性物品等）上或其附近产卵，也可能在踢脚板、通风口和管道附近的灰尘堆积处或裂缝等隐蔽处产卵，在室温下几周后卵就能孵化为幼虫。

与成虫不同的是，皮蠹幼虫畏光，喜欢黑暗、僻静的地方。孵化出来后就直接深深钻入其可取食的物品内部，或其他黑暗、隐蔽处，如很少使用的抽屉内、柜架下。幼虫在发育过程中会蜕皮，在被其危害的物品中可能发现带毛的空壳。

幼虫发育所需的时间差异很大，这取决于环境温度和食料质量等因素。危害藏品的大多数常见物种的幼虫期通常持续近一年，有的物种也可能从 3~4 个月到近两年不等。

幼虫经常在长期存放而不翻动的纺织品的褶皱处（如下摆、衣领、袖口等）或地毯的绒头、边缘和底面觅食，并留下危害的迹象：破损的斑点和不规则的孔洞。如果在昆虫发育过程中食物来源消失，幼虫仍然可存活数周。皮蠹幼虫抗寒、耐饥能

---

[1] Dong-Hwan Choe, Entomology, UC Riverside.Carpet Beetle[J/OL].[2020].http://ipm.ucanr.edu/PMG/PESTNOTES/pn7436.html.

力强，喜欢潮湿环境。①

与钻蛀性昆虫不同，大多数皮蠹幼虫的移动性很强，尽管其爬动缓慢，但会从一个地方移动到另一个地方，甚至会游荡较远的距离以寻找新的食物来源。② 因此，皮蠹是较难控制的昆虫，一旦发现虫源要尽快采取控制措施，以免虫害传播与蔓延。

老熟幼虫在过渡到蛹的阶段，可能会进一步钻入被害物中或在其他地方徘徊和挖凿蛹室，如果没有更好的庇护所，它们也可能在最后一批幼虫的皮内化蛹。③

4.4.5　皮蠹的防治

皮蠹的幼虫会爬，成虫能飞，这些都使得控制皮蠹并不容易。防治皮蠹的关键在于预防，控制其进入藏展场所的入口，去除除易感藏品之外的、可供其生长的食物源，将易感藏品储存在密闭容器内以预防皮蠹的发生与危害。一旦发现虫害，及时隔离与处理受感染的物品，杀灭皮蠹并进一步地杜绝虫源。

4.4.5.1　预防

皮蠹多从户外飞入，其入口包括敞开的窗户或门、门窗边缘周围的裂缝、户外的通风口等。密封这些入口以阻止其进入，可减少感染源。化学粉尘制剂可有效地处理建筑物的空隙，尤其是苯达威或拟除虫菊酯粉剂。诸如硅胶之类的干燥剂粉尘对皮蠹属幼虫的效果较差，这可能是因为其坚硬的刚毛减少了虫体与药粉的接触。

皮蠹还可以通过物品携带进入藏展场所，例如切花、包装材料、柜架以及藏品本身。因此，藏展场所不得摆放植物，所有进入该环境的物品都需要进行检疫或进入前的灭虫处理。

将清洁后的藏品存放在防虫容器内，使皮蠹无法接近，例如密封到保护性塑料袋或其他可密封的容器中。对于大量易感藏品，宜冷藏在4℃以下的低温环境，可成

---

① 广东省疾病预防控制中心消毒与病媒生物预防控制所.那些不期而遇的昆虫——皮蠹[EB/OL]. 2014-6[2021-11]. http://cdcp.gd.gov.cn/jkjy/jkzt/xdybmswkz/content/post_3439692.html.
② W.S. Cranshaw. Dermestid Beetles (Carpet Beetles) –Fact Sheet No. 5549 [J/OL]. 2021[2021-11]. https://extension.colostate.edu/docs/pubs/insect/05549.pdf.
③ Dong-Hwan Choe，Entomology，UC Riverside.Carpet Beetle[J/OL].[2020].http://ipm.ucanr.edu/PMG/PESTNOTES/pn7436.html.

功阻止皮蠹的发育。对于动物标本，可定期将其放入冰箱10～14天，也可阻扰皮蠹的发育。

皮蠹幼虫喜好黑暗与僻静，勤翻动的物品很少受到皮蠹的侵扰。定期检查易感藏品，既可预防皮蠹的攻击，又可及时发现虫情。

灰尘、有机物的绒毛、碎屑都可成为皮蠹的食物，定期清洁是最好的预防策略之一。定期吸尘，去除藏展环境中的绒毛、毛发以及死虫，使皮蠹失去食物源的引诱，因此经常用吸尘器吸尘的地毯与动物标本较少发生虫害。

4.4.5.2 消杀

若发现了皮蠹的侵害迹象，要立即检查库内是否存在受害的高危物品，查明虫源并及早采取控制措施。

单独采用杀虫剂并不能有效地控制皮蠹，杀虫剂仅可作为辅助控制方法，例如拟除虫菊酯杀虫剂可用作喷雾剂对裂缝、角落进行喷洒，但宜远离收藏区，特别是藏品。

对被皮蠹感染的纺织品，应及早隔离。

高温可杀死受感染物品中的皮蠹，但皮蠹对热的耐受力比衣蛾强得多，须暴露在54℃以上并持续几个小时才可以杀死各发育阶段的皮蠹[1]，很多藏品可能无法承受这样的高温处理。

对可采用热水冲洗或干洗的，可采用该法杀死各虫期的皮蠹。对不宜清洗者，可采用冷冻灭虫法、低氧灭虫法杀灭皮蠹。

---

[1] W.S. Cranshaw. Dermestid Beetles (Carpet Beetles)—Fact Sheet No.5549 [EB/OL]. 2021[2021-11]. https://extension.colostate.edu/docs/pubs/insect/05549.pdf.

4.5 小圆皮蠹

4.5.1 基本信息

拉丁学名：*Anthrenus verbasci*，*Anthrenus verbasci*（Linneaus）

英文俗名：varied carpet beetle

中文别名：小圆花皮蠹、标本鲣节虫、姬圆鲣节虫、姬圆皮蠹

科属：鞘翅目，皮蠹科，圆皮蠹属

危害的虫期：幼虫

分布：小圆皮蠹是一种世界性分布的昆虫，该物种源于欧洲，现在我国多地出现。主要分布于我国黑龙江、辽宁、内蒙古、河北、河南、甘肃、陕西、宁夏、青海、新疆、四川、贵州、云南、湖北、湖南、山东、广东、江苏、安徽、江西、浙江等地。[1]

特点：以幼虫危害各类动物或植物源物品及其加工制成品。幼虫抗逆性很强，危害物品广，幼虫期长。成虫繁殖力强，既能爬行又能迁飞，传播速度快，一旦出现，难以根除，故为重要的害虫之一。

4.5.2 主要危害对象与高危物品

小圆皮蠹幼虫食性很杂，蚕丝、毛织品、丝织品、皮毛、皮革、羽毛、药材、胡椒、可可、面粉、花生仁、大豆、淀粉、香料及昆虫标本等，都可取食。它们是博物馆的重要害虫，其幼虫取食剥制的鸟兽标本和昆虫标本。

任何动物来源的纺织品材料都可能成为小圆皮蠹蛀害的对象，有记载的包括羊毛、丝绸等纺织品，皮革和皮制品，兽角，昆虫标本，鸟兽标本，角鹅毛笔，蜡盘，箱盒衬纸，纸板，薄纸，书籍装订材料和画框上的动物胶，以及谷物、药材与纱线等，对昆虫类标本的危害尤其严重。但有资料介绍，小圆皮蠹并不为害干净的棉质材料，除非这些材料被玷污。

---

[1] 张生芳，刘永平，武增强.中国储藏物甲虫[M].北京：中国农业科技出版社，1998：149.

4.5.3 虫体特征识别

幼虫：蠕虫，毛茸茸，奶油色并伴有棕色条纹与刚毛。

成虫：甲虫，体型较圆，黑色表面有白色、黄色与橙色鳞片。

小圆皮蠹幼虫矮矮胖胖、毛茸茸的，身上布满密密麻麻的刺毛，并有浅色和深褐色横条纹交替出现。若受到干扰，刺毛则直立伸展。幼虫随龄期的增加，体色逐渐加深。由于幼虫形态特征明显，又具有活动性，往往成为重点鉴别的对象。

小圆皮蠹成虫体圆，像粒黄豆，头突出，具棍状触角。其鞘翅上有由黄黑色和白色鳞片组成的三条明显的波形横带，腹部的鳞片面呈白色或黄白色。成虫的这些形态特征，也是虫种鉴定的最主要的依据。

4.5.4 危害迹象与识别

小圆皮蠹体型小，体色较深，活动隐蔽，隐藏在阴暗角落里难以发现。但以下几点有助于发现它们的存在或危害。

（1）幼虫与成虫色彩艳丽的外形是其存在的鉴别标志之一。

（2）随着幼虫的生长，它们会留下空空的有毛的皮蜕。幼虫危害后，常在蛀孔附近发现许多皮蜕，这是识别小圆皮蠹的一个重要特征。虫蜕色彩同幼虫。

（3）整齐的虫眼与黑色的排遗物

小圆皮蠹幼虫的破坏性强，蛀蚀物品后会迅速在被害物上留下整齐的洞，如皮毛、地毯等常被蛀出孔洞，昆虫标本被啃咬后其体表（尤其是腹部）也会留下明显的虫眼，四周会留下黑褐色的排遗物颗粒（约一粒盐大小），它们产生的排遗物颗粒可以在受感染物体下方或附近发现。[①]

4.5.5 生活史和生活习性

小圆皮蠹属于完全变态昆虫，其一生要经过卵、幼虫、蛹、成虫四个不同的发育时期。

[①] IPM-WG.Varied Carpet Beetle[J/OL].[2012-3].https://museumpests.net/wp-content/uploads/2019/03/Varied-Carpet-Beetle.pdf.

成虫取食花蜜与花粉，也可以不取食而交配繁殖。在户外，雌虫寻找蜘蛛网或蜂巢、鸟巢作为产卵的地方，因为这些位置可能有死昆虫、蜂蜡、花粉、羽毛或其他可以作为幼虫食物的碎屑。在户内，雌虫会在羊毛地毯、羊毛制品、动物皮、毛皮、皮革、羽毛、动物角、动物标本、丝绸、干植物产品以及其他可供幼虫取食的物品表面裂缝中或附近产卵，很难被发现。

幼虫在春季和初夏孵化，虫体非常小，可通过很小的裂缝进入柜架和抽屉。幼虫广泛觅食，可能需要数年才能完成发育。幼虫有畏旋光性，常隐蔽在缝隙处活动和取食。幼虫食性杂，可取食大部分的有机材料，尤其喜好以天然纤维为食。它们不以合成材料为食，除非这些材料被玷污。

小圆皮蠹幼虫喜高温，对低温比较敏感，一年中最热的时候危害最大。小圆皮蠹的抗逆性很强，在完全干燥的标本中亦能正常发育完成世代。[1]

在我国江南地区，小圆皮蠹一年发生一代。一般于10月份幼虫爬至隐蔽的地方，不食不动开始越冬。翌年早春越冬幼虫开始活动，4月化蛹，5月份羽化为成虫，然后交尾，5月中下旬产卵。每只雌虫产卵50粒左右，经过10~13天的发育，卵开始孵化出幼虫。幼虫经5~6个月的生长，其间经过5~7次的蜕皮。国外有报道，小圆皮蠹的幼虫在3~36个月内发育，可蜕皮5~12次。[2] 我国发现，由于展厅或库区温湿度较为恒定，食物丰富，小圆皮蠹一年内可发生二代。[3] 幼虫从当年春天发育至秋天，无须进入越冬休眠期就能直接化蛹、羽化为成虫。

4.5.6　虫害控制

展厅或库区空间相对封闭，一旦被小圆皮蠹感染，如不彻底控制，1~2年内就会

---

[1] 毛建萍. 标本害虫小圆皮蠹的发生防治[J]. 蚕桑茶叶通讯，2001（4）：10-11.
[2] Collections Trust.Pest Fact sheet No.1 Varied carpet beetle[J/OL].[2019].https://326gtd123dbk1xdkdm489u1q-wpengine.netdna-ssl.com/wp-content/uploads/2018/10/Pest-fact-sheets-01-12.pdf.
[3] 万永红，蔡开明，韦曙. 标本害虫——小圆皮蠹的生物学特征及其防治方法[J]. 常州文博论丛，2016（00）：199-201.

泛滥成灾。[1]

4.5.6.1 主要的预防措施

樟脑类的驱虫剂并不能预防虫害。有文献指出，标本盒中即使放置了少量樟脑块，也并不影响小圆皮蠹的发育。[2] 以下措施可以预防小圆皮蠹的侵扰。

（1）阻断虫源

封闭门窗周围的裂缝和缝隙，堵住小圆皮蠹的入口。有窗处须安装窗纱，避免小圆皮蠹成虫从窗外飞入户内。对所有进入藏展场所的物品进行检疫或虫害消杀。

（2）监测昆虫

在易受小圆皮蠹侵扰的易感藏品区，安装有昆虫信息素的小圆皮蠹诱捕器，或使用昆虫黏性陷阱进行监测，以便及时察觉虫害的发生。

（3）采用密封容器以避免昆虫感知藏品，或采用冷藏法降低虫害发生几率

（4）定期除尘

定期检查易感物品与定期吸尘，保持易感物品干燥与洁净。

（5）清除吸引昆虫的生物

有害动物的残骸是小圆皮蠹的食物，应及时清理窗台、昆虫陷阱、光源周围或其他任何位置发现的死虫以及啮齿动物残骸。

清除收藏单位建筑物内或附近的鸟类、蜂类的巢穴和蜘蛛网，建筑物内不得有盆栽植物与切花。建筑物外设立植物隔离带，以防引诱昆虫。

4.5.6.2 消杀措施

一旦发现有小圆皮蠹侵扰，除要隔离受害物并进行消杀外，还要对受害区域的昆虫进行清除与灭杀。

通过吸尘或刷洗等物理方式可从被侵扰的物品和邻近表面去除皮蠹，对于地毯、挂毯或有裂缝的区域，可用气动真空吸尘器吸走昆虫，以限制室内的昆虫种群。气

---

[1] 张文同，姚传文. 小圆皮蠹的生物学特性及防治研究 [J]. 安徽农业技术师范学院学报，1994（3）：27-33.
[2] 毛建萍. 标本害虫小圆皮蠹的发生防治 [J]. 蚕桑茶叶通讯，2001（4）：10-11.

动真空吸尘器比电动真空吸尘器吸力更大，将其喷嘴对准受虫害侵扰的区域，可精准地清除地毯边缘及物品裂缝与缝隙中的小圆皮蠹幼虫及其碎屑。

有很多物理措施可以杀灭小圆皮蠹（见4.4.5皮蠹的防治）。实验证明，在 −20℃下冷冻6小时，足以使小圆皮蠹的虫卵、幼虫、蛹和成虫的死亡率达到100%。[1] 需要注意的是，小圆皮蠹对于缺氧处理具有中等抗气性，须注意适当延长缺氧时间。有文献表明，在25℃下，60%的二氧化碳气调处理20天可杀灭小圆皮蠹；氩气或氮气的低氧气调灭虫环境下，持续2~4周也可以杀灭小圆皮蠹。[2]

4.6 黑毛皮蠹

4.6.1 基本信息

拉丁学名：*Attagenus unicolor japonicus* Reitter

英文俗名：black carpet beetle[3]

异名：*Attagenus japonicas* Reitter，1877；*Attagenus piceus japonicas* Reitter，1877；*Attagenus megatoma japonicas* Reitter，1877

中文别名：黑鲣节虫、日本鲣节虫、毛毡黑皮蠹、黑皮蠹

科属：鞘翅目，皮蠹科，毛皮蠹属

危害的虫期：幼虫

分布：吉林、辽宁、黑龙江、湖南、湖北、云南、贵州、四川、浙江、安徽、河南、河北、山东、江西、广东、广西、福建、北京、山西、甘肃、陕西、内蒙古[4]

---

[1] University of Arkansas.Variable carpet beetle[J/OL].[2021].https://arthropod.uark.edu/variable-carpet-beetle/.
[2] Keith O.Story. Approaches Topest Management in Museums [J/OL].[1998].https://www.si.edu/mci/downloads/articles/AtPMiM1998-Update.pdf.
[3] 有人将黑毛皮蠹的英文名写为 black fur beetle，笔者经过互联网搜索为 black carpet beetle，black fur beetle 没有找到对应的科学名。
[4] 国家档案局档案科学技术研究所.新档案保护技术实用手册[M].北京：中国文史出版社，2013.

特点：黑毛皮蠹之前被划入皮蠹属，故曾被称为黑皮蠹，后被归到毛皮蠹属，故现称为黑毛皮蠹。[①] 黑毛皮蠹是世界性昆虫，我国除西藏不明外，各地均有发现，是我国毛皮蠹属中最具破坏性的一种。黑毛皮蠹抗逆性强，繁殖很快，其成虫能飞善爬，幼虫是许多植物产品（例如面粉、种子、谷物）的次要昆虫，是动物产品最常见和最主要的昆虫，故被列为高风险昆虫。

4.6.2　主要危害对象与高危物品

黑毛皮蠹幼虫食性广泛，主要以各种死亡的动物和动物源产品以及类似材料的绒毛为食，也可以各种植物材料为食，但不以合成纤维制品为食。大部分幼虫的摄食活动发生在黑暗、不受干扰的地方。

被其危害的高危物品主要有：羊毛、动物毛发、皮毛、兽皮、兽角、毛毡、羽毛、毛与羽毛制品、猪鬃制品、皮革、毛呢、地毯、丝绸、昆虫标本、皮革胶、鸟类和哺乳动物标本，以及动物源性纤维制成的任何物品，甚至带有天然鬃毛的毛刷。高危物品还包括粮食、中草药、某些香料与纸质物品（如书籍、档案等）。

4.6.3　虫体特征识别

黑毛皮蠹成虫稍大于小圆皮蠹，体椭圆形，呈有光泽的深棕色或暗黑色，体上密生褐色至黑色细毛，腿带褐色，头部扁圆形。

黑毛皮蠹幼虫长而窄，近圆筒形或雪茄烟状，全身光滑发亮，体红褐色，着生短而硬的毛。身体呈分段状，且向后逐渐变细，长有一簇独特的棕色长毛。

4.6.4　危害迹象与识别

黑毛皮蠹幼虫在取食过程中会咬碎材质，例如在挂毯、毛皮上会咬下食物并咀嚼，由此留下大而不规则的洞。黑毛皮蠹幼虫也会钻蛀装帧材料或动物角，留下虫孔（见图 1-40）。有资料介绍，黑毛皮蠹的蛀孔呈卵圆形或不规则形状，齿缺明显，老

[①] 荆秀昆. 黑毛皮蠹及其防治[J]. 中国档案，2020（9）：67.

图 1-42　黑毛皮蠹成虫
摄影：森罗股份有限公司

图 1-43　黑毛皮蠹幼虫
摄影：森罗股份有限公司

图 1-44　毛毯上的黑毛皮蠹
摄影：森罗股份有限公司

图 1-45　毛皮鼓上的黑毛皮蠹
摄影：森罗股份有限公司

熟幼虫危害的蛀孔长约2~4 mm。[①]

　　黑毛皮蠹幼虫喜欢在羊毛制品的表面或毛皮的底部觅食，在毛皮上留下裸露的斑点。大多数纺织品上的绒毛通常会被幼虫吃掉，而其基线保持完整。

　　另外一个破坏迹象是被害处会留下黑毛皮蠹幼虫的皮蜕，其皮蜕呈明显的胡萝卜或雪茄形状，长毛从尾端延伸出来，颜色同幼虫（图1-43），皮蜕常常会暴露在被害物体表面或被蛀的孔洞内。

[①] 陈小钰，林树青，李妙金. 家庭害虫与健康 [M]. 杭州：浙江大学出版社，1992：6.

4.6.5 生活史与生活习性

黑毛皮蠹属完全变态昆虫，其生活史包括卵、幼虫、蛹、成虫等4个虫态。黑毛皮蠹幼虫期是最具破坏性的阶段，成虫在春季和初夏常见于户外阳光下，以开花植物为食。[1]

黑毛皮蠹抗逆性强，幼虫在 –1~1.7℃下能生存314天，在 –3.9~–1.1℃下能生存198天。[2] 其幼虫耐饥能力极强，可耐饥长达几年。[3] 老熟幼虫在过火的仓库墙缝中依然可以存活。[4]

黑毛皮蠹的幼虫期很长，最长可达3年，若食物或环境条件合适，幼虫期一般不会超过3个月[5]，这种差异在很大程度取决于温度、食物质量和相对湿度。幼虫吃得越多，它们生长和蜕皮的速度就越快。一只黑毛皮蠹幼虫可蜕皮5~11次，在不利条件下可蜕皮20次。[6] 我国学者认为，藏匿在我国档案库房里的黑毛皮蠹幼虫喜欢潮湿环境，发育迟缓，有滞育的现象。一般一年一代，在条件合适时也可能一年两代，在六月份发生一代。[7]

黑毛皮蠹幼虫非常活跃，但畏光，喜潮湿，常藏匿在被弄脏的纺织品内，群聚于地板、砖缝、仓内墙角、铺垫物等，以及柜架的缝隙内或有尘杂物中。幼虫具有假死性，在受到干扰时会蜷缩起来装死。

成虫能飞善爬，繁殖力强，故危害性很大。黑毛皮蠹成虫的繁殖能力很强，比小圆皮蠹和丽黄圆皮蠹中的任何一种产卵都多。每只雌虫可产450~900粒卵[8]，即使环

---

[1] Arnold Mallis, Stoy A.Hedges, et al. Handbook of Pest Control : the Behaviour, Life History, and Control of Household Pests[M]. 10 ed. USA: Mallis Handbook & Technical Training Company, 2011:701-703.
[2] 何亮.动植物标本在陈列环境中的虫害防治研究[J].自然博物，2017（00）：116-123.
[3] 荆秀昆.黑毛皮蠹及其防治[J].中国档案，2020（9）：67.
[4] 荆秀昆.档案害虫的生活习性和为害特点[J].中国档案，2020（2）：79.
[5] Wikipedia.Black Carpet Beetle[J/OL].[2021-2-23].https://en.wikipedia.org/wiki/Black_carpet_beetle.
[6] Steve Jacobs（Penn State College of Agricultural Sciences）.Black Carpet Beetle[J/OL].[2013]. http://ento.psu.edu/extension/factsheets/black-carpet-beetle.
[7] 荆秀昆.黑毛皮蠹及其防治[J].中国档案，2020（9）：67.
[8] 刘蓝玉."国内"博物馆须正视之虫害问题[J].博物馆学季刊，2010（3）：79-95，97.

境温度为40℃左右仍能继续繁殖。[1] 卵在9~16天后孵化，成虫可存活4至8周。[2]

交配时的雌虫变得畏光，多在储藏物下层较暗处交尾并将卵产在幼虫嗜好的食物上。成虫交配后才被光吸引，在室内窗台上或明亮的荧光灯周围可能发现它们。[3]

4.6.6 虫害控制

与衣蛾不同，驱虫药品（如对二氯苯、萘或樟脑丸等）对黑毛皮蠹几乎没有驱逐作用。尽管实验证明，对二氯苯对黑毛皮蠹的摄食活动有轻微的抑制作用，但并不是黑毛皮蠹的有效驱避剂。[4] 最好的预防方法如下：

（1）保持良好的卫生

保持库区与展区的清洁卫生相当重要，至少可以破坏黑毛皮蠹的产卵环境。定期彻底清洁易感物品以及皮蠹喜聚集的其他位置，对于预防和控制这类有害生物至关重要。

纺织品上的污渍会吸引皮蠹，对可干洗或湿洗的藏品，可以考虑采用热水洗或干洗，以杀死各个虫期的黑毛皮蠹，这是控制衣物、毯子和其他可洗物品中的昆虫的最重要方法。清洁过的物品应确保密封在保护性塑料袋或其他合适的容器中。

与其他皮蠹或衣蛾的虫卵相比，黑毛皮蠹的虫卵易碎，用刷子或吸尘器清洁会更容易脱落。对于不可洗的藏品可以考虑采用刷或真空吸尘的方式清洁，以清除黑毛皮蠹的食物源及其虫卵或幼虫。美国斯普尔洛克博物馆（Spurlock Museum）发现，在用吸尘器清理展品后，皮蠹的数量减少了80%。

---

[1] 李隆术，朱文炳. 储藏物昆虫学 [M]. 重庆：重庆出版社，2009.
[2] Dong-Hwan Choe, Entomology, UC Riverside.Carpet Beetle[J/OL].[2020].http://ipm.ucanr.edu/PMG/PESTNOTES/pn7436.html.
[3] Arnold Mallis, Stoy A.Hedges, et al. Handbook of Pest Control : the Behaviour, Life History, and Control of Household Pests[M]. 10 ed. USA: Mallis Handbook & Technical Training Company，2011 :701-703.
[4] Jerry E. Gahlhoff Jr. (University of Florida).Common Name: Black Carpet Beetle[J/OL].[2020-6].http://entnemdept.ufl.edu/creatures/fabric/black_carpet_beetle.htm.

（2）定期检查

定期仔细检查所有易感物品是否藏有幼虫，是控制黑毛皮蠹泛滥的重要一步，检查时要注意虫洞、虫皮与蛀屑等物，这些是黑毛皮蠹存在的重要证据。早发现虫情，便于及时处理以减少损坏。

（3）其他物理防治法

密封可以进入室内的所有裂缝，窗户安装纱窗，门经常保持密闭，通风口加网，可防止黑毛皮蠹成虫进入室内。黏性陷阱仍然是全年监测黑毛皮蠹活动的有用工具。

动物标本或毛皮等物品可以考虑在4℃左右的温度下冷藏保存，但要杀死黑毛皮蠹的所有幼虫、成虫或卵，则要在–18℃下冷冻一周。还有人建议可在49℃或更高温度的烤箱中加热受感染物体至少30分钟，以杀死黑毛皮蠹。[1] 无论是高温还是冷冻杀灭昆虫，都必须考虑冷或热是否会损坏物体。

更安全的是采用低氧气调法杀灭黑毛皮蠹，这需要将气调环境内的氧气保持在0.1%以下至少3周，可以杀灭黑毛皮蠹及其他昆虫的所有发育阶段。

4.7　花斑皮蠹

4.7.1　基本信息

拉丁文学名：*Trogoderma variabile* Ballion，*Trogoderma variabile*（Ballion）

异　名：*Phradonoma variabile* Dalla Torre，1911；*Trogoderma persica* Pic，1914；*Trogoderma scabripennis* Casey，1916；*Trogoderma parabile* Beal，1954

英文俗名：warehouse beetle

中文别名：笔者暂未发现

科属：鞘翅目，皮蠹科，斑皮蠹属

危害的虫期：主要为幼虫

---

[1] IPM-WG.Warehouse Beetle[J/OL].[2012].https://museumpests.net/wp-content/uploads/2019/03/Warehouse-Beetle.pdf.

分布：吉林、辽宁、黑龙江、青海、内蒙古、山西、陕西、河北、山东、北京、新疆、四川、贵州、广东、河南、湖南与浙江等[1]。

特点：花斑皮蠹是世界各地常见的昆虫，在我国大多数地区都有发现。其被列为全球最重要的检疫昆虫之一，不仅是因为其食性杂、取食贪婪和繁殖力强，更重要的是它们生命周期短，抗逆性强。花斑皮蠹在极端条件下的长期生存能力促进了虫害的广为传播，特别是其对许多常见的昆虫控制措施具有的特别的抵抗力，使其成为生命力特别顽强的昆虫。一旦发生，很难根治，已被列为全球100种最严重的入侵物种之一，是斑皮蠹属中目前分布最广、危害最烈的种类。[2]除了对藏品的威胁，其幼虫皮上锋利刚毛脱落，一旦被人吸入，会卡在人的喉咙和肠道内，对人的呼吸道和消化道造成刺激，导致呕吐和慢性腹泻，并持续数日。[3]

4.7.2　主要危害对象与高危物品

有资料介绍，花斑皮蠹的祖先以死昆虫和其他动物为食，后来进化到也以植物产品为食，现为杂食性昆虫。

成虫主要取食花粉与花蜜，但也以死昆虫和其他动物的尸体为食。

尽管幼虫最喜欢取食各类原粮、成品粮副产品以及动物饲料等植物源物品，但也以各种物品为食，包括昆虫或动物尸体、种子、干蔬菜和植物材料等，据统计其食物多达160余种。幼虫可以咀嚼内含它们喜欢的食物的保护性包装，包括塑料、铝箔和铅皮等。花斑皮蠹是斑皮蠹属中目前分布最广、危害最烈的种类。

---

[1] 国家档案局档案科学技术研究所.新档案保护技术实用手册[M].北京：中国文史出版社，2013.
张生芳，刘永平，武增强.中国储藏物甲虫[M].北京：中国农业科技出版社，1998：162.

[2] 刘永平，张生芳.中国仓储品皮蠹害虫[M].北京：农业出版社，1988：126-127.
张生芳，施宗伟，薛光华，等.储藏物甲虫鉴定[M].北京：中国农业科学技术出版社，2004：80-85.
陈启宗，黄建国.仓库昆虫图册[M].北京：科学出版社，1985：66.
罗益镇.粮食仓储害虫防治[M].济南：济南出版社，1992：21-22.

[3] IPM-WG.Warehouse Beetle[J/OL].[2012].https://museumpests.net/wp-content/uploads/2019/03/Warehouse-Beetle.pdf.

已经发现被花斑皮蠹危害的、与藏品相关的物品主要有干燥的植物和动物标本、皮革、蚕茧、丝织品、毛皮、兽皮（及兽皮胶）、羽毛、羊毛制品、丝绸、毛呢、棉丝织品、羊毛毡、中药材、纸质文献与工艺品、缩微胶片等。在博物馆，花斑皮蠹是动植物标本的重要害虫。

4.7.3　虫体特征识别

花斑皮蠹虫体较为容易辨认。

（1）成虫

成虫可以飞行，但经常会爬行。虫体呈椭圆形，基础颜色为深褐色或近黑色。翅膀上有较多茸毛，并有棕色到黄色不等的条纹，见图1-47。

图 1-46　花斑皮蠹幼虫在纸中
摄影：森罗股份有限公司

图 1-47　花斑皮蠹成虫
摄影：森罗股份有限公司

（2）幼虫

幼虫身体细长，颜色往往比其他大多数皮蠹的颜色浅。幼虫为椭圆形。幼虫发育初期为淡黄色，随虫龄增长而逐渐成熟，老熟幼虫颜色变暗，为深褐色，节间为淡黄色。虫体表面生有红褐色刚毛，使其外表多毛，尾端有一束较长褐色毛。见图1-39（右），1-48（左）。

4.7.4　危害迹象与识别

发现以下迹象时须警惕花斑皮蠹的存在，并应对易感藏品进行彻底的查虫。

（1）带毛的虫蜕

花斑皮蠹的幼虫在化蛹前会多次蜕皮，有的幼虫蜕皮时间长达四年[1]，这些皮蜕都残留在被侵扰的物品中。检查易感材料，观察是否有虫蜕存在是发现花斑皮蠹的捷径。

图 1-48　花斑皮蠹的幼虫（左）与皮蜕（右）
摄影：森罗股份有限公司

（2）幼虫或成虫

有可能在藏展区域的窗台上发现欲飞到室外的花斑皮蠹的成虫，看到成虫表明有虫害存在，须对易感藏品进行仔细检查并及时进行虫害控制。

---

[1] Agriculture and Food.Warehouse Beetle[J/OL].[2019-6].https://www.agric.wa.gov.au/pests/warehouse-beetle?page=0%2C1.

在易感藏品中，有可能发现活的或死的花斑皮蠹以及被害物表面落下的细粉尘。在藏展区域的裂缝和缝隙中有可能发现其幼虫，花斑皮蠹幼虫毛茸茸的外观特别容易识别。

（3）损坏痕迹、虫屎与出口孔

易感藏品可能会留有被害的迹象，如被害物表面有新的残缺、新的孔洞，周围有虫屎等，有的标本整体还会被蛀空。

在被其危害的藏品上会发现出口孔。

4.7.5 生活史与生活习性

花斑皮蠹为完全变态昆虫，一生要经历卵、幼虫、蛹和成虫等4个阶段。随环境条件不同，花斑皮蠹的生命周期可能会有很大的差异。在最适宜的环境中，其整个生命周期，即从卵到成虫平均为43天。但若环境不利，它们可以在滞育（冬眠）中存活长达两年。[1] 该虫在南京、保定，一年发生1~2代。[2]

花斑皮蠹的发育受温度影响较大，同一虫态的发育历期随温度的升高而缩短。花斑皮蠹发育的最适温度为27.8~35℃，在此温度范围内，花斑皮蠹虫体发育较快，完成一个世代所需的发育历期较短。[3] 在相同的温度下，不同虫态的发育历期不同，蛹的发育历期最短，其次是卵，幼虫的发育历期最长。[4]

花斑皮蠹耐干能力较强，在温度为38~40℃、RH≤50%的条件下，均能正常发育和繁殖。[5] 在藏展环境内，由于周围环境稳定且食物充足，花斑皮蠹的危害期特别长。

---

[1] IPM-WG.Warehouse Beetle[J/OL].[2019-3].https://museumpests.net/wp-content/uploads/2019/03/Warehouse-Beetle.pdf.
[2] 赵姝荣，高智辉，卜书海，等.花斑皮蠹在自然变温下的发育起点温度和有效积温测定[J].西北林学院学报，2008（5）：130-132.
[3] 王云果，李孟楼，高智辉.花斑皮蠹发育起点温度和有效积温研究[J].西北农业学报，2008（4）：208-210.
[4] 王云果，李孟楼，高智辉.花斑皮蠹发育起点温度和有效积温研究[J].西北农业学报，2008（4）：208-210.
[5] 凤舞剑，戴优强，胡长效.花斑皮蠹的生物学特性及防治技术[J].安徽农业科学，2004（3）：472-473.

我国花斑皮蠹的危害盛期在7~9月，若室内温度达15℃以上，即使是冬天也利于花斑皮蠹的活动。[1]

花斑皮蠹初孵幼虫个体极小，很容易通过细小的缝隙进入易感藏品或其装具、包装材料等，通过多种渠道广泛传播。花斑皮蠹幼虫食性杂且广，一旦找到食物就开始进食，并且会持续很长时间，并通过蜕皮、排遗等污染藏品。在化蛹之前，雄性有五次蜕皮，雌性有六次蜕皮。[2]

幼虫喜黑暗潮湿，常栖息于隐蔽处，但其非常活跃，昼夜均活动且移动性强，在被其侵扰的整个物品上爬行并可移动到邻近区域，侵扰其他物品，因而一旦发生就可能快速蔓延。花斑皮蠹以不同龄期的幼虫越冬，活动隐蔽，多藏匿在缝隙与碎屑中越冬，生命力极强，可耐饥寒。在外界条件恶化时，可通过滞育或休眠度过不良时期，休眠幼虫可耐饥8年不死。[3] 幼虫滞育期是一种静止状态，即新陈代谢减慢和生长停止的静息状态，在此过程中，幼虫躯体逐渐缩小，须待重新进食才能恢复。在食物短缺或环境恶劣的情况下，花斑皮蠹幼虫可以在准备化蛹之前多次蜕皮，以减缓发育。幼虫阶段的生命周期延长，有助于确保花斑皮蠹在恶劣环境中生存与保留物种。

化蛹直接发生在花斑皮蠹食物来源的裂缝中，以便新生的成虫能够立即交配、产卵。如果化蛹期间没找到天然缝隙，幼虫会钻进软木、木材、灰浆和泡沫聚苯乙烯中化蛹以保护虫体。[4] 新生的成虫能够立即交配，并喜欢在适宜幼虫繁衍生息的地方产卵，产卵处多离蛹茧位置很近。

雌虫在干燥的植物或动物性材料上随机产卵，其产卵量与环境温度相关。有研究

---

[1] 刘永平，张生芳. 中国仓储品皮蠹害虫[M]. 北京：农业出版社，1988：28-135.
曹志丹. 我国仓贮皮蠹害虫简报[J]. 粮食加工，1984（1）：13-21.
[2] IPM-WG.Warehouse Beetle[J/OL].[2019-3].https://museumpests.net/wp-content/uploads/2019/03/Warehouse-Beetle.pdf.
[3] 洪兆春. 浅论标本害虫防治技术[J]. 生物学教学，2003（11）：48-49.
[4] IPM-WG.Warehouse Beetle[J/OL].[2019-3].https://museumpests.net/wp-content/uploads/2019/03/Warehouse-Beetle.pdf.

指出，在最适宜环境下，雌虫可产卵90多粒。[1] 在32.2℃和50%的温湿度下，卵大约在六天内孵化。[2]

尽管花斑皮蠹成虫可以死去的昆虫和其他动物的干燥尸体为食，但其食物主要还是花蜜和花粉。成虫寿命很短，多为几天，有研究表明其平均寿命在16天左右。[3] 与幼虫不同，成虫趋光且具有群居性等习性，多在白天活动，且经常聚集在窗台和天窗上，这可为发现花斑皮蠹的存在提供证据。

与许多斑皮蠹属的大多数昆虫不同的是，花斑皮蠹的飞行力较强，这给监测其藏匿位置造成了困难。如果不加以预防与控制，一旦感染，可以迅速传播与蔓延。

无论是幼虫还是成虫，花斑皮蠹抵抗恶劣环境的能力都极强。无论是成虫还是幼虫，花斑皮蠹非常耐寒，幼虫暴露在1℃的环境中可6天不死，成虫在低温下的存活率也很高，但温度下降，其产卵能力受到抑制。[4] 还有研究指出，花斑皮蠹在滞育期间，可能对有毒的熏蒸剂和缺氧灭虫法无反应。[5] 花斑皮蠹扩散迅速，生命周期较短，具有耐干、耐寒、耐热与耐饥饿的能力，且对一些常见控制虫害的方法具有抵抗力，这些使其成为生命力特别顽强且难以控制的昆虫。

---

[1] Orkin Canada，L L C. Warehouse Beetles[EB/OL]. 2021[2021-11]. https://www.orkincanada.ca/pests/beetles/warehouse-beetles/.
IPM-WG.Warehouse Beetle[J/OL].[2019-3].https://museumpests.net/wp-content/uploads/2019/03/Warehouse-Beetle.pdf.

[2] IPM-WG.Warehouse Beetle[J/OL].[2019-3].https://museumpests.net/wp-content/uploads/2019/03/Warehouse-Beetle.pdf.

[3] 王云果.花斑皮蠹的生物学特性及防治技术研究[D].西北农林科技大学，2007.

[4] Linda J. Mason（Purdue University）.Stored Product Pests[J/OL].[2018-10].https://extension.entm.purdue.edu/publications/E-230/E-230.html.

[5] IPM-WG.Warehouse Beetle[J/OL].[2019-3].https://museumpests.net/wp-content/uploads/2019/03/Warehouse-Beetle.pdf.

> **案例 7：花斑皮蠹的生活史及对标本的危害**[1]
>
> 花斑皮蠹以不同龄期的幼虫越冬，当春季气温回升时，越冬幼虫便从标本盒缝隙、标本体内等处爬出，危害标本。当幼虫准备化蛹时，便从标本体内爬出，落入标本盒底部，不食不动，身体缩短变瘦，体色加深，进入化蛹前期，2~4天后化蛹。化蛹时幼虫背中线前端开裂，即化蛹于幼虫的皮蜕中。5~8天成虫羽化，2~3天后爬出，10~20分钟开始活动、交尾，交尾后1~3天产卵，卵产于标本及标本盒缝隙等处，8~12天幼虫孵化。初孵幼虫很活跃，脱卵后到处爬行，先在标本表面活动，一旦找到合适的部位就蛀入标本内为害。一般从标本腹部节间膜处蛀圆孔，进入标本体内，取食干肉。随着龄期的增加，幼虫食量加大，标本下逐渐出现虫粪，标本被整个蛀空，标本体内充满皮屑，标本盒内也开始出现皮屑，标本完全被损坏。到10月下旬，幼虫陆续从标本体内爬出，在标本盒缝隙或标本体内越冬。

4.7.6 虫害控制

花斑皮蠹幼虫活动隐蔽，生命力极强，抗逆性强，成虫飞行力与繁殖力强，这些都为控制花斑皮蠹增添了困难。特别是其幼虫抗逆性与生命力极强，若环境不宜，幼虫可延迟发育而幸存，因而需要实施一项长期的、综合的虫害防治计划，以根除花斑皮蠹，否则一旦侵入就会酿成重大虫灾。

（1）杜绝花斑皮蠹进入户内

花斑皮蠹成虫飞行能力强。若想避免成虫入室产卵，就要确保门窗、通风口等具有良好的阻挡措施，同时密封或填塞藏展场所墙壁、地面的裂缝与缝隙，减少昆虫的藏身处。

外来的藏品以及藏展柜架、转运工具及包装用品，在进入藏展场所之前必须进行灭虫消杀处理。特别是不要随意使用纸板类装具或运输工具，因其容易藏匿昆虫。

---

[1] 该案例摘录于：王云果. 花斑皮蠹的生物学特性及防治技术研究 [D]. 西北农林科技大学，2007：14.

（2）监测虫源

定期对易感物品与昆虫可能的藏匿处，如柜架底部、抽屉里面、有裂缝处、地毯边缘的下部、动植物标本上，进行仔细检查以发现虫源，一旦发现虫害迹象必须及时将被侵扰物品隔离，对被侵扰区域及其他可能影响的区域进行消杀。

在易感物品周围安放黏性陷阱，并定期检查这些陷阱，以便及早发现花斑皮蠹的活动。若不设立黏性陷阱，就难以发现花斑皮蠹等昆虫。花斑皮蠹一旦进入室内很快就会大量繁殖，并在整个建筑物中广泛传播。

若确实发现有花斑皮蠹存在，可考虑使用昆虫性信息素诱捕器，重点监测易感物品及昆虫可能的藏匿处，以发现虫源。有两种类型的室内花斑皮蠹性信息素诱捕器，一种是悬挂式，另一种可放在地面。当花斑皮蠹虫口活跃时，其成虫会飞来飞去，这时可以考虑在其飞行的开放区域，如植物标本储存区等使用悬挂式花斑皮蠹陷阱，陷阱的胶水可捕捉和固定花斑皮蠹。尽管该诱捕器对诱捕花斑皮蠹有一定作用，但花斑皮蠹成虫飞行能力强，利用性信息素来准确定位花斑皮蠹的藏匿处或其侵染的核心位置是有一定困难的。也有建议通过设置不同浓度的性信息素，来逐步确定其危害区域的。花斑皮蠹的地面陷阱应放置在密闭区域，如标本柜抽屉内、橱柜后面、可密闭的小储藏室内等，可诱捕花斑皮蠹幼虫。

（3）保持清洁卫生

在藏展区域，花斑皮蠹的引入常常是以死虫的存在开始的，任何堆积在墙壁、窗台、灯具或昆虫陷阱中的死虫都可能成为花斑皮蠹侵扰的来源。定期用吸尘器进行藏展环境的清洁工作，清除昆虫的食物来源和藏身之所，包括死昆虫、头发、灰尘和其他碎片。对于可清洗的物品，一定要清洁或清洗后入库或陈列。

定期对长期裸露的标本进行尘埃清除工作，以降低其被花斑皮蠹侵扰的风险。

（4）选定合适的驱虫与灭虫方案

不建议使用杀虫喷雾剂驱虫或灭虫。幼虫隐藏在裂缝、缝隙或其他通常不易察觉的位置，杀虫喷雾剂难以接触到昆虫，且有可能污染藏品与环境。要想安全地保管易感物品，将其放入密封的低氧设备或密闭容器内保存是较为可靠的。

我国学者发现，用灵香草等植物提取液制成的混合制剂对黑毛皮蠹、花斑皮蠹、烟草甲和档案窃蠹有较强的驱避作用。[1] 但实际工作者指出，用药驱虫是防虫的辅助手段，虽然能起到一定的驱避和防虫作用，但一旦昆虫侵入标本盒则效果不佳。[2]

一旦发现物品被花斑皮蠹侵扰，应及时将被侵扰的物品与未受侵扰的物品隔离开来，及时将被感染的物品放入塑料袋中，以减少成虫的扩散。

花斑皮蠹隐藏在缝隙中，加上其抗逆性强且可移动，要根除藏展区域内的花斑皮蠹是极为困难的。国外推荐采用全熏蒸的方式杀灭库内的花斑皮蠹，且建议将被侵扰物品的装具废弃。并提出，首次熏蒸后，每隔6至8周需要进行后续处理。[3]

国内外学者也有推荐采用低温冷冻灭虫法杀灭花斑皮蠹的。我国学者对越冬幼虫进行了冷冻杀灭研究，研究发现，高龄幼虫耐寒能力强于低龄幼虫，要彻底杀灭花斑皮蠹，冷冻时不但要以大龄幼虫的死亡时间为准，而且低温温度和持续时间一定要保证，否则很难达到预期目的。在 −25℃条件下冷冻3～5天，在 −30℃条件下冷冻1～2天，可以有效地杀灭昆虫标本内的花斑皮蠹。若物品材质允许，也可以考虑高温杀灭花斑皮蠹，在50℃的条件下处理3～4小时，在60℃的条件下处理1小时，也可以有效防除花斑皮蠹越冬幼虫。[4]

4.8 药材甲

4.8.1 基本信息

拉丁学名：*Stegobium paniceum*（Linnaeus），*S. paniceum* Linnaeus

英文俗名：drugstore beetle，biscuit beetle，bread beetle，beetle pests

中文别名：药材甲、饼干甲、面包甲、药谷盗、面包蠹虫

---

[1] 王晖，董慧，杨地. 标本害虫主要种类及其综合防控现状 [J]. 安徽农业科学，2014（27）：9373-9378，9480.

[2] 姚建，刘虹，陈小琳. 使用冷冻方法防治昆虫标本虫害 [J]. 昆虫知识，2005（1）：96-98.

[3] Agriculture and Food. Warehouse Beetle[J/OL].［2019-6］.https://www.agric.wa.gov.au/pests/warehouse-beetle?page=0%2C1.

[4] 王云果，高智辉，赵姝荣. 温度处理防除花斑皮蠹越冬幼虫 [J]. 陕西林业科技，2007（1）：41-45.

科属：鞘翅目，窃蠹科

危害的虫期：主要为幼虫，成虫也有危害

分布：福建、广东、广西、湖北、云南、贵州、四川、河南、河北、山东、吉林、辽宁、青海、新疆、陕西等[①]

特点：药材甲在全球范围内分布，在温带地区更常见，我国大部分省区市均有分布，尤其是温暖地区。最初，药材甲在草药中被发现，因此得名。药材甲的咀嚼能力极强，其下颚可以咬穿木材以及无机材料，如锡、铝箔和铅片，使储存其内的食物及藏品几乎无法得到保护。加之其食性广而杂，故被誉为除铸铁外任何物体都可能遭受其损害的一种昆虫。[②] 鉴于药材甲分布范围广，寄主多，危害大，故药材甲是极具破坏性的仓储昆虫。

4.8.2 主要危害对象与高危物品

药材甲是全球危害性极大的仓储昆虫，与烟草甲同属于窃蠹科，尽管其有可能会在木头上打孔，但却不会取食木制品或在木制品上生存。虽然不取食金属，但其幼虫却能够穿透锡、铝箔纸和铅皮等坚固材质，以获取它们渴望的食物，这不仅会威胁多种类型的藏品安全，还涉及对其他物品的破坏。

药材甲食性广而杂，偏爱干草药和植物性材料，甚至会以毒性很强的草药提取物士的宁（毒鼠碱）为食，是中药材与干燥植物标本的主要昆虫。除植物性材料外，药材甲幼虫也能消化动物性材料，如皮毛、皮革等，其食性广而杂，可以许多有机材料为食。鉴于以上食性，它们能够危害多种物品，因此可见于各种地方。

除危害谷物、谷物产品和各类食品外，药材甲幼虫还危害以下藏品：药材，淀粉和动物胶含量很高的纸质藏品，图书，档案，纺织品，动植物标本，动物角，木乃伊，动物毛制品，毛皮，皮革制品，锡箔和铅片，等等。

[①] 国家档案局档案科学技术研究所. 新档案保护技术实用手册 [M]. 北京：中国文史出版社，2013.
[②] 陈元生，解玉林. 博物馆的虫害及其防治 [J]. 文物保护技术，2010：455-465.

4.8.3 虫体特征识别

药材甲的成虫为红褐色至深栗色的椭圆形甲虫，头部朝身体向下偏转，看起来像驼背。它们在逃跑时，会头朝下，似乎在盯着脚下的地面。

药材甲的成虫表面长有密集的黄色短毛，沿翅鞘方向长有明显的纵沟。正是这些纵向的凹坑线，使它们与烟草甲有明显区别。烟草甲与药材甲很相似，但烟草甲的翅膀是光滑的。

图 1-49　药材甲成虫
摄影：森罗股份有限公司（上）；广州文保文化有限公司（下）

药材甲幼虫呈乳白色，上面覆盖着无数的毛；幼虫弯曲呈 C 形，看起来像白色的蛆，但幼虫的头和腿是棕色的。很难发现药材甲幼虫，因为它们生活在被蛀蚀物品内部的虫道中。

4.8.4　危害迹象与识别

药材甲属钻蛀性昆虫，其幼虫与成虫都具有很强的咀嚼力，故成虫与幼虫均对材质具有破坏力。对物品的大部分破坏是由其幼虫进行的，但成虫善于在物品上咀嚼打孔（出口孔），成虫并非要取食这些物品，而是羽化后要从被害的物品内飞出去。成虫非常善于咀嚼硬纸板、箔材和塑料薄膜，因此仍然具有危害物品的能力。

幼虫生活在被害物内部的虫道里面，很难被发现。能较明显观察到的危害迹象是蛀孔、成虫、虫屎。

（1）针状小孔

在被害物的表面可以明显见到针孔大小的蛀孔，这些蛀孔多是虫蛹羽化为成虫后，成虫破蛹而出，咬破物品留下的孔（出口孔）。幼虫孵化出来后，其咀嚼力很强，为了钻入物品内也会留下很小的蛀孔。这类蛀孔为圆形，似针孔，排列整齐，有人形象地将其描述为类似于霰弹枪射击而形成的小孔。

当发现了这类蛀孔，说明该物品被药材甲蛀蚀过，或正在蛀蚀中。若没有找到成虫，有可能它已经在物品缝隙内产下虫卵，或是已经飞离。

图 1-50　被药材甲蛀蚀的书（左）与鹿头（右）
摄影：森罗股份有限公司（左）；广州文化文保有限公司（右）

（2）排遗物

被药材甲侵染的物品，其蛀孔下可能会发现细小的、颗粒状的碎屑。

（3）成虫

无论是死虫还是活虫，都有可能被发现。成虫趋光，非常容易被光吸引，所以有时会发现成虫在室内飞行，或在窗边活动，或是死在窗台上。虫害泛滥时，甚至可能会听到成虫嗡嗡作响，或是停在被害物表面。

（4）虫道与茧状物

在被害物品内部可以明显观察到虫道，有研究表明，药材甲的虫道为直线坑道。[1]在被害物内还可以观察到茧状物，那是幼虫化蛹的蛹室。

4.8.5　生活史与生活习性

药材甲为完全变态昆虫，一生要经历卵、幼虫、蛹、成虫4个不同的发育阶段，其生命周期的持续时间在很大程度上取决于温度和食物来源。

药材甲喜在温暖潮湿的环境内生活，但其耐旱能力很强，可在干燥的材质中生长并繁殖。国内相关研究介绍，药材甲生长发育的适宜温度为24~30℃，适宜的相对湿度为70%~90%。[2]药材甲在温度22℃和相对湿度70%的条件下，完成其生活史约需80天。[3]在温度24℃和相对湿度较低的条件下，完成一代约需70天。[4]国外相关研究指出，药材甲的发育温度在15~34℃，其最佳湿度为60%~90%[5]，但在30℃的温度

---

[1] 陈元生，解玉林. 博物馆的虫害及其防治[J]. 文物保护技术，2010：455-465.
[2] 国家档案局档案科学技术研究所. 新档案保护技术实用手册[M]. 北京：中国文史出版社，2013.
[3] 沈兆鹏. 看图识虫——常见鞘翅目储粮害虫的识别 六，谷蠹 烟草甲 药材甲[J]. 粮食储藏，1984（1）：48-51.
[4] 沈兆鹏. 重要储粮甲虫的识别及防治——Ⅵ. 谷蠹 竹蠹 药材甲 烟草甲[J]. 粮油仓储科技通讯，1999（1）：48-52.
[5] Museum Pests.Drugstore Beetle[J/OL].[2019-3].https://museumpests.net/wp-content/uploads/2019/03/Drugstore-Beetle.pdf.
Brian J. Cabrera (University of Florida). Drugstore Beetle[EB/OL]. 2021-4[2021-11]. https://entnemdept.ufl.edu/creatures/urban/stored/drugstore_beetle.htm.

和60%~90%相对湿度范围内最适宜。[1]

新孵化的幼虫是奶油色的蠕虫，形状像字母"C"。幼虫在发育过程中，起初尚可移动，待其老熟后就不再活动了。

幼虫畏光，一旦孵化出来就能钻入坚硬的材料，并在材料内嚼咬其基质形成隧道（即虫道），由此幼虫穿隧而活动于干燥的动物标本、木乃伊、动物角和书本中，对物品造成严重破坏。例如，药材甲可以沿直线将一整架书蛀穿。[2] 随着幼虫的生长发育，蛀蚀的隧道逐渐扩大，幼虫在其中做茧、化蛹，直至羽化为成虫，最后咬破基材飞出虫道，在被害的物体上留下整齐的羽化洞。

温度对药材甲幼虫的发育影响较大，见图1-2。幼虫在没有食物的情况下也可以存活数周。

与幼虫不同的是，药材甲的成虫驱光。成虫不仅爬得快，也善飞，还有假死性。天气温暖时（温度高于22℃），成虫非常活跃，可被光线吸引，也会受到各种食物的吸引，而从室外飞入室内。雌虫在其食物源的裂缝中产卵，幼虫一旦孵化出来就会立即咬食该物品，钻入其内部蛀蚀。

4.8.6　虫害控制

药材甲成虫体型小，能飞善爬。幼虫钻入物品内部进行为害，很难被观察到，除非成虫从物品内部飞出，留下出口孔才可能被人们觉察。但虫害发展到这个阶段，物品已经遭到严重危害。因此，预防药材甲进入藏展场所是极为必要的。

4.8.6.1　预防措施

预防药材甲入侵藏展区域是最为重要的，一旦进入，即使是密封的装具也无法阻挡药材甲的入侵，除非使用玻璃或陶瓷装具。因此，预防药材甲入侵藏展单位的建筑物为首要举措。

---

[1] Brian J. Cabrera (University of Florida). Drugstore Beetle[EB/OL]. 2021-4[2021-11]. https://entnemdept.ufl.edu/creatures/urban/stored/drugstore_beetle.htm.
[2] Keith O. Story. Approaches Topest Management in Museums [J/OL].[1998].https://www.si.edu/mci/downloads/articles/AtPMiM1998-Update.pdf.

确保门窗、通风口具有良好的阻挡作用，严防药材甲的飞入。密封或填塞藏展场所的墙壁、地面与柜架的裂缝和空隙，减少昆虫的藏身处。

进入藏展场所的物品，包括各类包装材料等，均要进行灭虫处理。例如，维也纳艺术史博物馆对入藏的艺术品事先采用低氧氮气气调灭虫，再入藏。

啮齿动物可吸引药材甲，诱捕室内的啮齿动物是预防药材甲的重要措施之一。

定期用吸尘器彻底抽吸藏品柜架，特别要注意柜架裂缝和缝隙的清洁。

要定期检查易感物品，以便及时发现虫害，尽早处理。通过检查的物品，最好将其密封在气密性装具内，如低氧保藏设备等，以免药材甲迅速侵扰到检查后的物品。

调控藏展场所的相对湿度的方法仍然值得推荐，潮湿的环境更利于药材甲生长发育，药材甲通常是在潮湿的地方被发现的。

昆虫诱捕器和信息素监控器有利于监控药材甲的活动。

4.8.6.2　消杀措施

一旦发现了药材甲的侵扰迹象，要首先隔离被害物品，以免虫害蔓延。

立即寻找虫源。若在藏展区内发现了药材甲成虫，应仔细检查成虫出现的区域，观察有无物品出现被害痕迹，特别是易感物品。

应对被昆虫侵染的区域进行吸尘，并用适当方法处理可能藏匿药材甲的裂缝和空隙。

受虫害的包装材料等非珍贵物品，可以考虑废弃。对于不宜销毁的物品（如藏品等），有多种非化学法可以杀灭药材甲，如热处理、冷冻与低氧气调等。不建议在藏展场所采用杀虫气雾剂，药材甲藏匿在物品内，接触不到气雾剂，化学品反而会造成藏品的污染，也不利于人体健康。

高温可以快速杀灭药材甲，表1-22列出了药材甲初龄幼虫的杀灭温度与致死时间。

表 1-22　药材甲初龄幼虫的杀灭温度与致死时间 [1]

杀灭温度 /℃	杀灭的平均时间 / 分钟
50	234
54	39
55	10.8
60	4.8

研究揭示，在高温下尚未死亡的昆虫，其生命与繁殖均会受到不利影响，如存活率显著降低、卵孵化率降低等。对于可以承受高温的物品，可考虑采用高温杀灭药材甲；对于不宜高温处理者，可考虑采用冷冻与低氧气调方式杀灭药材甲。

维也纳艺术史博物馆还曾利用药材甲的天敌——米象娜金小蜂（*Lariophagus distinguendus*）精准消灭库房画作中的药材甲。一旦小蜂发现药材甲的幼虫与蛹，就会在幼虫与蛹上产卵将其杀死。直到藏品上再也没有发现药材甲时，才停止向库房内投放小蜂。[2]

4.9　烟草甲

4.9.1　基本信息

拉丁学名：*Lasioderma serricorne*（Fabricius）

英文俗名：cigarette beetle，tobacco beetle，hunchback beetle，dried herbarium specimens

中文别名：锯角毛窃蠹、烟草标本虫、烟草窃蠹、烟草窃霸、烟甲虫、苦丁茶蛀虫、烟草夜蛾

---

[1] Abdelghany Y A, Awadalla S S, et al. The Effect of High and Low Temperatures on the Drugstore Beetle, *Stegobium Paniceum*（L.）（Coleoptera: Anobiidae）[J]. Journal of Economic，2010（103）:1909-1914.

[2] 谢燕. 博物馆库房中药材甲（*Stegobium paniceum*）的生物防治 [J]. 文物保护与考古科学，2020（3）：48.

科属：鞘翅目，窃蠹科

危害的虫期：主要为幼虫，成虫也有危害

分布：福建、广东、广西、湖北、云南、贵州、四川、湖南、江苏、浙江、江西、安徽、吉林、河北、北京、黑龙江、台湾等[①]

特点：烟草甲是世界范围内常见的仓储昆虫，在我国大部分省区市均有发生。尽管该虫尤喜食储存的烟草（如烟叶、雪茄、咀嚼烟草/嚼烟、香烟），但也以源于动植物的多种不同物品为食。其食性广泛，繁殖量大，且危害严重，是危害藏品中有机物的主要昆虫，故与药材甲同被全球收藏机构列为高危昆虫、重要昆虫与主要昆虫。

4.9.2 主要危害对象与高危物品

烟草甲因酷爱取食烟草而被称为烟草甲，在气候较热的国家和地区，也被称为"干燥的植物标本甲虫"，因为它也是植物标本馆的主要昆虫。烟草甲喜欢咀嚼干燥的植物标本，使植物标本布满孔洞、千疮百孔，导致植物标本严重受损。

烟草甲的取食对象与危害非常广泛，除烟草产品（如雪茄、香烟等）与储藏食品（如各类谷物产品、药用植物、香料植物、干果、干鱼、干肉等）外，许多其他有机材料（如植物标本、各类藏品等）及用干燥植物填充的软垫家具，还包括处方药和药丸，甚至连能杀死蟑螂的除虫菊粉与老鼠药也是它的食物。

在收藏部门中已经有记载的损坏对象有：各类纸质藏品，书的装帧材料，帆布画，植物标本，昆虫标本，藤竹制品，木质品，皮毛及其制品，以羊毛和蚕丝为基础的纺织品等。

4.9.3 虫体特征识别

烟草甲成虫为椭圆形，呈黄褐色或红棕色，尽管鞘翅上覆盖着细小的毛状物，但总体看来是光滑的。成虫的头向下弯曲，几乎与身体成直角。

[①] 国家档案局档案科学技术研究.新档案保护技术实用手册[M].北京：中国文史出版社，2013.
张生芳，刘永平，武增强.中国储藏物甲虫[M].北京：中国农业科技出版社，1998.

图 1-51 烟草甲成虫
图片来源：森罗股份有限公司

幼虫身体为白色，且弯曲呈 C 形，覆盖着长毛。烟草甲老熟幼虫身体为白色，头部为淡黄色，类似药材甲但其细毛更长，看起来毛茸茸的。幼虫通常不可见，因为它们隐藏在食物中。在被害物上或附近可检查到虫卵和幼虫。

4.9.4 危害迹象与识别

如同药材甲一样，物品会由于烟草甲的成虫、幼虫、蛹、茧、虫屎的存在而被玷污与破坏。物品大部分是被幼虫危害的，幼虫钻蛀式地在物品内部取食，有时也会穿过物品寻找化蛹的地点，并将虫茧附着在固体基质上，严重时会形成一堆。

成虫咀嚼物品以形成出口孔等，这些破坏行为都会在被害物上留下痕迹。其危害迹象主要有虫孔、虫屎与碎屑等。在被害物外部罕见幼虫，但掰开被害物可以发现虫道、幼虫、虫屎、茧等。此外，在烟草甲危害处，可能观察到成虫。

烟草甲对纸张危害甚大，被害物上会留有污痕与蚀痕，其蛀食出的小孔洞可穿透整本文献资料。

烟草甲的出口孔与药草甲类似，整齐且圆。人们常常是在发现出口孔后，才察觉到物品被危害了。

受害物品若可以抖动，则抖动之，从虫孔可能掉下虫屎与碎屑。打开被害物体，可以发现虫道，有时或可见幼虫。若在藏品或其装具上发现圆形孔洞，或是发现掉下的黑色细微颗粒物，就要立即检查物品是否遭到烟草甲危害。

第一部分　昆虫　151

图 1-52　书中发现的幼虫　　　　　　　图 1-53　烟草甲危害的卷轴画
摄影：李燕，复旦大学中华古籍保护研究院（左）；广州文保文化有限公司（右）

成虫善于飞行，易被光线吸引，在窗边或灯光周围可以观察到其飞行。在较暗的地方，或是下午黄昏，或是下雨天或阴天，可能会发现烟草甲成虫在周围飞来飞去。烟草甲成年雄性和雌性都能被紫外线光源吸引，可以用昆虫光诱捕器对其进行监控。①

4.9.5　生活史与生活习性

烟草甲为完全变态昆虫，一生要经过卵、幼虫、蛹、成虫4个不同的发育阶段，生命周期的持续时间在很大程度上取决于温度和食物来源，通常为 40~90 天。② 在温度30℃和相对湿度70%的最适宜条件下，其完成一代约需24天，其中卵期约6天，幼虫期约13天，蛹期约5天。③ 适宜烟草甲生长发育的温度为22~35℃，适宜的相对

---

① IPM-WG. Cigarette Beetle [J/OL].[2019-3].https://museumpests.net/wp-content/uploads/2019/03/Cigarette-beetle.pdf.
② Dr. Elena Rhodes（University of Florida）. Cigarette Beetle[EB/OL]. 2021[2021-11]. https://entnemdept.ufl.edu/creatures/urban/stored/cigarette_beetle.htm.
③ 沈兆鹏. 重要储粮甲虫的识别及防治——VI. 谷蠹　竹蠹　药材甲　烟草甲 [J]. 粮油仓储科技通讯，1999（1）：48-52.

湿度为70%~90%。[1] 在适宜的温湿度条件下，幼虫期约为13天，一般要蜕皮4次，然后化蛹。成虫一年发生3~6代，以幼虫越冬。[2]

烟草甲每年的发生代数也与温度有关，低温地区一年发生1~2代，高温地区7~8代，一般情况下发生3~6代。[3] 烟草甲不能忍受寒冷天气，随着温度的降低，烟草甲活动开始减弱。当温度下降到15℃以下时，幼虫停止活动。[4] 冬季，烟草甲仍处于幼虫期，然后在温度升高时继续发育。[5]

烟草甲善于装死，其幼虫受到惊动会立刻缩起头与六只脚装死，成虫会停止移动，装死几秒钟，一旦确认安全，立即又开始爬行或飞行。

幼虫孵出后取食卵壳，且耐饥力较强。[6] 幼虫很活跃，畏光。一旦孵化出来，幼虫就会穿透物品进入物品内部咀嚼干的物品。当其经历四到六龄后，老熟幼虫会在被取食的基质中挖掘出一个保护性小窝，或以其分泌物和碎屑做保护壳（白色坚茧），并在其中化蛹，有时幼虫也会钻过装具或其他包装来寻找更安全的化蛹的位置。

一旦羽化为成虫，就具有打孔蛀洞的能力，咬穿物品形成出口孔而飞出。成虫尽管不取食物品，但可将厚厚的塑料容器和纸板盒蛀穿，对物品造成严重损坏，因此成虫仍然具有破坏能力。成虫即使不取食藏品，一般也可存活2~3周。[7] 在温暖的气候下，烟草甲可能会有重叠的世代。[8]

成虫喜昏暗，在弱光下非常活跃，常在黄昏或阴天飞向窗外。成虫飞行力强，

---

[1] 国家档案局档案科学技术研究所.新档案保护技术实用手册[M].北京：中国文史出版社，2013. 伍志山，陈家骅，张玉珍，等.温度对烟草甲生长发育的影响[J]. 华东昆虫学报，2000（2）：59-62.

[2] 沈兆鹏.看图识虫——常见鞘翅目储粮昆虫的识别 六，谷蠹 烟草甲 药材甲[J].粮食储藏，1984（1）：48-51.

[3] 赵红，薛东，杨长举.贮烟害虫的发生及综合防治技术[J].湖北植保，2006（1）：13-16.

[4] 伍志山，陈家骅，张玉珍，等.温度对烟草甲生长发育的影响[J]. 华东昆虫学报，2000（2）：59-62.

[5] Prime Pest Control. Cigarette Beetle Infestation[EB/OL]. 2020[2021-11]. https://primepestcontrol.co.uk/cigarette-beetle-treatment-london/.

[6] 赵红，薛东，杨长举.贮烟害虫的发生及综合防治技术[J].湖北植保，2006（1）：13-16.

[7] 沈兆鹏.重要储粮甲虫的识别及防治——Ⅵ.谷蠹 竹蠹 药材甲 烟草甲[J].粮油仓储科技通讯，1999（1）：48-52.

[8] IPM-WG. Cigarette Beetle [J/OL].[2019].https://museumpests.net/wp-content/uploads/2019/03/Cigarette-beetle.pdf.

通常会从受感染的建筑物飞到附近的建筑物，所以防范成虫的入侵非常关键。

烟草甲繁殖能力很强，将卵产在被害物或其附近的裂缝中。[1] 在25℃的标本馆内，烟草甲每天可产卵10~20粒。[2] 更多的研究指出，雌性烟草甲可在其取食对象中产下10~100粒卵，幼虫在6~10天内孵出。[3]

4.9.6　虫害控制

烟草甲的控制和清除类似于其他甲虫。

4.9.6.1　预防措施

为阻绝烟草甲入侵，窗户、门廊下的缝隙、地基裂缝及其他角落和裂缝是必须密封的。出入口须隔绝，避免害虫在各室之间流窜。

进入藏展区的所有对象必须事先做灭虫检疫处理，防止烟草甲被携带到藏展场所。

烟草甲会侵扰各种物品，应将藏品保存在密封的装具内，这会减少藏品被昆虫侵扰的机会。定期检查和持续监控是必要的，以便及时发现潜在的感染并防止对物品的进一步损坏。在确实发现有烟草甲侵扰的区域，可在密闭环境内采用以烟草甲性信息素为诱饵的黏性陷阱监测与诱捕烟草甲。宾夕法尼亚大学昆虫学系和联合国粮食及农业组织认为，雄性烟草甲的减少，会导致雌性烟草甲可孵化的虫卵大大减少，这同样有利于减少烟草甲的数量。他们建议，使用诱捕性陷阱时，可增加陷阱的数量。每100平方米库区，最多设4个陷阱，陷阱之间至少相隔5米。

定期清洁仍然十分重要，用带有长软管的强力吸尘器把灰尘清理干净，特别是要对准有裂缝、裂纹等部位。

一旦发现虫迹，首先隔离被感染物品，尽早确认虫源并清除。对被侵染的储存区域进行真空吸尘处理，对被感染的材料尽快进行灭虫处理。

---

[1] 赵红，薛东，杨长举. 贮烟害虫的发生及综合防治技术 [J]. 湖北植保，2006（1）：13-16.
[2] 刘蓝玉. "国内"博物馆须正视之虫害问题 [J]. 博物馆学季刊，2010（3）：79-95，97.
[3] Dr. Elena Rhodes（University of Florida）. Cigarette Beetle[EB/OL]. 2021[2021-11]. https://entnemdept.ufl.edu/creatures/urban/stored/cigarette_beetle.htm.
IPM-WG. Cigarette Beetle [J/OL].[2019-3].https://museumpests.net/wp-content/uploads/2019/03/Cigarette-beetle.pdf.

> **案例**
>
> ### 案例8：冷藏以预防烟草甲[①]
>
> 日本烟草公司烟叶研究中心为预防烟草甲对烟叶的危害，研究了烟草甲卵期、幼虫期、蛹期和成虫期的时间-温度-死亡率关系。发现烟草甲对低温的敏感性随发育阶段而变化，在20℃时，大多数卵（＞80%）通常在4周内孵化，但是在温度低于18℃时，所有卵在6周内死亡。这一事实表明，在低于18℃的温度下，烟草甲的繁殖与发育被阻断。在这种条件下储存的烟草永远不会受到侵染，即使有虫卵的沉积。由此他们建议，为了预防烟草被烟草甲危害，可以采取以下预防方法：在冬季将烟草的温度降低到5℃持续保存3个月，一年内余下时间使烟草在18℃以下持续保存。经过这样的处理，可以在没有任何化学药品控制的环境中，保证烟草不受烟草甲的危害。该方法对于防治烟草甲危害植物标本等，应该具有一定的借鉴价值。

4.9.6.2 消杀措施

溴甲烷熏蒸曾经是防治烟草甲的主要技术，但由于其对大气臭氧层的破坏作用已被禁止使用。我国烟草行业已于2008年1月1日停止使用溴甲烷。[②] 曾经，全世界对烟草甲大多采用磷化氢（PH_3）熏蒸防治。但由于磷化氢的长期不合理使用，昆虫对其产生了严重的抗药性，在有些情况下甚至会造成熏蒸防治失败。[③]

目前，物理灭虫法仍然是杀灭烟草甲的主流方法，其主要有以下几大类：

（1）热处理法

能够采用热处理的物品，一定是该温度对材质不会有任何损坏，即使是最轻微的损坏也不能有。

[①] 该案例采集于：Toshihiro IMAI, Haruyasu Harada. Low-temperature as an Alternative to Fumigation to Disinfest Stored Tobacco of the Cigarette Beetle, *Lasioderma serricorne* (F.) (Coleoptera: Anobiidae) [J]. Appl. Entomol. Zool, 2006(1):87-91.

[②] 吕建华，袁良月，董凡卓. 高良姜根茎提取物对烟草甲的熏蒸作用[J]. 河南工业大学学报，2009(1)：18-21.

[③] 吴彦，郭姗姗，韦建玉，等. 连翘挥发油对两种烟草仓储害虫的毒杀作用[J]. 中国烟草科学，2016(3)：67-71.

我国学者的研究结果表明，55℃以上的处理温度对不同虫态的烟草甲均具有较强的致死作用。处理温度为60℃时，使烟草甲成虫、蛹、幼虫和卵100%致死的最短处理时间分别为90、120、75和75分钟。[1]

国外研究结果指出，对烟草甲进行大规模的热处理，须将温度控制在50℃以下约24~36小时。[2] 在50℃的温度下，平均需要190（170~220）分钟方可杀死烟草甲的卵。[3]

（2）低温冷冻法

冷冻处理的物品仍然需要满足该温度对物品的损伤为零的条件才可考虑进行。

国外研究表明，对裸露的烟草甲而言，100%致死不同虫态烟草甲的低温条件为：−9℃/3天；−1℃/14天；−20℃/2小时；−12℃/11小时。[4]

国内研究结果表明，对于裸露的烟草甲而言，−20℃条件下处理1小时，−10℃条件下处理72小时，不同虫态的烟草甲全部死亡，且低温对烟草甲的发育及繁殖力均有一定影响。研究结果表明，不同虫态的烟草甲耐低温的顺序，从高到低依次是幼虫、成虫、卵。[5]

表1-23　各虫态烟草甲100%死亡的低温及时间[6]

温度/℃	致死时间/小时		
	卵	幼虫	成虫
−20	1	1	1
−10	6	120	6
0	240	>240	-
5	240	>480	-

---

[1] 吕建华，钟建军，张会娜，等.高温处理对烟草甲各虫态的致死作用研究[J].农业灾害研究，2014（3）：15-17, 20.

[2] Brian J. Cabrera（University of Florida）.Cigarette Beetle[J/OL].[2014-7].http://entnemdept.ufl.edu/creatures/urban/stored/cigarette_beetle.htm.

[3] Abdelghany Y A, Awadalla S S, et al. The Effect of High and Low Temperatures on the Drugstore Beetle，*Stegobium paniceum*（L.）（Coleoptera: Anobiidae）．[J]. Journal of Economic，2010（103）:1909-1914.

[4] Strang T J K. A Review of Published Temperatures for the Control of Pest Insects in Museums[J]. Collection Forum，1992（2）：41-67.

[5] 王秀芳，任广伟，周显升，等.低温对不同虫态烟草甲的影响[J].华北农学报，2010（增刊1）：287-289.

[6] 王秀芳，任广伟，周显升，等.低温对不同虫态烟草甲的影响[J].华北农学报，2010（增刊1）：287-289.

需要注意的是，以上致死烟草甲的温度均是在其裸露状况下，若在藏品中，还须依据物品厚度等因素考虑延长灭虫时间。这类问题详见"6.6受控冷冻灭虫法"部分的相关论述。

（3）低氧气调法

国外有研究表明，用 CO_2、O_2、N_2 的混合气体防治烟草甲，效果十分理想，且 CO_2：O_2：N_2 为65%：8%：27%的组合最好。[1] 烟草甲经70%、40%浓度的二氧化碳分别处理48小时、96小时，其死亡率达100%。蛹的耐气能力比卵、幼虫、成虫的强，经二氧化碳处理后烟草甲成虫中的幸存者的繁殖能力大为下降。[2]

东京文化财研究所（Tokyo National Research Institute for Cultural Properties）指出，烟草甲与药材甲均属于高抗性昆虫，在缺氧杀灭处理中要注意处理时间。建议在30℃与55% RH，氧气浓度低于0.3%的氮气气调环境中，至少处理三周。[3] 两份调研报告中都指出，在温度为25.5℃条件下，烟草甲的虫卵在氧气浓度小于0.1%的氮气气调环境中，100%被杀灭的时间为192个小时。

4.10 档案窃蠹

4.10.1 基本信息

拉丁学名：*Falsogastrallus sauteri* Pic，*F. sauteri*

英文俗名：archives beetle

中文别名：书窃蠹（台湾）、绍德拟腹窃蠹（台湾）

科属：鞘翅目，窃蠹科

危害的虫期：主要为幼虫，成虫也有危害

---

[1] Childs D P, Overby J E. Mortality of the Cigarette Beetle in High Carbon Dioxide Atmospheres[J]. Journal of Economic Entomology，1983（3）：544-546.

[2] Gunasekaran N, Rajendran S. Toxicity of Carbon Dioxide to Drugstore Beetle *Stegobium paniceum* and Cigarette Beetle *Lasioderma serricorne*[J]. Journal of Stored Products Research，2005（3）：283-294.

[3] Keepsafe.Insect Mortality under Anoxia[J/OL].https://www.keepsafe.ca/?page_id=82.

分布：江苏、安徽、湖北、湖南、浙江、江苏、江西、福建、广东、广西、云南、贵州、四川、海南、台湾[①]

特点：档案窃蠹在中国最早被发现，繁殖速度与传播速度相当快。现今，档案窃蠹在日本、美国或其他国家和地区都有发现。其幼虫期长，危害剧烈，是在中国发现的对书和纸质档案最具破坏性的昆虫。这类昆虫一旦发现，必须尽快控制，以防止其进一步的传播和破坏。

4.10.2 主要危害对象与高危物品

与窃蠹科其他昆虫一样，档案窃蠹对物品的危害主要来自于幼虫，但成虫会咀嚼物品形成出口孔，对物品仍然具有严重危害。

档案窃蠹幼虫可以消化纤维素，其主要危害对象为纸张与纸制品，尤其喜食毛边纸。除破坏纸张与纸制品外，国内还发现档案窃蠹具有破坏竹木材的能力[②]，甚至发现该虫还具有蛀蚀有机玻璃容器（用于饲养该虫的容器）的能力[③]。中国可持续发展信息网曾经报道，档案窃蠹对胶合板的破坏，尤以以大豆胶、血胶、牛皮胶等为胶合剂的胶合板为烈。

台湾学者认为[④]，档案窃蠹是旧书和纸质档案的主要昆虫，此虫更喜欢攻击旧书，而不是新书籍。精装书的纸板通常是最受档案窃蠹欢迎的食物，尤其是纸板的边沿。这可能是由于纤维素本身可能不是档案窃蠹幼虫理想的膳食成分，尽管纸的纤维素和附加材料可为昆虫提供营养，但淀粉和蔗糖可能比其他化合物对档案窃蠹更具吸引力。

[①] 国家档案局档案科学技术研究所.新档案保护技术实用手册[M].北京：中国文史出版社，2013.
张生芳，刘永平，武增强.中国储藏物甲虫[M].北京：中国农业科技出版社，1998：279.
[②] 贡金年，李小鹰.档案窃蠹的危害与防治[J].白蚁科技，1989（1）：26-27.
[③] 国家档案局.新档案保护技术实用手册[M].北京：中国文史出版社，2013.
[④] Yu-Hsiang Ho，Yun Hsiao，OrcID，etc.Ultramorphological Characteristics of *Falsogastrallus sauteri* Pic（Coleoptera: Ptinidae）and a New Species of Cephalonomia Westwood（Hymenoptera: Bethylidae）: A Book-Boring Beetle and Its Natural Enemy in Taiwan[J].Insects，2020（4）:223.

已经发现的被害物品主要有书籍与档案的纸张、胶合板、硬纸板、纤维板、纸箱等各种材料。大多数发现者认为，档案窃蠹幼虫危害图书、档案，尤以珍藏较久的毛边纸和线装古书为烈。

4.10.3　虫体特征识别

档案窃蠹的成虫为椭圆形，栗褐色。头部为球形，背面凸，密披细白毛。幼虫为乳白色蠕虫，老熟幼虫披有白色疏毛，头部棕黄色，口器棕褐色。[①]

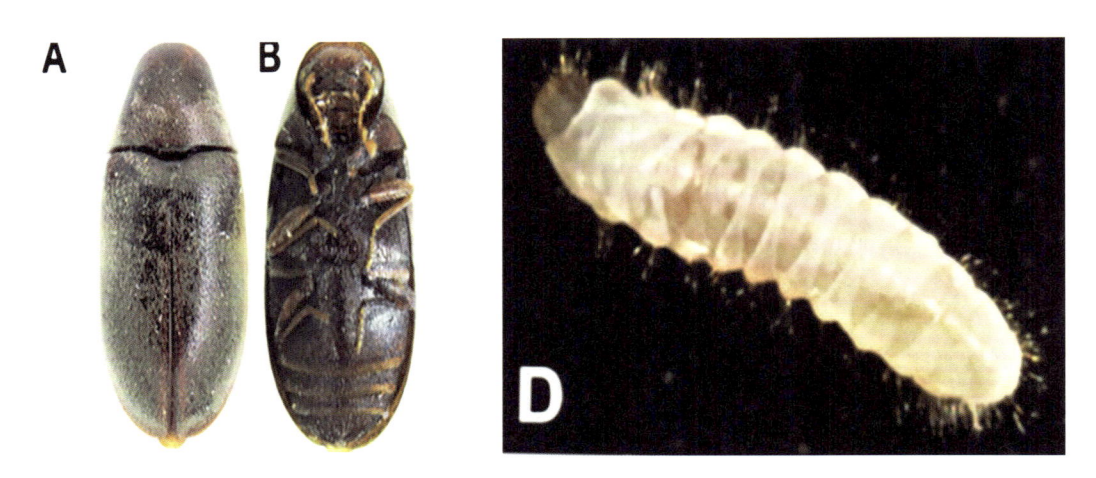

图1-54　档案窃蠹的成虫与幼虫[②]（A 成虫背视图，B 成虫腹视图，D 幼虫背视图）

4.10.4　危害迹象与识别

与窃蠹科其他昆虫一样，物品的大部分危害是由幼虫在物品内部钻蛀造成的，羽化后的成虫咬破物品形成的出口孔对物品也造成了极大危害。其危害的主要迹象是：蛀孔，排遗物，成虫，破开物品可见幼虫与虫道。一句话概括就是，受害严重的对象，表面布满芝麻大的虫孔，内部虫道密布，充满虫屎与蛀屑。

[①] 卢川川. 档案窃蠹的初步观察 [J]. 昆虫知识，1980（2）：78-79.
[②] 该图已得到作者授权：Yu-Hsiang Ho，Yun Hsiao，Mamoru Terayama，Mei-Ling Chan. Ultramorphological Characteristics of *Falsogastrallus sauteri* Pic（Coleoptera: Ptinidae）and a New Species of Cephalonomia Westwood（Hymenoptera: Bethylidae）: A Book-boring Beetle and Its Natural Enemy in Taiwan [J]. Insects，2020（4）.

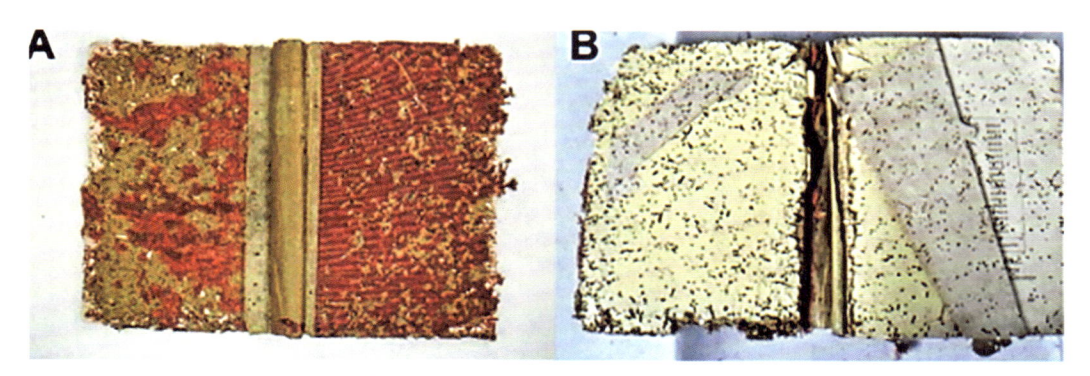

图 1-55　被档案窃蠹危害的书[1]

成虫出口孔的虫孔为圆形，直径2~3 mm[2]，故被害物外表可见针孔般细小的虫孔。虫害严重时，物品表面排满虫孔，像筛子一样。

窃蠹科幼虫危害书本时，会从书的边缘往内部蛀蚀，由此形成长而弯曲的圆形孔道（即虫道），虫道可穿透整册纸质文献。档案窃蠹的虫道为呈条状、沟渠状或条筒状，长约10~15 mm、宽约2 mm的长而弯曲的孔道。[3] 也有报道，虫道宽约为2~4 mm，长短不等。[4] 笔者认为以上宽度均有可能，其随幼虫发育阶段的不同而有所改变。

鉴于以上情况，被档案窃蠹危害的纸质文献，受害严重的，其表面布满芝麻大小的虫孔，受害物内部虫道密布，虫道层次不清，积满黑色小颗粒状排遗物与蛀屑等（如纸屑、木屑等）。这些黑色的排遗物松散地分布在虫道内，摸起来像细沙粒，在显微镜下看像麦粒的形状。[5]

---

[1] 该图已得到作者授权：Yu-Hsiang Ho, Yun Hsiao, Mamoru Terayama, Mei-Ling Chan. Ultramorphological Characteristics of *Falsogastrallus sauteri* Pic (Coleoptera: Ptinidae) and a New Species of Cephalonomia Westwood (Hymenoptera: Bethylidae): A Book-Boring Beetle and Its Natural Enemy in Taiwan [J]. Insects, 2020 (4).

[2] 贡金年，李小鹰. 档案窃蠹的危害与防治 [J]. 白蚁科技，1989 (1)：26-27.

[3] 卢川川. 档案窃蠹的初步观察 [J]. 昆虫知识，1980 (2)：78-79.
国家档案局档案科学技术研究所. 新档案保护技术实用手册 [M]. 北京：中国文史出版社，2013.

[4] 贡金年，李小鹰. 档案窃蠹的危害与防治 [J]. 白蚁科技，1989 (1)：26-27.

[5] 杨若苓. "引虫入室"？——以博物馆及典藏环境为例 [J]. 文化资产保存学刊，2010 (13)：79-88.

图 1-56　死去的档案窃蠹及其排遗物[1]

　　台湾学者在检查档案窃蠹对图书的危害时发现，书的前盖纸板上的孔通常被档案窃蠹幼虫用胶合牢固的碎片堵住。打开时，存在大量疏松散乱的排遗物，并且在隧道内观察到了档案窃蠹幼虫建造的大量坚固和坚硬的以排遗物构成的"墙"，这可能是化蛹所用的场所。一般来说，从封皮进入书页，幼虫挖掘的洞和隧道的数量逐渐减少，除非出现一些胶合书页或档案窃蠹幼虫喜欢的其他材料的书页。[2]

　　我国图书馆工作者发现，受蛀严重的书籍甚至可连同用以固定、夹护书籍的前后两块书夹板一起被蛀蚀出一条条虫道。尤以函套装存的古籍受害为甚，因函套的马粪纸尤为档案窃蠹所喜食。马粪纸因其质地疏松，也是档案窃蠹产卵的最佳场所。所以常见受蛀古籍的函套多已千疮百孔，幼虫会钻入函套内的古籍内部垂直打洞，严重的可穿透整册古籍图书，古籍由于受蛀蚀及昆虫的分泌物的污染而导致纸张粘连成为书砖。[3]

---

[1] 该图已得到作者授权：Yu-Hsiang Ho，Yun Hsiao，Mamoru Terayama，Mei-Ling Chan. Ultramorphological Characteristics of *Falsogastrallus sauteri* Pic（Coleoptera: Ptinidae）and a New Species of Cephalonomia Westwood（Hymenoptera: Bethylidae）: A Book-Boring Beetle and Its Natural Enemy in Taiwan [J]. Insects，2022（4）.

[2] Yu-Hsiang Ho，Yun Hsiao，Mamoru Terayama，Mei-Ling Chan. Ultramorphological Characteristics of *Falsogastrallus sauteri* Pic（Coleoptera: Ptinidae）and a New Species of Cephalonomia Westwood（Hymenoptera: Bethylidae）: A Book-Boring Beetle and Its Natural Enemy in Taiwan [J]. Insects，2020（4）.

[3] 谢宇斌. 浅析档案窃蠹的防治 [J]. 图书馆论坛，2009（04）：170-172.

图 1-57 书页被粘结成一体
摄影：李燕，复旦大学中华古籍保护研究院

4.10.5 生活史与生活习性

档案窃蠹为完全变态昆虫，一生要经过卵、幼虫、蛹、成虫 4 个不同的发育时期，环境的温度与相对湿度均影响档案窃蠹的发育与繁殖。

依据我国学者的调研发现，档案窃蠹成虫初见于 4 月底至 5 月上旬，盛发于 5 月中下旬。[1] 档案窃蠹一年一代，少数个体有两年一代现象。幼虫在虫道中越冬。翌年 3 月（广州）至 5 月（成都）[2]，老熟幼虫在虫道中化蛹，蛹期约为半个月。4 月上中旬出现成虫，成虫羽化后以爬行为主，很少飞翔，有趋暗习性。雌虫产卵量为 20 粒左右[3]，也有发现每只雌虫产卵 50~60 粒的[4]。

---

[1] 熊兴占，熊洪治，孙康，等. 档案窃蠹发育的起点温度和有效积温研究 [J]. 西南农业大学学报，1992（4）：299-302.
[2] 国家档案局档案科学技术研究所. 新档案保护技术实用手册 [M]. 北京：中国文史出版社，2013.
[3] 卢川川. 档案窃蠹的初步观察 [J]. 昆虫知识，1980（2）：78-79.
[4] 国家档案局档案科学技术研究所. 新档案保护技术实用手册 [M]. 北京：中国文史出版社，2013.

档案窃蠹的发育与繁殖均与温度、湿度具有很大的关联。在22~30℃和相对湿度60%以上时，虫卵孵化率与温度、湿度呈显著正相关。在20℃和相对湿度50%以下时，极不利于卵的发育。在实验室的各种处理温度中，当相对湿度为60%~87%时，卵的孵化率平均为75.4±14.1%，即卵死亡率为24.6%；相对湿度在55%以下时，孵化率很低或不能孵化；相对湿度在36%以下时，卵均不能孵化。[1]实库模拟试验表明，在25℃左右、相对湿度为40%~60%时，初孵幼虫一天即全部死亡，而3龄以上的幼虫，其死亡率仅为5.9%。[2] 由此可见，藏展环境的相对湿度对档案窃蠹的繁衍起到一定的控制作用。

档案窃蠹危害期主要为幼虫期。幼虫一旦孵化出来，即刻钻入寄主裂缝中，在取食过程中在受害物上钻满孔道。幼虫较耐寒，9~11月是档案窃蠹幼虫为害高峰期，室内气温0℃左右仍继续危害图书。[3] 幼虫有假死习性。幼虫龄数变化很大，其蜕皮次数与温度及相对湿度的高低有一定关系。在25℃时，可有7~8龄，少数个体龄数更多，如可达12龄。[4] 老熟幼虫在虫道末端化蛹，蛹可将书页粘结为一体，使书无法打开（见图1-57）。

蛹羽化为成虫后从出口孔爬出，完成雌雄交配，然后再产卵完成下一个世代。

1990~1992年，我国学者经过对实库的多点调查，发现档案窃蠹成虫初见于4月底至5月上旬，盛发于5月中下旬。成虫以爬行为主，很少飞翔，有伪死和喜黑习性。档案窃蠹成虫为离开虫道与受害物寻找产卵处，会咬穿受害物或在受害物上打孔，一般不会取食这些物品。但也有文献报道了成虫危害物品的现象，如档案窃蠹成虫羽化后多数钻入木制品、三合板内为害，其后钻入硬纸板、书籍中产卵。档案窃蠹成虫主要危害胶合板、硬纸板和以松木、水曲柳、槐树为原料制成的家具等木制品，其

---

[1] 熊兴占, 冯惠芬, 熊洪治, 等. 档案窃蠹生物生态学研究[J]. 西南农业大学学报, 1990(5): 503-507.
[2] 卢川川. 档案窃蠹的初步观察[J]. 昆虫知识, 1980(2): 78-79.
[3] 贡金年, 李小鹰. 档案窃蠹的危害与防治[J]. 白蚁科技, 1989(1): 26-27.
[4] 熊兴占, 冯惠芬, 熊洪治, 等. 档案窃蠹生物生态学研究[J]. 西南农业大学学报, 1990(05): 503-507.

次危害图书、档案。①

档案窃蠹一般将卵产在质地松软的纸质文献表面的缝隙、皱褶、凹陷处及书籍装订处等比较稳定的环境，特别喜欢在马粪纸等纸板内产卵。档案窃蠹也有的将卵散产在木制柜架的缝隙处，卵常横卧于档案图书及其装具等寄主的缝隙里或较粗糙的表面上。温度降到18℃以下时，成虫则不产卵。少数雄性个体未经交配，亦可产卵，但卵均不能孵化，为无效卵。

4.10.6　虫害控制

不要对樟木箱、驱虫药等寄予希望，在樟木箱内发现档案窃蠹就是明证。

避免引虫入库是最重要的预防措施，库房的密闭、展柜的密闭对预防档案窃蠹十分有效。任何物品进入藏展场所前均须经过检疫与灭虫，杜绝档案窃蠹混同物品一起进入藏展环境。

档案窃蠹多栖息于长年无人翻动、灰尘较多的黑暗处，因为稳定的生态环境有利于档案窃蠹的生长发育。搞好藏展场所的清洁卫生是预防档案窃蠹的手段之一。

凡是发现档案窃蠹的库房，相对湿度都超过了55%。② 档案窃蠹的发育与繁殖与环境相对湿度有明显关联。有研究指出，假如温度从30℃降到23℃，虫卵的孵化率变化不大（都维持在70%左右）；可是相对湿度如果从60%降到55%，虫卵的孵化率马上就降到31%。③ 在不影响藏品长期保存的情况下，降低藏展场所的相对湿度对于控制档案窃蠹很重要。

一旦发现藏品被档案窃蠹感染，要立即进行隔离与灭虫工作。我国曾经采用DDVP乳剂、磷化铝片等化学药品杀灭档案窃蠹，尽管可以成功地杀灭昆虫，但化学品残留物带来的一系列问题已经引起了藏展工作者的关注。现今，冷冻灭虫与低氧气调灭虫均可以杀灭档案窃蠹。

---

① 贡金年，李小鹰.档案窃蠹的危害与防治[J].白蚁科技，1989（1）：26-27.
② 熊洪治，冯惠芬，熊兴占，等.档案窃蠹发生规律研究[J].档案学研究，1991（2）：73-78.
③ 夏沧琪，黄俊翰.抢救虫虫危机！纸质文物害虫之物理防治：以灰衣鱼为例[J].台湾图书馆管理季刊，2010（3）：21-43.

4.11 衣鱼

衣鱼英文俗名为 silverfish 与 fish moth，中文别名为银鱼，是衣鱼目衣鱼科衣鱼属的一类小型、原始、无翅昆虫。衣鱼还有很多中文别名，如古代称之为蟫、蠹鱼等，当代在不同的地区对衣鱼的称呼有银鱼、剪刀虫、燕尾虫、白鱼、壁鱼、书虫与册虾（潮州话）等。在英文中，多用俗称"silverfish"来指称衣鱼目的各个物种，但美国昆虫学会对"silverfish"有限定，"silverfish"仅用于普通衣鱼（*Lepisma saccharinum*）。

衣鱼是世界性物种，在亚洲、非洲、美洲、澳大利亚、欧洲和太平洋等其他地区都有发现。全世界约有370种衣鱼，其物种在户内和户外都有发现。以户外生活为主的衣鱼多栖息在土隙与石缝中、树皮下、落叶层多腐植质的地点，甚至生活在蚁巢及白蚁巢处的衣鱼也不少。常生活在人居环境中的衣鱼大多喜藏匿在潮湿处。据统计，适于室内生存的衣鱼有12种，其中经常危害仓储物品的有6种。[1] 有人对我国38个高校图书馆的虫害进行调查，发现其中包括毛衣鱼（*Ctenolepisma villosa*）、普通衣鱼（*Lepisma saccharina*）和家衣鱼（*Thermobia domestica*），毛衣鱼为优势种。[2] 我国台湾地区常见的衣鱼为普通衣鱼与灰衣鱼（*Ctenolepisma longicaudata* Escherich）。[3]

除以上发现的4种衣鱼外，国外还发现3种衣鱼也会危害藏品，但在国内尚未见到相关报道。这3种衣鱼是：四线衣鱼（*Ctenolepisma auadriseriata*，four-lined silverfish）、*Acrotelsa collaris* 与 *Thermobia campbelli*。

虽然大多数衣鱼都是世界性分布昆虫，但家衣鱼会偏爱温度较高（32～41℃）的地区，灰衣鱼在温暖的环境中会茁壮成长，而普通衣鱼与毛衣鱼则偏爱32℃以下的较凉爽的环境（见表1-24）。因此，在台湾、香港地区，家衣鱼与灰衣鱼更为多见，毛衣鱼在中国其他地区分布更多。

---

[1] 台湾自然科学博物馆.衣鱼、蠹鱼（silverfish）[EB/OL].2022[2022-1].http://dobug.nmns.edu.tw/home-pests/insects/C003/.

[2] 李生吉，湛孝东，孙恩涛，等.高校图书馆衣鱼孳生种类和生态调查[J].环境与健康杂志，2009（3）：244-245.

[3] 台湾自然科学博物馆.衣鱼、蠹鱼（silverfish）[EB/OL].2022[2022-1].http://dobug.nmns.edu.tw/home-pests/insects/C003/.

衣鱼口器具咀嚼功能，有嗉囊，可磨碎较坚硬的食物，另具有可分解纤维的酵素，使其可以消化碳水化合物和富含蛋白质的食物。取食对象广使它们会对收藏品造成广泛的危害，故被收藏界列为高风险昆虫，一旦发现要尽快控制与杀灭。

4.11.1　衣鱼虫体的共同特征

衣鱼种类虽多，但有一些特征是共有的。

衣鱼为不完全变态昆虫，其若虫形似成虫，均为银灰色或银白色。其最明显特征是有鳞且无翅，其腹部末端长有三根长度不同且分开的长尾丝。虽然无翼，却有较长的触角，身体细长柔软。

衣鱼体表密披银灰色或银白色的鳞片，其运动类似鱼般的摇摇摆摆，并常在衣物中被发现，故在中国俗称为衣鱼或银鱼。

图 1-58　被捕获的衣鱼
摄影：广州文保文化传播有限公司

4.11.2 衣鱼的危害对象与高危物品

衣鱼是杂食性昆虫，其若虫与成虫均具有危害能力。衣鱼取食范围很广，取食蛋白质材料以及纤维素，但更喜欢的食品是植物源性纤维、富含淀粉或多糖的物品，如棉花、棉线、亚麻和含有纤维素的物品（如纸张）、植物标本、各种丝织品、胶水、糨糊、印刷品上的有机油墨、照片、霉菌、咖啡、各种谷物、干草、糖、头皮屑、毛发、泥土、蛋白质、墙纸等。为了取食胶水和淀粉，它们会咀嚼书籍的装订物，可以去除某些字迹材料而取食下面的胶水和淀粉，由此使得字迹受损，纸张失去光泽，纸质文献的修裱处尤其容易被衣鱼危害。

衣鱼较少取食羊毛等动物源性纤维，但在饥饿时会咀嚼任何纺织品，特别是当这些纺织品被上浆或弄脏时，连皮革制品、人造纤维布匹，甚至其他昆虫尸体也是照吃的。

已发现被其蛀蚀的藏品主要有：纺织品（特别是含淀粉或染色材料的），布料（棉花、亚麻、丝绸与人造纤维等），纸质文献与纸张，书籍装订材料，书籍装订线和粘贴处，装裱过的书画，照片，皮制品等。

4.11.3 衣鱼的危害迹象

那些长时间没有翻动的物品，特别是在黑暗潮湿的环境下存放的物品，特别容易受到衣鱼的攻击。相反，经常使用的物品则很少被衣鱼危害。

衣鱼形体较小、藏匿隐蔽、见光逃逸等特点，使其较难被发现，或一旦发现就逃逸。被衣鱼危害后的物品会留下损坏迹象，这些迹象包括物品表皮受损状、鳞片及虫屎。

（1）表层受损状

衣鱼的成虫与若虫都会危害物品。尽管其拥有咀嚼式口器但嘴巴是扁平的，只能将物品的表面和边缘磨损咬穿而食之，由此会在被危害的材料上留下不规则的斑块状的缺痕及有点类似于花边的破洞。在虫口众多的情况下，不规则的虫孔将直接穿过纸张或纺织品。一般来说，书籍比纺织品更容易出现问题。

被衣鱼啃食过的纸张或书籍表面，还可能留下半透明的斑点，或其边缘部分会

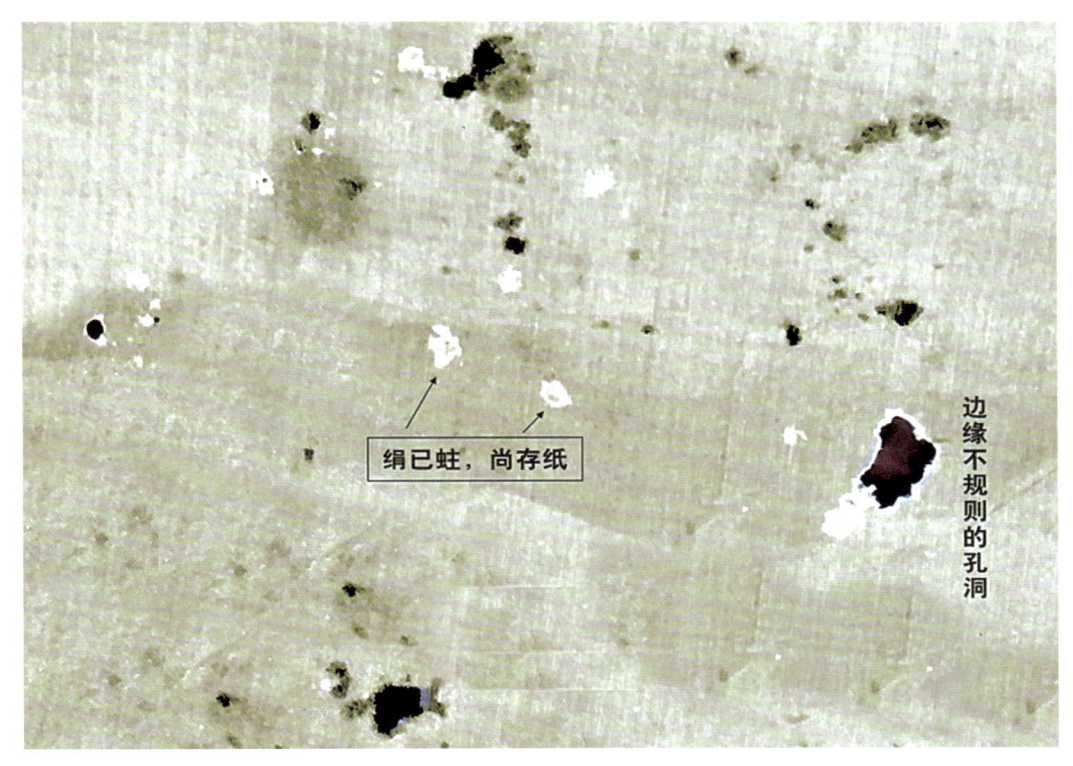

图 1-59　被衣鱼咬过的托裱后的画
摄影：费永明

出现不规则的变薄，纸面有刮擦过的粗糙痕迹，书籍装订处显示有微小刮痕，这是衣鱼啃食后尚未啃穿纸页而造成的后果。图 1-59 是被衣鱼咬过的托裱后的画，画中白点是衣鱼逐层啃食后尚未啃穿的纸张的颜色。

衣鱼常蛀食纸张表面、装裱处、标签及封面上的花纹，致使纸张失去光泽、字迹受损，常呈现小凹沟状。

由于衣鱼嘴巴是扁平的，难以成功地咀嚼纺织品的纤维，只能不规律地对单根纤维取食，而使纺织品表面的纤维脱落（图 1-60）。因而被衣鱼危害的纺织品的受损部位，常可见磨碎的纤维、不规则的孔，以及黄色污点与深色的排遗物（见图 1-62、图 1-63）。

衣鱼有边活动边取食的特点，其被蠹孔洞不会仅仅聚集在某一个区域内，见图 1-61。

图 1-60 被衣鱼咬断的纤维
摄影：费永明

图 1-61 衣鱼危害的孔洞特点
摄影：钟达志，中国香港

（2）鳞片

衣鱼身上覆盖着的银色鳞片很容易被擦掉，在被衣鱼危害过的地方通过手持放大镜有可能发现这些鳞片。

（3）虫屎

衣鱼的排遗物（虫屎）为肉眼可见的小的、尖尖的、深色的长圆形颗粒物及黄色的斑点，比许多昆虫的排遗物都要大些[1]，这些排遗物触摸起来有颗粒的感觉[2]。在这些排遗物周围有可能见到不规则的破洞。

图 1-62 衣鱼留下的黄色污迹
摄影：费永明

图 1-63 衣鱼与黑色排遗物
摄影：钟达志，中国香港

---

[1] David Pinniger.Pest Fact Sheet No.8 Silverfish and Grey Silverfish[J/OL].[2016-10-8].https://collectionstrust.org.uk/wp-content/uploads/2016/10/8_silverfish.pdf.
[2] National Park Service. NPS Museum Handbook Part 1，Chapter 5: Biological Infestations[EB/OL]. [2014]. https://www.nps.gov/museum/publications/mhi/CHAP5.pdf.

4.11.4 衣鱼的共同习性

衣鱼与甲虫、飞蛾不同，其一生仅经历虫卵、若虫与成虫3个阶段。若虫类似于甲虫的幼虫，但不是幼虫，尽管若虫在发育成熟过程中也蜕皮，但不会化蛹，而是由老熟的若虫直接发育到成虫。初孵的若虫幼体就具备了成虫的特征，只是尚未性成熟。若虫比成虫小得多，且透明，若虫要多次蜕皮，不断长大，身体才会出现鳞片。即使到了成虫阶段，衣鱼还会不断蜕皮，成长而终其一生，有的衣鱼一生蜕皮可达60次之多。蜕下的虫皮，衣鱼会自己吞食。与甲虫、蛾类不同的是，衣鱼的若虫与成虫在取食方面是完全一致的，都对物品具有破坏力。

衣鱼整个生命历程所需的时间，依物种不同、环境不同而异。一般认为，适当的环境下，它们每年可繁衍好几代。衣鱼可长期存活，有文献介绍各种衣鱼的平均寿命为5~7年[1]，也有介绍各种衣鱼的平均寿命是2~3.5年[2]，还有报道衣鱼通常可以生存3年[3]。衣鱼具有强大的生命力，可以在无食物来源、缺水的情况下生存300天以上[4]；如果有水，衣鱼可在无食情况下生活一年或更长时间。衣鱼的强大生命力使其防治变得相当困难。

衣鱼畏光且善于爬行，喜欢藏匿在黑暗的有裂缝的位置并在此产卵。衣鱼大多数在夜间活动，其行动敏捷且跑得很快，遇光或其他惊扰会迅速跑掉。但高速移动仅仅只能在水平表面上进行，无法以相同的速度爬墙。衣鱼具有爬过狭窄缝隙的能力，这为其入侵户内提供了可能。同时，藏匿在物品（纸质或木质装具、包装物或其他藏品等）内的虫卵、若虫或成虫也很容易被携带到其他位置。

除灰衣鱼可以忍受干燥的环境外，大多数衣鱼对水分很敏感，需要高湿度（75%~90%）才能生存。在70% RH以上的潮湿环境，衣鱼会快速繁殖并造成严重问题。

---

[1] IPM-WG.Gray or Longtailed Silverfish[J/OL].[2019-6].https://museumpests.net/wp-content/uploads/2019/06/Gray-Silverfish-6-7-19.pdf.

[2] Museum Pests.Silverfish[J/OL].[2014-03].https://museumpests.net/wp-content/uploads/2014/03/Silverfish.pdf.

[3] Sturm H. Encyclopedia of Insects：Zygentoma[M]. 2nd ed.. Elsevier:Academic Press，2009 :1070.

[4] 台湾自然科学博物馆.衣鱼[DB/OL].[2000].http://dobug.nmns.edu.tw/home-pests/insects/C003/. National Park Service. NPS Museum Handbook Part 1，Chapter 5: Biological Infestations[EB/OL]. [2014]. https://www.nps.gov/museum/publications/mhi/CHAP5.pdf.
赖婉绮，张上镇，王升阳.以天然药剂防治衣鱼的新策略[J]. 台湾林业，2006（4）：15-19.

在寒冷或干燥的环境下，衣鱼是不会交配的。温度也是影响衣鱼生长发育的重要因素，低温会导致衣鱼的高死亡率，特别是在幼虫时期。当温度过高时，衣鱼也无法存活。各类衣鱼的最适温度见表1-24。

4.11.5　不同种类衣鱼的特点

各类衣鱼形体基本类似，很难凭借人眼区分开来。有人提出通过其体色判断，但鳞片很容易剥落，而且根据情况的不同，有时还会呈现不同的颜色，所以难以用体色进行区别。也很难借由其体表刚毛、触角或尾须等特征区分它们，因为这些部位很容易磨损或断裂，很有可能造成误判。为此，笔者仅能依据大多数文献记载，列出它们的形体特点，但这不能作为绝对的判断标准。

一般说来，灰衣鱼体型略大于常见的普通衣鱼，成虫被灰色鳞片覆盖，可能出现斑点，有些个体具蓝色光泽（见图1-65）。触角比身体长，中央尾丝约与身体等长。[①]与近缘种的其他衣鱼相比，灰衣鱼身体更结实。普通衣鱼体型较小，纤细，呈银灰色，身体两侧无明显刚毛。家衣鱼有黑色斑点和绒毛，成虫背面密生黑鳞。毛衣鱼主要分布在中国、日本与韩国，笔者尚未找到对其身体特征的相关记录。

图1-64　四类衣鱼的形体比较（由左至右依次是普通衣鱼、毛衣鱼、家衣鱼、灰衣鱼）
图片来源：森罗股份有限公司

[①] David Pinniger.Pest Fact Sheet No.8 Silverfish and Grey Silverfish[J/OL].[2016-10-8].https://collectionstrust.org.uk/wp-content/uploads/2016/10/8_silverfish.pdf.

表1-24对在我国发现的不同种类衣鱼的某些特点进行了概括。

表1-24 危害藏品的衣鱼的某些特点

近缘种	中文别名	拉丁学名	英文俗名	体色	最适环境
普通衣鱼	西洋衣鱼，糖衣鱼	Lepismas saccharina	common silverfish, silverfish, fishmoth, bristletail	有光泽的银色鳞片	22.2~26.7℃，75%~97% [1]
毛衣鱼	银鱼，敏栉衣鱼，多毛栉衣鱼，绒毛衣鱼	Ctenolepisma villosa	silverfish, oriental siverfish	银灰色鳞片	22~28℃，75%~95% [2]
家衣鱼	小灶衣鱼，斑衣鱼	Thermobia domestica	firebrat	背面大片深色鳞片	32~41℃，70%~80% [3]
灰衣鱼	长尾衣鱼	Ctenolepisma longicaudata	gray silverfish, long-tailed silverfish	暗灰色鳞片	能忍受干燥环境

4.11.5.1 普通衣鱼

拉丁学名：*Lepisma saccharina*

英文俗名：common silverfish

中文别名：糖衣鱼

危害的虫期：若虫与成虫

分布：笔者尚未见到相关的详细记录

普通衣鱼是最常见的衣鱼，即我们日常所见的衣鱼。其学名"*L. saccharinum*"

---

[1] 夏沧琪，黄俊翰. 抢救虫虫危机！纸质文物害虫之物理防治：以灰衣鱼为例[J]. 台湾图书馆管理季刊，2010（3）：21-43.
[2] 荆秀昆. 毛衣鱼的识别与防治[J]. 中国档案，1997（7）：33-34.
[3] Keith O.Story. Approaches Topest Management in Museums [J/OL].[1998].https://www.si.edu/mci/downloads/articles/AtPMiM1998-Update.pdf.

表征该昆虫的食物是由糖类或淀粉类等碳水化合物组成的。尽管全球文献中都使用银鱼这个俗称来指称衣鱼目的各个物种，但美国昆虫学会限定该术语仅用于普通衣鱼。

据资料记载，普通衣鱼最早发现于北美、欧洲、中国、日本和夏威夷群岛，现在全球都有发现，是室内常见的昆虫。其生命只有3个阶段：卵、若虫和成虫。

与其他衣鱼（特别是灰衣鱼）相比，普通衣鱼体型较小、纤细，银灰色，身体两侧无明显刚毛。普通衣鱼初孵化出来的若虫为白色，逐步变为银灰色，发育为成虫则覆盖着有光泽的银色鳞片。若虫生长3个月至3年后变为成虫。若虫历期的时间跨度很大，这主要是取决于多种环境因子。普通衣鱼喜欢在阴暗潮湿的环境中生活，其发育和繁殖的最佳环境条件是22~27℃和75%~97% RH，在局部湿度为75%的环境才能繁殖。[1] 普通衣鱼的发育与环境温度相关，其卵在22.2℃环境下需孵化43日，而在32.2℃下仅需19日。普通衣鱼需3.5年才能发育为成虫，适合的环境（22.2~27℃，75%~97% RH）中2年即可发育为成虫。[2] 在不良条件下，完成一个世代可能会延长1~2年。[3] 成虫在22℃的环境中可存活3年以上，但在29℃的温度下只能活2年。[4] 普通衣鱼的寿命可达2年以上，最长的可达8年之久。

普通衣鱼一生中可蜕皮17~66次，有的时候在一年之内可蜕皮30次，这在整个昆虫世界里，也是蜕皮次数最多的。普通衣鱼到了成虫期，还能继续蜕皮。

4.11.5.2　灰衣鱼

拉丁学名：*Ctenolepisma longicaudata*

英文俗名：gray silverfish，long-tailed silverfish，paper silverfish

中文别名：长尾衣鱼、纸鱼

---

[1] Keith O.Story.Approaches Topest Management in Museums [J/OL].[1998].https://www.si.edu/mci/downloads/articles/AtPMiM1998-Update.pdf.

[2] 夏沧琪，黄俊翰.抢救虫虫危机！纸质文物害虫之物理防治：以灰衣鱼为例[J].台湾图书馆管理季刊，2010（3）：21-43.

[3] 夏沧琪，黄俊翰.抢救虫虫危机！纸质文物害虫之物理防治：以灰衣鱼为例[J].台湾图书馆管理季刊，2010（3）：21-43.

[4] Keith O.Story.Approaches Topest Management in Museums [J/OL].[1998].https://www.si.edu/mci/downloads/articles/AtPMiM1998-Update.pdf.

危害的虫期：若虫与成虫

分布：广泛地分布于世界各地，我国台湾、香港均有发现

灰衣鱼最初在南非发现，现在广泛地分布于世界各地，被认为是全球性昆虫。近年来，灰衣鱼日益造成欧洲室内的环境问题，尤其是气候稳定的新建筑物，特别有利于该物种的生长和繁殖。① 在我国台湾、香港的居家环境以及展藏环境中都有发现灰衣鱼。

灰衣鱼的生命周期与普通衣鱼相似，只有3个阶段：卵、若虫和成虫。灰衣鱼比普通衣鱼更喜欢温度稍高的环境，其最理想的生存环境是温度为32~41℃，相对湿度为70%~80%。②

初孵化出的灰衣鱼若虫体背光滑，具银色光泽，无鳞片。若虫要经4次以上蜕皮，体背才有鳞片，每次蜕下来的皮均被若虫自己吃掉。一般情况下，在最佳条件下，若虫2~4个月性成熟。③

灰衣鱼成虫体背有鳞片，体色由浅色渐渐转为黑褐色或黑色，有些个体具蓝色光泽，体型略大于常见的普通衣鱼。④ 成虫一生都在不断蜕皮、产卵，寿命长达2年。每次蜕皮都会把刚蜕的虫皮吃掉，蜕皮次数可达60次之多。若虫需要2~3年的时间才能成长为成虫，成虫寿命可达7~8年。⑤ 灰衣鱼的繁殖能力强，雌性每年产下约50~60个卵，一生可产下约500粒卵。⑥

---

① Wikipedia.*Ctenolepisma longicaudatum*[EB/OL].[2021-8-30].https://en.wikipedia.org/wiki/Ctenolepisma_longicaudatum.
② Keith O.Story. Approaches Topest Management in Museums [J/OL].[1998].https://www.si.edu/mci/downloads/articles/AtPMiM1998-Update.pdf.
③ Keith O.Story. Approaches Topest Management in Museums [J/OL].[1998].https://www.si.edu/mci/downloads/articles/AtPMiM1998-Update.pdf.
④ 詹美玲.灰衣鱼（台湾教育百科）[J/OL].[2014].http://163.28.84.215/Entry/Detail/?title=%E7%81%B0%E8%A1%A3%E9%AD%9A&search=%E8%A1%A3%E9%AD%9A.
⑤ Wikipedia.*Ctenolepisma longicaudatum*[EB/OL].[2021-8-30].https://en.wikipedia.org/wiki/Ctenolepisma_longicaudatum.
　詹美玲.灰衣鱼（台湾生命大百科）[J/OL].[2016-10-04].https://taieol.tw/pages/209800.
⑥ 詹美玲.灰衣鱼（台湾生命大百科）[J/OL].[2016-10-04].https://taieol.tw/pages/209800.

图1-65　泛蓝光的灰衣鱼
摄影：广州文保文化传播有限公司

灰衣鱼会吃很多含淀粉的食物，还取食人造丝绸和棉织物、食糖、蛋白质（包括死虫）和脂肪等各种各样的食物。[1] 灰衣鱼不会以毛毡、法兰绒、地毯和天然丝绸为食。灰衣鱼蛀蚀纸张，但对纸张的纸浆有选择。有研究发现[2]，机械纸浆制成的纸不会受到侵蚀，牛皮纸和茅草纤维纸浆制成的纸会受到轻微侵蚀；仅使用亚硫酸盐纸浆（漂白或未漂白的）生产的纸很容易被其食用。与100%的亚硫酸盐纸浆纸相比，灰衣鱼对80%的亚硫酸盐纸浆和20%的机械纸浆合成的纸危害较少。机械纸浆含量为45%或45%以上的纸张不会受到侵蚀。饥饿实验表明，灰银鱼在没有食物的情况下最多可以存活250至300天。

灰衣鱼生长发育受到温度、湿度与食物来源的影响，但数月不进食仍能存活。成虫耐饥饿的能力强，在未进食的情况下仍可活300天左右。[3] 灰银鱼的最适温度范围

---

[1] Bennett G W, Owens J M, Corrigan R M. Corrigan.Truman's Scientific Guide to Pest Management Operations[M]. 7th ed. Cleveland, OH, USA:Advanstar Communications/Purdue University, 2010:13.

[2] Eder Lindsay. The Biology of the Silverfish, *Ctenolepisma longicaudata* Esch. with Particular Reference to Its Feeding Habits[J].Proceedings of the Royal Society of Victoria. New Series., 1940（40）:35-83.

[3] IPM-WG.Gray or Longtailed Silverfish[J/OL].[2019-6].https://museumpests.net/wp-content/uploads/2019/06/Gray-Silverfish-6-7-19.pdf.

为8~25℃，最高回避温度为40~43℃。[1] 最适合灰衣鱼幼虫孵化的温度为30℃，高于38℃则会导致灰衣鱼死亡，低于22℃则不利于衣鱼的孵化。[2]

普通衣鱼需要温暖和相对潮湿的环境，但体型较大的灰衣鱼，比普通衣鱼更能够忍受干燥的环境，在干燥、温暖的环境里面可以茁壮生长。由于灰衣鱼能耐受较低的环境湿度，可以在湿度低的条件下繁殖并持续对物品造成损伤，故对存放或陈列的收藏品的危害可能更大，也比近缘种的其他衣鱼更难根除。[3]

4.11.5.3 家衣鱼

拉大学名：*Thermobia domestica*

英文俗名：firebrat

中文别名：小灶衣鱼、斑衣鱼

危害的虫期：若虫与成虫

分布：广泛分布于世界各地，在中国各地（包括台湾）均有分布

家衣鱼的外形和普通衣鱼有很多相似的地方，但家衣鱼有黑色斑点和绒毛，成虫背面密生黑鳞。该昆虫分布广泛，是户内常见的昆虫。除了炎热的地区，很少能在室外发现家衣鱼。

---

[1] J. Heeg.Studies on Thysanura. II. Orientation Reactions of Machiloides Delanyi Wygodzinsky and Ctenolepisma Longicaudata Escherich to Temperature, Light and Atmospheric Humidity[J]. Zoologica Africana, 1967（1）:43-57.

[2] 夏沧琪，黄俊翰.抢救虫虫危机！纸质文物害虫之物理防治：以灰衣鱼为例 [J]. 台湾图书馆管理季刊，2010（3）:21-43.

[3] David Pinniger.Pest Fact Sheet No.8 Silverfish and Grey Silverfish[J/OL].[2016-10-8]https://collectionstrust.org.uk/wp-content/uploads/2016/10/8_silverfish.pdf.
M.R.Goddard, Christopher Foster, Graham J.Holloway.*Ctenolepisma Longicaudata*（Zygentoma: Lepismatidae）New to Britain [J].British Journal of Entomology & Natural History，2016(29):33-35.
木川りか，三浦定俊，山野勝次.文化財の生物被害対策の現状—臭化メチル燻蒸の代替対応策について [J]. 文化財保存修復学会誌，2000（44）: 52-69.
Eder Lindsay. The Biology of the Silverfish, *Ctenolepisma longicaudata* Esch. with Particular Reference to Its Feeding Habits[J].Proceedings of the Royal Society of Victoria. New Series.，1940（40）:35-83.

家衣鱼生活环境与台湾衣鱼十分相似，家衣鱼比普通衣鱼更喜欢炎热的地方，温暖湿润是其理想的生存环境，其理想的环境温度范围为32~41℃，相对湿度为70%~80%。[1] 家衣鱼繁殖需要高温和一定的湿度，若虫在最佳环境下2~4个月性成熟，雌性成虫开始产卵。卵只需12~13天即可孵化出若虫，完成一代只需3~24个月。[2] 家衣鱼的平均寿命是2~4年，雌虫在其生命周期中最多可产下6000枚卵。[3]

家衣鱼的若虫要经4次以上蜕皮，其体背上才有鳞片。其成虫行动敏捷，能跳跃，不易捕捉。家衣鱼成虫仍不断蜕皮，每次蜕皮都会把旧壳吃掉。家衣鱼的食性与蟑螂类似，什么都吃，包括纸制品、书本的装帧材料、胶水、纺织品、棉花、丝绸、含淀粉的物品、标本标签、动植物标本、照片和死昆虫等。

由于家衣鱼成虫的生存年限较长，加之能持续产卵，故使家衣鱼成为对图书馆、档案馆与博物馆藏品威胁较大的昆虫。博物馆虫害综合治理工作组指出，一旦发现要尽快根治。

4.11.5.4　毛衣鱼

拉丁学名：*Ctenolepisma villosa*

英文俗名：silverfish，oriental siverfish

中文别名：敏栉衣鱼、剪刀虫、蠹鱼、壁鱼、盘鱼、燕尾虫

危害的虫期：若虫与成虫

分布：分布于东南亚各国。中国各地亦均有分布，如吉林、辽宁、黑龙江、内蒙古、甘肃、青海、新疆、宁夏、山西、陕西、河南、河北、北京、山东、江苏、浙江、安徽、江西、湖北、湖南、云南、贵州、四川、广东、广西、福建等[4]

毛衣鱼分布于东南亚各国，在我国的南北方均可发现，是室内常见的昆虫。

---

[1] Keith O.Story. Approaches Topest Management in Museums(1998)[J/OL].https://www.si.edu/mci/downloads/articles/AtPMiM1998-Update.pdf, 1998.

[2] 王晖，董慧，杨地.标本害虫主要种类及其综合防控现状[J].安徽农业科学，2014（27）：9373-9378，9480.

[3] IPM-WG. Firebrat [J/OL].[2019-3]. https://museumpests.net/wp-content/uploads/2019/03/Firebrat-3-24-19.pdf.

[4] 国家档案局档案科学技术研究所.新档案保护技术实用手册[M].北京：中国文史出版社，2013.

毛衣鱼虫体为银灰色，若虫在第二次蜕皮前无鳞片，其成虫全身覆有银灰色的鳞片。

毛衣鱼发育的最佳温度为22~28℃，适宜的湿度为75%~95%，温度低于4℃则不活动。18~20℃时，每只雌虫产卵量为6~10粒，卵期为40~60天。毛衣鱼每年发生代数取决于环境温度，若环境温度适宜，完成一代需要3个月，37℃时仅需11周；环境不适宜则延长至1~2年。① 当温度低于15℃时，其成虫和若虫的活动明显减少，交配与繁殖活动停止。② 有研究指出，毛衣鱼若虫暴露于48.9℃以上或0℃以下1小时，其死亡率为100%。③ 可见，高温与冷冻均容易杀死毛衣鱼，降低相对湿度能减缓毛衣鱼增加的速度。

毛衣鱼成虫的耐饥能力强，没有食物的情况下可存活300~319天。④

毛衣鱼的取食对象广泛，富含淀粉与多糖的食物对其更具诱惑力，如喜食淀粉、胶、纸填料、糨糊、棉布、动物皮毛、丝绢纤维、纺织品、胶片、照片的影像层和人的皮屑等富含蛋白、糖类和微量元素的物质，还取食中药材、植物标本、谷物、成品粮、花生、芝麻，甚至取食室内灰尘中的有机质。

4.11.6 衣鱼的控制

衣鱼的食性杂，隐蔽场所多，行动敏捷，防治起来比较困难。尽管化学处理法（包括驱避与杀灭）比较快捷，但它无法消灭导致衣鱼生存的环境，仍然会有衣鱼再次入侵。若衣鱼存在的区域正好也是藏展环境，化学法的使用要慎之又慎。因此，预防、控制与杀灭衣鱼首推非化学措施。

4.11.6.1 预防

预防衣鱼侵染的主要措施类似于其他昆虫的控制手段，不过更强调对环境湿度的控制，降低相对湿度能减缓衣鱼虫口的增加速度或消除衣鱼为害。

---

① 荆秀昆. 毛衣鱼的识别与防治 [J]. 中国档案，1997（7）：33-34.
② 李生吉，魏勇，孙恩涛. 毛衣鱼生态习性观察 [J]. 医学动物防制，2010（12）：1083-1084.
③ Olkowski W, Daar S, Olkowski H. Common-Sense Pest Control[M]. Connecticut: Taunton Press, 1991:25.
④ 荆秀昆. 毛衣鱼的识别与防治 [J]. 中国档案，1997（7）：33-34.

（1）堵截衣鱼的入侵

衣鱼是通过两种方式入侵藏展环境的：从建筑物的围护结构的缝隙与裂缝钻入，藏匿在物品内被携带入内。

检查建筑物的围护结构，填补室内的缝隙与裂缝，使衣鱼无法钻入。在衣鱼成灾的情况下，有可能需要将化学粉剂或可湿性粉剂注入墙壁、管道、地面或其他位置的空隙（见6.3化学灭虫法）。

衣鱼（虫卵、若虫或成虫）可随器物搬迁而传播，例如藏匿在包装箱、藏品或其他材料中而被携带入藏展环境内。对拟进入藏展环境内的物品必须先进行检疫与灭虫处理，如低氧灭虫、冷冻灭虫或热处理，选择的灭虫方法应以对藏品无任何伤害为前提。

（2）清除杂物，定期吸尘

为消除衣鱼的食物与藏匿处，要及时清除藏展环境内的杂物，包括与藏品无关的纸质品。

搞好库内外的环境卫生，翻扫不经常裸露的表面，从而减少衣鱼的产卵栖息场所和产卵数量，降低虫口密度。建议使用HEPA真空吸尘器定期进行真空除尘，尤其是木质柜架的缝隙和踢脚线、墙角线周围等，除可以清除衣鱼赖以生存的微生物、真菌、灰尘、碎屑、棉绒和其他有机物外，还可以干扰或减少衣鱼潜在的繁殖栖息地。保持良好的卫生条件有助于预防新的虫害，但仅靠卫生措施是不能消除虫害的，因为衣鱼在没有食物或水的情况下能够存活数月甚至数年。因此，一旦发现衣鱼的迹象，要立即采取措施进行杀灭。

（3）将高风险藏品放入密封的装具中

特别吸引衣鱼的藏品，如纸制品、纺织品、标本与含有淀粉或胶类的物质应尽可能放入密封的容器中，还有建议将纸类文献放置在表面光滑的金属柜架内，因为衣鱼在光滑的垂直表面上很难爬行。

（4）监测与诱捕

对衣鱼的侵扰进行持续不间断的系统监测非常必要，包括彻底检查是否有衣鱼及其损坏迹象，以及使用昆虫黏性陷阱进行诱捕。

图 1-66　粘虫板
摄影：广州文保文化传播
有限公司

检查的重点应放在高风险藏品以及细小的裂缝和缝隙处，因为衣鱼喜欢将其身体楔入狭小的黑暗空间以寻求庇护。昆虫黏性陷阱应沿着踢脚板或户内衣鱼可能经过的位置放置，衣鱼爬到纸上就会被粘住。

(5) 调节藏展环境的微环境

在建筑物内，衣鱼必须要有潮湿且有空隙的环境才能生存；只要环境干燥、建筑物没有裂缝，衣鱼就有可能自然消失。这是因为除灰衣鱼外，在藏展环境内发现的其他种类衣鱼都喜好高湿的生活环境，降低空气湿度，保持良好的通风，特别是使藏品附近的微环境不宜衣鱼生存，这不仅可以降低户内的衣鱼虫口密度，还会迫使衣鱼逃离被控制环境的位置，迁移到其他地区。

除降低户内湿度外，控制温度也很重要。目前在藏展环境中发现的衣鱼，其最适生存温度都高于22℃，在较低温度下衣鱼就难以生存和发育，例如普通衣鱼的卵需要22℃以上才能够孵化；当温度低于15℃时，毛衣鱼成虫和若虫的活动明显减少，交配与繁殖活动停止。[1] 有人建议，当发现藏展区域被衣鱼感染后，可以将环境温度

---

[1] 李生吉，魏勇，孙恩涛. 毛衣鱼生态习性观察 [J]. 医学动物防制，2010（12）：1083-1084.

保持在18～21℃之间，同时使湿度保持在60%以下，可以有效地控制衣鱼。[1]

4.11.6.2 消杀

有多种非化学法可杀灭衣鱼，有时也需要用化学法进行控制，例如对衣鱼栖身地的封堵等。但化学法仅仅只是非化学法的补充，不可以单独使用，因为它无法根除衣鱼产生的根源：高湿度与高温。

（1）非化学法

对被衣鱼侵染的物品，可用多种非化学法进行杀灭处理，包括热处理、低温处理、除氧剂处理、气调法-二氧化碳处理以及气调法-氮气/氩气处理等。无论选用哪种方法进行灭虫处理，其首要条件就是要保证被处理物品的安全，例如是否会造成物品变质、劣化等。

热处理可以有效、快速地杀灭各种衣鱼。有研究指出，0℃以下或44℃以上的温度，可杀死家衣鱼的若虫[2]；将毛衣鱼暴露于48.9℃以上或0℃以下1小时即能杀灭毛衣鱼[3]。有研究报告指出，温度在-18℃以下或高于44.4℃可导致毛衣鱼若虫100%的死亡率。[4]有人将灰衣鱼及其卵置于书本中其常出入位置并进行冷冻灭虫，实验证明，在-25℃与-20℃下灭虫需要3小时以上，-16℃需要5小时，而-5℃则需要72小时，均可达到灭虫效果。[5]灰衣鱼在42~44℃下热处理2小时，可100%致死；高于50℃的温度下可迅速死亡。[6]

---

[1] Keith O.Story. Approaches Topest Management in Museums [J/OL].[1998].https://www.si.edu/mci/downloads/articles/AtPMiM1998-Update.pdf.

[2] Keith O.Story. Approaches Topest Management in Museums [J/OL].[1998].https://www.si.edu/mci/downloads/articles/AtPMiM1998-Update.pdf.

[3] Olkowski W, Olkowski H, Daar S. Common-Sense Pest Control[M]. Connecticut: Taunton Press，1991:25.

[4] 夏沧琪，黄俊翰.以冷冻处理进行纸质文物害虫灰衣鱼之防治[J].文化资产保存学刊，2012（21）：105-114.

[5] 夏沧琪，黄俊翰.抢救虫虫危机！纸质文物害虫之物理防治：以灰衣鱼为例[J].台湾图书馆管理季刊，2010（3）：21-43.

[6] Eder Lindsay. The Biology of the Silverfish, *Ctenolepisma Longicaudata* Esch. with Particular Reference to Its Feeding Habits[J].Proceedings of the Royal Society of Victoria. New Series.，1940（40）:35-83.

就低氧灭虫而言，衣鱼属于抗性较弱的昆虫，比烟草甲等昆虫更容易杀灭。美国大都会艺术博物馆利用除氧剂处理被衣鱼侵害的藏品，24~30天杀灭了衣鱼；在低氧氮气气调环境下，14天杀灭衣鱼。温特图尔博物馆（Winterthur Museum）在二氧化碳气调环境中，经历21天杀灭衣鱼。

（2）化学法

由于衣鱼通常与人类同处一个环境，无论考虑到人体健康还是藏品的安全，都要尽量不采用化学措施。但在非化学法无法控制衣鱼泛滥时，可以考虑化学措施。化学法只能作为非化学方法的补充，如用杀虫剂处理裂缝和罅隙、踢脚板及其后面的空间、橱柜、架子、储物柜、管道周围的爬行空间、墙洞和其他可能隐藏昆虫的地方。请勿直接在藏品上施用任何农药。

如果使用了非化学灭虫法，但衣鱼仍在继续侵扰，可考虑使用低风险的化学粉剂（例如硼酸粉、二氧化硅气凝胶或硅藻土）对裂缝和缝隙做处理。

在裂缝中或沿墙壁使用杀虫粉剂，可使衣鱼接触或食用而死。可用化学粉剂或可湿性粉剂（如硼酸、恶虫威、溴氰菊酯和二氧化硅气凝胶）堵塞藏展场所表面结构（墙壁、管道和其他位置）的空隙、裂缝等。曾经使用过的杀虫剂包括氨基甲酸酯（恶虫威和残杀威）、除虫菊酯（氯氰菊酯、溴氰菊酯、氰戊菊酯、高效氯氰菊酯、氯菊酯和原氯菊酯）、化学粉剂或可湿性粉剂（如硼酸、恶虫威、溴氰菊酯和二氧化硅气凝胶）等。[1] 在这些杀虫剂中，最安全的是微胶囊除虫菊酯。也可用重氮嗪粉、硅胶气凝胶或硼酸粉配制成杀虫粉，后两种是首选，硅胶气凝胶是最安全的。除虫菊酯和硅胶气凝胶的配方也是有效的。[2]

另外一种化学法是毒饵法。国外还有建议采用硼酸毒饵诱杀衣鱼。[3] 硼酸是一种能用作昆虫诱饵并替代有害杀虫剂的无机化合物，它仅仅是一种胃毒剂与触杀剂，只

---

[1] Keith O.Story. Approaches Topest Management in Museums [J/OL].[1998].https://www.si.edu/mci/downloads/articles/AtPMiM1998-Update.pdf.

[2] Dawson J E, Strang J K（revised）.Technical Bulletin No. 15（Solving Museum Insect Problems: Chemical Control）[M]. Ottawa :Canadian Conservation Institute，2000（Reprint）: 5-7.

[3] Keith O.Story. Approaches Topest Management in Museums [J/OL].[1998].https://www.si.edu/mci/downloads/articles/AtPMiM1998-Update.pdf.

有毒饵进入衣鱼体内，衣鱼若虫和成虫才会中毒死亡，对衣鱼卵则无效，所以毒饵不能用来控制、扑灭爆发的衣鱼虫灾。

在藏展场所一定要避免采用喷雾剂杀灭衣鱼，其缘由有二。一是喷雾剂属于接触性杀虫剂，只能杀灭接触到喷雾剂的衣鱼，而衣鱼行动迅速，在喷雾剂环境中会向不受喷雾剂影响的区域逃逸，例如缝隙等。此外，藏匿在孔洞与缝隙中的衣鱼是接触不到喷雾剂的，因此喷雾剂杀灭衣鱼的效率极低。二是喷洒后，杀虫剂的残留物或多或少会残留在环境中，影响人体健康。

尽管化学药品熏蒸也是杀灭衣鱼的一种方式，但由于冷冻法与低氧气调法都可以较好地杀灭衣鱼，所以化学熏蒸法实际上并没有必要采用。

4.12 蜚蠊

4.12.1 基本信息

拉丁学名：Blattidae

英文俗名：cockroaches，roach，roaches，cock

中文别名：蟑螂、偷油婆、香娘子、滑虫、茶婆虫、负盘、黄婆娘、灶虮子等

食性：杂食

危害的虫期：若虫与成虫

特点：蜚蠊的俗名为蟑螂，泛指蜚蠊目中除白蚁以外的昆虫，其祖先在3亿到3.5亿年前就已经存在。蟑螂是一种常见且抗性很强的昆虫，能够忍受从北极到热带的各种气候，为全球性的昆虫。目前，全世界共有4600种蟑螂，覆盖460多个属。大多数种类的蟑螂栖居野外，约有30种与人类栖息地有关，有些物种是众所周知的昆虫。[①]我国有记载的蟑螂为18科60属240种，全国各地均有分布。在我国藏展场所发现的蟑螂有13种（见附录1），它们的中文名中都有一个共同的字"蠊"。根据物种的不同，有大蠊、小蠊、光蠊、蔗蠊、蜚蠊等名称或种名，不同种类的蟑螂有各自的学名。

---

① Wikipedia.Cockroach[J/OL].[2021-2].https://en.wikipedia.org/wiki/Cockroach.

栖息室内的蟑螂，被列为卫生昆虫，它们尤其喜栖息于室内温暖且靠近食物、水分的场所。室内蟑螂的存在说明该区域清洁不良。

蟑螂不仅具有最原始的咀嚼式口器，而且其生活史的特点之一是周期长。除会损坏藏品与衣物，还会咬坏电线等物品。其繁殖快，数量大，食性杂，故被国际收藏界列为高风险昆虫，发现后须尽快控制。

蟑螂还是许多人类疾病的传播者，能携带40余种病菌，传播的微生物超过200种，对人体健康造成极大威胁。蟑螂排泄物和皮蜕中含有大量过敏源，易引发过敏反应，如皮肤瘙痒、气喘等。世界上许多国家的卫生组织、防疫部门都把它们视为要消灭的对象。

4.12.2　主要危害对象

蟑螂具有最原始的咀嚼式口器，咀嚼力很强。各种蟑螂都是杂食性昆虫，几乎所有东西都可能成为蟑螂的食物，包括其同类，但其更偏爱淀粉、糖类及含水量较高的食物。受其危害的风险较高的藏品对象主要有：含糨糊或胶的纸制品、纸张、植物性纺织品（亚麻、麻、棉、绳等）、皮制品、动物皮、动植物标本等，被汗水弄脏的物品尤其受其青睐。蟑螂会咬坏电气设备，给藏品带来其他风险。

除危害藏品外，它们还取食粮食、油料、中药材（如茯苓、菊花、当归等）、含淀粉的食物、肉制品、毛发、皮屑、死昆虫、糖类、蔬菜、红蓝铅笔的笔芯，还咬电线包皮与衣物等。

不同种类的蟑螂，其食性略有差异，例如：

①东方蜚蠊，以各种各样的食物和腐烂的有机物为食，经常破坏或污染纸张和淀粉类物品。

②德国小蠊，喜好取食淀粉、糖果、油脂、肉制品、肥皂、皮革、纸张、胶水、动物的皮肤和头发。

③美洲大蠊，喜以纸制品以及其他任何可食用的饲料为食。

4.12.3　共同的虫体特征

蟑螂是大到中型的昆虫，其成虫躯体宽而扁平，触角长，体呈黄褐色或深褐色，因种而异，体表具油亮光泽。头前有两根细长的触角，所经之地都发出特殊的臭味。

以下是国内藏展环境中最常见的几种蟑螂成虫的外表特征。

（1）东方蜚蠊

拉丁文学名：*Blatta orientalis* Linnaeus

体色：非常深的棕色，几乎是黑色。

成虫翅膀：雄性成虫翅膀只覆盖腹部的一部分，雌性成虫翅膀则大大缩小。

（2）德国小蠊

拉丁文学名：*Blattella germanica*（Linnaeus）

体色：成虫为稻草色，若虫几乎是黑色。

成虫翅膀：全翅。

（3）美洲大蠊

拉丁文学名：*Periplaneta americana*（Linnaeus）

体色：红棕色

成虫翅膀：全翅。

4.12.4 虫害迹象与识别

与其他昆虫相比，发现蟑螂的迹象通常更容易。

蟑螂通过多种途径损坏藏品且都会留下便于发现的损坏迹象，如排遗物、卵鞘、活虫（若虫或成虫）、虫蜕、翅膀、残肢，以及被害物上的污痕与食痕等。

（1）排遗物

蟑螂边吃边排泄，其排遗物严重污染藏品，且污迹不易擦去，蟑螂的排遗物是其侵扰的明显证据之一，且很容易被发现。蟑螂的排遗物由其消化过的任何食物组成，其排遗物可以是固体或半液体形式，这取决于它们消化的东西。这些排遗物随蟑螂的大小、年龄和种类的不同而有所区别。但一般来说，蟑螂的排遗物是深褐色

图 1-67　小型蟑螂的排遗物
摄影：费永明

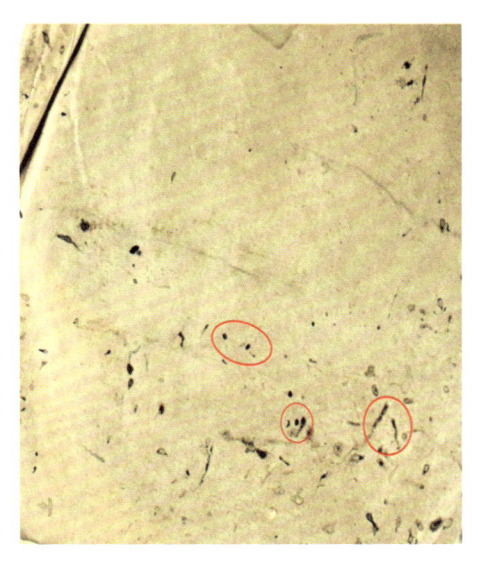

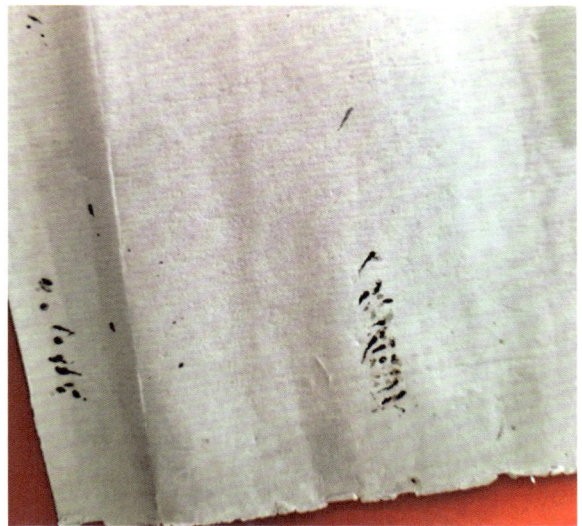

图 1-68　大蟑螂的排遗物
摄影：汪帆，浙江图书馆（左）；陈龙，江阴市博物馆（右）

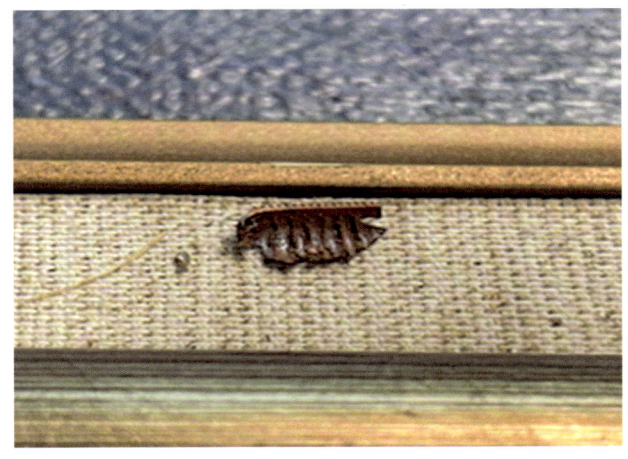

图 1-69　卵鞘
摄影：广州文保文化传播有限公司

或黑色的、圆形或椭圆形的块状颗粒。[1] 另外一个经验是，蟑螂的大型物种产生的排遗物要比小型物种产生的排遗物大。

一般来说，蟑螂的小型物种（如德国小蠊）会留下微小的半液态的黑色或棕色排遗物，它们看起来更像斑点或污渍，或者像咖啡渣或黑胡椒，其污渍类似于墨迹、涂抹痕迹，有些许凸起。德国小蠊的排遗物较湿，这是由于德国小蠊喜欢生活在潮湿的环境中。

---

[1] Ivyanno Canny. How to Identify Cockroach Droppings?[J/OL].[2020-10].https://www.rentokil.co.id/blog/how-to-identify-cockroach-droppings/.

蟑螂的大型物种（如美洲大蠊、东方蜚蠊）会留下棕色或黑色的圆柱形排遗物，其宽度小于 1 mm，大小不一，排遗物的颜色和大小在很大程度上取决于蟑螂种类。与老鼠屎不同的是，蟑螂屎较小，呈棕褐色，并且具有非常典型的"密集型"效应，不会单独出现。

蟑螂的排遗物在其藏身区域和通道都可以发现，但有时发现了排遗物并不一定就可判断一定会有蟑螂藏匿。只有不断监视这类排遗物，发现排遗物不断增多，才足以说明该环境一定存在蟑螂。

（2）卵鞘

卵鞘（卵荚）是蟑螂卵的藏身之处，不同种类蟑螂的卵鞘虽不全同，但质地都较坚硬，外表光滑，形同豆荚。无论卵鞘是否已经裂开，均是蟑螂存在的迹象。发现了卵鞘，不要随便扔到户外或垃圾桶，要用开水浸泡或火烧，以杀灭虫卵。

（3）虫蜕

蟑螂的若虫在发育过程中会多次蜕皮，因此若发现环境中存在蟑螂蜕下的虫壳，则表征蟑螂就在该环境的周围。

（4）异味

蟑螂的排遗物会产生一种带有异味的信息素，将其他蟑螂吸引到该区域，凡是被蟑螂咬食处均留下这类特别的臭味。环境内出现这类异味，说明周围存在蟑螂，气味越强烈，蟑螂的污染面越大。

（5）不规则的污迹

蟑螂对藏品的危害，除咀嚼损伤外，其本身的排遗物、呕吐物与腹部腺体的分泌物也会玷污藏品，使其严重染色或变色，如德国小蠊排泄的一种黑色液体，能使被其爬过的材料失去颜色。[1] 在湿度高的地区，蟑螂所爬行之处都会留下深色、形状不规则的污迹，有时还会留下黑色、如逗点般的污渍（见图 1-68）。蟑螂较多时，在墙与地板连接处这类迹象更为明显。

---

[1] 国家档案局档案科学技术研究所. 新档案保护技术实用手册 [M]. 北京：中国文史出版社，2013.

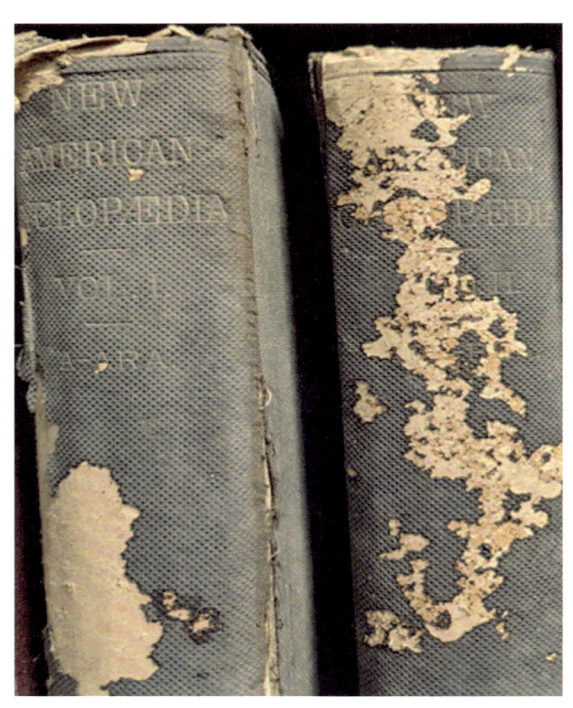

图 1-70　被蟑螂危害的书脊
摄影：陈龙，江阴市博物馆（左）；王晨敏，上海图书馆（右）

（6）食痕

蟑螂几乎可危害任何东西，并在被侵染的物品上留下咀嚼痕迹和其他损坏迹象。蟑螂危害的食痕不规则，与衣鱼相近，如在纸张边缘留下孔洞或缺口，但危害面积较衣鱼的更大。纸质藏品被害处往往布满小孔、字迹不清或装订解体，凡咬食处均留下特别的臭味。

（7）活蟑螂

有时还可以直接观察到蟑螂的成虫或若虫。

除以上迹象外，还有可能在曾经出现过蟑螂的环境内发现蟑螂的翅膀或残肢。

4.12.5　生活史和生活习性

和衣鱼一样，蟑螂属不完全变态昆虫，生活史包括卵、若虫和成虫3个阶段。其生活史的长短不仅因种类而异，也受温度、营养等条件影响。例如，东方蜚蠊在室温下完成一个世代的时间为575~602天[1]，德国小蠊完成一个世代需2个多月，美洲大蠊可历时1年有余，等等。

蟑螂卵被包藏在卵鞘/卵囊中，每个卵鞘的卵粒数因虫种而异，十几至几十粒不等，卵鞘形状也因种类不同而有明显的区别。有的蟑螂还会通过逆呕或将卵鞘粘在物体上，而使藏品而受损。

卵的胚胎发育成熟后，若虫从卵鞘中钻出。若虫外形似成虫，只是虫体比成虫小，无翅，体色、斑纹与成虫不完全一致，性器官未成熟。刚孵出的若虫以及刚蜕皮进入下一龄期的各龄若虫均呈白色，以后体色逐渐变为褐色或深褐色。若虫蜕下的皮会很快被自己或同类吃掉。

蟑螂的繁殖能力很强，在室温下，一年有3到4代，每一年一个受精的雌性可以产下超过10 000个后代。[2] 雌性东方蜚蠊一生中可以产下1~18个卵囊，每个卵囊有16个卵。[3] 美洲大蠊雌性一生中会产下6~14个卵鞘，每个卵囊含有14~16个卵。[4]

蟑螂喜欢生长在温暖、潮湿、阴暗与多缝隙的环境中，喜沿墙边、柜脚活动。蟑螂是一类"准社会性"昆虫，白天经常聚集在阴暗、窄小的缝隙或孔洞中，如德国小蠊的成虫和若虫可栖息在仅1.6 mm宽的缝隙中。在那里它们会向周围物体表面排放一种叫做阿塔尔（Attar）的有气味的棕色液体，阿塔尔里面有一种聚集信息素，可以吸引同种个体聚集到它们的栖息地。同时它们也可释放一种分散信息素来表征不合适的场所。这两种信息素都有助于它们的生存。蟑螂昼伏夜出，喜暗怕光，当光线突然增强时，就会四散躲藏。蟑螂虽有翅，但飞行力甚差，很擅长奔跑爬行。

---

[1] IPM-WG.Oriental Cockroach[J/OL].https://museumpests.net/wp-content/uploads/2019/03/Oriental-Cockroach.pdf，2007-3.

[2] Keith O.Story. Approaches Topest Management in Museums [J/OL].[1998].https://www.si.edu/mci/downloads/articles/AtPMiM1998-Update.pdf.

[3] IPM-WG.Oriental Cockroach[J/OL].[2007-3].https://museumpests.net/wp-content/uploads/2019/03/Oriental-Cockroach.pdf.

[4] IPM-WG.American Cockroach[J/OL].[2012-3].https://museumpests.net/wp-content/uploads/2019/03/american-cockroach.pdf.

蟑螂的活动与温度关系密切，平均温度15℃以上时开始活动，温度上升而活动增加，24~32℃时最活跃，4℃时完全不能活动，-5℃时经30分钟即被冻死，超过50℃时则趋于死亡。[1] 蟑螂的生命历程也与温度、湿度相关。例如，美洲大蠊成虫可活102~588天，在室温下可活440天，在29℃下平均只能活225天。[2] 又如，德国小蠊发育中需要大量湿气。

蟑螂是最难对付的昆虫之一，其耐抗性很强。有些种类的蟑螂耐饥力强，在没有食物的情况下，仅依靠有限的资源（如邮票背面的胶水）就可存活一个月；有些种类的蟑螂，在无食物而有水分时可存活2个月，在完全无水和食物的状态下尚可存活7天[3]；还有一些种类的蟑螂在没有空气的情况下，可持续生存45分钟。[4]

4.12.6　预防与治理

与钻蛀性昆虫不同，蟑螂不栖息在藏品内，具有游走性，昼伏夜出并具有利用分泌的信息素（一种用于影响蟑螂行为和生理的化学物质）来影响群体活动的能力，因此治理起来并不容易。试图通过单独采用化学法消灭蟑螂是不可能的，需要采用多种防治方法进行综合治理。无论是采用化学治理法还是非化学治理法，首先得确定蟑螂的藏身之处，定位越准确，所采用的措施的成功率就越高。

（1）检查与定位蟑螂的栖身点

要确定蟑螂的藏身之处和进入点，检查是关键的。发现蟑螂的侵染迹象后，可在晚间利用手电筒寻找它们活动的出入点。此外，应该检查各类管线周围的裂缝或缝隙，特别是黑暗区域的裂缝，这些都可能是蟑螂的潜在进入点。

可用黏纸诱捕法监视蟑螂的活动，但不要在库房内放置有诱饵的粘蟑板或在库房

---

[1] 王晖，董慧，杨地. 标本害虫主要种类及其综合防控现状 [J]. 安徽农业科学，2014（27）：9373-9378，9480.

[2] IPM-WG. American Cockroach[J/OL]. [2012-3]. https://museumpests.net/wp-content/uploads/2019/03/american-cockroach.pdf.

[3] 王晖，董慧，杨地. 标本害虫主要种类及其综合防控现状 [J]. 安徽农业科学，2014（27）：9373-9378，9480.

[4] Gary R.Mullen, Lance A.Durden. Medical and Veterinary Entomology[M]. Amsterdam：Academic Press, 2002:32.

内使用引诱剂。黏性陷阱或者胶水板是检测和监控蟑螂数量的最佳方法，也是减少藏展环境内蟑螂数量的好办法。通过在几个地方放置黏性陷阱并定期检查它们，有助于确定蟑螂危害最严重的区域，明确杀灭蟑螂的重点位置。为了有效发现蟑螂，陷阱须放置在蟑螂觅食时很可能经过的地方，如在入门处沿墙角放置，在地板和墙壁的交界处放置，或在怀疑有蟑螂的地方放置。在发现蟑螂排遗物、皮蜕、卵鞘以及死/活蟑螂处放置陷阱，捕获蟑螂的几率更大。在藏展场所的各个角落放置陷阱，有助于发现蟑螂进入的地方。必须注意的是，必须每天检查黏性陷阱，以发现蟑螂的出入位置。粘有蟑螂的黏性陷阱不得随意扔弃，水是难以淹死蟑螂的，应用密封袋将黏性陷阱密封后再扔进户外垃圾桶。

（2）限制蟑螂进入藏展环境

蟑螂扁平的身躯可通过裂缝、管道、门下或其他结构缺陷进入建筑物内部，找出并封闭蟑螂可以隐藏的裂缝，用密封胶或填缝剂密封所有的建筑物缝隙，硅基密封胶的效果更好。除墙壁、地面外，这些缝隙还包括天花板、电源插座周围的细小缝隙或孔洞。

藏展场所的门下应使用门扫条或门底刮条，窗的四周也应用胶条密封以防蟑螂钻入。

凡被带入藏展场所的物品，特别是电器、各类装具等，必须进行检查，以防蟑螂被带入。

管道检修孔、排水孔上应添加细目滤网。

（3）加强环境卫生

在有食物和水的地方，蟑螂会迅速繁殖，即使是夹在裂缝之间的微小数量的碎屑或液体，也为蟑螂提供了食物来源。重要的卫生措施包括：

①垃圾桶（蟑螂觅食处）远离藏展场所，藏展场所不得堆放杂物，包括暂时没有使用的内装具（如书盒、函套等），不给蟑螂留下藏匿空间。

②切断蟑螂必需的水源，包括管道泄漏和其他水分来源，在有可能发生冷凝水的地方应增加通风。

③清除蟑螂卵鞘、排遗物及其死虫等。发现卵鞘应立即移除并杀灭；蟑螂的排遗

物会释放信息素，招引蟑螂聚集，特别是会吸引蟑螂的若虫，必须清除干净。已发现的蟑螂卵鞘、排遗物及死蟑螂（包括其翅膀及残肢），必须用高效微粒真空吸尘器（HEPA）吸除，降低蟑螂身体脱落物与排遗物被人吸入而引起过敏或患病的可能。吸除后，还必须对这些位置进行擦拭，以彻底清除残留物。

（4）采用化学控制法

并不主张在藏展场所采用化学药品喷雾的方式消杀蟑螂，一则恐有害藏品；二则只能杀死被发现的个别蟑螂，无法歼灭与其相关的蟑螂群体；三则蟑螂外表有蜡质层，药剂难以侵入到蟑螂体内将其杀死。有相当多的研究发现，蟑螂对于多种成分的杀虫剂（包括拟除虫菊酯类药物）均有耐药性，且随着化学品的使用，其耐药性增强，尤其是被化学药品处理后的蟑螂，其后代的耐药性将大大提高。

在藏展场所可考虑采用的化学灭虫法为触杀法与胃毒法，目前杀蟑螂较为有效的化学品为通过胃毒法致死的"诱饵"。诱饵可以包装成糨糊、凝胶或颗粒，内含可毒杀蟑螂的化学品以及引诱蟑螂的食物，它可以通过散发味道来吸引蟑螂取食而中毒死亡。

诱饵引诱蟑螂的距离是有限的，只有在藏展环境确实存在蟑螂并发现了其藏身的位置时才可能有效。为发挥诱饵的引诱作用，诱饵应放置在蟑螂藏匿空间附近或蟑螂觅食时可能经过的地方，也可以放置在其排遗物斑点的旁边。

有研究表明，诱饵杀灭蟑螂的作用是有限的。例如，带卵鞘的蟑螂很少会被引诱，褐带蟑螂特别难用诱饵来控制。特别是在藏展场所较为开阔的空间，蟑螂很难受到诱饵的吸引，蟑螂的杂食性使诱饵对进入藏展场所的蟑螂的诱惑力大打折扣。因而，最有效控制蟑螂的方法是预防。

4.13 书虱

书虱是啮虫目书虱科一类微小昆虫的统称，其长度很少超过2 mm。

4.13.1 基本信息

拉丁学名：Liposcelidae

英文俗名：booklice，psocoptera，dustlouse，common booklouse，grain psocid，kitap biti（土耳其）

中文别名：米虱、啮虫、书蠹

危害的虫期：若虫与成虫

分布：主要分布在欧亚大陆和非洲，我国各省区均有分布

特点：书虱种类很多，绝大多数种类的书虱的栖居地都远离人类生活环境，如栖息在植物间、树皮下、地衣及旧木上等。但也有极少数种类的书虱对人类有害，如栖居在粮仓与藏展环境内的书虱，被认为是重要的储粮害虫与储藏物害虫，不仅危害人类赖以生存的粮食，还破坏纸质藏品或其他纸品及动植物标本。在户内生存的书虱成虫大多没有翅膀，多从周边环境进入，或由潮湿地区的书籍、纸板箱等携带而入。

据国内文献记载，危害藏品的书虱主要有五大类：

无色书虱 *Liposcelis decolor*（Pearman）

书虱（家书虱）*Liposcelis divinatorius*（Muller）

嗜卷书虱 *Liposcelis bostrychophilus* Badonnel

嗜虫书虱 *Liposcelis entomophila*（Enderlein）

皮氏书虱 *Liposcelis pearmani* Lienhard

以上五种书虱中，嗜卷书虱是分布最广、对藏品危害最严重的书虱。

书虱破坏藏品的速度不如其他常见昆虫快，它们是慢食者，少量书虱的破坏后果不太明显。但发现书虱的环境若长期没有得到控制，书虱的种群会迅速增加，其对藏品造成的损坏会非常明显。书虱的生长周期短，种群繁衍迅速，一旦出现种群爆发性增长，则极难控制。故一旦发现书虱，必须引起高度重视。

4.13.2　主要危害对象

书虱以一系列基质上的微小霉菌和其他真菌为食，尤其喜啮食糨糊、胶水、明胶或动物胶涂层上的霉菌，也有书虱以死虫、同类的尸体和自己的虫蜕为食（如嗜卷书虱）。

书虱对藏品的危害主要体现在以下两个方面：一是通过啃食发霉物品使其表面受到损害，书虱的排遗物会玷污物品；二是若书虱被物品压扁，除在物品上留下污

迹外，其尸体可能滋生霉菌并吸引其他昆虫对物品造成再次危害。

书虱主要危害对象是发霉物品，容易滋生霉菌的物品都是其主要危害的对象，如纸质文献及书籍装帧材料、纸质装具、纸质标签、纸板或其他纸品、植物标本、昆虫标本、干燥的植物（如药材、干果等）、面粉和谷物等。

4.13.3　虫体特征

书虱的虫体特征可以概括为：微小且无翅的六条腿昆虫，其眼睛为深色。身体扁平，体色范围从透明到浅灰色或黑色。口器为咀嚼式。不会飞，但会跳。

图 1-71　放大镜下的书虱成虫
摄影：广州文保文化传播有限公司

危害藏品的书虱体型都十分细小，其长度很少超过 2 mm，如嗜卷书虱（*Liposcelis bostrychophila* Badonnel）的长度小于 1 mm。因此，一般情况下书虱很难发现，偶尔可见其在发潮的书页上飞奔而过，或在储存的书或盒子里看到它们。

书虱的若虫与成虫外形相同，仅仅是个体较小而已。但若虫非常苍白，几乎透明，但每次蜕皮后都会变得更黑。见图 1-71。

由于书虱体型扁平，故很容易钻入狭窄的缝隙，包括书籍装订材料内。

4.13.4　危害迹象与识别

尽管书虱很微小，但其虫体仍然可被人眼观察到。借助手电筒和放大镜去检查纸质文献、植物标本的台纸或卡纸等，有助于发现书虱。轻轻拍打或摇晃被感染的物品，在其下的深色纸张上有可能看到掉下的浅色书虱。

书虱只啃食发霉藏品的表面，可能会对藏品品表面造成某些损坏，少量书虱的危害痕迹基本上不可见。大量书虱擦伤纸张、卡片、植物标本和昆虫标本的表面，使被害物的表面留下光秃秃的或半透明的斑点。

4.13.5　生活史与生活习性

尽管书虱种类不同，但都属不完全变态昆虫，仅有卵、若虫和成虫这三个发育阶段。例如，嗜卷书虱经过卵期、第一若虫期、第二若虫期和成虫期而完成一个世代，生命周期的长度通常为 6 个月，但这取决于温度、湿度和食物的营养状况，如在 25℃下，其生命周期长度可以缩短至 6 周。[①] 某些种类的书虱（如嗜卷书虱），雌性不需要交配就能繁殖。当环境湿热、食物丰富时，就可能导致非常迅速的"虫口爆炸"。

书虱最常见于黑暗的裂缝和缝隙中，它们很怕光，有群集特性。

潮湿的环境会促进书虱生长及其寿命的延长，但温度和湿度对书虱的影响是综

---

① David Pinniger.Pest Fact Sheet No.9 Booklice[J/OL].[2016-10].https://collectionstrust.org.uk/wp-content/uploads/2016/10/9_booklice.pdf.

合的。在28℃条件下，较高的相对湿度有利于书虱生长发育和繁殖，相对湿度低于50%或温度低于17.5℃，书虱均不能完成世代发育。[1] 在30℃、76% RH条件下，卵发育到成虫约需22天；在25℃、76% RH条件下约需28天。[2]

书虱喜欢高温高湿，往往在雨后温度升高时会大量出现。若环境温度升至25℃以上，就会引起明显的书虱种群爆发性增长，即书虱的虫口密度比平常显著增加。例如，嗜卷书虱（*Liposcelis bostrychophila* Badonnel）的全世代的发育起点温度为13.74℃，生长发育的最适温度为28℃。在60% RH环境中，嗜卷书虱能够达到危害密度；嗜卷书虱的发育最低湿度为50%（17℃），在90% RH（35℃）时其发育最快。[3] 研究表明，当环境相对湿度低于60%时，各种书虱都会因失水而死亡。[4] 书虱的主要食物来源是淀粉糊和纸上的微小霉菌及真菌，所以它们很难在任何相对湿度低于60%的环境中生存。

尽管书虱的生长发育、存活及繁殖与其所食的食物有关，如危害藏品的书虱嗜食淀粉含量高的材质，但嗜卷书虱食性极为广泛，在其嗜食的食物缺乏时，可以由另一种食物替代而不会因食物的限制使种群受到影响，故书虱在世界上拥有较大的分布区域，成为藏展环境中极为重要的昆虫。[5]

4.13.6 预防与消杀

栖居在户内的书虱，特别是嗜卷书虱，取食对象广泛，孤雌生殖的特性更使其难以根治。因为无论采用什么灭虫方法，只要灭虫不彻底，就会有书虱幸存。哪怕只有个别书虱（成虫、卵或若虫）存活，一旦环境湿度在60%以上它们就会繁殖。相

---

[1] Jinjun Wang, Zhimo Zhao, Lungshu Li. Studies on Bionomics of *Liposcelididae entomophila* (Psocoptera: Liposcelididae) Infesting Stored products [J]. Entomologia Science, 1998(2): 149-158.
[2] 陆安邦，曹阳，白旭光. 嗜卷书虱生活史及习性初步研究 [J]. 郑州粮食学院学报，1988(2): 44-47.
[3] 陆安邦，曹阳，白旭光. 嗜卷书虱生活史及习性初步研究 [J]. 郑州粮食学院学报，1988(2): 44-47.
[4] 喻梅，谢令德，唐国文. 书虱综合防治技术研究进展 [J]. 武汉工业学院学报，2006(4): 18-22.
[5] 王进军，赵志模. 不同食物对嗜卷书虱发育和繁殖的影响 [J]. 昆虫知识，1999(2): 95-97.

对湿度在65%或更高的环境中，书虱的种群规模会迅速增加而爆发虫害。[1]因此，预防与控制书虱的产生非常必要且重要。

4.13.6.1 预防措施

彻底检查和消杀进入藏展区域的物品，以防止书虱的进入。

造成书虱繁衍的关键因素是潮湿、温暖的环境，相对湿度越低，书虱存活的机会就越小。若不对藏展环境进行调控，一旦湿度回升，室外的书虱就很容易再次侵入建筑物内，并很快形成新的危害种群。

一般而言，在相对湿度低于50%的环境中，大多数书虱难以生存。控制书虱的最有效方法是降低藏展环境的相对湿度与保持良好的空气流通，因此必须对藏展环境的湿度进行监控。密封藏展空间的裂缝和缝隙，使书虱无藏身之处。若发现藏品上有霉，尽快采用高效微粒过滤真空吸尘器从物体上吸除霉菌，阻断书虱食物来源。保持藏展环境的清洁，同样利于降低书虱发生的风险。

使用粘虫纸对虫害进行持续的监视，同时粘虫板还可在一定程度上捕获书虱。由于书虱的体型非常小，通常得使用放大镜检查黏性陷阱以识别它们。

4.13.6.2 消杀方法

对于发生书虱的藏展环境，可通过一段时间的干燥来杀灭书虱，如将该环境的湿度降低到40%以下，并维持足够长的时间。若没有足够长的时间来维持干燥环境（40% RH 以下），个别虫卵可能会存活下来，一旦环境湿度回升，这些虫卵就能继续正常发育，繁殖后代，再次造成虫害。[2]

在没有藏品的空库，可以采用杀虫喷雾剂处理，如毒死蜱、氟氯氰菊酯、二嗪农和残杀威，注意这些都是有毒气体，必须由专业人员实施。对于墙壁空隙、地板裂缝，甚至电源插座周边的孔穴，可考虑采用杀虫粉（如硅胶气凝胶和硼酸粉）来处理。[3]

---

[1] IPM-WG.Book Lice or Psocids[J/OL].[2018].https://museumpests.net/wp-content/uploads/2018/08/book-lice.pdf.

[2] 陆安邦，曹阳，白旭光．嗜卷书虱生活史及习性初步研究 [J]．郑州粮食学院学报，1988（2）：44-47．

[3] John E. Dawson, J.K. Strang(revised). Technical Bulletin No.15(Solving Museum Insect Problems: Chemical Control) [M]. Ottawa: Canadian Conservation Institute, 2000(Reprint).

书虱对化学药剂的抗性发展很快，已经引起了全世界仓储管理人员的高度重视。对于已经侵染书虱的藏品，并不推荐使用化学法处理，包括化学熏蒸法。也有研究表明，书虱对熏蒸剂磷化氢具有抗药性。[1]

推荐采用冷冻灭虫法、低氧灭虫法与低氧气调环境来消杀被书虱侵染的藏品。在冷冻灭虫时需要注意，书虱的卵比若虫和成虫更耐受低温。相关研究表明，除嗜卷书虱外，小眼书虱、无色书虱和嗜虫书虱在 –18 ℃以下的实验环境中，所有生命阶段的书虱在 24 小时内都可被杀死。嗜卷书虱幼卵通常比老卵更具抗性，在 –18℃下暴露 120 小时后仍能存活，要 100% 致死需要在 –18 ℃下至少暴露 128 小时。[2]

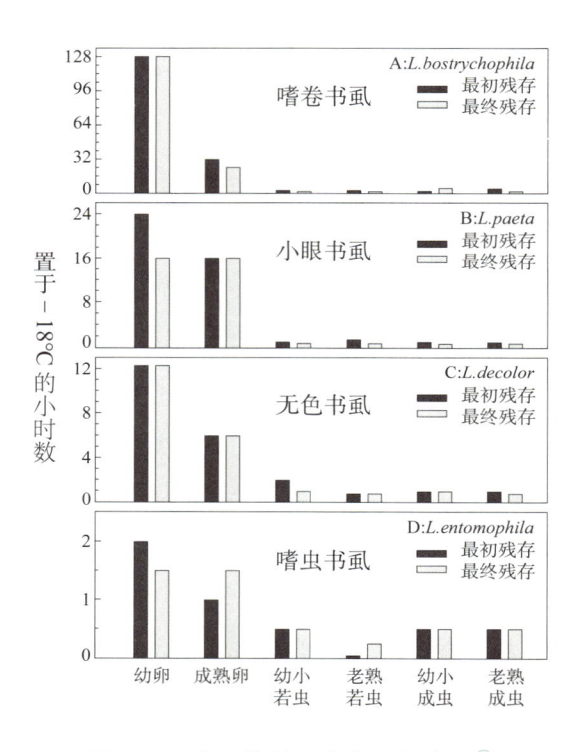

图 1-72　书虱的低温冷冻灭虫效果 [3]

---

[1] IPM-WG.Book Lice or Psocids[J/OL].https://museumpests.net/wp-content/uploads/2018/08/book-lice.pdf, 2018.

[2] Frank H. Arthur, Kris L. Hartzer, James E. Throne, etc.Freezing for Control of Stored-product Psocids[J].Journal of Stored Products Research, 2017(72): 166-172.

[3] 该图来源于：Frank H. Arthur, Kris L. Hartzer, James E. Throne, etc.Freezing for Control of Stored-product Psocids[J].Journal of Stored Products Research, 2017(72): 166-172.

近年来的研究表明，书虱已发展成为耐微氧的主要昆虫。[1] 嗜卷书虱不同虫态对 CO_2 的敏感性由大到小依次为 1 龄若虫、2 龄若虫、4 龄若虫、3 龄若虫、成虫、卵。嗜卷书虱的卵经高浓度 CO_2 气调处理后，初孵时间和若虫的发育历期受到明显影响，处理 3.5 天，卵及若虫的发育历期分别向后推迟 3.85 天和 1.72 天。嗜卷书虱的成虫对高浓度 CO_2 气调处理表现出麻醉反应，其麻醉程度随着气调处理时间的延长而加重。麻醉后的苏醒反应也表现出一定的规律性：随着处理时间的延长，试虫的起始苏醒时间后延，当处理时间达到一定长度时，试虫将不再苏醒而死亡。[2]

4.14 蛛甲

4.14.1 基本信息

拉丁学名：Ptinidae

英文俗名：spider beetles

危害的虫期：主要为幼虫

分布：广泛分布于全世界，我国全国均有分布

蛛甲是蛛甲科各类昆虫的泛称，隶属鞘翅目（Coleoptera）长蠹总科（Bostrichoidea），是一种重要的储藏物甲虫。蛛甲科昆虫多为小型昆虫，体长 2～5 mm，外形似蜘蛛。该科昆虫迄今记述约 570 种，广泛分布于全世界。[3] 在我国，蛛甲科昆虫全国均有分布。

已经在藏展环境发现的并有文献报道的蛛甲有：拟裸蛛甲 *Gibbium aequinoctiale* Boieldieu，日本蛛甲 *Ptinus japonicus* Reitter，澳洲蛛甲 *Ptinus tectus* Boieldieu，裸蛛甲 *Gibbium psylloides*（Czempinski），仓储蛛甲 *Tipnus unicolor*（Piller & Mitterpacher），棕蛛甲 *Ptinus clavipes* Panzer，白斑蛛甲 *Ptinus fur*（Linnaces），黄蛛甲 *Niptus hololeucus*

---

[1] 王进军，赵志模，李隆术. 嗜卷书虱抗气调品系的选育及其适合度研究[J]. 昆虫学报，2001（1）：67-71.

[2] 丁伟，赵志模，王进军，等. 高 CO_2 对嗜卷书虱的致死作用及其行为反应[J]. 西南农业大学学报，2002（5）：398-401.

[3] 陈伟，刘宏玉，董丽君，等. 我国口岸截获蛛甲科昆虫疫情分析[J]. 食品安全质量检测学报，2019（12）：3852-3856.

（Faldermann）等。

蛛甲产卵多，发育快，危害对象广泛，攻击各种动植物材料。在数量较少时，其危害并不十分严重，但在温湿度适宜的情况下，该昆虫会大量繁殖并变得越来越多，这时危害的严重性凸显。故蛛甲科昆虫被列为高风险昆虫，发现后应立即采取行动灭杀与治理。

4.14.2　主要危害对象

蛛甲科昆虫在取食的复杂性方面类似于老鼠[1]，取食多种动物源性和植物源性物品，包括木材、藤制品、烟草、中药材、羊毛、羽毛、皮张、天然织物、合成纤维、昆虫尸体、毛发、动物粪便，以及种子、干果、碎粮或面粉及谷物制品等。[2] 有些种类的蛛甲不能危害完整的谷物，只取食其他害虫为害后留下的碎屑，所以常与其他昆虫生活在一起。

在收藏单位，已经发现被其危害的物品有：羊毛，动物皮，毛发，丝绸，纺织面料，丝毛织品，天然织物，合成纺织品，动物标本，鲸须，皮制品，皮革/兽皮，动物胶，筋绳，羽毛，鼓皮，干燥的植物标本，草药，含淀粉的材质，纸质文献，纸制品与纸板，篮筐，纤维绳，木质地板，黄麻，亚麻，玻璃纸，等等。

除直接损坏藏品外，蛛甲科昆虫的尸体、虫蜕和粪便对藏品有一定的污染作用。

4.14.3　虫体特征

尽管不同种的蛛甲形态与颜色各有不同，但有一些共同的外部特点。

蛛甲的成虫长 3~5 mm，为带有光滑甲壳的球形甲虫。胸部圆，腹部圆，有六只脚和一对长触角，大多数物种是多毛的，有些物种的身体和腿上覆盖着浓密的茸毛。[3]

---

[1] David Pinniger.Pest Fact Sheet No.10 Spider Beetles[J/OL].[2010].https://collectionstrust.org.uk/wp-content/uploads/2016/10/10_spider_beetles.pdf.

[2]（台湾）自然科学博物馆. 蛛甲（Spider Beetles）[EB/OL].[2022].http://dobug.nmns.edu.tw/home-pests/insects/C014/.

[3] David Pinniger.Pest Fact Sheet No.10 Spider Beetles[J/OL].2010.https://collectionstrust.org.uk/wp-content/uploads/2016/10/10_spider_beetles.pdf.

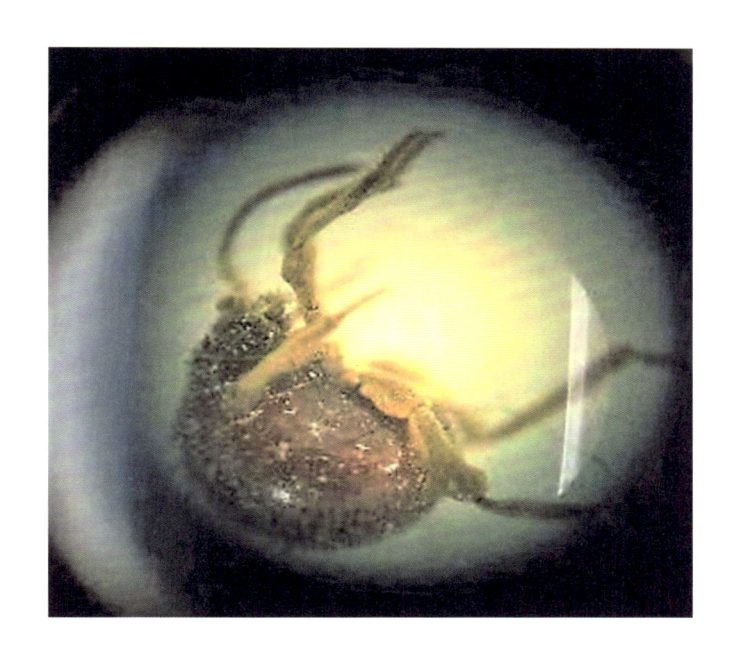

图 1-73 放大镜下的蛛甲成虫
摄影：广州文保文化传播有限公司

它们看起来非常像小蜘蛛，通常是缓慢移动。不同物种的蛛甲科昆虫的颜色各不相同，有棕色、红棕色、黑色与淡黄色等。

蛛甲科昆虫的幼虫与烟草甲幼虫类似，蛴螬型，弯曲，乳白色，有刺状的毛。尽管其腿部发育良好，但无法行走。幼虫多藏匿在暗处的缝隙里面，很难被发现，但用黏性陷阱可能捕捉到。

蛛甲幼虫化蛹前会在被害物中打洞以化蛹，其蛹被球形茧包裹，成虫破茧而出。表 1-25 列出了在我国各省区广泛存在的几种蛛甲的外形特征。

表 1-25 几种蛛甲科昆虫的外形特征

虫名	成虫	幼虫
拟裸蛛甲[1] *Gibbium aequinoctiale* Boieldieu	近球形，棕红色，有强光泽，背面强烈隆起呈卵圆形，头小而下垂	蛴螬型，身体弯曲，乳白色，头部圆形多皱纹，密生淡黄色、褐色的细长毛

[1] 李照会主编. 农业昆虫鉴定 [M]. 北京：中国农业出版社，2002（9）：291.

续表

虫名	成虫	幼虫
裸蛛甲 [1] *Gibbium psylloides* （Czenpinski）	外形似蜘蛛，体壁发亮，暗红褐色；雄虫后胸腹板中部具一圆刻点，上面密生褐黄色毛，雌虫无	蛴螬型，弯曲，乳白色，头部浅黄色
澳洲蛛甲 *Ptinus tectus* Boieldieu	椭圆形身体，身体呈棕黑色，覆盖着棕色和金色的毛发，头部有丝状触角	蛴螬型，弯曲，幼虫呈奶油色，覆盖着细毛
日本蛛甲 *Ptinus japonicus*（Reitter）	雌体长椭圆形，全体覆盖黄褐色细毛	蛴螬型，弯曲呈弓状，多皱纹，乳白色，密生浅黄褐色细长毛

4.14.4 危害迹象与识别

蛛甲非常小，并且喜欢在夜间觅食，其藏匿位置也很难被找到，发现它们的几率很小，其危害的明显迹象是发现蛛甲的成虫或蛹茧。此外，蛛甲觅食时还可能在被害物周围留下堆积的颗粒物。

蛛甲为钻蛀性昆虫，可以穿透坚硬的物质，在被害物上留下整齐的孔洞。例如，蛀蚀植物标本的台纸、藤制品、木制品后，都会在被害物上留下虫孔，这些虫孔类似于窃蠹、烟草甲钻蛀的孔，但蛛甲科昆虫留下的虫孔更大，更不规则。[2]

4.14.5 生活史与生活习性

蛛甲为完全变态昆虫，其生命周期包括卵、幼虫、蛹与成虫4个阶段。

蛛甲科成虫把卵产在幼虫可吃的物品中，卵在产下后的一个月内孵化。蛛甲的幼虫阶段持续约6~8个月，在完成三次蜕皮后吐茧，为化蛹做准备。在化蛹时，幼虫会在木材或其他一些基质中挖掘一个蛹室，老熟幼虫会制出坚韧的茧。一旦进入茧中，

---

[1]（台湾）中文百科知识.裸蛛甲[J/OL].[2019].https://www.easyatm.com.tw/wiki/％E8％A3％B8％E8％9B％9B％E7％94％B2.

[2] David Pinniger.Pest Fact Sheet No.10 Spider Beetles[J/OL].[2010].https://collectionstrust.org.uk/wp-content/uploads/2016/10/10_spider_beetles.pdf.

幼虫可能会立即化蛹，化蛹大约需要 16~20 天才能完成，成虫会在茧内停留一个月或更长时间，在此期间成虫的外角质层变硬并变得性成熟。破茧而出的成虫觅食和交配。成虫能活几个月或一整年，雌性通常比雄性活得更长。雌性蛛甲在一个月内可产下大约120个卵，并且繁衍产生大约两代后代，这取决于环境中的温度、湿度和食物的营养状况。雌性蛛甲更喜欢在炎热潮湿的环境中繁殖，特别是多雨的时期后，它们会变得非常多。[1]

蛛甲非常小，它们通常藏匿在墙内裂缝、缝隙或黑暗角落里，甚至栖息在墙壁上。蛛甲几乎能在任何物品上繁殖。它们经常栖息在有木制品、纸张或纺织品的地方，故这些位置是它们最爱侵扰之处。

蛛甲喜欢潮湿、黑暗的环境，但它们几乎可以在任何气候下生活，无论是炎热潮湿还是零度以下，它们甚至可以在0℃以下保持活跃，并每年产下两代后代。[2] 由于蛛甲比其他物种的昆虫对环境温度与湿度的耐受性更强，若预防失效，在藏展环境中将很难控制。

4.14.6 预防与消杀

我国检疫部门的报告指出，蛛甲科昆虫通常藏匿在多种物品中，随着携带而广为传播。藏匿蛛甲科昆虫较多的材料是木包装类、板材或原木及动物产品，其次是木材类、废纸等。[3] 要预防蛛甲科昆虫入侵，就要做好各类物品进入藏展环境前的灭虫。

蛛甲科昆虫常以死昆虫和昆虫粪便为食，保持藏展环境的清洁以切断这类食物源，可对蛛甲科昆虫起到一定的控制作用。

---

[1] Spider Beetle NYC[J/OL].[2019].https://controlexterminating.com/spider-beetle-nyc/.
David Pinniger.Pest Fact Sheet No.10 Spider Beetles[J/OL].[2010].https://collectionstrust.org.uk/wp-content/uploads/2016/10/10_spider_beetles.pdf.
张生芳，施宗伟，薛光华，等.储藏物甲虫鉴定[M].北京：中国农业科技出版社，2004.
[2] Orkin Canada.Spider Beetles[J/OL].[2021].https://www.orkincanada.ca/pests/beetles/spider-beetles/.
[3] 陈伟，刘宏玉，董丽君，等.我国口岸截获蛛甲科昆虫疫情分析[J].食品安全质量检测学报，2019（12）：3852-3856.

通过手电筒查找蛛甲科昆虫，或是利用粘虫纸捕捉该昆虫，可以起到一定的监控作用。

使藏展环境保持通风并消除湿气，可破坏蛛甲科昆虫的生态环境，在一定程度上减少蛛甲科昆虫的侵扰。

对已被蛛甲科昆虫侵染的藏品，可以采用低温冷冻、低氧气调的灭虫方式消杀。

4.15 粉蠹虫

4.15.1 基本信息

拉丁学名：Lyctidae

英文俗名：powder-post beetle

中文别名：粉蛀虫

科属：鞘翅目，长蠹总科

危害的虫期：主要为幼虫，成虫也有危害

特点：粉蠹虫又称粉蛀虫，是鞘翅目长蠹总科粉蠹科昆虫的通称。

粉蠹虫为世界性分布的昆虫，有记载的约70种，中国有6种粉蠹虫有危害藏品的记录。这6个物种如下：褐粉蠹 *Lyctus brunneus* Stephens、栎粉蠹 *Lyctus linearis*（Goeze）、中华粉蠹 *Lyctus sinensis* Lesne、鳞毛粉蠹 *Minthea rugicollis* Walker、齿粉蠹 *Lyctoxylon dentatum*（Pascoe）与方胸粉蠹 *Trogoxylon impressum*（Comolli）。其中，褐粉蠹为全球性分布，广布全中国。中华粉蠹在国内木料、家具、粮仓内普遍存在。尽管不同物种的粉蠹虫各有其特性，但它们都有相似的习性与危害对象。

粉蠹虫是对竹木制品具有破坏性的钻蛀性昆虫，蛀蚀干燥的竹子、木材与竹木制品，直到边材全部被蛀空为止。通常该虫的几代都会对同一块木头与竹制品进行再侵染，因此随着时间的推移，竹木材结构的完整性会被彻底破坏。粉蠹虫破坏干燥竹木材的能力仅次于白蚁，被全球收藏界列为重要害虫。

4.15.2　主要危害对象

粉蠹虫的幼虫主要取食硬木的边材，以竹木材中的淀粉和糖类为主要营养来源，对含淀粉和糖类较多的材质危害最严重。粉蠹虫可取食各式阔叶木材、竹子及其所制物品，尤常见其危害竹制品，木头则以含淀粉量较高的大孔硬木边材较易受害，如白蜡树、山胡桃木、桃花心木等。

以下物品曾经都有过粉蠹虫危害的记录：干燥的植物标本，竹木制手工艺品，画框，书籍，竹木质框架，家具，工具手柄，木螺柱，装饰品，镶板，板条箱，楼梯，栏杆，线板，角材，夹板，大梁，木螺柱，木地板和其他木制建筑构件等。此外，粉蠹虫还会为害香料、谷物、烟草、干果等。

4.15.3　虫体特征

大多数危害竹木制品的粉蠹虫为圆柱形，形体细长而扁，表面光滑且生细毛，其颜色从红棕色到深棕色不等，有些物种几乎呈黑色。虫体长度因种类而异，从3 mm至6 mm不等。[1]粉蠹虫成虫有一对翅膀，飞行力强。

粉蠹虫的幼虫颜色较浅，呈乳白色，形状为蛴螬型，常弯曲成C字形。粉蠹虫幼虫为钻蛀性昆虫，在被害的竹木材内部生存，不破开竹木材是看不到其幼虫的。

图 1-74　粉蠹虫成虫
图片来源：森罗股份有限公司

---

[1] Michael F. Potter (University of Kentucky College of Agriculture). Powderpost Beetles[J/OL]. https://entomology.ca.uky.edu/files/ef616.

4.15.4 危害迹象与识别

粉蠹虫危害的特点是幼虫在竹木器物内部蛀蚀，器物外表多完整，器物内部却被蛀出网状虫道，内部材质呈海绵状。图1-75为竹木箱的被蛀状，其竹、木结合处留下了虫眼与虫道。

图 1-75 粉蠹虫的危害
摄影：缪延丰，江苏镇江

粉蠹虫危害的第一迹象是竹木器物表面出现了许多很圆的小孔，并有大量细滑的粉末（蠹粉）从孔内排出（图1-77）。这些蠹粉是幼虫在虫道内将排遗物与被毁的竹木材蛀屑塞到身后，从成虫的出口孔泄露出来的。竹木器物只要出现了这类虫孔，且在虫孔外面、附近或下面观察到新鲜的粉末状碎屑，就说明器物已被虫蛀。有些受到损害的器物，只要稍微摇动，虫孔内就会掉下粉末。只要粉蠹虫幼虫仍然在竹木器物内为害，每天都会有大量新的蠹粉从虫孔排出。

有时，观察到竹木器物上出现许多很圆的小孔，但圆孔上并无蠹粉，或粉末堆积物发黄结块，或被灰尘或碎屑覆盖，这类情况可能表征该器物曾经被粉蠹危害过（如图1-75）。这些出口孔为旧的虫孔，旧的虫孔会积聚灰尘和污垢，摇晃这类器物也会有粉末掉出，这是旧虫道内残留的蠹粉。

图 1-76　粉蠹虫陈旧的出口孔
摄影：缪延丰，江苏镇江

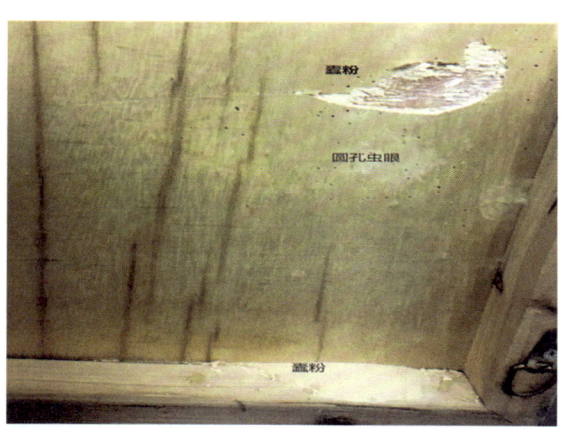

图 1-77　粉蠹虫正在危害的特点
摄影：广州文保文化传播有限公司

由于粉蠹虫的危害经常会自行消失[1]，因此在采取行动之前了解粉蠹虫当前是仍然活跃还是已经消失是很重要的。若观察到粉蠹虫的出口孔是新鲜的，则要尽快将该对象用聚乙烯布完全包裹并密封，将有虫害的物品尽快隔离并进行灭虫处理，并继续检查其余的物品是否有损坏。

因此，当在户内看到木、竹、藤材及其制品周围有粉末掉落时，不要立即清除粉末，应沿着粉末垂直往上找寻，若发现有圆形蛀孔，就可能藏有粉蠹虫。粉末越多，代表该处被蛀蚀的程度越严重；若只发现了一点蠹粉，则可能是成虫钻出洞时掉落的；若粉末多到呈丘状隆起，那就是被粉蠹虫幼虫不断推出洞外的粉末。

4.15.5　生活史与生活习性

粉蠹虫属于完全变态昆虫，即要经历4个发育阶段：卵、幼虫、蛹和成虫。

春天，雌性粉蠹虫将卵产在竹木材表面微小的裂缝和裂纹中。刚孵化出的微小的幼虫即刻钻进竹木材的边材取食。老熟幼虫化蛹，直到羽化为成虫。成虫羽化后隔几天，便会打孔钻出器物表面，向光飞行找寻配偶，产卵延续后代便结束一生。当成

---

[1] Michael F. Potter (University of Kentucky College of Agriculture).Powderpost Beetles[J/OL]. https://entomology.ca.uky.edu/ef616.

虫从竹木材表面钻出时，会在竹木材表面留下圆形虫孔并玷污器物表面。随虫种不同，留下的圆形蛀孔的孔径大小也不相同。有的出口孔（直径1.5～3 mm）仅容圆珠笔笔尖插入[①]，有的孔径可能为1到10 mm不等。[②]

雌性粉蠹虫会找到易受影响的竹木材产卵，如选择在竹木材粗糙面的孔隙或裂纹处，将卵插入到竹木材的微小气孔中。粉蠹虫只在裸露的竹木材上产卵，若竹木材表面有涂层，如染色、涂有清漆、上蜡或油漆等，粉蠹虫是不会在该表面产卵的，这类器物也可能因此逃过粉蠹虫的危害。若找不到新的更合适的产卵处，雌虫有可能飞回原栖所产卵。卵发育的时间则视环境条件而异，从7天至21天不等。[③]

幼虫在竹木材表层下蛀食，在蛀食过程中将竹木材变成粉末，并在器物内部蛀出狭窄蜿蜒的网状虫道，其排遗物松散地分布在虫道中，这是粉蠹虫的虫屎与被蛀竹木的粉屑的混合物，触感很细腻，感觉像滑石粉。[④] 大多数粉蠹虫幼虫在竹木材上钻蛀时，会将虫道中部分蛀屑（虫屎和木粉）从成虫的出口孔喷射出来，在器物上出现一小堆如滑石粉一样的蠹粉，也因此名"粉蠹虫"。

幼虫处于发育期，对竹木材的危害最大，粉蠹虫一生中的大部分时间都是以幼虫阶段在竹木器物内部蠹食。粉蠹虫幼虫期的长短与可取食的竹木材及环境相关，少则数月，多则数年。幼虫害怕震动，受到震动会暂时逃离或装死，待危险过后再次活动。

粉蠹虫幼虫因无法消化木质素、纤维素和半纤维，只能从竹木材的边材中提取淀粉、糖和蛋白质，淀粉含量较低也会使幼虫难以完成发育。在干燥木材（含水量小于10%）中，由于淀粉含量下降，幼虫的成熟时间延长。在营养丰富的新风干木材中，卵到成虫的发育时间不到一年。相反，随着木材老化，淀粉含量下降，幼虫发育速

[①] D.E. Sonenshine. Pheromones: Function and Use in Insect and Tick Control[J/OL]. [2017]. https://www.sciencedirect.com/topics/agricultural-and-biological-sciences/bostrichidae.

[②] 刘蓝玉，杨正泽. 竹木材检疫重要蠹虫类（鞘翅目）害虫介绍[R].（台湾）植物重要防疫检疫害虫诊断鉴定研习会（五），2005：P35-54.

[③] 刘蓝玉，杨正泽. 常见木材检疫鞘翅目昆虫[J]. 植物保护学会会刊，2007（4）：337-346.

[④] Pinniger D. Pest Management in Museums, Archives and Historic Houses[M]. London:Archetype Publications Ltd, 2001.

度减慢，幼虫发育时间可能会长达2年或更长的时间，有的甚至在竹木材内部生长长达5年，才可能发育为成虫。因此，即使不干预，虫害最终也会停止并消失。[1]

粉蠹虫具有很强的抗逆能力，当环境中的温度、湿度、食物来源不适宜时，仅依靠空气中的水分，也可存活。严重时更会呈现休眠状态，静静等候适宜的环境形成，再苏醒。因此，一旦幼虫或虫卵潜伏在器物内，快则几个月，慢则1~2年，才可能发现其危害。

4.15.6　褐粉蠹与中华粉蠹特点

粉蠹虫中的褐粉蠹与中华粉蠹在国内较为普遍，以下简介其主要特点。

4.15.6.1　褐粉蠹

拉丁学名：*Lyctus brunneus*（Stephens）

英文俗名：brown powderpost beetle

中文别名：竹褐粉蠹、竹扁蠹虫等

褐粉蠹分布于世界各温带和热带地区，我国云南、贵州、广东、广西、安徽等多个省区都有发现。[2]其危害对象主要是竹材、木材、竹木制品以及中药材等[3]，其幼虫可将竹木制品蛀成粉末，仅存表皮，是竹、木以及竹木制品的重要害虫之一。褐粉蠹在贮粮仓库中也常有发现。

褐粉蠹成虫寿命很短，主要以幼虫寄生在竹木材中进行危害，其蠹粉用手指摩擦如同滑石粉。[4]

褐粉蠹以老熟幼虫在竹木材内越冬，第二年4~5月化蛹，5~6月羽化。在气候较温暖地带2~3月开始羽化，当营养条件不良时，可推迟到9~10月羽化。一年发生一代或两年一代。褐粉蠹羽化的温度一般为20~26℃，相对湿度在75%与85%之间。从

---

[1] Michael F. Potter（University of Kentucky College of Agriculture）.Powderpost Beetles[J/OL]. https://entomology.ca.uky.edu/ef616.

[2] 国家档案局档案科学技术研究所.新档案保护技术实用手册[M].北京：中国文史出版社，2013.

[3] 林阳武.从进境南非货物的木质包装中检出褐粉蠹[J].植物保护，2005（1）：93.

[4] 刘蓝玉.褐粉蠹[J/OL].[2013-10-23].https://taieol.tw/pages/76063#1.

3~4月开始羽化。当竹木材中淀粉少、营养条件不良时，有延迟至7~8月羽化的。成虫为黄褐色至暗褐色，鞘翅色较淡。雌虫钻入竹木材孔缝中产卵。[①]

褐粉蠹幼虫虫体为乳白色，长扁圆形，虫体密披刚毛。幼虫在竹木材内孵化后，即以周遭竹木材为食，将坚硬的竹木材磨成极细的粉末。幼虫在竹木材中沿纤维方向边蛀食边穿行，形成纵向虫道。虫道内充满蛀粉，受害竹木材的表皮会有大量白色粉末排出。

由于褐粉蠹绝大部分的生长和活动都在竹木材内部进行，只有在羽化期才在夜间外出或在木材缝隙等暗处活动。故有学者建议，羽化期是杀灭褐粉蠹的最佳时期，其成虫、幼虫、卵及蛹在65℃热水中浸泡5分钟就会死亡。[②]该方法仅适于可以承受热水处理的小型物品。

4.15.6.2 中华粉蠹

拉丁学名：*Lyctus sinensis* Lesne

英文俗名：Chinese powderpost beetle

中华粉蠹广布于热带及亚热带地区，特别是东南亚和南亚地区，包括日本和中国，在我国广为分布。随国际贸易的扩展，现已散布到温带地区。中华粉蠹是灾害性的干材昆虫，其危害家具、地板，以及各种竹木材制品。中华粉蠹偏爱较干燥的木材（环境相对湿度仅8%~32%也可存活，10%~20%则为最适相对湿度），仅攻击树龄十年以下的硬木、木材及其边材与制品（淀粉含量3%以上即可）。[③]成虫和幼虫都取食竹子及数种硬木及制品，被害物内尽是粉状物，仅剩下外面一层薄壳。

幼虫孵出后即自食其卵壳，后顺木材纹理蛀食薄壁组织。老熟幼虫为乳白色，在隧道末端凿室化蛹。蛹室多在木材表层10 mm深的范围内，在木材深处的幼虫也须

---

① 杨培昌．褐粉蠹的生物学特性及其防治 [J]．昆虫知识，1996（4）：221-222．
② 杨培昌．褐粉蠹的生物学特性及其防治 [J]．昆虫知识，1996（4）：221-222．
③ 刘蓝玉．中华粉蠹 [J/OL]．[2014].https://pedia.cloud.edu.tw/Entry/Detail/?title=%E4%B8%AD%E8%8F%AF%E7%B2%89%E8%A0%B9&search=%E7%92%B0%E7%B9%9E%EF%BC%9B%E7%B9%9E%E5%9B%9E%EF%BC%9B%E8%BF%94%E8%BD%89%EF%BC%9B%E7%92%B0%E7%B9%9E%E5%BC%8F%E8%99%95%E7%90%86%EF%BC%88z %20_%20EF%BC%89EF%BC%9BThWS%20~%5E.

爬到表层化蛹。成虫羽化出孔时的环境条件需要温度高、湿度大。[1] 成虫为褐色或暗褐色，飞行能力差。

4.15.7　预防与消杀

粉蠹虫属于夹带性木材昆虫。在自然界中，粉蠹虫栖息在潮湿、枯死的原木、树枝上。室内发生的粉蠹虫危害多由或几乎都是由竹木器内含粉蠹虫的虫卵或幼虫所致。因此，竹木器入藏前的灭虫工作十分必要。台湾故宫博物院文物展览保存维护要点指出，竹木材质藏品借展前后或新入藏前应至少有两周的隔离观察期，或先经预防性处理再入展场或库房；所有的包装材、装潢材则建议先经预防性处理再使用。预防性处理方法包括冷冻灭虫或加热灭虫，装潢使用的木料应于每次使用前进行加热灭虫，木料中心温度加热达60℃后持续处理三小时，经过查验后方可使用。[2]

应持续、系统地监测竹木制品，检查是否存在小而圆的虫孔与蠹粉，并判断粉蠹虫是否处于活跃期。对有虫孔的被害物，要立即用塑料包裹密封并置于隔离室观察或进行灭虫处理。对初步判断为粉蠹虫已离去的物品，应该在隔离室至少存放、观察12周。若仍然没有蠹粉排出，则可以将物品从隔离室移开，但应将其用双层包装材料或两层塑料纸包裹放在白纸上。至少一年内要定期检查其包装材料是否出现裂纹和孔洞，以确认其是否有存活的粉蠹虫。对粉蠹虫仍然存活的物品，必须进行灭虫处理。

控制环境的相对湿度也是预防措施之一。若竹木材水分低于14%，就不适合粉蠹虫的发育，水分含量低于12%的竹木材则不会被侵染。[3] 故保持环境的干燥，适度减少竹木材的含水量，可以预防粉蠹虫的危害。昆虫防治公司使用水分计测量竹木材的水分含量并预测粉蠹虫侵染的可能性，并通过除湿以降低竹木材中的水分含量以阻

---

[1] 詹仲才.中华粉蠹习性观察与防治试验[J].森林病虫通讯，1983（3）：25-28.
[2] 台湾故宫博物院.台湾故宫博物院文物展览保存维护要点[EB/OL].[2016]. https://www.rootlaw.com.tw/LawArticle.aspx?LawID=A040210001003900-1051007.
[3] Michael F. Potter（University of Kentucky College of Agriculture）.Powderpost Beetles[J/OL]. https://entomology.ca.uky.edu/ef616.

止粉蠹虫的侵害。

台湾故宫博物院杀灭粉蠹虫的方法是，对感染粉蠹虫的藏品采用冷冻灭虫，对感染粉蠹虫的木地板采用立即喷药处理，并持续以蓝光诱集及黏性陷阱监测，配合不同世代发生的时期再喷药处理。[①] 国外推荐，对较小物品（例如木雕和相框）应在深度冷冻（小于 –18℃）下持续 3~7 天（取决于木制品的厚度）来杀死粉蠹虫。灭虫后的物品仍然需要在隔离室观察一年，确认没有虫卵或幼虫复活后，才可以入藏。

此外，也有建议采用热处理杀灭粉蠹虫，在鼓风电热恒温干燥箱内 60℃ 恒温条件下处理 60 分钟，即可有效杀灭粉蠹虫，也可利用开水烫或水煮灭虫，其效果较佳。[②] 但选用这类方法前，必须考虑被处理的对象是藏品还是包装材料。对于藏品，热处理、水处理都要慎之又慎。

对被粉蠹虫侵染的物品，我国边境检疫部门采用硫酰氟或溴甲烷 50~70 g/m^3 密封 5 天做熏杀处理。有研究介绍，目前含硫酰氟的熏蒸剂对蛀木虫的效果不如含溴甲烷的熏蒸剂[③]，而溴甲烷在世界卫生组织国际癌症研究机构公布的致癌物清单中被列为 3 类致癌物。因此，化学熏蒸法对于藏品的灭虫是有风险的。推荐的灭虫方法是：对于大范围的虫害或不能冷冻的大型物品，可考虑低氧气调灭虫法。

4.16　家具窃蠹

4.16.1　基本信息

拉丁学名：*Anobium punctatum*

英文俗名：common furniture beetle，furniture beetle，woodworm

中文别名：条斑窃蠹、家具蛀虫、家具甲虫、木蠹虫

科属：窃蠹科，窃蠹属

---

① 杨若苓. 藏品虫害风险管理工作坊纪要 [J]. (台湾)故宫文物月刊，2018 (419)：40-49.
② 林阳武. 从进境南非货物的木质包装中检出褐粉蠹 [J]. 植物保护，2005 (1)：93.
③ Michael F. Potter (University of Kentucky College of Agriculture). Powderpost Beetles[J/OL]. https://entomology.ca.uky.edu/ef616.

危害的虫期：主要为幼虫，成虫也有危害

分布：该虫广泛分布于欧洲、外高加索、西伯利亚、哈萨克斯坦、澳大利亚、新西兰，并已传入北美，可通过木器、家具及原木的运输远距离传播。在我国多地均有危害藏品的记录。

特点：家具窃蠹幼虫以钻蛀式危害木材与木制品，幼虫期特别长。成虫虽然不再蛀蚀木头，但会制造出口孔，同样对木制品具有危害。家具窃蠹寿命很长，幼虫可以在木制品内活5年，其成虫还能再活2到4年，在此期间它们会产下数百枚卵[1]。一旦物品被家具窃蠹攻击，不立即采取措施就会造成巨大破坏，木制品会被蛀成一堆粉末。由此，家具窃蠹被全球收藏界列为重要害虫。

4.16.2　主要危害对象

家具窃蠹不同于粉蠹虫，它们可以消化纤维素。其主要攻击对象为老旧的木料、干燥的硬木和软木的边材，特别是松树和杨树的边材[2]，其危害也可能延伸到心材，但攻击心材的几率很小。它们入侵家具、木制框架、地板和其他木制物品，还攻击结构性木材与木料等，此外家具窃蠹还损坏书籍与其他纸质物品。胶合板也是家具窃蠹攻击的对象，它们用其动物蛋白胶损坏旧的胶合板。

已经发现的危害对象有：硬木边材、动物胶层、一些复合纤维素材料和潮湿的书籍等纸质物品[3]，以及木板画、木框架、木料、地板和木制物品。

4.16.3　虫体特征

家具窃蠹成虫为长椭圆形的细长甲虫，多为红褐色、深褐色和黑色，翅膀上有一排穿孔，前胸背板密生微黄倒伏茸毛。

---

[1] Christa Deacy-Quinn（Spurlock Museum）.Fundamentals of Museum IPM[J/OL].https://www.spurlock.illinois.edu/pdf/fundamentals-of-museum-ipm-low.pdf, 2019-12-13.

[2] Christa Deacy-Quinn（Spurlock Museum）.Fundamentals of Museum IPM[J/OL].https://www.spurlock.illinois.edu/pdf/fundamentals-of-museum-ipm-low.pdf, 2019-12-13.

[3] Pascal Querner. Insect Pests and Integrated Pest Management in Museums，Libraries and Historic Buildings [J]. Insects，2015（6）: 595-607.

幼虫为白色蠕虫，常弯曲成 C 形。幼虫生长发育均在木头内部的虫道中，通常难以见到。

4.16.4　危害迹象与识别

幼虫寄居在木头里面，通常看不见。在被害物体表面，有时可观察到成虫。更多的是通过虫孔与蛀屑的特点判断是否为家具窃蠹。

家具窃蠹的幼虫进入物体内部蛀蚀时会产生蛀屑。与粉蠹虫蛀屑不同的是，家具窃蠹的蛀屑不是粉末状，而是类似于易碎的酒渣和细沙的颗粒。蛀屑颗粒摸起来有沙砾感，放大后呈麦粒状，散布在虫道中，如图 1-79。

图 1-78　家具窃蠹成虫
图片来源：森罗股份有限公司

图 1-79　家具窃蠹排遗物
摄影：广州文保文化传播有限公司

家具窃蠹老熟幼虫的虫道的宽度达2~2.3 mm。[1] 家具窃蠹成虫的出口孔为圆形，比粉蠹虫的出口孔稍大，虫洞直径约为1.5~3 mm。当物体移动或变干时，旧的蛀屑就会从木材裂缝和虫孔中掉出来。

存在蛀屑并不一定表明家具窃蠹还在蛀蚀中，判断该物品是曾经被蛀蚀还是当前仍在被蛀蚀，可以通过虫孔的外观初步判断。老虫孔看起来又黑又脏，新的虫孔看起来较新鲜。

图1-80 家具窃蠹的旧虫孔
摄影：缪延丰，江苏镇江

正在被家具窃蠹蛀蚀的物品上和物品周围，会发现有新鲜、较硬、粗糙的蛀屑，颜色较浅且比旧蛀屑更蓬松。家具窃蠹仍然在活跃中的另一个迹象是有虫孔被蠹粉堵塞，或是可以观察到比较亮的、新鲜的、开放的孔洞（孔径为1.5~3 mm）。虫孔被蠹粉堵塞说明家具窃蠹的幼虫正在该处化蛹，新鲜且开放的虫孔说明成虫最近才出现。[2]

4.16.5 生活史与生活习性

家具窃蠹要经历4个不同的生命阶段，即卵、幼虫、蛹和成虫。其主要的危害期为幼虫期，幼虫一旦孵化出来就开始从内到外蛀蚀器物，直到器物被全部蛀空。尽管成虫飞出后不再咬食物品，但其制造的出口孔已经对器物造成了新的破坏，故成虫对物品仍然具有破坏作用。

---

[1] 张生芳，李业林. 家具窃蠹的鉴定及生物学特性 [J]. 植物检疫，1995（3）：154-156.
[2] IPM-WG.Fact Sheet: Furniture Beetle[J/OL].[2019].https://museumpests.net/wp-content/uploads/2019/03/Furniture-Beetle.pdf.

家具窃蠹的平均生命周期为1~3年[①]，其生命周期的长短主要取决于被害物品的含水量以及周围的气候条件，在干燥的木头里，完成一代可能需要更长的时间。有文献报道，家具窃蠹的幼虫可能需要2～5年才能完成生长，然后才在木材表面附近化蛹[②]。在自然界，家具窃蠹活动并寄居在不同品种的干枯的硬木中。在户内，家具窃蠹寄居在老旧的硬木中，对多种木质器具均可造成严重危害。

家具窃蠹成虫喜欢在木结构、地板和家具的缝隙内产卵，以给幼虫一个直接的食物来源。幼虫孵化后，先将卵壳接触木材的一端咬破，随即垂直蛀入木材内，以纵向蛀食木材进行危害。幼虫在木材内构筑纵向虫道，其一生都在虫道内活动，虫道的宽度随幼虫的发育而变大。成熟幼虫体长约4 mm，此时虫道的宽度达2~2.3 mm。[③] 在室内，家具窃蠹的幼虫期通常持续2年，但也可能长达5年，其时间长短与环境条件相关。

家具窃蠹幼虫产生的颗粒状蠹粉与粉蠹虫的粉状蠹粉完全不同，以此可以区分二者。

在化蛹之前，家具窃蠹的老熟幼虫向器物表面钻去，然后在离器物表层很近的地方凿椭圆形蛹室并化蛹于其中。成虫羽化后，在受害物品上咬开一个圆形出口孔（直径为1.5～3 mm）逸出。

家具窃蠹成虫飞行范围十分有限，一般都是沿着器物表面行走，飞行活动多发生于温暖的夏季。雌虫将卵产在器物表面的缝隙内、未涂漆的木器的粗糙表面或旧的出口孔中，更喜欢产卵于该虫危害过的木质材料上，在最适的条件下产卵量可达70~80粒。[④] 产出的卵可牢固地黏附在木材表面，成虫不会将卵产在涂过漆或抛过光的木头上。虫卵在6~10天内孵化，除非湿度小于45%时才不孵化。

[①] 张生芳，李业林. 家具窃蠹的鉴定及生物学特性 [J]. 植物检疫，1995（3）：154-156.
IPM-WG.Fact Sheet: Furniture Beetle[J/OL].[2019].https://museumpests.net/wp-content/uploads/2019/03/Furniture-Beetle.pdf.
[②] David Pinniger. Pest Fact Sheet No.2 Furniture Beetle or Woodworm [J/OL]. [2010]. https://collectionstrust.org.uk/wp-content/uploads/2018/10/2_furniture_beetle_woodworm.pdf.
[③] 张生芳，李业林. 家具窃蠹的鉴定及生物学特性 [J]. 植物检疫，1995（3）：154-156.
[④] 张生芳，李业林. 家具窃蠹的鉴定及生物学特性 [J]. 植物检疫，1995（3）：154-156.

家具窃蠹最适生长温度为22~23℃，相对湿度为80%~90%。[1] 在14℃及相对湿度为75%~85%的条件下幼虫的孵化率最高，死亡率最低。[2] 空气相对湿度低于45%时，家具窃蠹的卵不得孵化；相对湿度为60%时，家具窃蠹的卵可以顺利孵化，幼虫发育正常。[3] 在25℃以下，家具窃蠹成虫的飞行会受到限制[4]，从而降低寻找配偶、扩散和蔓延的几率。

家具窃蠹不同于粉蠹虫，喜欢水分含量更高的木材，在干燥的木头里可能需要更长的生长发育时间。含水量超过15%的木材比干燥的木材更容易受到侵害，导致家具窃蠹的生命周期更短，虫口密度更大。[5] 如果木材的水分含量低于12%或其周边的相对湿度低于55%，家具窃蠹的卵和幼虫将无法生存。[6] 尽管在木材含水量为12%~60%时家具窃蠹仍可以存活，但木材含水量为18%~22%时最适于该虫发育。

4.16.6　预防与消杀

家具窃蠹对物品的破坏除了成虫制造的新的出口孔外，还有物品内部大量的幼虫制造的虫道与蛀洞。家具窃蠹的幼虫期较长，成虫羽化后还能再活2~4年，在此期间它们会产下数百枚卵。[7] 在环境条件有利的情形下，家具窃蠹可能重复攻击同一物品，因此其破坏性极大。一旦发现，若不及时采取措施消杀，就会造成物品被蛀得外表布满孔洞、内部全部蛀空的后果。

---

[1] Gallo F. Biological Factors in Deterioration of Paper Paperback[M]. Rome，Italy: ICCROM，1985:1-36.
[2] 张生芳，李业林. 家具窃蠹的鉴定及生物学特性[J]. 植物检疫，1995（3）：154-156.
[3] 张生芳，李业林. 家具窃蠹的鉴定及生物学特性[J]. 植物检疫，1995（3）：154-156.
[4] Robert E. Child. Insect Damage as a Function of Climate[J/OL]. [2007]. https://conservationphysics.org/mm/child/child.pdf.
[5] IPM-WG.Fact Sheet: Furniture Beetle[J/OL].[2019].https://museumpests.net/wp-content/uploads/2019/03/Furniture-Beetle.pdf.
[6] David Pinniger. Pest Fact Sheet No.2 Furniture Beetle or Woodworm [J/OL]. [2010]. https://collectionstrust.org.uk/wp-content/uploads/2018/10/2_furniture_beetle_woodworm.pdf.
[7] Christa Deacy-Quinn（Spurlock Museum）.Fundamentals of Museum IPM[J/OL].[2019-12-13]. https://www.spurlock.illinois.edu/pdf/fundamentals-of-museum-ipm-low.pdf.

(1) 预防

家具窃蠹成虫飞行范围十分有限，主要随原木、锯材、木质包装材料及木制品等做远距离传播。因此，对进入藏展场所的所有物品进行检疫及灭虫是重要的预防措施。若发生虫情，彻底隔离被感染的物品，并用真空吸尘器清洁周围的环境，包括裂缝和缝隙。

对放置易感藏品的区域，将相对湿度控制在60%以下，降低易感物品的含水量，可减缓或阻止家具窃蠹的发育。

经过油漆或清漆处理的木材利于防止家具窃蠹产卵，用蜡或其他合适的材料密封木制品的孔洞或裂缝可阻止家具窃蠹产卵，该方法可能适用于某些木质装具的防虫。

使用信息素诱捕器监测家具窃蠹的雄性成虫仍然相当必要。

(2) 消杀

发现虫情有多种方法可以杀灭，在非化学灭虫法与化学灭虫法的利弊比较下，优先选择非化学法。杀灭家具窃蠹的非化学法主要有高温灭虫、冷冻灭虫以及低氧气调灭虫。

在器物安全性许可的情况下，可以将其放入烤箱，在50℃下加热至少30分钟可能杀死家具窃蠹。[1] 相对于高温灭虫，冷冻也可以杀死家具窃蠹，且更安全，但物品冻结过程中也有被损坏的风险，如有案例报道木碗在低温冷冻过程中会翘曲，故不建议对层压材料、处于张力下的木材或有接缝、胶水或含水量高的物体进行冻结（更多相关问题见6.6受控冷冻灭虫法）。

低氧气调法也可以杀灭家具窃蠹，但家具窃蠹和其他蛀木虫需氧量少，在充氮低氧气调环境中（氧浓度0.1%，气温20℃），至少需要三周或更长时间才能杀灭家具窃蠹。[2]

化学法也曾经用于杀灭家具窃蠹，对于易碎物品，如相框等，曾经有采用硫酰

---

[1] Orkin Canada. Furniture Beetles[EB/OL]. https://www.orkincanada.ca/pests/beetles/furniture-beetles/.
[2] Keith O.Story. Approaches Topest Management in Museums [J/OL].[1998].https://www.si.edu/mci/downloads/articles/AtPMiM1998-Update.pdf.

氟熏蒸的。熏蒸剂若采用硫酰氟，需要非常高的剂量才可以杀灭家具窃蠹，国外文献推荐的是熏蒸白蚁的用药量的10倍。[1]

4.17 竹长蠹虫

4.17.1 基本信息

拉丁学名：*Dinoderus minutus*（Fabricius）

英文俗名：bamboo borer beetle，bamboo powder-post beetle，bamboo moth，bamboo powder post，bamboo shot-hole

中文别名：竹粉蠹虫、竹螟、竹蠹、竹蛀虫、竹子虫、竹虫

科属：鞘翅目，长蠹科，竹长蠹属

危害的虫期：主要为幼虫，成虫也有危害

分布：河北、内蒙古、河南、山东、陕西、云南、贵州、海南、福建、湖南、浙江、江苏、江西、广东、广西、四川、台湾[2]

特点：竹长蠹虫原产于亚洲，随其寄生的木制品以及谷物、香料和其他食物的流转而扩散到世界各地[3]，特别是在热带和温带地区分布极广。据文献记载，国外分布于印度、缅甸、泰国、马来西亚、印度尼西亚、菲律宾、加拿大、美国、巴西、智利、坦桑尼亚、毛里求斯、英国和德国等，国内分布于云南、江苏、浙江、湖南、四川、广东、广西、贵州、江西、安徽、河南、山东、北京、上海和台湾等省（区）市。[4] 竹长蠹虫是危害竹材、竹器、木材与木制品的最常见、最重要的钻蛀性昆虫，除主要攻击被砍倒的竹子和竹制品外，还损坏干燥的储藏物品，也是一种储粮昆虫。

---

[1] Keith O.Story. Approaches Topest Management in Museums [J/OL].[1998].https://www.si.edu/mci/downloads/articles/AtPMiM1998-Update.pdf.
[2] 张生芳，刘永平，武增强. 中国储藏物甲虫 [M]. 北京：中国农业科技出版社，1998：290.
[3] CABI. *Dinoderus minutus*（Bamboo Borer）[J/OL].[2018-8]. https://www.cabi.org/isc/datasheet/19035.
[4] 伍建芬. 广东竹材虫害调查报告 [A]. 华南农学院. 华南农学院科研论文辑 [C]. 华南农学院，1963：1-8.

4.17.2 主要危害对象

竹长蠹虫并不蛀食正在生长中的竹子，主要危害竹材与竹器，亦危害藤器、木材、篮子，在储藏的香料、甘蔗、药材、谷物、栗子、烟草、可可粉、面粉或干果和薯干中也有发现竹长蠹虫的。遭受竹长蠹虫危害的竹材或竹制品，不仅完整性被破坏，力学强度降低，严重的还会使竹材内部全被蛀空而变成粉末。在野外日晒雨淋或在室内被经常震动的情况下，竹材一般不会被蛀食。[①]

4.17.3 虫体特征

《本草纲目》对竹长蠹虫的描述是："生诸竹中，状如小蚕，老则羽化为硬翅之蛾。"

竹长蠹虫是长蠹科中最小的物种之一。成虫为圆筒形，体长 2.6~3.5 mm，全身赤褐色，有光泽，头墨褐色。鞘翅上的刻点明显成行。

竹长蠹虫幼虫为乳白色，长 3~4 mm，体柔软且弯曲，口器为赤褐色。老熟幼虫体长约 4 mm。

4.17.4 危害迹象与识别

竹长蠹虫的幼虫隐藏在被害物中进食，通常难以见到。其破坏迹象多通过被害物表面的小孔、孔中泄出的蠹粉以及被害物内部的虫道识别。有时，在被害物表面可以发现成虫。

竹长蠹虫多从竹片侧面、竹黄面或竹青受损处，特别是竹节部位蛀入，由此其被害物表面布满细小虫孔。成虫的出口孔为圆形，蛀孔直径为 113~115 mm。[②]

竹材内部布满蛀道，蛀道有时以纵行为主，有时又以横行为主，其蛀道多为 1.5~2 cm。[③] 蛀口处有大量蛀粉排出，蛀粉为面粉状的细小粉末。

[①] 王文久，陈玉惠，付惠，等.云南省竹材蛀虫及其危害研究[J].西南林学院学报，2001（1）：34-39.

[②] 王文久，陈玉惠，付惠，等.云南省竹材蛀虫及其危害研究[J].西南林学院学报，2001（1）：34-39.

[③] 沈兆鹏.重要储粮甲虫的识别及防治——VI.谷蠹 竹蠹 药材甲 烟草甲[J].粮油仓储科技通讯，1999（1）：48-52.

4.17.5 生活史与生活习性

竹长蠹虫属于完全变态昆虫，一生要经历4个发育阶段：卵、幼虫、蛹和成虫。从卵到成虫的生命周期在不到2个月的时间内完成。在室内环境中，每年可能有多代发生。我国气温高、湿度较大的南方，适宜竹长蠹的生长和发育，所发生的世代数较多。该虫一般以幼虫或成虫越冬，也有发现以蛹越冬的。越冬成虫在3月下旬或4月上旬开始活动并交配产卵，卵约经1周孵化为幼虫。[1]

竹长蠹虫对竹材与竹器的侵蚀，主要是蛀食其竹黄，即竹腔内发黄内面，很少蛀蚀竹青，即竹子的青绿色表皮。该虫的成虫与幼虫都具有钻入木头内的能力，但主要是幼虫危害，成虫也具有一定程度的危害力。

竹长蠹虫成虫畏光，喜匿居于孔隙裂缝阴暗处，并有假死性。成虫具有一定的飞行能力。雌虫交尾后会咬破竹器边缘，蛀入竹材侧壁内部产卵，或将卵产在其他被害物的缝隙内，每个雌虫产卵20粒左右。在气温为20~30℃、相对湿度为75%~85%的雨后初晴时产卵特别多。[2]

竹长蠹虫幼虫孵化后直接钻入食物内部形成蛀洞，或沿着竹材纤维导管纵向蛀蚀，造成1.5~2 cm的纵向蛀道。[3] 被害的竹材，除竹青及竹黄以外，竹肉几乎全被蛀食。蛀害一般多在夜间，速度甚快。有文献记载，一个晚上蛀入深度超过其体长（3 mm左右）。[4] 在蛀蚀过程中，会排出粉末状的排遗物，其英文俗名 "bamboo powder-post beetle" 也由此而来。

幼虫老熟后在竹制品蛀道末端化蛹，蛹期不吃也不动。成虫羽化后"咬"孔爬出，出口孔为圆形。由此，被害竹材或竹制器物内部虫道密布，并充满粉末，外表布满

---

[1] 沈兆鹏. 重要储粮甲虫的识别及防治 VI. 谷蠹 竹蠹 药材甲 烟草甲 [J]. 粮油仓储科技通讯，1999（1）：48-52.
[2] 王文久，陈玉惠，付惠，等. 云南省竹材蛀虫及其危害研究 [J]. 西南林学院学报，2001（1）：34-39.
[3] 沈兆鹏. 重要储粮甲虫的识别及防治——VI. 谷蠹 竹蠹 药材甲 烟草甲 [J]. 粮油仓储科技通讯，1999（1）：48-52.
[4] 陈承德，洪成器. 竹长蠹虫（*Dinoderus minutus*，Fab.）之发生及其防治试验初步观察报告 [J]. 福建林学院学报，1961（00）：11-23.

虫孔。

竹长蠹虫具有较强的抗性，如其耐饥能力较强，即使不食，幼虫也可存活约5~10天，成虫不取食可存活约15~20天。竹长蠹虫对杀虫剂有耐抗力，不易杀死。[1]

环境的温度、相对湿度对竹长蠹虫的生长、发育、繁殖有很大影响。竹长蠹虫体内80%~90%是水分，环境湿度大，利于虫体内水分的平衡，使蛀虫的繁殖率和存活率显著提高。表1-26是环境温度对竹长蠹虫生长的影响。[2]在最适生长温度范围内，温度越高，该虫活动越频繁，因此夏天是竹长蠹虫危害最盛的时期。

表1-26 环境温度对竹长蠹虫的影响

环境温度	生长状况
20~30℃	最适生长温度
10℃左右或40~45℃	停止发育和蛀食活动，处于冷麻痹或热麻痹状态
-5℃以下或48~52℃	致死温度，短时间内即会死亡

4.17.6 预防与消杀

竹长蠹虫的危害速度很快，若发现其危害迹象且未及时采取有效控制措施，其损失率可达30%~40%，甚至更高，故对竹长蠹虫应重在预防。[3]

杜绝竹长蠹虫侵入仍然是最关键的措施。例如浙江省林业科学研究院竹类标本馆自1981年建馆以来即采取"以防为主，综合防治"的措施，除了随手关好门窗和标本柜，以阻隔害虫侵入外，还对新增标本进行严格的消毒处理。[4]这类化学消毒处理方式今天已不提倡，可采用低氧气调法对进入藏展场所的物品进行灭虫。

---

[1] 沈兆鹏.重要储粮甲虫的识别及防治——Ⅵ.谷蠹 竹蠹 药材甲 烟草甲 [J].粮油仓储科技通讯，1999（1）：48-52.
王文久，陈玉惠，付惠，等.云南省竹材蛀虫及其危害研究 [J].西南林学院学报，2001（1）：34-39.
[2] 表中数据摘录于：刘云.竹制品防霉防虫（一）[J].竹类研究，1985（1）：51-54.
[3] 王文久，陈玉惠，付惠，等.云南省竹材蛀虫及其危害研究 [J].西南林学院学报，2001（1）：34-39.
[4] 高凯.馆藏标本害虫种类及其综合防治 [J].中国野生植物资源，2018（02）：65-69.

长期以来，对于发生虫害的物品，特别是竹木器，一般是采用水浸、蒸煮及60℃以上的高温处理，或采用硫酰氟熏蒸，灭虫后再向虫孔注射敌百虫等药液或汽油、煤油等矿物油类，以彻底消灭该虫。对于不可以接受水浸、蒸煮及高温处理的物品，现今的低温冷冻及低氧气调法都可以彻底消灭竹长蠹虫。

4.18 天牛

4.18.1 基本信息

拉丁学名：Cerambycidae

英文俗名：longhorned beetle

中文别名：圆头钻木虫、啮桑、啮发、天水牛、八角儿、牛角虫、花妞子、苦龙牛、蛀柴龟、锯树郎、春牛儿等

科属：鞘翅目，天牛科

危害的虫期：主要为幼虫，成虫也有危害

特点：鞘翅目天牛科的昆虫通称为天牛，已知的虫种有26 000种以上，分布于全世界。1951~1979年，国外共描述了我国的天牛187种，我国已描述和记录的中国新记录天牛共3 100余种。

天牛原是危害木本植物的昆虫，危害林区和果园的树木，但有些天牛可以在干燥的木材中完成其生命周期。天牛幼虫或卵寄生的木材，一旦被制成木质器物，天牛就会在该木质器物内完成其生命周期，也就因此被携带到了户内。天牛成虫从被害的木制品中飞出，可以不选择原寄主（树木）产卵，而将卵产在新的寄主上，如仓储的中药材、纸质文献、板材、面粉袋及其他物品上，这就使得天牛的破坏对象发生了变化。由此，天牛已从野生昆虫发展为向仓储物品进攻的仓储昆虫。近年来有几种过去未曾引起注意的且不作为主要危害种类的天牛，已成为严重危害建筑物、住房、仓库、家具、书籍等的昆虫，其严重性已不亚于白蚁等其他钻蛀性昆虫。

4.18.2 主要危害对象

天牛都是食植性昆虫，以淀粉和糖为其营养源，主要以木材的纤维为食，但对植物纤维制品也有危害。如天牛幼虫侵入某书店的一捆图书中，在重叠的5本书内，蛀蚀出一条坑道。[1] 表1-27是对我国已有文献记录的几种天牛危害对象的不完全统计。

表1-27 国内发现的天牛危害 [2]

天牛种类	发现的地区	有记录的危害
凿点天牛 （长角栎天牛） Stromatium longicorne	云南、广西、广东等南方几省	成虫产卵后，幼虫蛀入木材内，毫无痕迹，而木材内被蛀成粉末，甚至完全被蛀空，致使木材断折，房屋倒塌。仓库的木制品也被该种天牛蛀蚀成粉末，并在仓库内繁殖危害
家茸天牛 Trichoferus campestris	国内广为分布	从树木到建筑物、住房、包装箱、家具、中药材、面粉及纸质文献等无不被严重危害，可在库内繁殖及危害，成为中药材仓库和其他仓储物的重要害虫，甚至咬坏塑料，将通讯电缆、铅管咬成粉末
槐绿虎天牛 Chlorophorus diadema	河北、江苏	住房、家具、仓库都发现其为害，可将竹木制品蛀成蜂窝状
八星粉天牛 Olenecamptus octopustulatus	重庆、湖南	可在仓库内存活并危害木制品
家扁天牛 / 触角锯天牛 Eurypoda antennata	浙江、上海、江西、贵州、台湾、香港	危害干燥木材，如梁柱、楼板、桷栅、木器家具等

---

[1] 中国科普博览.角长力大的天牛 [J/OL]. http://www.kepu.net.cn/vmuseum/lives/insect/bug/bug501.html.

[2] 该表数据摘录于：蒋书楠.我国天牛科害虫研究动态及展望[J].陕西林业科技，1980（01）：4-11.
李参，朱越林.一种为害建筑物的触角锯天牛 [J]. 昆虫知识，1975（01）：38-39.
黄能科.竹绿虎天牛生物学特性及其竹制品熏蒸处理技术的研究 [D].湖南农业大学，2014.
李燕文，殷勤，唐进根.竹材主要害虫及其防治 [J]. 江苏林业科技，1996（04）：56-57.
林峰，徐金汉，黄可辉，等.福州地区竹材害虫种类初步调查 [J]. 植物检疫，2008（01）：52-53.
姜希强，张春和.对防止贮存黄芪蛀害的研究 [J]. 中药材，1996（01）：22-23.
詹仲才.家茸天牛的生物学特性 [J]. 昆虫知识，1984（01）：32-33.

续表

天牛种类	发现的地区	有记录的危害
褐天牛 *Nadezhdiella cantori*（Hope）		危害房屋木构件和家具材 危害楼板、桶栅、木家具、木托盘等 危害雕版
竹绿虎天牛 *Chlorophorus annularis*（Fabricius）	华东地区、华南地区、华中地区	危害竹材与竹制品
竹虎天牛 *Chlorophorus annularis*	我国广为分布	不侵害活立竹，严重危害竹材及其制品，除竹青和竹黄内壳外，几乎全部被蛀蚀
竹红天牛 *Purpuricenus temminckii* Guerin	我国广为分布	危害原竹制品

4.18.3 虫体特征

天牛种类很多，虫体特征各异。其共性是，天牛成虫身体呈长圆筒形且稍扁平，有长触角。大多触角特长，常常超过身体的长度，也有的触角较短。大多数种类的天牛成虫体色以褐色和黑色居多，或以花斑排列，以起到保护色的作用。

天牛幼虫为圆头蛀虫，淡黄或白色，虫体粗肥，有深色口器。

图1-81是从被危害的木制品中捕获的褐天牛成虫与幼虫。

图 1-81　褐天牛成虫与幼虫
摄影：森罗股份有限公司

4.18.4 危害迹象与识别

天牛危害后，在物体表面会出现椭圆形的大蛀孔，天牛幼虫虫道就在虫孔下方。由于天牛个头比一般甲虫大，所以其椭圆形出口孔也较一般虫孔大，有记载的出口孔直径有的大于1 cm，也有的为6~7.5 mm，随虫种而异。

新孵化的天牛幼虫在木材内群集为害，如一株沙棘主干内可有6或10头以上幼虫，由此被害物内蛀道密布。与粉蠹虫不同的是，其蛀碎的木屑与天牛的排遗物一般不会自动排出，均堵塞于蛀道内。若摇动或敲打被害物，大量蛀屑就会从天牛出口孔散落出来。

天牛成虫善于在空中飞行，多在夏天飞出，有时在被害物表面可能发现天牛成虫。

在调研中听到库房管理人员说，天牛吃木头时会发出可被人听见的声响。

图 1-82　天牛的蛀屑（左）与出口孔（右）
摄影：森罗股份有限公司

4.18.5 生活史与生活习性

天牛属于完全变态昆虫，即要经历4个发育阶段：卵、幼虫、蛹和成虫。天牛生活史的长短依虫种而异，有一年完成1代或2代的，也有2~3年甚至4~5年完成1代的。同种天牛幼虫在不同环境的生活史有时也很不相同，这与环境湿度以及食物有一定关系。

天牛的危害以幼虫期为最烈，新孵化的幼虫会在木材内群集为害。天牛幼虫上颚强壮，能够钻入木材内部蛀蚀。由于幼虫长期寄居在蛀道内，其足已发生退化，对寄主失去固着力，脱离蛀道后无生存能力，不能重新蛀入寄主体内。

随天牛种类的不同，幼虫蛀蚀时穿凿的蛀道也有所不同，或上或下，或左或右，或弯或直，也有许多种类的天牛蛀道很不规则。但其共同特点是，幼虫蛀道互不相通，蛀道内常充满其排遗物及纤维质木屑。当虫害爆发时，其出口孔会有少量蛀屑溢出（见图1-83）。老熟幼虫在接近器物表面处化蛹，常筑成较宽的蛀道作为蛹室，两端以木屑封闭，在其中化蛹。

图1-83 被天牛蛀蚀的木制品
摄影：森罗股份有限公司

天牛成虫羽化后会在被害物上向外咬出一椭圆形孔，从孔中飞出来交配，被害物上会留下一较大的椭圆形出口孔。雌虫产卵方式随虫种而异，有的将卵产在被害物的缝隙内，也有的先用上颚咬破被害物，再产卵于其中，还有的将卵直接产在被害物表面。天牛的卵较一般昆虫卵更大，有人曾经在被害木制品上观察到天牛的卵。

天牛幼虫抗逆性强，具有耐寒冷、耐干燥、耐饥饿、食性广泛等抗性，幼虫饥饿时可通过蜕皮缩小虫体以延长其生命。在有利的条件下，天牛幼虫的生命周期可能为一年。在不利的环境中，天牛幼虫可在干木中寄生1~20年，甚至有寄生40~45年的记录，故存放很久的木制品忽然有天牛飞出并不奇怪。

4.18.6 预防与消杀

天牛大多是潜伏在器物内被带入库内的，也有的是由于被害物裸放在开放的环境中，天牛由室外飞来产卵而发生的。因此，入藏前的检疫与灭虫是必不可少的，同时含有有机物的藏品不宜裸放在开放的环境中。

若已经发现天牛的侵扰，必须尽快隔离与消杀被害物。曾经有对天牛侵扰物进行化学熏蒸灭虫的，但化学品很容易被木制品深度吸收，难以在短期内排放干净。将这类饱含化学品的藏品置于封闭的室内保存，会污染室内空气，损害人体健康。

已经成功消灭天牛的非化学灭虫法有：

（1）微波杀灭法

有文献报道，日本1975年曾使用微波处理松墨天牛（*Monchamus alternatus*）。用磁控周波2.45GHz、功率0.6kW的电频，将天牛蛹室中的老熟幼虫连同被害的木材放入空洞共振器中（40cm³×30cm³×20cm³），处理后移入25℃恒温箱内，第二天检查幼虫死亡率，并检测虫体温度和木材升温状况。试验结果发现，加热1.5~2分钟，天牛无死亡；加热3.5~5.5分钟，天牛全部死亡；加热3分钟，木材升温10~30℃，虫体温度为15~60℃。该虫的致死高温为44.2~45.2℃。[1]

能否采用微波消杀天牛，应该依据被害材质以及物品的特点考虑，不得对被害物品造成伤害。

（2）气调杀灭法

二氧化碳或低氧充氮的气调环境，都可用来杀灭器物内部的天牛，关键在于处理的温度、时间与氧气的浓度。有研究报告证明，天牛寄居在木头深处，二氧化碳

---

[1] 蒋书楠. 我国天牛科害虫研究动态及展望[J]. 陕西林业科技，1980（01）：4-11.

对它们的杀灭效果不大。多份研究报告指出，天牛对低氧气调灭虫法也具有较强的抵抗能力，特别是体重较大的幼虫对该处理法的抵抗力较强。但我国，利用低氧气调已经成功地杀灭深入木头内的各虫态的天牛，关键在于对低氧气调的氧气浓度、环境温度以及灭虫时间的调控。

4.19 白蚁

4.19.1 基本信息

拉丁学名：Termitoidae

英文俗名：termites，white ant

中文别名：蟁、白蚂蚁、大水蚁、涨水蚁、无牙老虎等

科属：蜚蠊目，白蚁科

危害的虫期：若虫

特点：白蚁是原始的社会性昆虫，已在地球上生存了2.5亿年。

我国是白蚁危害较为严重的国家之一，约40%的国土上有白蚁分布，蚁种约有4科44属476种。[1] 按照生活习性分类，白蚁可分为土栖、木栖、土木两栖三种。几乎所有种类的白蚁，都以木材等植物纤维为食，攻击木质结构，被视为破坏力最大的昆虫。其危害对象有以下几种：①建筑物。如门窗、桥梁、屋架等木结构。②储藏物。如书籍、文件、衣物、皮毛、药材、粮食、棉花、油料等。③木制物。如桌、椅、床、柜等家具和农具。④露天制物。如枕木、木电杆、木桥梁等。⑤地下物。如基桩、棺木、残根、树根等。⑥水上物。如木制船只、码头木跳板等。⑦堆积物。如木材、柴草等。⑧木本植物。如果树、林荫木等。⑨田间作物。如甘蔗、花生、蔬菜、向日葵等。

对我国藏品危害风险最大的白蚁，主要分布在木白蚁科（木栖性白蚁）以及鼻白

---

[1] 黄复生，朱世模，平正明，等.中国动物志 昆虫纲：第17卷 等翅目[M].北京：科学出版社，2000：98-145.

蚁科（土木两栖白蚁）。对我国藏品风险最大的白蚁有：

①台湾乳白蚁（家白蚁）*Coptotermes formosanus* Shiraki，蜚蠊目，鼻白蚁科，乳白蚁属，土木两栖白蚁。

②黑胸散白蚁 *Reticulitermes chinensis* Snyder，蜚蠊目，鼻白蚁科，散白蚁属，土木两栖白蚁。

③黄胸散白蚁 *Reticulitermes flaviceps*（Oshima），蜚蠊目，鼻白蚁科，散白蚁属，土木两栖白蚁。

④尖唇散白蚁 *Reticulitermes aculabialis*，蜚蠊目，鼻白蚁科，散白蚁属。

⑤铲头堆砂白蚁 *Cryptotermes declivis*（Tsai et Chen，1963），蜚蠊目，木白蚁科，堆砂白蚁属，木栖白蚁。

⑥小楹白蚁 *Incisitermes minor*（Hagen，1858），蜚蠊目，木白蚁科，楹白蚁属，木栖白蚁。

4.19.2 主要危害对象

白蚁是自然环境中存在的能够高效降解木质纤维素的昆虫之一，其营养来源于植物，以植物性纤维素及其制品为主食，纸类、书板、木质建筑、木质构件、木制品均属于其危害对象，但不同种类的白蚁攻击的对象有所不同。

土栖白蚁只有通过地面接触到植物源性纤维藏品才可能发起攻击，只要藏品不接触地面，环境保持干燥，一般不会被土栖白蚁攻击。

木栖白蚁又称为干木白蚁，取食木质纤维，几乎可以危害所有种类的木质物品，是危害木制品的昆虫。尽管大多数危害起初都发生在建筑物的木结构中，但干木白蚁可能会扩散到藏展环境的家具及其他木制物品中，如柳条制品，甚至小到木质相框都可以容纳干木白蚁。此外，它们还会吃掉木材以外的其他纤维素材料，对包括棉麻制品、纸制品等在内的物品造成巨大危害。我国较为常见的木栖白蚁有铲头堆砂白蚁与小楹白蚁等，后者是从海外随物品输入我国的。

土木两栖的白蚁食性更杂，主食木料、布匹、纸张、电缆等，不仅危害含有植物源性纤维的所有物品，对户外雕塑危害的可能性也很高。其在水泥间、瓷砖间穿行时分泌出的蚁酸能中和水泥碱性，降低建筑物的强度，极端严重的甚至可能造成地基下沉。这类白蚁在我国较为常见的是台湾乳白蚁（又名家白蚁）、黄胸散白蚁、黑胸散白蚁及尖唇散白蚁等，它们危害建筑物木质构件、家具、衣物、书籍、生长中的树木等，其中乳白蚁是我国破坏房屋建筑最凶的一种白蚁。

尽管白蚁的主攻对象是木制物品和含植物源性纤维的材料，但其在取食途中为了到达食物所在地，会分泌出高浓度的蚁酸腐蚀其他物品，造成极大的危害。这些危害涉及农林、建筑、水电、交通、商业、化工、粮食等部门，包括危害纸张、棉麻、仓储物品、古树、古墓，蛀食电线杆、电缆（包括地下塑料电缆）及其他器材，危害铁路枕木、公路桥梁、航运船只等交通设施，危害江河堤坝、水库大坝，危害树木及农作物，甚至危害各种军需物资、武器弹药等。

表1-28 几种常见白蚁的危害

种类	危害目标	蚁巢	栖性	分布
台湾乳白蚁	危害建筑物木质构件、木材、木制品、衣物、纸质文献、纸板以及生长中的树木等	在室内、室外、木材和土壤中均能筑巢	土木两栖	长江以南的各个省区
黑胸散白蚁	危害对象多为门框、窗框和楼板等。危害建筑物，只危害靠近地面部分如地板、门框、枕木、柱基、楼梯脚等	在潮湿的木材中或附近建巢	土木两栖	河北、北京、山东、河南、江苏、上海、浙江、福建、安徽等
黄胸散白蚁	危害接近地面的木材，如木地板、木门框、木楼梯脚、柱子的基部及室外的枯立木、树桩等	在潮湿的木材中或附近建巢	土木两栖	陕西、河北、江苏、浙江、福建、云南、台湾
铲头堆砂白蚁	危害坚硬的木制品、家具、门窗、踢脚板以及坚硬的树木	不筑有固定形状的蚁巢，蛀食之处就是巢居所在	木栖	广东、广西、福建、海南等地
小楹白蚁	危害木制品，包括木质对象、木地板、窗框、门框等，以及电杆电缆、铁道枕木、棉麻制品、纸质材料等	寄生于木材、桥梁、电缆、图书、棉麻等	木栖	海外入侵，已扩散至我国浙江宁海，江苏南京、苏州，上海与安徽等地

4.19.3 虫体特征

白蚁的形态特征与蚂蚁有明显的不同，由于其隐蔽的生活，因此可能观察到的多是有翅成虫。白蚁的身体扁且柔软，通常长而圆。因长年居住于阴暗地方，大多为白色、淡黄色，也有赤褐色至黑褐色的，因种而异。口器为典型的咀嚼式。白蚁成虫有长翅、短翅和无翅型，经短时间飞行后，白蚁翅能自基部特有的横缝脱落。

乳白蚁的身体颜色呈黄褐色，翅膀呈淡黄色；散白蚁的身体颜色近似灰色，翅膀呈浅灰色；干木白蚁有翅成虫通常是浅棕色的，或在深棕色和浅黄褐色之间。

4.19.4 危害迹象与识别

由于白蚁长期过着隐蔽生活，通常危害前期很难被发现。

土木两栖白蚁对木质物品的危害，初期较难识别，这是由于它们隐藏在物品内部取食，物品外部形态无异样。待其危害到了一定程度，薄的木质表面可能会起泡，或敲打木质物品时听起来像是空心的，有易损坏的木材碎屑出现等。

土木两栖白蚁对图书、档案的危害较易辨别，其咀嚼式口器从书的边沿开始为

图 1-84　铲头堆砂白蚁有翅成虫
图片来源：森罗股份有限公司

图 1-85　小楹白蚁有翅成虫
图片来源：森罗股份有限公司

图 1-86　被白蚁危害的书
摄影：黄小平，湖北孝感

害，整片整片地咬食书页，并伴有大量酸性液体分泌出来，因而被危害处会出现留有黏液的纸张碎片。被其侵害的书本，书口处会有大量纸屑与黏稠物，用手抚摸会有大量纸屑掉落。

与土木两栖白蚁不同，干木白蚁通常隐藏在木材表面之下，在木头内无方向性地取食木料，扩张巢穴，直到最后仅留下中空的木材。该过程可能很难被发现，但在被害物的下面，有可能出现一堆被白蚁排出的蛀屑，这些蛀屑有一部分是被消化的木头颗粒，呈椭圆形，其颜色通常如被害木头的颜色。这些蛀屑呈砂粒状，并不断从被蛀物表面的小孔掉出来，落在物体下方，集成沙堆状。若发现了这类迹象，说明该木头已经被干木白蚁蛀蚀。

4.19.5　生活史与生活习性

白蚁属不完全变态昆虫，其生命周期包括虫卵、若虫与成虫。在其从若虫发育到成熟阶段时，会产生大量的有翅繁殖蚁。

白蚁为社会性昆虫，从卵孵化为若虫后就分化为工蚁、兵蚁、若虫等，其若虫等又可发育为具有繁殖能力的有翅成虫，但木白蚁科缺少工蚁等级。

白蚁的共同特点是，一般在隐蔽阴暗的地方活动，因其生理缺陷，大多数无眼，体壁柔软，惧光，但有翅成虫分飞时具有强烈的趋旋光性。

白蚁的穿蛀能力很强，这与白蚁分泌出的一种高浓度的蚁酸有关，这种蚁酸不仅能够腐蚀水泥，使其能在水泥地坪下穿掘通过，甚至能与白银发生化学反应形成蚁酸银（一种黑色粉末），白蚁会将蚁酸银吃下去。由此，白蚁具有可穿蛀坚硬物质的能力，如人造纤维、塑料、电线、电缆，甚至砖头、石块、金属等。

白蚁的破坏力与其巢体的大小、食料以及白蚁对食物的喜爱程度有关。如危害力很强的台湾乳白蚁，巢穴很大且比较集中，并设有主巢和许多副巢，主巢直径可达1 m以上，其在地下活动半径为100 m以上。而散白蚁的群体很小，不筑集中式的大巢，只在木材或土壤中钻蛀一些细小的孔道分散居住，其危害力小于台湾乳白蚁。

不同种类的白蚁，其筑巢的位置不同。

土栖白蚁筑巢于泥土中。土栖白蚁只有通过地面接触到了食物，才从地下移动到食物来源处。因此，只要藏品及其装具不直接与地面接触，土栖白蚁一般是不会攻击藏品的。

土木两栖白蚁的巢穴可筑在潮湿的木头内，也可筑在建筑物墙体、地基等的内部，甚至可以在无人惊扰的夹心墙内、楼板内、空调器旁边筑巢，其生存适应能力强。

木栖白蚁一生只栖居于干燥的木材中，在干燥的木制品或枯树干内筑不规则的隧道，群体取食并定居于木头的隧道内。木栖白蚁的群体较小，蚁穴扩张的速度较慢，危害速度也比其他白蚁慢，但危害程度不小。它们可在木质建筑物，如木制门窗、木制地板、木制屋、铁道枕木、木制桥梁等的啃空部分建巢，取食木质纤维，是危害木材制品的重要害虫。

不同种类的白蚁，其生活习性也不完全相同。

台湾乳白蚁喜温好湿，其发育的最适温度为25~30℃，最低致死温度为8℃，开始活动温度为10~13℃，最高致死温度为37℃。[1] 台湾乳白蚁在生活中必须不断获得水分，所以它们的蚁巢一般都在接近水源的地方，在主巢的下方都有粗大的吸水线。散白蚁也喜欢栖居在水源充足、植被丰富的地区，由此室内相对潮湿、温度较高的地方更易发生白蚁。

---

[1] 国家档案局档案科学技术研究所. 新档案保护技术实用手册 [M]. 北京：中国文史出版社，2013.

干木白蚁的生物学特性与其他栖性的白蚁有很大的不同，它们能够生活在非常干燥的环境中（一般湿度小于12%），甚至能生活在沙漠中的枯木中。它们并不需要湿润的环境，它们能在空气中获取生存所需的水分。

不同种类的白蚁分群分飞的时间也不同，如黄胸散白蚁分群时段是在3月左右，同时会在中午前后，温度达到15℃时飞出；分群分飞多在5月下旬至6月上旬期间，气温在25℃以上，或闷热的傍晚分群飞行。[①] 从春季到秋季的任何时候，干木白蚁都可能出现有翅繁殖蚁成群飞行的现象。

白蚁繁殖能力强，有些品种的白蚁甚至可以孤雌生殖。

4.19.6 预防与消杀

成功的白蚁综合治理方案是预防、监测和处理相结合，这是一项长期的系统工程。在白蚁多发地，建议定期邀请白蚁防治专家进行检查和防治。

对侵入木质藏品或纸质藏品的白蚁，日常预防措施是有一定作用的，包括：

（1）高温高湿地区，土栖白蚁或土木两栖白蚁可通过土层、平台、风道、电梯井、平板周围的隔层、伸缩缝和自来水管道、电线管道、卫生设备等的管道系统进入室内。为避免白蚁侵入，这些位置更要做到不留缝隙，有白蚁的地区地基要用毒土处理。

（2）密封木质构件中的裂缝和空隙，门窗均应有纱门纱窗，预防分飞白蚁飞入。特别是干木白蚁会寻找木材上的小孔进入木材，形成新的蚁巢，一旦进入木材就很难发现。

（3）潮湿的环境是土栖性和土木两栖性白蚁赖以生存的条件，故控制藏展环境的相对湿度是防治这些白蚁的重要举措之一。及时维修渗水、漏水处，不为白蚁创造滋生环境。

（4）木质柜架底部不要与地面直接接触，防止土栖白蚁或土木两栖白蚁的侵袭。

（5）藏展环境发现有分飞白蚁，说明白蚁巢穴就在附近，可能在户外或藏展环境

---

① 国家档案局档案科学技术研究所. 新档案保护技术实用手册 [M]. 北京：中国文史出版社，2013.

内部。一旦确定该白蚁不是从户外飞入，就需要在藏展场所内部寻找白蚁的分飞孔（小的虫洞）或危害迹象，与白蚁防治部门共同解决白蚁问题。不宜采用杀虫剂对着洞口喷射，以免引发巢穴内的白蚁到处乱窜，造成更多新的危害风险。

（6）木质藏品库至少应每年监控一次干木白蚁的入侵，仔细检查户内含有木头的部分，观察有无干木白蚁的危害迹象。

建筑物发生白蚁侵蚀，应及时请白蚁防治公司进行专业化处理。若是木质藏品被干木白蚁攻击，最好采用非化学方式处理，冷冻灭虫与低氧气调灭虫均可以杀死木质藏品内的白蚁，其中冷冻通常是首选方案。白蚁需要水分才能生存，0℃以下的环境白蚁无法生存。对于书本和其他纸质藏品，冷冻干燥将是一个很好的灭虫方案，对于木制品，必须考虑其形体在低温环境的安全性。只有0℃以下的持续低温才能成功阻止白蚁繁殖或将其杀灭，但木质物品可能在持续的低温下受到损坏，如干皱收缩或胶水失效。持续的高温（60℃）也可杀灭木头内的白蚁，但高温会对木材表面装饰和油漆造成损害，并可能导致胶水失效。[1] 在这种情况下，可以考虑采用低氧气调法杀灭白蚁。

化学熏蒸是可以有效杀灭木制品中的白蚁的，常用的熏蒸剂为硫酰氟或溴甲代烷。溴甲代烷由于含有硫化物，会使被熏蒸物体产生浓重且很难消散的气味。[2] 硫酰氟对控制白蚁和蛀木虫非常有效，但其成本相对较高，且木材会残留有毒化学品。只有在其他杀灭方法不能解决问题时，才考虑采用化学熏蒸法。

---

[1] Robert J. Koestler, Črtomir Tavzes, Franc Pohleven. A New Approach on Conservation of Wooden Heritage [J/OL]. [2004-6]. https://static1.squarespace.com/static/5b983377f8370a4772bf2fa3/t/5baaa077c830253d3e328db2/1537908855674/Koestler-International_Working_Group.pdf.

[2] 周培. 干木白蚁的危害及防控对策 [J]. 植物检疫，2007（增刊1）：43-45.

第二部分
虫害的防与治

Part Ⅱ Insect pest control

5　虫害综合治理（IPM）

对于藏品的保存与利用，预防胜于虫霉发生后的补救处理。未能杜绝虫害袭击将导致物品、信息和知识的损失，任何阻止病虫害侵袭的预防措施都应优先于补救措施。根据2002年欧洲保护者-修复者联合会（European Confederation of Conservator-Restorers' Organisation，ECCO）的定义，预防性保护包括间接行动，通过创造最佳条件，在符合藏品的社会用途的情况下，延缓其恶化并防止破坏。虫害综合治理（Integrated Pest Management, IPM）是一项强调预防并旨在尽量减少使用有毒化学品以预防和消灭昆虫的整体规划，其目的是提供实用、安全和经济有效的方法，以防止藏品和建筑物受到病虫害的破坏。其指导思想是，虫害问题的重点是预防虫害的发生而不是灭虫，应采用多种方法的集成控制以有效地、低风险地预防虫害的发生。其预防措施主要包括有害生物监测，被害物的隔离和适当处理，以及创造合适的藏展环境以阻止有害生物的活动。

以上管理理念是基于昆虫习性及其生态的知识和对藏品藏展环境的充分理解，将大量管理资源用于虫害的预防和监测，灭虫只是其治理中的一部分，且强调采用有效的、低风险的非化学灭虫法来消灭虫害，仅在非化学法不适用时才考虑采用化学法。也就是说，尽管虫害综合治理包括或不排除利用化学药品杀灭昆虫，但利用化学药品灭虫被最小化了。加拿大文化遗产保存研究所（Canadian Conservation Institute，CCI）制订的虫害综合治理策略由5个阶段组成，即隔绝昆虫、阻止进入、检测虫害、虫害应对、恢复/处理。以上5个阶段，是按其优先顺序列出。阻止昆虫进入藏展环境就有可能杜绝害虫来源，虫害不会发生，也就不需要随后的补救对策。若尚无法阻断虫源，则随后的对策是必须执行的。恢复或处理为最后阶段，主要涉及受害藏品的修复。

作为昆虫防治的一个总体规划，IPM将许多预防性活动捆绑在一起，使昆虫无法进入藏展环境，即使进入了也无法长期存活与繁衍；一旦发现虫害迹象立即进行有效处理，使其破坏程度降至最低。其最大的优势是在不完全依赖化学品的前提下，使藏展环境的虫害问题得到控制。IPM使用非侵入性方法来预防虫害或将虫害风险最小化，与被动灭虫相比，它对藏品、人类健康以及自然环境的危害最小，一旦严格运作，要比强调采用灭虫法对付虫害更具成本效益。[1] 随着化学品越来越受限于藏展环境与藏品的使用，合理的IPM方案成为防治藏品被虫危害的唯一可行选择。

虫害形成需要以下几项基本条件，且缺一不可。

（1）虫源

虫源是造成虫害的基础，与霉菌不同的是，虫源不可能随空气进入藏展环境。在相同的环境条件下，虫源基数越大，造成虫害的可能性也越大，故杜绝虫源是预防藏品遭受虫害的首要举措。

（2）适于昆虫生长发育的环境

昆虫进入藏展环境后，只有具备利于昆虫繁殖蔓延的生态环境才可能形成一定的种群密度，只有虫口数量较多才能造成物品的明显损坏。当昆虫失去了赖以生存的生态环境，也就无法蔓延。

---

[1] Fatma Faheem, Abduraheem K.Management of Pests Risks in Museums: A Review[J].International Journal of Advanced Research in Biological Sciences,2019(9):122-136.

构成昆虫生存的生态环境因素主要有两大类：无机因素与有机因素。无机因素主要包括空气、水、温度、湿度与藏匿处，有机因素主要包括昆虫的食物。只要控制以上因素，进入藏展环境的昆虫将无法长期生存与蔓延。

虫害综合治理就是围绕以上几点建构对昆虫的严密防控体系，以预防虫害的发生。

除注释外，以上部分还参考了：

① Gerozisis J, Hadlington P.Urban Pest Management in Australia[M].UNSW Press:Sydney, 2004:205-220.

② Philadelphia Art Museum.What are the Effects from Exposure to Pests in A Museum's Collection?[J/OL].[2020-5].https://www.philamuseum.org/conservation/10.html?page=5.

③Pascal Querner.Insect Pests and Integrated Pest Management in Museums, Libraries and Historic Buildings[J].Insects, 2015(2): 595-607.

5.1 阻止昆虫的进入

控制昆虫的首要原则是预防，即杜绝昆虫进入藏展环境与工作现场。若未优先解决该问题，昆虫一旦进入了博物馆、图书馆或档案馆，后续的解决方案会相当复杂、繁琐。若进入的昆虫没有得到控制，就很难限制其蔓延或无法彻底消除，即使该类昆虫不直接危害藏品，也提高了虫害发生的几率。

昆虫进入收藏单位的途径主要有：

（1）从户外飞入

许多昆虫的成虫来自户外且会飞行，如皮蠹和衣蛾类昆虫的成虫会在夏季飞来飞去，若门窗没有屏障就会长驱而入并在室内产卵。

（2）从建筑物的裂缝或孔洞爬入

建筑物的裂缝或孔洞是有害生物进入户内的通道之一。例如，昆虫可以通过建筑物地基和混凝土垫下的0.5 mm宽的裂缝钻入，啮齿动物可以通过6 mm宽的裂缝爬入。[1]

（3）随同物品携带进入

昆虫可以由人携带进入收藏单位或直接进入藏展场所，例如随同藏品、设备、装具等直接进入藏展场所，也可能随同非工作人员的食物、携带物、切花、包装以及搬运的板条箱等进入收藏单位的大楼。

（4）有些有害生物早就藏匿在老建筑物内，一旦将老建筑物作为收藏单位，昆虫将重新获得生计

全面堵截有害生物，特别是将昆虫堵截在收藏单位建筑物外，更不许其接近藏品。主要有两大类措施：严格制订规章制度，以机械方式堵塞有害生物的入口。

5.1.1 严格制订规章制度

通过制订严格的规章制度，避免昆虫通过携带方式进入收藏单位，特别是进入藏展场所。

（1）建立隔离区

必须建立单独隔离区，该隔离区与藏展区域应进行物理隔离，并远离藏展区域。若没有条件建立隔离区的，应在远离藏展区域的地方设立密封柜以作为物品隔离点。

（2）对进入藏展场所的所有物品进行检疫

任何物品进入藏展场所前必须在隔离区进行虫霉检疫，包括藏品（新入藏的或用后返回的）、装具、包装、铺垫、展示用材或复制材料及设备等。小的对象可以通过目视检查，但虫卵或幼虫很难被观察到。建议进入藏展场所的所有藏品应首先进行低氧气调灭虫或冷冻灭虫，以免后患。对于其他物品，可依据材质情况选用高温灭虫等方法预先灭虫，再进入藏展环境。未被发现的昆虫一旦进入藏展环境，便会在藏品内藏匿、生长繁殖并造成危害。

待进入藏展场所的物品经灭虫处理后，应在隔离室至少隔离一个月，并在整个隔

---

[1] Strang T J K. Notes 2/3（Detecting Infestations: Facility Inspection Procedure and Checklist）[M]. Ottawa: Canadian Conservation Institute，1996:1-4.

离期间进行定期检查。如果发现活虫，应消杀后再依据其物种确定适当的隔离期隔离观察，直到确认没有昆虫存在方可进入藏展环境。更多见5.6.2隔离方法与隔离时间。

（3）藏展区域内严禁植物

植物会藏匿昆虫，也会吸引不同昆虫，藏展区域内必须严禁植物，也不提倡在藏展柜中采用植物防虫。植物（如香草、薰衣草等）的气味有可能驱赶某些昆虫，但一旦其气味散尽，干枯的枝干可能会招虫。

5.1.2 以机械方式堵塞有害生物的入口

有害生物可通过建筑物围护结构细小的裂缝或孔隙进入建筑物内部，应利用机械的方法堵塞有害生物进入建筑设施的通道，封闭其可能的栖息地，将有害生物拒之户外并使其无藏身之处。

（1）堵塞

细小的裂缝和缝隙都为昆虫进入户内提供了通道，手指大小的洞可容啮齿动物钻入，因此经常对建筑物进行维护十分重要。如封堵建筑物的所有裂缝和昆虫藏身的缝隙，包括墙壁和地面的裂缝和小孔、管道及其他公用设施管线周围的孔洞，在通风口、排水管上安置细滤网。

确保门窗周围被很好地密封，如安装门扫，关闭窗户并安装20目纱窗网，使昆虫无缝可入。门外放置门垫，定期清扫入口。

建筑物周围应保留约30 cm的无种植区，最好用砾石填满，使昆虫远离建筑物。

（2）屏障

藏品尽可能使用密封良好的装具，如盒子、文件夹或展示箱等，使昆虫不易接触藏品。经常检查橱柜和抽屉是否有缝隙，防止昆虫进入。

5.2 减少对昆虫的吸引

所有昆虫都需要食物、水、适宜的温湿度和栖息处，消除这些因素，可以最大程度地减少昆虫的侵害。凡是由有机物制成的藏品都是昆虫最好的食物，除此之外，灰尘、表面污垢、污渍（特别是食物或汗液）和较高的水分含量都会吸引昆虫，并可为它们的生长提供有利的栖息地。例如，小圆皮蠹和袋衣蛾可以在尘土中找到足够的食物而以此生存。[①]

清洁的环境可使昆虫失去食物与栖息地，有助于杜绝或减少大多数虫害问题，确保所有的藏展环境干净和整洁，去除任何杂物以减少昆虫藏匿或啮齿动物筑巢的材料。保持藏展场所的清洁与整洁，除可以减弱对昆虫的吸引力外，还利于及时发现虫害迹象（如蛀屑、死虫等），以便发现感染及时处理，降低虫害酿成虫灾的风险。

建议优先采用真空吸尘器替代扫把与抹布。据美国能源部的数据，高效空气过滤器（High Efficiency Particulate Air Filter，HEPA）可以清除99.97%的灰尘、碎屑、粪便、霉菌和其他昆虫残骸以及潜在的昆虫食物来源。使用真空吸尘器清洁所有可能积聚灰尘和垃圾的表面，注意应定期更换过滤网，过滤网使用过久会聚集污物，影响清洁效果并滋生昆虫。

5.3 使昆虫失去生存环境

环境对于有害生物的生存是把双刃剑，环境既可助长有害生物的生长与繁殖，也可限制有害生物的危害。高温高湿的环境利于昆虫的生长与繁殖，而低温低湿且保持良好通风的环境可限制昆虫对藏品的危害，降低虫害发生的风险。可采用两大类方法调控环境以降低虫害，一是限制昆虫的活动，例如使其处于冷昏迷，停止运动与进食，以此限制其直接伤害藏品并抑制其生长；二是限制昆虫种群，如使其无法产卵，有卵无法孵化，导致种群难以发育与繁殖，无法成熟、无法交配、飞行受限等，虫害蔓延问题就会得到抑制。

通过调控藏展环境的温度与湿度，有可能阻碍某些昆虫的繁衍。一般说来，20℃以上的环境温度会促进昆虫繁殖，24~25℃的环境将使其快速地完成其发育。[②] 对于

---

① Fatma Faheem, Abduraheem K.Management of Pests Risks in Museums: A review[J].International Journal of Advanced Research in Biological Sciences,2019(9):122-136.
② Arthur C G A H. Recent Advances in Stored Product Protection[M]. Switzerland:Springer Link, 2018:229-260.

昆虫的防治，环境温度应在20℃或更低，相对湿度应保持在70%以下。[①] 藏品温湿度控制的范围除应考虑到昆虫的抑制外，也要考虑到藏品的材质，兼顾二者，保持环境的干燥、凉爽和通风，不给昆虫以生存环境，不让它们在藏展环境立足并造成危害。

5.4　昆虫陷阱监测与跟踪

有效的虫害综合治理依赖于昆虫的及早发现，最好是在其定殖并造成损害之前就发现其存在。对昆虫的持续监测与跟踪是及早发现虫害问题的重要手段。仔细检查建筑物和物品内是否有侵染迹象，监测已有昆虫的种类与数量，发现昆虫的入口、高风险位置与被虫危害的藏品，详细记录所有问题并积累检测数据，以便有系统地持续跟踪建筑物内昆虫的活动轨迹，并据此有针对性地制定预防措施，以降低收藏单位的虫害风险。

尽管对可能的虫害高发区和可疑区域进行定期的目视检查是很有价值且必要的，但大多数危害藏品的昆虫个体微小，并可能在相对较小的区域内找到足够的食物，其危害后果可能不会立即被发现。以上均使目视检查难以发现并找到它们的栖息地，故监测工作不得仅依赖目视检查，还应使用诱捕设备，如昆虫陷阱，并以此为工具建立持续监测昆虫的监测网，以跟踪有害生物种群。尽管诱捕设备对于预防和及时遏制虫害的蔓延与降低危害程度极为重要，是监测、识别和定位昆虫种群，以便有效控制虫害的常规措施，但它只是一种长期的辅助手段，目视检查仍然是虫害综合治理策略的重要组成部分。[②]

5.4.1　昆虫陷阱的选择

一旦藏展环境的围护结构被密闭，就可使用昆虫陷阱（pest traps）时时监控侵入

[①] Thomas A. Parker. 3.10 Integrated Pest Management[J/OL]. [2015]. https://www.nedcc.org/free-resources/preservation-leaflets/3.-emergency-management/3.10-integrated-pest-management.
[②] Service N P. Monitoring Insect Pests With Sticky Traps [J]. Conserve 0 Gram，1998(7):1-3.

户内的昆虫的活动，查明可能存在的虫害问题。昆虫陷阱是一种持续监测装置，它会在幼虫和成虫的活动阶段捕捉到各种各样的昆虫，包括爬行的和飞行的昆虫。其捕获的昆虫可表征户内已有的昆虫种类，昆虫进入点、行进方向，昆虫数量，它们在何处聚集及其存活原因等信息，被捕获的昆虫的数量还可进一步说明进入馆内的昆虫与本地季节的关系。尽管用昆虫陷阱侦测和监测馆内昆虫是目视检查的补充而不是替代，但昆虫陷阱提供的信息，特别是这些信息的累积可用于确定需要采取哪些预防和补救措施并确定这些措施的优先级。昆虫陷阱在捕捉昆虫方面是非常成功的，但它不能控制昆虫，它纯粹是针对馆内昆虫的一种监测设备。

昆虫陷阱种类很多，若选用不当有可能会导致对该区域内昆虫真实数量与种类的误报，这是因为有些昆虫是爬行的，用悬挂式陷阱（如图1-37）就不可能捕获它们。同样，飞行的昆虫用适用于爬行昆虫的陷阱也同样抓不到。此外，尽管光陷阱可捕捉飞虫，但并非会飞的昆虫都会被光吸引，由此会有一部分昆虫漏网。黏性陷阱表面的薄胶很难粘住大型昆虫（如天牛），一旦它们进入陷阱就可能挣脱胶水的束缚。再者，一种陷阱是无法满足捕获各类昆虫的需求的，故应根据具体情况选择正确的陷阱。可见，尚无一种昆虫监测设备可应用于各类不同环境，在选择昆虫监测设备时必须使其与所在环境条件与目标昆虫相匹配。

一般说来，昆虫陷阱有以下几类，其特点如下。

表 2-1　昆虫陷阱的常见种类与特点

陷阱类型	用途	不足
黏性陷阱	捕获途经该陷阱的爬行昆虫	不宜在灰尘多的区域使用；一旦黏稠的表面被灰尘覆盖，黏性会失效
信息素陷阱	捕捉目标飞虫或爬虫，仅对目标昆虫有效	仅当怀疑有目标昆虫存在时才建议使用；使用不当会将昆虫吸引到藏展区域；请勿用于常规的持续监控
光阱	捕捉具有驱光特性的飞虫	使用不当会将昆虫吸引到藏展区域；若需使用，须避开对紫外光敏感的藏品；请勿用于常规的持续监控

5.4.1.1 昆虫黏性陷阱

黏性陷阱（sticky traps）又称为失误陷阱（blunder traps），是博物馆、图书馆与档案馆最常用的一类陷阱。它为纸板结构，内表面涂有无毒、不易干燥的黏性物质（厚度1 mm或更薄的胶层），通常没有任何形式的引诱剂，因此又被称为纸板胶板（cardboard glue-boards）。其捕虫原理是，当爬行昆虫闯入诱捕器中就会被黏附到胶层上。由于这类黏性陷阱并没有放置诱惑昆虫的食物或信息素引诱剂，完全靠昆虫自由行走而捕获，故又被称为失误陷阱。失误陷阱可以捕获正在通过该区域的爬行昆虫，如衣鱼、书虱、蟑螂、蟋蟀、地面甲虫、蛛甲、蜘蛛和蚂蚁等。

当对环境中是否存在昆虫一无所知时，最好选用黏性陷阱，它是早期预警系统，可在人眼发现昆虫之前困住昆虫，由此提供与昆虫相关的信息，如昆虫种类、爬行的方向以及经过该陷阱的昆虫数量等。尽管捕获的昆虫的数量不是进入该区域的全部昆虫的数量，但可显示爬行昆虫入侵建筑物的程度与状况。

黏性陷阱有助于监测建筑物内有无昆虫存在，确定昆虫侵扰的位置、昆虫种类和严重程度，以评估藏品面临虫害的风险等级。这类陷阱非常适合任何沿周边爬行的节肢动物，不可用来捕获啮齿动物，在灰尘较多的地区容易失去黏性，也不宜再使用。

黏性陷阱的样式很多，在干扰较少区域（如库房、储藏室等）的角落可放置平面黏性陷阱，而在公共区域放置折叠为帐篷型的陷阱更好。还有些黏性陷阱被做成条状放置在窗玻璃上，以捕捉被日光吸引的昆虫。

图 2-1　帐篷式陷阱（左）与平面陷阱（右）
摄影：王晨敏，上海图书馆（左）；广州文保文化传播有限公司（右）

在黏性陷阱内添加信息素诱饵还可以发现与诱捕目标昆虫（见5.4.1.2昆虫信息素诱捕器）。在使用黏性陷阱时，请注意以下关键问题。

（1）确保放置在恰当位置

昆虫只有途经黏性陷阱才有可能被困住，因此必须将其放置在昆虫可能通过的路径中。昆虫往往不会穿过开阔的空间，故不宜将陷阱放在开阔处的中央位置。最有效的是放置在房间的角落、墙壁边缘与地板角或地板、墙壁连接处，拦截爬行的昆虫。也可将其放在窗台上以捕捉被光线吸引的成虫，但陷阱的位置要远离强光，因为昆虫不会在强光区域行走。

应选择在发生虫害的高风险区域放置陷阱，如建筑物的入口点（门、窗、通风口等）、藏展区域的柜架下方与墙体拐角处。较小的区域可每30~50 m² 使用一个陷阱，较大的区域可每100~200 m² 使用一个陷阱。

鉴于某些黏性陷阱只有5~8 cm长，故可以谨慎地将其放置在藏品附近以监控该区域的昆虫活动。

图2-2　监视书架/书柜上的害虫活动
摄影：王蕾，中山大学图书馆（左）；广州文保文化传播有限公司（右）

（2）定期检查与记录

宜每周检查一次黏性陷阱，以便及时发现问题。

定期检查与记录才可能统计出被困的昆虫的种类、数量以及爬行方向。为便于统计，宜用数字编号标记每一个陷阱。在检查过程中需要记录所有的发现，特别是放置的日期、位置以及昆虫监测记录等，以累积建筑物内的昆虫信息，便于问题的分析。

（3）更换陷阱

黏合剂久置会由于各种原因而变干、失效，当它们变脏或失去黏性，或上面粘满昆虫时，必须立即更换黏性陷阱。一般说来宜每月更换一次黏性陷阱，至少在3~6个月内更换一次。

（4）目视检查与陷阱监测配合

黏性陷阱必须与目视检查相互配合，特别是黏性陷阱捕获昆虫之后，应依其提供的信息对昆虫踪迹进行仔细搜查，特别是藏展区域和容易被虫危害的藏品（即易感藏品）。

5.4.1.2 昆虫信息素诱捕器

信息素诱捕器（pheromone traps）是收藏单位对目标昆虫进行监控的重要工具之一，但若使用不当也会带来风险。

雌性昆虫通过向空气中散发一种天然的性信息素来吸引雄性配偶，人类在化学实验室内合成这类性信息素并将其做成诱饵，放入黏性陷阱中便制成了性信息素诱捕器。性信息素诱饵可释放吸引同类雄性成虫的引诱剂达周围几米远，以诱使在该范围内的雄性成虫受骗而跌入陷阱中。据相关研究，模仿雌性昆虫的性信息素绝不会吸引正在交配的昆虫，也不会吸引对藏品破坏力最大的幼虫期昆虫，它主要针对的是雄性成虫。因此，性信息素诱捕器可用来监测目标昆虫是否存在以及定位其所在位置，可用于定性地提供目标昆虫发生率的预警。它仅仅只是目标昆虫的监控器而非控制措施，需要谨慎使用。

性信息素仅针对特有物种，并非所有的仓储昆虫的性信息素都已被商业化合成，当前被开发出来并已商业化的性信息素、性引诱剂主要是针对部分鞘翅目与鳞翅目的，包括袋衣蛾 *Tinea pellionella* 与幕衣蛾 *Tineola bisselliella*，以及大量的甲虫，如短角褐毛皮蠹 *Attagenus unicolor*、斯氏毛皮蠹 *Attagenus smirnovi*、小圆皮蠹 *Anthrenus verbasci*、花斑皮蠹 *Trogoderma variabile*、白腹皮蠹 *Dermestes maculatus*、丽黄圆皮蠹 *Anthrenus flavipes*、根西皮蠹 *Anthrenus sarnicus*、谷斑皮蠹 *Trogoderma granarium*、烟草甲 *Lasioderma serricorne*、药材甲 *Stegobium paniceum*、大谷蠹 *Prostephanus truncatus*、小谷蠹 *Rhyzopertha dominica*、赤拟谷盗 *Tribolium castaneum*、杂拟谷盗 *Tribolium confusum*，以及家具窃蠹 *Anobium punctatum* 等。已开发的所有性信息素对人类都是安全的，还有更多的昆虫性信息素有待开发。

依照昆虫成虫活动的特点，鞘翅目昆虫性诱捕器／鞘翅目陷阱（traps for Coleoptera）被设计成可平放在地板上，将其放置在建筑物角落或墙壁与地板的连接处最有效；鳞翅目昆虫性诱捕器／鳞翅目陷阱（traps for Lepidoptera）被设计成可悬挂在离地面约 2.5 m 的环境中，以捕获飞行中的鳞翅目昆虫，见图 1-37。

与失误陷阱不同，性信息素陷阱仅针对特定物种，不会诱捕其他种类的昆虫，它具有很多优势，也具有一定风险，使用中须特别谨慎。其特点如下：

（1）可显著提高对目标昆虫的监测效果

昆虫在藏展区域找到了理想的栖息地和食物来源后，它们大多不会到处游走而被失误陷阱捕获。当发现有某种昆虫危害的迹象而想证实其是否存在时，使用该昆虫的性信息素诱饵可以显著提高监测效果。在昆虫的物种被初步确定，但其数量极少时，使用性信息素诱捕器可以提高监测效果。例如，有文献介绍，蟑螂的性信息素陷阱可使 8 m 左右范围内的雄性蟑螂在 5 秒之内跳入这种陷阱装置。

（2）有助于在较大的藏展区域内精确定位目标昆虫

性信息素诱捕器在确定昆虫侵扰区域方面很有用，特别是在对其总体分布和当前生命周期知之甚少的情况下。根据性信息素诱捕器捕获的昆虫的数量，利用简单的数学模型即可解释与提供目标昆虫的种群动态和分布的预测。[1]

对于特别容易被某种昆虫危害的大型收藏区，很难定期对每件藏品、每个柜架与抽屉都进行仔细地检查，这时采用该种昆虫的性信息素诱捕器就可以有效地监测该目标昆虫的存在，例如对动植物标本中的烟草甲的监测。

（3）便于对目标昆虫的识别与计数

性信息素诱捕器仅能捕获目标物种或范围很窄的物种，其敏感性和特异性不仅使

---

[1] Hagstrum D W. Fundamentals Stored Product Entomology[M]. U.S.A., Minnesota: AACC Internationa, 2006:151-156.

其诱捕高效与省力，且便于对目标昆虫的识别和计数。

当前已经生产出多种甲虫诱捕器，其内置的昆虫信息素是由三种不同的昆虫信息素组成的混合物，可目标明确地捕获储藏品中一些常见的关键昆虫。

除性信息素被开发出来监测目标昆虫外，昆虫的聚集信息素也被人工合成以诱捕昆虫。聚集信息素与性信息素不一样，它对雄性和雌性昆虫均具有吸引力。聚集信息素陷阱不仅仅是监测昆虫，更主要的是将其诱骗聚集于一处以捕获之。例如蟑螂，除已经开发出性信息素陷阱以诱杀雄性蟑螂外，也开发出了聚集信息素陷阱以不分性别地捕杀蟑螂的若虫与成虫。与失误陷阱不同的是，这类陷阱除附着有信息素外，还在黏性物内施放了毒药，当蟑螂被信息素吸引而奔向陷阱时，不仅会被粘住，而且会被毒死。蟑螂的聚集信息素直接来自蟑螂（雄性、雌性，成虫或若虫）的粪便，这也是为什么一旦建筑物内留下蟑螂排遗物，就不会只有一只蟑螂。

由上可见，在监控目标昆虫方面，信息素诱捕器确实有很多优势，但使用不当也存在隐患。

（1）可能引虫入室

信息素诱饵可在一定的范围内吸引目标昆虫，例如对雄性和雌性均有诱惑力的聚集信息素，通常在6.1 m范围内吸引昆虫。使用任何类型的信息素诱饵时，为避免将外部昆虫吸引到藏展区域，必须将诱捕器放置在距门/窗4.6 m以内的地方，且密闭门窗。

（2）可能带来错误信息

若选用信息素不当，该陷阱带来的信息可能是错误的。例如，在疑似存在衣蛾的环境，由于判断失误而使用了甲虫信息素，这可能无法诱捕到衣蛾，但这并非说明衣蛾不存在。

鉴于信息素诱捕器的以上特点，在选用这类诱捕器时须注意以下问题。

（1）仅当怀疑有目标昆虫存在时，才使用信息素诱捕器

信息素诱捕器使用不当会将昆虫吸引到藏展区域。仅当怀疑有目标昆虫存在时，才可使用信息素诱捕器，请勿将其用于常规的持续监控。

（2）准确地选用信息素诱捕器

在考虑选用信息素诱捕器前，应先考虑一下在该建筑物内见过哪些种类的昆虫，是爬虫还是飞虫，最好能够首先识别目标昆虫，然后还需要确认是否有这类昆虫的信息素诱捕器。

由于某些昆虫每年的成虫期较短，故可咨询昆虫学家及早鉴别目标昆虫。尽管目前市场已经开发出多种甲虫诱捕器，其内含几种不同的昆虫信息素且这些昆虫均为常见的仓储昆虫，但至少要确认其中一种为目标昆虫。

（3）仅在密封良好的房间中使用信息素诱捕器

为避免建筑物外的昆虫被吸引到建筑物内，应仅在密封良好的房间中使用信息素诱捕器，且使它与任何向外打开的门保持至少 5 m 的距离，这将降低邻近区域或室外昆虫进入的可能性。

（4）信息素诱捕器应放置在可能出现昆虫的地方

信息素诱捕器应放置在虫源附近，或可能出现昆虫的地方，不要将信息素诱捕器放置在物品上，如藏品、藏品装具或柜架上。耐心等待，按照信息素诱捕器说明书建议的时间检查诱捕器捕获昆虫的情况。

（5）调整诱捕器位置以准确定位虫源

密切监测陷阱，以评估捕获情况。当发现被捕获的昆虫后，通过视觉评估以定位虫源，并重新调整陷阱位置，使陷阱放置在捕获率最高的位置，以有助精确定位虫源。

（6）必须定期更换信息素诱饵

信息素诱饵的寿命相对较短，应定期更换信息素诱捕器的诱饵。一般说来，每季度需要更换一次，除非有其他规定。应使用镊子或手套（橡胶或腈纶手套）接触诱饵，切勿让身体的任何部位接触到信息素诱饵，即使有微量的信息素残留在身上，都会使人体成为引诱剂。

若当前使用的陷阱没有效果，可考虑更换为其他陷阱。

5.4.1.3 昆虫光捕集器

昆虫光捕集器（Insect Light Traps, ILTs）又称为光阱，是鉴于某些会飞的仓储成虫与飞虫有趋旋光性，故制造光阱诱使飞虫扑灯（紫外灯）。这种陷阱一般是配合其他工具一并使用的，例如黏性胶板。若昆虫成虫具有飞行能力且有趋光特性，就会在飞向紫外灯光时被粘住，这为提供有价值的昆虫信息打下了基础。有的光捕集器会电死被吸引的昆虫，尽管其捕获到了昆虫，但电击后的昆虫被分裂为碎片，无法识别，故这类光阱是不推荐使用的。

需要注意的是，光阱仅对具有趋旋光性的成虫有效，例如烟草甲、皮蠹等。但并非所有的仓储昆虫的成虫都会飞行并都具有趋旋光性，有的飞虫不一定趋光，例如衣蛾成虫，光阱对它是没有诱惑力的。

使用光阱捕获有趋旋光性的成虫是可能的，但光阱发射的是紫外线，对较多藏品是有害的，如纸质藏品、毛毯、丝绸等。若必须使用光阱诱捕昆虫，应使紫外线远离敏感的藏品。

图 2-3　光阱
摄影：广州文保文化传播有限公司

5.4.1.4　皮蠹科幼虫监视器

以上几类监测设备均针对昆虫的成虫，破坏藏品最严重的幼虫的活动很难监测。现在已经开发出的皮蠹科幼虫监视器，可对小圆皮蠹（*Anthrenus verbasci*）、短角褐毛皮蠹（*Attagenus unicolor*）、火腿皮蠹（*Dermestes lardarius*）等皮蠹科昆虫的幼虫进行监测。[1] 其基本原理是，该监视器内置皮蠹科幼虫最爱的动物蛋白混合物，可以诱惑皮蠹幼虫很快从所栖息的物品中爬出而趋向皮蠹监视器。该食物诱饵可吸引距离监视器设备的半径3 m以内的皮蠹幼虫，诱饵越靠近目标物品，监测效果越好。该监视器并没有使用胶黏材料，可以直接放在疑似生虫的地毯或纺织品旁边，或直接放入衣物口袋内、布层之间或动物标本架下面等。

皮蠹科幼虫监视器由于没有使用胶黏材料，故无法固定或捕获幼虫，因而不属于陷阱，仅为监视器。需要经常检查该监视器，一旦发现幼虫就说明该区域有皮蠹活动的问题。皮蠹幼虫行动缓慢，一旦发现很容易捕捉。皮蠹科幼虫监视器可及早发现虫害，爬出的幼虫越多，说明问题越严重。早期发现皮蠹，便于及时采取措施消灭皮蠹并控制其蔓延与危害。

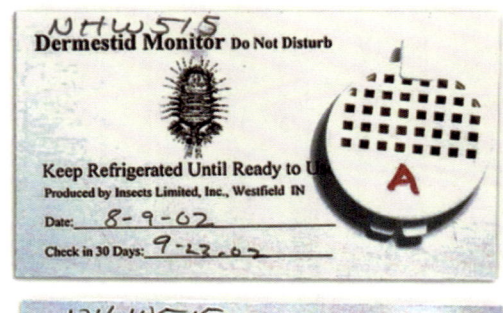

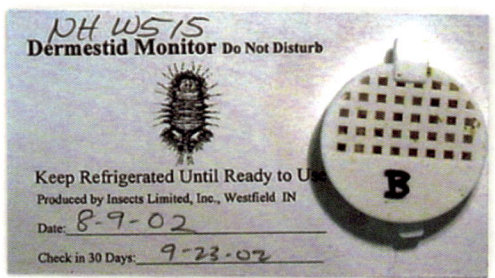

图 2-4　皮蠹科幼虫监视器[2]

---

[1] 该部分参考：Gaylord. Dermestid Monitors for Larvae[EB/OL]. 2021[2021-9]. https://www.gaylord.com/Environmental-Control/Pest-Control/Dermestid-Monitors-for-Larvae-/p/12013. Insects Limited Inc. . Larval Dermestid Monitoring Tools [EB/OL]. [2021-9]. https://pestweb.com/assets/files/productdocuments/doc_2540BEAC14FF9A692616061E44504DEC15545BBD.pdf.

[2] 图片来源：Gaylord. Dermestid Monitors for Larvae[EB/OL]. 2021[2021-9]. https://www.gaylord.com/Environmental-Control/Pest-Control/Dermestid-Monitors-for-Larvae-/p/12013.

尽管还存在其他类型的昆虫诱捕器，但漏斗陷阱和紫外线电击器之类的均不宜在博物馆、图书馆与档案馆等藏展区域使用。尽管信息素诱捕器和光诱捕器对某些昆虫具有监测与捕获作用，但不宜作为常规性监测设备。使用最为普遍的还是黏性陷阱。

除注释外，5.4.1部分还参考了以下文献：

（1）IPM-WG. Monitoring—Insect Trap Selection[J/OL]. [2021-9]. https://museumpests.net/monitoring-trapping/monitoring-trap-selection/.

（2）Anna Berry，B.C.E. . Trapped! Choosing the Correct Interior Insect Monitoring Trap[J/OL]. 2021-6[2021-9]. https://www.pctonline.com/article/trapped-choosing-the-correct-interior-insect-monitoring-trap/.

5.4.2　昆虫诱捕器的管理

使用昆虫诱捕器进行虫情监测的基本程序包括放置与管理诱捕器、定期检查与记录捕获的情况、分析判断存在的问题等。

5.4.2.1　放置与管理诱捕器

为了便于对诱捕器的管理以及日后对诱捕器捕获的昆虫进行信息统计与分析，建议在建筑物内对诱捕器进行网格化管理。网格化管理依托于数字化平台，在建筑物的平面图上标明对昆虫敏感的藏品区域以及昆虫可能的入口或行动路线，在整个需监视的区域内标上昆虫失误陷阱放置的位置，在某些发现有目标昆虫的区域谨慎放置信息素陷阱，并在平面图上对每个诱捕器进行编号，并按此在实地安置诱捕器。这对建筑物内昆虫活动重点区域的识别特别有用，放置的诱捕器应标明放置的日期与编号，以便快速识别。

使用的诱捕器数量越多，发现昆虫的机会就越大，但其工作量也加大。应科学地设置诱捕器的位置，使其放置在昆虫最可能出现的地方，并应优先放置在藏展区域。

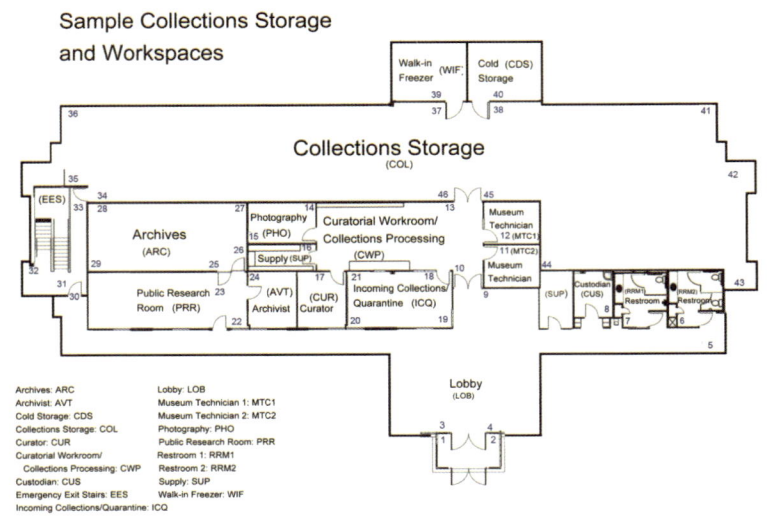

图 2-5　附有陷阱位置的建筑物平面图[1]

（1）藏展区域

对于存储区，诱捕器应优先放置在最易吸引昆虫的藏品周围，如纺织品、动植物标本的储物柜中，注意确保黏性陷阱不接触到藏品，以免黏合剂对藏品造成损坏。也可以将黏性陷阱塞在储物柜架下面，放置在存储区的墙角、墙壁下，以及黑暗与隐蔽处等。

对于陈列区，应优先放置在人流量最大的区域。若允许且可行，也可以考虑放在陈列柜内与陈列柜下方。

（2）昆虫潜入点与活动位置

在建筑物内，凡是昆虫可能进入的地点与活动位置，都应考虑放置黏性陷阱。其重点位置有：

①昆虫潜入点：如门、窗附近，空气调节系统的通风口和其他潜在的昆虫进入点。

---

[1] National Park Service. NPS Museum Handbook Part 1, Chapter 5: Biological Infestations[EB/OL]. [2014]. https://www.nps.gov/museum/publications/mhi/CHAP5.pdf.

②昆虫活动点：窗台上，角落里，不易勘察的黑暗、隐蔽区域。

③水源附近：排水管附近和其他潮湿的地方。

④热源附近。

（3）放置方法

黏性陷阱应放置在昆虫可能潜入的位置。一般说来，昆虫都是靠触觉沿着墙边爬行的，应将黏性陷阱靠墙边放置，最好是在放置在墙壁间的角落里，也可以放在窗台或门框边，藏展环境内的昆虫往往会在这些地方游荡而被粘住。

有研究建议，可根据房间的大小，每间隔5～10 m在墙与地面连接处放置一个黏性陷阱。[1] 还有建议说，小空间每隔2~6 m放一个捕虫陷阱，大空间每隔10 m放一个捕虫陷阱。一开始捕虫陷阱可放置于较脏的区域、墙边、墙角、窗边、门边、书架上、书后面，以后再在先前发现昆虫密度高的区域加强放置捕虫陷阱。[2]

在陷阱的检查过程中，一旦发现有昆虫被困，应调整陷阱的位置或变更陷阱的数量，将诱捕器更多地放置在更接近昆虫进入的位置以定位虫害区域。在疑似虫害侵染的区域，可考虑每隔3 m放置一个陷阱。[3] 经过一段时间对虫害监控位置的调整，可更准确地查明昆虫所在的区域。

5.4.2.2 定期检查与记录捕获的情况

对于发现虫情而言，定期检查陷阱要比设置多个陷阱而忽视检查更有效果。坚持定期检查陷阱并记录虫情，长期积累相关数据，除可及时发现问题与抑制虫害的蔓延外，还可以发现该地区虫情与季节变化的关系，利于对虫情的长期监控。

在陷阱放置的初期（如最初3~6个月），建议每天或每周检查一次陷阱，尤其是在昆虫活动较多的夏季，以便及时发现问题，重新调整陷阱。若有虫情发生，则应更频繁地检查。在昆虫活动少的区域，检查可以延长到每两个月一次或至少每季度一次。

检查的内容包括有害生物的捕获情况与失误陷阱的黏性状况。

---

[1] Service N P. Monitoring Insect Pests With Sticky Traps [J]. Conserve 0 Gram, 1998(7):1-3.
[2] 岩素芬. 图书蛀虫、防虫处理 [J].（台湾）佛教图书馆馆刊，2006（43）：40-49.
[3] Service N P. Monitoring Insect Pests With Sticky Traps [J]. Conserve 0 Gram, 1998(7):1-3.

若发现陷阱捕捉到昆虫应及时记录，若有较多昆虫被困在陷阱内，则要及时更换该陷阱。这些被黏附的昆虫会成为其他昆虫的食物而吸引更多的昆虫，更换陷阱还可避免捕获信息记录的混淆。若有啮齿动物被粘到黏性陷阱上，要安全处理啮齿动物与更换黏性陷阱。

在检查陷阱时还需要检查黏性陷阱是否变形（如是否被压扁等），是否还有黏性。若陷阱布满污物与灰尘，就会失去黏性，必须尽快更换。

更换陷阱前，要及时记录被其捕获的昆虫的所有信息，获取昆虫监测的基础数据，并保留标有每个陷阱位置的楼层图。应详细记录陷阱所捕获的有害生物的数量和类型、位置，以及有害生物活动的所有指标。至少应包括以下信息：

①检查日期与陷阱所在地点。

②陷阱中发现的有害生物种类。应识别与记录被捕昆虫的物种，对于一时难以确定的物种，应保留黏附有昆虫的陷阱并请相关专家鉴定。

③陷阱中不同物种的数量。

④物种的生命阶段（幼虫还是成虫）。

⑤被捕昆虫的特点，如是蛀木虫还是啮虫等。

⑥昆虫进入陷阱的方向，这有助于判断其来源。

⑦陷阱更换的日期。

采集这些被粘住的昆虫标本，准确地鉴定其物种，分析它们入侵的原因。将黏性陷阱与分析结果在建筑物的楼层地图上可视化，有助于找到受感染的物品或定位与建筑物相关的问题。[1] 将被捕获昆虫的数字图像建模，不仅有助于准确鉴定物种，还能够显示本地的昆虫种群，便于科学地制定预防方案。将日积月累的黏性陷阱的昆虫捕获数据建成本单位的藏品害虫侵扰数据库，不仅可以监测藏展环境的本地昆虫并采集到其昆虫标本，还可以进一步发现藏展环境的清洁与日常内务管理的问题，利于及时完善管理措施与加强预防性工作。

---

[1] Pascal Querner. Insect Pests and Integrated Pest Management in Museums, Libraries and Historic Buildings [J]. Insects, 2015(6): 595-607.

案例 9：虫害数据库报告样本

本案例译自：The National Park Service.NPS Museum Handbook[M].National Park Service，U.S. Dept. of the Interior:Washington，D.C. :73.

捕获时间：2014年8月26日至2014年9月1日

建筑物名称/编号：收藏存储/1

表 2-2　虫害数据库报告样本

位置	定位点	时间	虫名	类别	陷阱序号	数量	备注
休闲区	内门旁边的西墙	9/1/2014	百怪皮蠹	博物馆昆虫	1	1	
卫生间	南墙	9/1/2014	跳虫	杂项	7	1	
策展工作室	南墙后面的门	9/1/2014	短角褐毛皮蠹	博物馆昆虫	10	1	
技师工作室	南墙后面的门	9/1/2014	衣鱼	博物馆昆虫	12	1	
策展工作室	北墙后面的门	9/1/2014	蜘蛛	捕食者	13	1	
馆长办公室	北墙后面的门	9/1/2014	蜘蛛	捕食者	17	2	
藏品存储区	南墙后面的门	9/1/2014	蜘蛛	捕食者	34	2	附近发现了丝网

案例

续表

位置	定位点	时间	虫名	类别	陷阱序号	数量	备注
藏品存储区	南墙后面的门	9/1/2014	皮蠹幼虫	博物馆昆虫	41	1	
藏品存储区	柜3的东墙	9/1/2014	皮蠹幼虫	博物馆昆虫	42	1	在PARK 2014，5号架3号箱上发现短角褐毛皮蠹
						总计：11	

5.4.2.3 分析判断存在的问题

陷阱捕获信息的记录是为了有助于对存在问题的发现与分析，以便准确地找到针对性强的补救措施。

（1）物种识别信息

物种识别信息利于明了被困昆虫是否对藏品有害，最可能危害哪类物品，以及应采取哪些措施以抑制这类昆虫的存在与蔓延。

若被困昆虫属于户外昆虫，说明该建筑物密封性差，应改进与完善，杜绝一切可乘之机。若被困的是危害藏品的昆虫，应制订更缜密的陷阱方案，以便找出昆虫的来源。

（2）昆虫发育阶段信息

明确被困的是幼虫还是成虫，可帮助分析藏品当前所处的风险。若是甲虫的成虫，有可能是外部潜入，也有可能说明藏品虫害严重。被困的若是幼虫，由于其活动能力有限，则几乎可以确定有物品已被虫害，该物种正在建筑物内繁殖。

（3）昆虫数量信息

持续定期地记录陷阱信息，若发现随时间推移，被困的某物种的数量呈增长趋势，则说明该昆虫对物品的侵害已经形成。

（4）昆虫进入的方向信息

若被困昆虫集中在某一个区域，或大多都是从某一个方向进入陷阱，可能表征了昆虫的源头或集中发生虫害的位置，这些信息都有助于找到虫源并采取针对性措施进行补救。

昆虫监测提供了一个可供长期评估虫情与防控措施成败的信息源，发现虫情并采取预防措施后仍然应继续进行持续的监测。

除注释外，5.4部分还参考了以下文献：

Christa Deacy-Quinn . Fundamentals of Museum IPM[J/OL]. [2019-12-13]. https://www.spurlock.illinois.edu/pdf/fundamentals-of-museum-ipm-low.pdf.

5.5　人工定期检查

定期检查建筑物与藏品有无昆虫存在或危害迹象，是降低虫害风险的重要防控措施。一旦发现问题，可及时采取控制与补救措施。

检查工具为手电筒与放大镜。大多数昆虫喜欢阴暗、肮脏和安静的地方，手电筒便于发现它们，放大镜有助于准确判断该昆虫的发育阶段以及危害迹象，如成虫、幼虫或若虫、蛹或茧、虫蜕或虫的排遗物等。定期检查的结果应记录在检查清单上，以便与昆虫诱捕器所监测的情况一并分析。其记录的主要内容包括：陷阱上是否有昆虫，物品上是否有损坏或生虫迹象，被发现的昆虫的物种，昆虫是死的还是活的，其生命阶段（幼虫或成虫），有多少藏品被侵扰，等等。

5.5.1　检查对象：建筑物

定期检查建筑物，特别是藏展区域、昆虫监测器指示的昆虫活动区域，以及特别容易藏匿昆虫的区域。

大多数研究与实践建议至少应每6个月对建筑物进行一次定期检查[1]，特别是春

---

[1] National Park Service. NPS Museum Handbook Part 1, Chapter 5: Biological Infestations[EB/OL]. [2014]. https://www.nps.gov/museum/publications/mhi/CHAP5.pdf.

季。检查建筑物的围护结构是否有裂缝及昆虫留下的痕迹，如活虫、死虫、虫屎、蛀屑以及物品被危害的痕迹。

重点检查对象为昆虫易藏匿的场所及可能的入口处。建筑物内最容易藏匿与滋生昆虫的区域包括：地下室，空心墙体内，电梯井，采暖通风管道，散热器后面，靠近水源处（如水槽附件），吊顶上方，地板下面，门上的毛毡密封条，建筑物内的杂物，踢脚线和墙壁饰板的后面，地毯下面，储藏柜后面和下方的死角，甚至有些昆虫会藏匿在电气设备和电动机（包括电脑）内部。应检查这些区域是否有积聚的污物与昆虫活动迹象，发现问题及时处理。

在建筑物内还有很多昆虫可能的潜入点或藏匿处，最常见的有建筑物与房屋入口处，如带外部通道的门道和走廊，窗台和门框等；围护结构的一些孔隙很可能藏匿昆虫或昆虫尸体，如墙壁或地面的裂缝与空隙、地板之间的缝隙、墙壁和地板之间的缝隙等。

5.5.2 检查对象：藏品

严格来说，每月对藏品进行一次虫害检查是最科学的，因为这期间是大多数昆虫从一个发育阶段过渡到下一个发育阶段的时期。但对于馆藏较多的收藏单位，每月对藏品进行一次虫害检查的可行性不大。因而，应对易感昆虫的藏品进行定期重点检查，如生物标本、动物皮张、人种学藏品、动物骨架以及丝绸、动物毛制品、纸质品、木制品等，建议每3个月检查一次，特别是春季。其他藏品可每6个月抽查一次。[1]

检查对象包括藏品本身及其装具，观察其是否有被虫感染的迹象，如被害痕迹与污迹等。不同种类的昆虫对物品造成的危害不同，可目视检查藏品、藏品周围及其装具是否有以下现象：

（1）发现会飞的成虫或爬行的幼虫，虫皮，虫蛹，蛀屑与虫屎，丝网，虫茧，以及死虫或其残片。

---

[1] National Park Service. NPS Museum Handbook Part 1, Chapter 5: Biological Infestations[EB/OL]. [2014]. https://www.nps.gov/museum/publications/mhi/CHAP5.pdf.

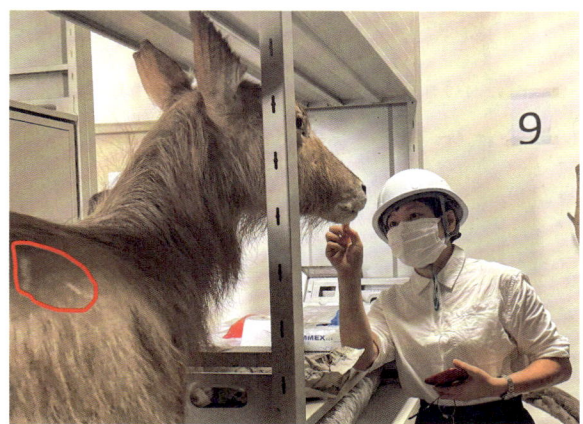

图 2-6　检查藏品（左图为书上的死虫，右图为被虫蠹蚀的动物标本）
摄影：广州文保文化传播有限公司

（2）物品上是否留下咀嚼、咬痕或表面是否被"擦破"，是否出现虫眼与碎片，如纸张与纺织品的小孔、破洞、碎屑，木制品上的小洞，皮张或毛皮上是否有毛脱落，等等。特别是要重点检查纺织品的接缝和衬里、绘画的背面、地毯的底面等最易藏匿昆虫的位置。

图 2-7　虫害的痕迹
摄影：王晨敏，上海图书馆

（3）物品周围或下方是否存在碎屑、碎片、粪便颗粒或蛀屑。如标本周围或标本下方是否有碎屑或虫屎，木制品周围或下方是否有粉状物质，物品上是否有污迹、网状物等。

（4）柜架上及其后面、盒子与抽屉内是否有昆虫活动的迹象。

（5）散热器下与窗台上有无昆虫活动迹象或留下的污迹。

检查藏品时，为了便于观察是否发生了虫害，可将其放在白纸上面，将检查对象翻转过来，轻敲、轻拍，看是否有碎屑掉落。更多的内容见：3.虫害的基本迹象与识别。

5.6　发现问题后的补救性处理

在检查中若发现有昆虫侵扰藏品，应立即检查被感染程度，判断该虫害痕迹是旧迹还是新的危害，一旦发现新的危害，必须立即采取行动控制虫害蔓延及降低物品被危害的风险。有研究建议，理想的情况是在当天处理紧急、高风险的问题，或者在24小时之内处理。[1]

一旦发现虫害迹象，其处理的主要环节如下。

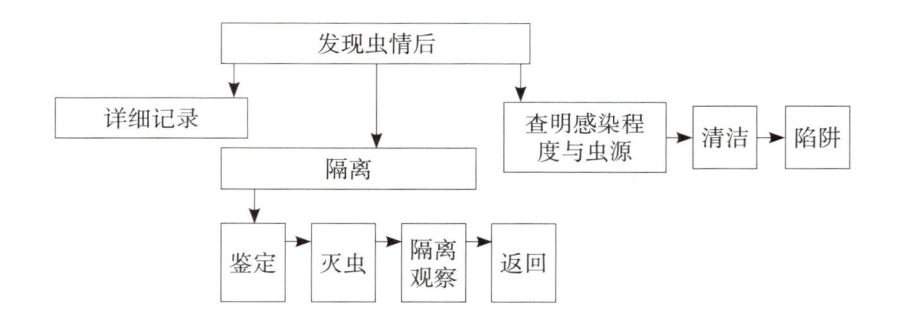

图 2-8　发现虫情后的补救性处理

5.6.1　处理的主要环节

如果在物品上或其附近发现有昆虫活动的痕迹，或在物品附近的昆虫诱捕器中发

---

[1] British Retail Consortium.Best Practice Guideline: Pest Control[DB/OL].[2008-6].https://www.brcgs.com/media/638461/brc-bpg-pest-control-english-text.pdf.

现了被困的昆虫，则该物品可能受到了感染。应采取以下补救性措施。

5.6.1.1 详细记录虫情

发现虫情后立即记录相关信息，以文字与图片的方式说明何时何地发现了昆虫活动的迹象以及其他信息。

①发现虫情的时间与地点。

②感染状况的描述。

③涉及的对象和物品类型，如木材、书画、纺织品和毛皮等。

④损坏情况的描述，如书页缺损、木制品上圆孔、污渍等。

⑤发现虫情的位置与物品的距离。

⑥被发现的昆虫是否可能简单清除，或其污迹是否可能擦除。

⑦昆虫的类型（如果无法识别，可请专家鉴定）。

⑧是否有卵（一般很难观察到）、幼虫/若虫、蛹或成虫。

在虫害的迹象被清除之前，仔细观察发现问题的部位以及被损害的程度，以确定该部位存在的问题是以往的，还是当前的。

5.6.1.2 立即隔离被感染物品

在检查过程中，若发现有物品被昆虫侵扰或疑似被昆虫侵扰，应立即隔离被感染物品并采集昆虫样本与相关物以供物种判断。

需要隔离的对象包括所有可能受侵扰的物品及其装具，在隔离前应将这类物品就地封装再转移，以免被害物品在转移过程中掉落虫卵、幼虫、成虫或散发霉菌孢子等，扩大虫霉的传播范围。宜戴好一次性手套接触被隔离物品，将被虫侵扰的物品放在密封良好的塑料袋中，被霉菌感染的物品宜置于有盖的纸板箱内，而不是密封的塑料袋中，以免霉变继续恶化。

隔离室应远离藏展区域且具有较好的密封性与照明，若没有单独的隔离室，则应将被隔离物放在藏展区域之外密封良好的橱柜中。在隔离室内观察被隔离对象是否存在虫霉活动迹象，并确定需要采取的补救措施以消除感染。

隔离时间的长短应由特定昆虫的生命周期决定，两周至数月不等，故及早识别昆虫物种至关重要。若直接捕获到昆虫可将其装入小瓶或安全的容器内，以便对其物种进行确认。详细记录与收集可疑的痕迹，采集虫皮、虫屎或蛀屑等，为专家判断昆虫物种提供参考。

若确认昆虫不属于危害藏品的昆虫，则应检查藏展环境的密闭性，采取措施封堵建筑物的裂缝。

5.6.1.3 确定感染范围与虫源

以被发现的昆虫侵扰点为中心，不断向周围扩大检查范围，观察是否还有其他物品被侵扰，以及危害的迹象和损害程度，记录发现的问题并将被侵扰的物品进行隔离。在持续的检查过程中，特别要注意寻找虫源，以便及时清除。

综合以上发现的问题，找到问题发生的根源。若问题出在建筑物的围护结构上，应及早对其进行检修，杜绝昆虫可能的入口。若昆虫可能是被携带进入藏展区域的，应严格执行入藏制度与程序以防止虫害再次发生。

5.6.1.4 清洁

在发现问题的物品周围进行彻底的清洁，用附有高效空气过滤器（HEPA）的吸尘器清除有害生物的残留物及痕迹，并清洁柜架与地面。选用HEPA真空吸尘器而不是普通的真空吸尘器的关键原因是，HEPA不仅可以确保幼虫、虫卵与虫蛹被清除，还不会在清洁过程中将虫卵和蛀屑重新排放到空气中。

清洁完毕，在发现问题的地方增设黏性陷阱。至少每周检查一次陷阱，重点监控虫害出现的任何迹象。

5.6.1.5 控制虫害与灭虫

依据昆虫的物种确认被害物品的特点，选择最不可能损害藏品材质的灭虫方法对被侵扰的藏品进行灭虫处理。

5.6.2 隔离方法与隔离时间

隔离的目的是将被昆虫侵扰或疑似生虫的物品与其他尚未发现问题的物品分离开来，避免虫害蔓延，也便于在隔离室观察疑似生虫的物品究竟是否被虫侵扰了。被虫侵扰的物品，可选择最适当的、安全的灭虫法根除虫害。

灭虫处理后的物品也需要在隔离室观察一段时间，在此期间若出现活虫，则可采取补救措施。只有确认物品经过隔离期，不再有任何生命阶段的昆虫，包括成虫、虫卵、幼虫/若虫和蛹后，才可离开隔离区。

并非所有疑似被昆虫侵扰的物品都需要进行隔离观察，例如金属、玻璃、陶瓷或石制品等只需进行彻底检查和清洁，不需要放入隔离室隔离。不确定是否有昆虫藏匿的包装材料（如纸板等）可丢弃在外部的垃圾箱中，不必浪费隔离资源。

建议对被昆虫侵扰或疑似被侵扰的物品，先采用低氧气调法或冷冻灭虫法处理，灭虫后再进行隔离观察。

隔离时间的长短取决于对象被隔离的原因和所涉及的昆虫。[①]

所有新入藏或归还的藏品，至少应隔离一个月。在这段时间内，通常可能发现活虫。应该注意的是，昆虫卵不一定在隔离期间就会孵化出来，霉菌也可能在隔离期间处于休眠状态。因而，为预防引虫入库，理想的办法还是先灭虫再入藏。

隔离期应由目标昆虫的生命周期决定，一个月至数月不等。有些昆虫的卵可能会休眠数年，这取决于虫种。在隔离期内，若发现活虫，须先对该虫进行鉴别，灭虫后再依虫种确定适当的隔离期，继续隔离观察，直到不再发现新的活虫。

蛀蚀木制品的蛀木虫很难根除，因为蛀木虫可能很长时间处于休眠状态。如果有足够的空间，最好将杀过虫的木制品在隔离室隔离一年。若不能将其长期置于隔离室监视，则要将该物品在室温下隔离至少12周。在隔离期间，应定期检查物品，留意是否有因幼虫活动或从出口孔漏出的碎屑。若12周后没有出现蛀屑，则可以从隔离室移走该物品，然后用两层塑料袋或用白纸包好。至少一年定期检查塑料袋上有无蛀屑和孔洞，若有孔洞产生，表明又产生了新的成虫且成虫已咬破塑料袋飞出，证明该木制品仍存在活跃的木虫。

5.6.3　灭虫后污物的清除

物品灭虫后，应在隔离前清除死虫与污垢。其目的有：

[①] National Park Service. NPS Museum Handbook Part 1, Chapter 5: Biological Infestations[EB/OL].[2014]. https://www.nps.gov/museum/publications/mhi/CHAP5.pdf.

（1）便于对灭虫效果的判断

灭虫后，若不移除留在物品内的死虫与虫害后的污物，在隔离期间会很难判断物品上的虫害迹象究竟是不是灭虫后出现的，这将为隔离期间新的虫害迹象的辨认带来干扰。

（2）死虫可吸引其他昆虫的入侵

灭虫后留在物品内的死虫与污垢是某些昆虫的养料，会引诱其他昆虫的入侵，即有招虫的风险。

图 2-9　从被蠹书中清理出的活虫与排遗物
摄影：南京栖霞古寺净善法师

图 2-10　灭虫后虫道内的污物
摄影：南京栖霞古寺净善法师

图 2-11　灭虫后的清理工作
摄影：广州文保文化传播有限公司

图 2-12　灭虫后取出的死虫与污物
摄影：广州文保文化传播有限公司

图2-9是灭虫前从书中清扫出来的活虫与排遗物，图2-10是死虫与排遗物粘合在一起，时间长了之后在虫道内形成的黑色柱状物。图2-11是灭虫后用镊子从虫道内取污物，图2-12是用镊子取出的污物，那些褐色的柱状物为死后的幼虫及其排遗物的混合物。

灭虫后虫害污物的清除，除镊子外还可以使用软毛刷与HEPA真空吸尘器等工具。用HEPA真空吸尘器抽吸时，要确保物体能承受吸尘压力。对于脆弱或珍贵藏品的清洁，可在HEPA真空吸尘器的真空管上套上屏蔽材料，或是直接在物品上放置屏蔽材料，以免物品在清洁过程中受到伤害。

以上去污工具并不适合所有情况，还需要依据具体情况选择清理工具。不管选择哪种工具进行灭虫后污物的去除工作，都应尽可能彻底地去除昆虫与污物。

清理后的污物应尽快移除并置于密封容器内，以免它们成为其他昆虫的食源。

清洁后的物品，可放置在白色衬垫上，用聚乙烯袋密封，再置于隔离室中观察。无法放入聚乙烯袋的大件物品，可用聚乙烯薄膜包裹并密封，再放入隔离室观察。采用隔离柜隔离的物品，可在柜内衬上白色材料，用聚乙烯袋密封物品并放在有白色衬垫的隔离柜中。[1]

在隔离期内应密切观察物品，寻找昆虫活动的迹象，观察是否可以发现虫屎、塑料袋是否有被咬破的痕迹等。

---

[1] National Park Service. NPS Museum Handbook Part 1, Chapter 5: Biological Infestations[EB/OL].[2014]. https://www.nps.gov/museum/publications/mhi/CHAP5.pdf.

6 灭虫方法的选择

即使采取了预防措施，在藏品与建筑物中仍有可能会出现虫害，这时必须采取补救措施，即隔离疑似受害的物品以防止其大范围蔓延到其他物品，同时必须立即采取行动消杀昆虫。必须指出的是，消杀可见的昆虫并不是解决虫害问题的关键，必须确定虫害的来源与发生虫害的原因，消除这些根源才可能真正控制虫害。

科学技术的发展使可供选择的灭虫技术增多，在选择灭虫技术之前，必须考虑藏品的价值、藏品的材质、所遇昆虫的种类，灭虫方法选择不当或灭虫过程没有遵循标准的操作程序，都有可能会对藏品造成伤害，或灭虫不彻底，或危害人体健康等。

6.1 灭虫技术选择的原则

理想的虫霉防治的技术应安全、有效、便捷与经济，其中安全包括对藏品安全、对人体健康与环境安全。[1] 无论科学技术的发展催生多少灭虫技术，对于管理人员而

---

[1] 刘家真. 纸质藏品防治虫霉技术的评价 [J]. 国家图书馆学刊，2015（06）：71-82.

言，灭虫技术选择的原则始终如一。

（1）对藏品安全

所有的藏品都带有时间的印记，都是一定时代的产物，都是有形的信息与凭证，都是不可再生的，一旦损坏是不可能挽回与成功修复的。在对任何藏品进行任何处理之前，都必须考虑其稀有性、科学价值和其他问题，如形体完整性、鉴赏价值等。在可能的情况下，任何处理方法对藏品的影响都必须是最小的或可逆的，灭虫方法也一样。灭虫灭菌效果再好的技术或方法，一旦发现其对藏品有害，都是绝对不可选用的。

保障藏品安全的目的就是要保障其价值的完整性，藏品的价值包括其历史价值、文化价值与科学价值。对藏品的价值是否被保全的判断是在不断发展的，这与人对藏品价值的认识以及检测方式等有关。

对灭虫后藏品价值的保全，曾经更多的是关注其文物价值、艺术价值与收藏价值。随着科学技术的进步，某些藏品的历史凭证价值、生态系统多样性和生物地理学的研究价值日益凸显，这更多地体现在对标本价值的再认识。随着计算机技术与 DNA 技术的发展，标本的价值不仅在于提供实物资源和外部形态特征，还在于其中蕴含的时空数据、历史印迹及其自身的遗传资源。[1] 由此，过去被认为是安全的某些灭虫技术，今天就需要重新评估，检讨该技术是否可以保全生物标本的科学研究价值与凭证价值，如是否有可能会改变生物标本的 DNA、阻断对标本深层次价值的挖掘等。

评价某项技术的安全性不能只停留在实验室的检测指标上，要在实际使用过程中进行检验，更要能被时间证明。例如原子核射线灭虫、超高频电磁波（微波）灭虫，其灭虫快捷、彻底，在实验室用纸张检测也显示是安全的。但在实际工作中，却很难把控，很容易导致藏品载体的损坏。实践证明，这类技术是不安全的并已经被淘汰。

对藏品的任何处理都不应改变藏品的视觉、结构或完整性。藏品材质与形成方式的多样性，使同一技术并非对所有藏品都具有安全性。因此，对灭虫技术的安全性评估需要与被处理物品相关联，例如可广泛用于藏品的冷冻灭虫技术也有局限性，

---

[1] 贺鹏，陈军，孔宏智，等.生物样本：生物多样性研究与保护的重要支撑[J].中国科学院院刊，2021（04）：425-435.

很多材料在冷冻灭虫过程中会出现损坏（见6.6受控冷冻灭虫法）。

（2）对人无害

对人无害包括处理过程中对操作人员无害，也包括对日后接触到这类藏品的人无害，还包括对人类生存环境无害。

对人体无害的认识是随科学技术的发展而深化的。起初，判断某项新技术是否对人体无害，仅考虑到的是人类接触毒性后，其对人体危害的近期后果与表征现象（如身体不适等），而今则更加关注其对人体健康的长期影响、慢性危害，如是否导致癌症或慢性病等。此外，还包括该处理技术或方式是否会在工作场所残留毒性物质，是否给人体带来慢性伤害。

有些虫霉防治技术可能会危害到人类赖以生存的自然环境，这类技术效果再好也是不可取的。例如化学熏蒸杀虫灭菌所用的化学品，其气体的排放或残留物的掩埋不仅会污染空气，改变地下水的成分，有的还会加剧温室效应等。

也正由于这种认知的进步，一些曾经广泛使用的化学品被禁用或只能在应急情况下使用。例如以下已不再建议使用的化学品[1]：砷（红丹纸的主要成分），氯化汞，有机氯杀虫剂滴滴涕（DDT），有机磷杀虫剂敌敌畏（DDVP），环氧乙烷，萘（防蛀球的主要成分），对二氯苯（PDB，防蛀球的主要成分）等。

（3）确实有效

确保灭虫有效是灭虫技术的最基本要求，若效果不明显或无法根除虫患（如只能杀死成虫、幼虫，无法杀灭虫卵或虫蛹等）是不可以选用的。

灭虫的有效性除体现在昆虫的直接死亡率上，还表现为经过灭虫处置后，昆虫繁殖能力下降、交配终止与不再取食等。

（4）非化学灭虫法是第一选择

藏品被昆虫危害的程度不仅取决于昆虫种类，还取决于发现和控制昆虫的速度，一旦确定了虫害，就必须选择控制方法与灭虫方法。

---

[1] National Park Service. NPS Museum Handbook Part 1, Chapter 5: Biological Infestations[EB/OL].[2014]. https://www.nps.gov/museum/publications/mhi/CHAP5.pdf.

非化学解决方案是虫害综合治理的基础，非化学灭虫法是灭虫方法的第一选择，因为它比化学灭虫法更安全，更易于施用。只有当没有条件使用非化学法或非化学法在某种情况下不适用，如难以迅速控制大规模虫情及其传播时，才考虑使用杀虫剂。长期实践证明，许多杀虫剂的化学物质对人与藏品都有伤害作用。

在某些情况下，如果非化学灭虫法不适用或无法使用，这时需要考虑选用化学灭虫法。为了藏品安全和人体健康，宜选用对藏品与人的负面效应最小的化学品与灭虫方法。例如，某些杀虫剂已被制成微型胶囊，可以黏附在柜架、墙壁缝隙处，仅当昆虫接触到该胶囊时才会释放出杀虫剂，这就避免了喷雾剂等对户内的大面积污染，使其负面效应降至最小。

在已有的灭虫方法中，只要化学熏蒸剂选择得当，熏蒸过程控制合理，化学熏蒸法就是最快、最彻底的灭虫方法。但这种类型的灭虫法应仅在特殊情况下使用（例如藏品被害规模大、传播广泛或暂无其他灭虫法可替代），只能是在其他替代方案无法解决问题时才考虑。

（5）设备易得，使用便捷

所选用的灭虫技术应该具有使用对象广泛、成本低与易于实施的特点。成本低，除涉及购买成本外，还与运营成本、维护成本、培训成本以及设备的可扩展性相关。灭虫技术的经济性与以上其他条件相比应为次要因素，不能为控制灭虫投入成本而忽视对藏品价值的保护，忽视对人的保护。

随着科学技术的发展，某些新的虫霉防治技术（如低氧气调法）可不需电源而直接安装到库内使用，这类便捷的虫霉防治技术更能满足藏品在储存与展示过程中的灭虫要求。

6.2　选择灭虫技术面临的挑战

科学技术的发展催生出了越来越多的虫霉防治技术，例如纸质藏品的虫霉防治由最初简单地利用植物与矿物驱虫灭虫，逐步发展到利用高温或低温灭虫、化学品防霉防虫及灭菌杀虫、γ射线与β射线等原子核射线灭虫、超高频电磁波（微波）灭虫，以及低氧气调法灭虫等。

在虫霉防治技术的发展过程中，不断有曾经广为应用的虫霉防治技术被列入禁用或慎用名单。这同样是得益于科学技术的发展，使得人对虫霉防治的认识不断深化，对虫霉防治技术的评价不断更新，对虫霉防治效果的认识更加科学化。

对虫霉防治技术的安全性与防治效果的认识是有一个过程的。起初只要可见的成虫或幼虫被杀灭就认为灭虫有效，后来才注意到肉眼难以发现的虫蛹、虫卵杀灭的难度，进而将可杀灭虫蛹、虫卵作为评价灭虫效果的重要依据之一。现今，人们在灭虫实践中发现，不同的灭虫方法，对不同虫期的昆虫的杀灭力度不同，对某一技术灭虫效果的正确评估应是其可以杀灭不同生命阶段的所有昆虫。

灭虫效果还需要时间来评价，例如化学品起初可以立竿见影地杀灭或驱赶昆虫，但昆虫的抗药性会使长期使用某一化学品驱虫、灭虫失灵。

虫霉防治的安全性，起初仅注意到藏品本身的安全性，忽略了对人体的伤害。对藏品安全性的评价也仅停留在人可见、可感的范围，如主要观察藏品的外形、颜色与相关物理性质的变化。当科学仪器介入对藏品的物理、化学性质的检查，才使得对虫霉防治技术的评价步入科学分析的轨道，由此某些曾经认为可行的灭虫技术的安全性被否认，例如臭氧灭菌、辐照灭虫等。一直被认为灭虫、驱虫高效且对藏品无害的化学熏蒸法和驱虫剂，直到被检测到藏品内残留有微量的、可能会对藏品的长期保存有害的化学品，才不再被视为安全的灭虫法与驱虫法。

在实验室内可以安全灭虫的技术不一定在实践中具有同样的效果，例如微波灭虫，尽管其可以在极短的时间内杀灭深藏在物品内部的蠹虫，但在实际运用过程中发现了很多不安全的问题（见6.5非化学灭虫法概述），尽管曾经得到运用但不得不叫停。

近几十年来，随着对化学驱虫、灭虫的不安全性认识的提高与普及，越来越多的非化学灭虫法出现并取代了化学灭虫法，例如高温、低温灭虫法，低氧气调灭虫法，以及生物控制法等。这种转变也带来新的风险，对于这些新技术的有效性与副作用还需要长期的实践与系统的研究。更棘手的问题是，由于藏品材料的复杂性、不同种类昆虫生长发育及习性的差异，很难用一个公式性的规范去表达欲达到某种灭虫效果的具体要求。同时，并非所有的灭虫技术对所有类型的藏品都安全，目前也尚不存在百分之百令人满意的灭虫技术。例如，目前认为对所有类型、材质藏品的灭虫都具有普适性与安全性的低氧气调灭虫法，其耗时较长，这也是难以令人百分之百满意的。

在当前的科学技术环境中，把控藏品灭虫风险的基本原则是：根据藏品的材质及其内在的价值，以及昆虫的特点，挑选对藏品价值没有伤害的有效灭虫法。这就需要管理者清晰地知晓每种灭虫技术的适用对象与确切效果，其副作用及其严重程度或存在的不足，在已有灭虫技术的利弊之间找到平衡，选择对藏品绝对安全、灭虫效果好的灭虫技术。

当前已经研发并使用的灭虫技术可分为两大类：化学杀虫剂灭虫、非化学灭虫法。化学杀虫剂灭虫的方法很多，其共同特点是通过化学品使昆虫死亡。不同于化学杀虫剂的是，非化学灭虫法不是利用化学品，而是通过使昆虫死亡的极端温度、辐射或缺氧等方式，以及利用昆虫的天敌或诱捕等方式杀死昆虫。以上方法均需要逐一评价，以便管理者明确其利弊，便于依据藏品的价值、材质、虫害的状况等具体情况进行选择。

6.3　化学灭虫法

化学灭虫法（chemical pest control）的全称是化学药剂灭虫法，其灭虫的基础是对所涉昆虫施用有毒物质，即化学杀虫剂（chemical pesticides）。所有的化学杀虫剂对人类同样有毒。

化学灭虫法是发明得较早的。有资料显示，我国在公元前约1200年就使用石灰和草木灰消灭昆虫，罗马人使用硫磺来杀灭昆虫。16世纪开始，人们利用烟叶中的尼古丁等物质杀灭昆虫，后来又使用铜、铅、汞等无机物灭虫，但真正开始使用化学杀虫剂应是在第二次世界大战后。[1] 化学灭虫法被从控制农业昆虫引入到控制藏品中的昆虫也有很长的历史，它曾经是用于藏品灭虫的首要与最普遍的灭虫方式。

---

[1] CANNA Research. How to Control Pests and Diseases? Biological VS. Chemical[EB/OL]. 2021[2021-11-25]. https://www.canna-uk.com/how_control_pests_and_diseases_biological_vs_chemical#:~:text=Chemical％20pesticides％20are％20often％20used％20to％20control％20diseases％2C,by％20weeds％2C％20we％20speak％20of％20plant％20protection％20products.

随着时间的推移，被化学灭虫法处理后的藏品浮现出越来越多的问题，特别是高科技检测手段（如 X 射线荧光分析仪等）在文物保护领域的应用，人们发现了藏品内残留的杀虫剂及其对藏品的危害，使藏品管理者对化学灭虫法潜在危害的认识日益加深。近几十年来，化学灭虫法在藏品中的使用发生了巨大变化，出于对藏品长期保存的安全性以及人体健康的考虑，直接对藏品进行化学灭虫已经受到了越来越多的限制，有些化学品被禁止使用，例如重金属毒物砷化合物和粉剂、汞的化合物、有机氯杀虫剂（如 DDT 等）。但应该看到的是，化学灭虫法也有很多其他灭虫法无法取代的优势，因此在非化学灭虫措施失败或不再适用的情况下，宜考虑使用化学灭虫法快速控制与杀灭昆虫。

6.3.1　化学灭虫法的优势与危害

化学灭虫法的诸多优势，使其曾经被广为使用。当前在非化学灭虫法无能为力时，仍然要考虑化学灭虫法。

6.3.1.1　化学灭虫法的优势

化学灭虫法的主要优势如下。

（1）灭虫快速且有成效

化学灭虫法最突出的优势是其能快速控制虫情，减轻了昆虫对藏品造成损害的程度。这一优势是其保持至今，仍然在特殊情况下被考虑使用的主要原因。

目前尚未发现无法被化学法迅速杀灭的昆虫，特别是熏蒸法。只要熏蒸剂选择得当，虫蛹、虫卵、成虫或幼虫均可能被全部杀灭。

（2）易于使用

化学灭虫法的设备并不复杂，大多数操作相对简便，但必须由专业人员操作。

（3）成本相对低廉

6.3.1.2　化学灭虫法存在的问题

对于藏品灭虫，化学灭虫法存在重大缺憾，使其只能在非化学法无法迅速控制虫情时才能考虑使用。

（1）残留化学品对人的危害

化学灭虫法最严重的威胁是其在藏品上的残留物对藏品与人体健康的危害。

化学杀虫剂不仅对虫体有毒，对人体也是有毒的。例如，曾经用于剥制动物标本防腐处理的三氧化二砷（As_2O_3，也称砒霜）、处理植物标本的氯化汞等，这些重金属化合物会长期留存在标本内，给直接接触它们的人带来严重的健康威胁。又如，在藏品内残留的二氯苯（PDB）和萘，已被证明一些馆藏工作人员对其挥发物比阈值限值（TLV）或可感知气味最小值所指示的还要敏感。[1]

（2）化学杀虫剂对藏品的危害

大多数杀虫剂对藏品有危害，这些危害可能来自杀虫剂的活性成分或配方中使用的其他化学物质，包括水基或油基喷雾剂对藏品的损坏（例如改变物品的颜色，影响其结构的完整性或玷污物品等）。例如，某些杀虫剂可能使皮张及皮制品、生物标本、木制藏品等有机材料变质，使纸张、纺织品、油墨和颜料的颜色变化，有的甚至使金属、石材等无机材料劣化。

接触某些杀虫剂可能对藏品造成的危害概括如下：[2]

①腐蚀金属，包括铁、黄铜和其他有色金属。

②使某些材料如毛皮、羽毛、皮革、羊毛、马鬃的蛋白质变质。

③使纸张劣化。

④使塑料收缩、硬化或软化。

⑤使染料和颜料发生色变。

⑥藏品与化学气雾接触后，被处理对象可能被玷污或染色。

⑦污染物品和标本，可能影响其今后的科学分析和研究，例如对标本的DNA采样。

---

[1] Ballard B, Koestler R J. Thirty Years of Pest Control in Museums: Policy & Practice[J/OL]. 2014-5-27[2021-11-2]. https://museumpests.net/wp-content/uploads/2014/05/Koestler-Ballard-paper-formatted.pdf.

[2] National Park Service. NPS Museum Handbook Part 1, Chapter 5: Biological Infestations[EB/OL]. [2014]. https://www.nps.gov/museum/publications/mhi/CHAP5.pdf.

正由于以上诸多弊端，使得化学灭虫剂不得直接与藏品接触，除非在特殊情况下，否则不得使用化学灭虫法。

（3）抗药性

化学杀虫剂的另一个缺点是会带来抗药性。当昆虫反复接触杀虫剂时，会产生抗药性，到最后，某种杀虫剂对它们几乎没有或彻底失去杀灭作用。

当某一昆虫种群对某种杀虫剂产生抗药性时，它们也可能对同一化学家族中的其他毒物（化学品）不那么敏感。这种现象被称为类抗性，是所有主要杀虫剂（有机氯、有机磷、氨基甲酸酯和合成拟除虫菊酯）所面临的常见问题。多年来，一些昆虫对几乎所有用来控制它们的杀虫剂都产生了多重抗性。今天，有超过500种昆虫对至少一种杀虫剂表现出一定程度的抗药性。

化学灭虫法涉及太多的化学专业性知识，在使用化学灭虫法前必须充分了解灭虫剂的功能及其副作用。若对这些问题缺乏了解，未能正确、合理地使用化学灭虫法，例如错误地选择了灭虫剂或灭虫方式，不仅会损坏藏品，还会影响人体健康和对环境造成污染，而且还会使许多昆虫产生抗药性，给今后的昆虫防治带来更大的困难。

杀虫剂是危险的化学品，若必须使用化学灭虫法，需要化学灭虫专业人员进行操作。

6.3.2 杀虫剂

杀虫剂（insecticides）是可以消灭昆虫的化学品，它含有一种或多种作为毒物的活性成分（active ingredient），这些活性成分是在产品中必须说明的，如环氧乙烷、溴氰菊酯等。若仅用这些活性成分做成产品，可能会因为毒性太大、不太稳定或太易挥发而无法安全处理或应用。因此，作为商品的工业级杀虫剂总是需要与其他化合物混合，以提高商业产品的性能、安全性或处理特性。这些混合物被称为制剂，它们可能是固体或液体，由此使得杀虫剂呈现为多种状况：粉状、糊状或浸膏状、喷雾状、雾化状等。

按照杀虫剂活性成分的来源，杀灭藏品昆虫的杀虫剂可分为无机杀虫剂、有机杀虫剂与植物性杀虫剂等。在使用这类杀虫剂之前，必须对其进行风险评估，评价其安全性与副作用，以确保选用正确与使用安全。

6.3.2.1　无机杀虫剂

无机杀虫剂（inorganic insecticides）是由天然矿物原料加工、配制而成的杀虫剂，又被称为矿物性杀虫剂，通常为含有砷或汞等重金属的化合物。它们可以长期残留在物体上，且残留毒性高，是最持久和最危险的杀虫剂，对人类健康有严重影响。无机杀虫剂通常被制成粉状、糊状或浸膏状使用，也有用作喷雾剂的，多是通过触杀、胃毒等方式使昆虫死亡。

中国古代使用的红丹纸就是将三氧化二砷（As_2O_3）涂在纸上，使昆虫咬食后死亡。又如古代将雄黄粉（雄黄矿的粉末，无毒）撒在户内墙根，雄黄粉氧化后形成砒霜，是剧毒的，可杀灭昆虫。为防止昆虫蛀食标本，也有用升汞（即氯化汞，$HgCl_2$）的酒精溶液处理的。这些方法在今天均被认为是对人体健康有害的方法，不宜再采用。

现今在藏展场所使用最多的无机杀虫剂为粉剂，无机杀虫粉剂对人毒性很大，只有在人不可能接触的地方才考虑使用杀虫粉剂，或在使用处给以警示牌。

硅藻土（diatomite）与硼酸（boric acid）均为低毒无机杀虫剂，常与白垩或黏土混合直接充填到藏展场所的墙壁、地面、柜架的空隙、裂缝和罅隙，当昆虫接触到这类粉剂时，粉剂可以去除昆虫身体外部的蜡涂层。虫体外骨骼上的蜡涂层是用来保持水分的，如果没有水分，昆虫就会脱水而死。因此，硅藻土与硼酸均为干燥剂杀虫剂（desiccant insecticides），可使昆虫脱水或干扰虫体内部水分调节使其死亡。有时，这类粉剂中还可能浸渍了除虫菊酯，以加快杀死昆虫的速度。与其他杀虫剂不同的是，这类杀虫剂的致死原理不是让有毒物进入虫体而使其死亡，而是在昆虫体表起物理杀虫作用，故不会使昆虫产生抗药性。硅藻土与硼酸粉剂对控制孔洞与缝隙内藏身的昆虫较为有效，例如衣鱼、蟑螂、蚂蚁等，但无法控制衣蛾、皮蠹与钻蛀式昆虫等。

通常，这类杀虫剂可以非常有效地处理藏展场所封闭空间的孔穴、缝隙等，如天花板、地面、墙体孔洞和插座周围缝隙。虽然一些胶水也可以用来封洞，但有些昆虫（如蟑螂）可以以胶水为食。

> **案例**
>
> ### 案例10：硅藻土与硼酸的使用
>
> 硅藻土是一种硅质岩石，主要成分是二氧化硅（SiO_2），还含有少量的氧化铝（Al_2O_3）和氧化铁（Fe_2O_3），属于具有化学惰性的干燥剂。特别适于杀灭那些隐藏在死角、难以被清洁到的昆虫。可置于藏展环境内的墙角，填入墙壁空隙或裂缝，或填入门、展柜和某些造型周围的小裂缝等。
>
> 当昆虫与之接触，硅藻土便会吸收昆虫表皮的表面脂类，导致昆虫因干燥而死亡。此外，硅藻土颗粒的尖端也会将爬行中的幼虫和成虫的外部切伤。硅藻土一旦施用，只要药剂不被弄湿就会长期有效。尽管硅藻土对人无毒，但最好不要与皮肤接触。在藏展环境内部使用时，最好做上标记，以免将其作为灰尘清理掉。
>
> 硼酸可以从岩石和水源中提取，有粉末与颗粒状，非常便宜。它与硅藻土毒杀昆虫的机理一致，但比硅藻土起效快。直接和人接触时相对无毒，但入口还是有毒性的。通常，可洒在标本柜周围（不可直接洒在标本上），防止在周围游走的昆虫进入标本柜。硼酸对白蚁、蟑螂和蚂蚁都有很好的毒杀作用。

6.3.2.2 有机杀虫剂

有机杀虫剂（organic insecticides）是有杀虫效果的、基于有机合成的有机化合物，种类相当多，用于杀灭仓储昆虫的有机杀虫剂主要有有机氯杀虫剂、有机磷杀虫剂与拟除虫菊酯类杀虫剂等。有机杀虫剂可以多种方式使用，例如以固体形式做成驱虫药（如樟脑精、卫生球等），以液体方式进行喷雾灭虫，或以熏蒸剂形式产生有毒药雾而杀死昆虫等。

有机杀虫剂的毒性与毒性大小是由有机杀虫剂的化合物性质决定的，有的有机杀虫剂对人有剧毒，有的有机杀虫剂对人仅为低毒。

（1）有机氯杀虫剂

有机氯杀虫剂是人类历史上最早合成的有机杀虫剂，如666、DDT等，尽管其对许多昆虫具有较好的杀虫性能，但鉴于其对环境的污染与对人体健康的危害，许多国家已禁用或限制使用有机氯杀虫剂，我国从1983年起全面禁止666、DDT等高残留有机氯杀虫剂的使用。

（2）有机磷杀虫剂

有机磷杀虫剂，如敌敌畏等，兼有触杀、胃毒和熏蒸等不同的杀虫方式。尽管杀虫效果良好，但绝大多数有机磷杀虫剂都会给藏品带来一定程度的伤害，多数属高毒或中等毒类，严重威胁人体健康，不宜采用。

（3）拟除虫菊酯类杀虫剂

菊科植物除虫菊中含有杀虫成分，对昆虫有高效的速杀作用，但受产量限制难以广泛应用。化学合成的除虫菊酯，由于其化学结构和天然除虫菊酯（natural pyrethrins）类似，故被称为拟除虫菊酯（pyrethroids）。拟除虫菊酯类杀虫剂属有机酯类，比天然除虫菊酯在环境中更稳定，具有高效、低毒、广谱、低残留等优点。

拟除虫菊酯包括氯菊酯、氯氰菊酯、溴氰菊酯和氰戊菊酯等，通常溶解在石油馏分的油基溶剂体系中，并作为气溶胶或表面喷剂使用，通过触杀击倒飞虫或爬虫。它也可以作为灭虫粉剂，通过胃毒的方式控制爬行昆虫。拟除虫菊酯无熏蒸杀虫作用，因其不具有渗透力，无法进入物体内部杀死各个不同生命阶段的所有昆虫。[①]昆虫对拟除虫菊酯易产生抗药性。

通常在木质储藏柜或库房墙角发现有虫害时，可以使用拟除虫菊酯喷洒飞虫以做应急处置，或对准虫眼注射拟除虫菊酯，但不允许直接用于藏品本体灭虫，也不允许用于藏展环境内的空气消毒，因为其溶剂会使藏品染色，还会溶解油性或含脂肪的物质而使藏品受损。

（4）植物源杀虫剂

植物源杀虫剂为天然杀虫剂，是从高等植物中提取的有效杀虫成分（昆虫毒素）的制剂，如天然除虫菊酯等。

中国古代曾经直接使用植物驱虫、灭虫，如黄檗、芸香草、烟叶、樟木等，植

---

① Pinniger D B, Harmon J D. Pest Management, Prevention and Control [M]. Oxford: Butterwoth Heinemann, 1999: 152-176.

物源杀虫剂/驱虫剂是将从植物中萃取的对昆虫有毒的活性成分，加入助剂溶解后制成的药剂。对藏品使用较普遍的植物源杀虫剂主要是从菊科、樟科等的植物中的有效化学成分中萃取而制成的，如除虫菊酯、樟脑精块与植物精油等，通过喷射方式击倒昆虫，或以固体升华方式驱赶昆虫。

植物源杀虫剂的主要成分来源于自然（非人工合成），在施用时具有低毒、低残留的优点，且昆虫难以对其产生抗体。相关研究指出，有的植物源杀虫剂杀虫作用方式特异，除通过触杀、胃毒等方式直接杀灭昆虫外，还有使虫拒食、抑制其生长发育、忌避、抑制产卵、麻醉、抑制种群形成等特异的虫害控制方式。[1] 但目前植物源杀虫剂也存在一些缺点，如见效慢、杀虫的活性剂在很短时间内就会消失等。

随着科学技术的发展，从植物中提取的植物源杀虫剂有可能成为新的熏蒸剂。植物提取物作为熏蒸剂保护藏品免受虫害的应用已经起步，已有多种植物提取物被用于仓储昆虫的熏蒸试验。[2] 对植物挥发物的大多数研究表明，它们具有一定的熏蒸灭虫或灭菌效果，但植物提取物精油的渗透能力还需要通过大规模实验证明。

据说有2 000余种植物具有一定的杀虫价值，它们分属于170多个科。利用植物资源开发杀虫剂已经引起了科技界的关注，除拟除虫菊酯外，已经有更多的植物源杀虫剂被用于仓储昆虫的控制，如美国Sym-Agro公司开发的Alluma大蒜油可以成功消灭鳞翅目昆虫。

国内有资料介绍，用灵香草等植物提取液制成的混合制剂对黑毛皮蠹、花斑皮蠹、烟草甲和档案窃蠹有较强的驱避、滞育和熏杀作用。[3] 苦楝籽油、柑桔皮油对赤拟谷盗等的驱避效果最佳[4]；茴香和猪毛蒿对赤拟谷盗成虫具有较好的驱避作用[5]；黄

---

[1] 何军，马志卿，张兴. 植物源农药概述 [J]. 西北农林科技大学学报（自然科学版），2006（9）：79-85.

[2] Pascual-Villalobos M J. Volatile Activity of Plant Essential Oils Against Stored-product Beetle Pests[M].// Credland P F, Armitage D M, Bell C H, et al. (Eds)：Advances in Stored Product Protection，Proceedings of the 8 th International Working Conference on Stored-product Protection，Oxon,UK：CAB International，2003：648-650.

[3] 王晖，董慧，杨地. 标本害虫主要种类及其综合防控现状 [J]. 安徽农业科学，2014（27）：9373-9378，9480.

[4] 邓望喜，杨志慧，杨长举，等. 几种植物性物质防治储粮害虫的初步研究 [J]. 粮食储藏，1989（2）：29-34.

[5] 徐汉虹，赵善欢. 五种精油对储粮害虫的忌避作用和杀卵作用研究 [J]. 中国粮油学报，1995（1）：1-5.

樟油、肉桂油、八角油对玉米象、谷蠹和赤拟谷盗具有较强的驱避作用等[1]。尽管已经提炼出的某些植物精油确实具有驱虫作用，但并非所有精油都是无害的，有些精油可能对人体具有相当大的毒性，也可能对藏品有害。在它们被推荐为保护藏品的驱虫灭虫用品之前，还需要进行更多的研究。

从对昆虫具有毒性的植物中提取有效活性成分制成植物源杀虫剂，国内外已经开展了一系列研究，发现植物源杀虫剂的有效成分通常不是单一的一种化合物，而是植物有机体的全部或一部分有机物质，其成分复杂多变。它们一般都包含在生物碱、糖苷、有毒蛋白质、挥发性香精油、单宁、树脂、有机酸、酯、酮、萜等各类物质之中。同时发现，植物源杀虫剂适用性较窄，可杀灭的昆虫有限，尚需要逐步分析和探索。

6.3.3　化学灭虫的作用方式

灭虫作用方式是杀虫剂杀死目标昆虫的方式。除粉剂干燥剂（desiccant dusts）是在昆虫体表起物理杀虫作用，通过使昆虫脱水死亡外，绝大多数的杀虫剂都是通过进入昆虫体内直接毒死昆虫的。杀虫剂进入虫体内的主要方式有：胃毒法、触杀法与熏蒸法。这些灭虫方法的有效性取决于灭虫的部位和所用配方的类型，例如喷雾剂较适用于墙壁和地板孔穴的处理，而粉剂可能更适用于封闭空间的孔隙，如天花板、地板、墙体孔洞、插座以及管道和机组下方的死角、缝隙等。

同一种杀虫剂随所用制剂的不同，可以有多种不同的灭虫途径。例如某些杀虫粉剂（dusts），可以喷洒或充填到拟灭虫的目标部位，通过触杀法杀灭昆虫。同时，有毒的粉剂还会粘在过往昆虫的脚、腿或其他身体部位，当昆虫进行自我清洁时，毒物会被摄入，即也可以通过胃毒方式杀灭昆虫。

6.3.3.1　胃毒法

胃毒法是药剂通过昆虫口器进入消化系统被中肠吸收，通过循环系统到达作用部位而引起昆虫中毒死亡的作用方式。有胃毒作用的药剂称胃毒剂（stomach

---

[1] 李前泰，宋永成. 几种植物挥发油杀虫效果的试验研究 [J]. 粮食储藏，2001（1）：19-22.

insecticides），如有机磷的敌百虫、菊酯类农药等。

胃毒法对于具有咀嚼式口器的昆虫具有较好的杀灭作用，但这类灭虫法无法杀灭虫蛹、虫卵，对具有刺吸式口器的昆虫（如飞蛾成虫等）也几乎无效。胃毒法杀灭昆虫的速率要低于触杀法与熏蒸法。

胃毒剂通常会被制成毒饵（诱饵）或小球，引诱目标昆虫取食，最常见的就是灭蟑毒饵。此外，中国古代的红丹纸、潢纸等，都是通过胃毒方式毒杀昆虫的。

6.3.3.2 触杀法

触杀法是昆虫身体的某个部位直接接触到杀虫剂，杀虫剂穿透角质层和体壁并通过循环系统输送到虫体内，干扰昆虫神经系统的正常运作，并使昆虫中毒死亡。具有触杀作用的药剂，称为触杀剂（contact insecticides）。触杀剂一旦与昆虫接触，就会对特定的昆虫产生有害或致命的影响。触杀剂可能是无机的、有机的，甚至是天然的植物源杀虫剂，它们会留下有毒的残留物。

触杀法适用于各种口器的昆虫。不同的触杀剂对虫卵的毒杀效果不完全相同，大多触杀剂杀灭虫卵效果差，但也有某些触杀剂具有一定的杀灭虫卵的能力。

触杀法使用的杀虫剂多为滞留性杀虫剂（residual pesticide），即在施用后至少一周或更长时间仍然具有毒杀活性。其毒杀活性的持久性取决于温度、相对湿度、配方、接触面的表面类型（砖块、木材等）以及接触表面的状况（潮湿、油腻等），一般为数周到一年多。[1] 按滞留性杀虫剂毒杀活性的持久性降序排列，滞留性杀虫剂包括无机杀虫剂、氨基甲酸酯、有机磷杀虫剂和植物性化合物。[2] 由于这类杀虫剂比其他类型杀虫剂的作用时间长，因此它对人的健康风险更大，在藏展环境内应避免使用滞留性杀虫剂，除非它们是唯一有效的防治方法。若必须使用，则应首先了解和评估其对藏品与人的风险。

---

[1] John E. Dawson, J.K. Strang (revised). Technical Bulletin No.15 (Solving Museum Insect Problems: Chemical Control) [M]. Ottawa :Canadian Conservation Institute, 2000 (Reprint: 2000): 2.
[2] World Health Organization. Vector Control. Methods for Use by Individuals and Communities[EB/OL]. [1997-10-21]. https://www.who.int/publications/i/item/9241544945.

触杀法可以使用粉剂、喷射或雾化等方式使毒素与昆虫体表最大程度地接触，从而杀死昆虫，其最大特点是可以毒杀运动中的昆虫，如飞虫、爬行的昆虫（成虫或幼虫），那些藏匿在藏品内、装具内的昆虫，由于无法接触到杀虫剂是无法杀死的。

粉剂主要用于堵塞建筑物围护结构的孔洞、缝隙，喷洒剂与气雾剂可很快击倒可见的飞虫或爬虫，但有很多副作用，只有在其活性成分和溶剂基质已知，且已被证明是安全的情况下才可考虑选用，但不得接触藏品本身。

在藏展空间要尽量避免采用喷射方式灭虫，更不能采用气雾剂对整个空间进行灭虫处理。这两种灭虫方式的灭虫剂内混溶了大量的有机溶剂或水，当它们与藏品接触，不仅会玷污藏品载体，而且不可避免地会引起被接触物体及藏品的损坏与变质。这两种灭虫方式确实可快速处理明显的虫害，但仅仅可以击倒飞虫或爬行的昆虫，无法杀灭虫蛹、虫卵，更无法杀灭藏匿在物品与藏品内的昆虫。这种灭虫方式很难控制大多数昆虫，反而会造成整体环境污染和藏品污染。

6.3.3.2.1　粉剂

藏展空间的围护结构若有孔穴、空隙和缝隙，昆虫可能隐藏在其中，施用少量杀虫剂，可有助于控制某些昆虫种群。通常用于处理裂缝的方式主要有填入杀虫粉剂以及向缝隙中喷射触杀剂。置于缝隙内的杀虫粉剂包括硼酸、二氧化硅气凝胶或硅藻土等，可杀灭的昆虫主要有书虱、衣鱼、蟑螂、蚂蚁、蠼螋、蜈蚣、千足虫和蜘蛛等。该灭虫措施无法控制藏匿在藏品或其他材料中的衣蛾、皮蠹或钻蛀性昆虫。

（1）杀虫粉剂施放的位置

通常，杀虫粉剂被用于已知昆虫藏匿点或迁移的区域。如果使用得当，灭虫粉剂能比喷洒液体灭虫剂产生更好的杀虫效果，特别是藏匿在狭小空间内的爬行昆虫。

杀虫粉剂应施放在确保昆虫可能接触到的地点或位置，不可随意洒在柜架和踢脚板等开放区域，这不仅不安全，而且没有杀虫效力。藏品柜架下方区域是昆虫藏身地之一，施放杀虫粉剂利于杀灭昆虫。

围护结构的裂缝、缝隙或空隙是昆虫可能活动、藏匿、繁殖或觅食的区域，也是某些昆虫冬眠或越冬的最佳选择。这些区域包括内墙的孔穴、裂缝，窗户或门框与墙壁相接的地方，踢脚板与地面连接处，电灯、开关盖和电器插座后面的区域等。

借助手动喷粉器将少量杀虫粉剂直接喷入这些区间，昆虫并不会察觉到这些化学品，会沿着这些被喷药的狭小的空间移动，杀虫粉剂会与其接触或被吸入而使其死亡。

（2）杀虫粉剂的使用

将杀虫粉剂喷入裂缝、缝隙和空隙中，可在狭小空间制造出易于黏附虫体的最佳效果，这些操作需要专业人员利用手动喷粉器来实施。

目前已经使用的这类杀虫粉剂有：[1]

① Delta 杀虫粉剂（Delta Dust）。该粉剂的主要成分为溴氰菊酯，属滞留性杀虫剂，可在缝隙内持续发挥药效长达8个月。其特点是防水，可在昆虫喜欢的潮湿的地方使用，非常适合添加到墙壁（包括外墙）空隙、裂缝和缝隙中灭虫。

② Drione 除虫菊酯增效粉剂（Drione Dust）。该粉剂的主要成分为除虫菊酯粉尘，属滞留性杀虫剂，可在6个月的时间内快速控制许多常见昆虫。

③ CB 硼酸粉（CB Boric Acid Dust）。它是一种天然无机杀虫剂，只要保持干燥并且昆虫可以接触到，就会持续有效地杀灭缝隙内的昆虫。

此外，二氧化硅气凝胶或硅藻土等低风险的灭虫粉剂都适合采用喷粉器施药，使昆虫藏匿区域覆盖一层薄薄的触杀剂，既能杀灭昆虫，又对人无害。一般说来，杀虫粉剂施放后，可至少保持一周或更长时间的灭虫效力。[2]

6.3.3.2.2 喷洒剂

灭虫剂溶解或混溶在液体中，通过手动压力使容器内的灭虫药液以液滴或液柱的形式喷射出去，以击倒可见的飞虫或爬虫，或将杀虫剂残留在被喷洒的物体表面，使昆虫触杀而死。该方法可在某种程度上对蚂蚁、蟑螂和书虱进行部分性控制，但无法控制易感物体和人工制品中的衣蛾和皮蠹虫。喷洒剂在使用过程中，有可能直接或间接地接触到藏品，若发生这类情况，将对藏品产生不可逆的损坏。

---

[1] DoMyOwn Staff. Crack and Crevice Pest Control[J/OR].[2021]. https://www.domyown.com/crack-and-crevice-pest-control-a-155.html.

[2] Integrated Pest Management Working Group Treatments Subgroup. Solutions—Pesticide Treatment of Collections Areas[R/OL]. [2019-03]. https://museumpests.net/solutions-pesticide-treatment-of-collections-areas/.

（1）灭虫方式

灭虫喷洒剂主要通过两种方式灭虫：击倒可见昆虫，表面喷洒。

①击倒可见昆虫

将以氯氰菊酯为基础的喷雾剂，对准可见的飞虫（如飞蛾）或爬虫喷射，湿药雾迅速进入昆虫的神经系统，击倒昆虫并使其痉挛，不久死掉。过去曾经使用过敌敌畏，由于其危害人体健康已被淘汰，现今多用低毒的拟除虫菊酯类杀虫剂。尽管几小时后，被喷射的区域不再有杀虫剂残留，并可以被安全处理，但仍要避免杀虫剂与藏品接触。

②表面喷洒

表面喷洒也称为滞留性喷洒（residual spray），是将杀虫剂稀释后直接喷洒在需处理的物体表面，待干燥后灭虫剂会残留在物体表面，并在很长一段时间内保持杀虫活性，当昆虫接触这些位置时就会被触杀，或由于吞食杀虫剂而死亡。其主要特点是，可以有选择地在特定区域施药，可长时间（1~3个月）控制虫害，以提高杀虫效率。

可喷洒的位置主要为昆虫的藏匿点或可能经过的区域，包括墙壁或地面的裂缝和缝隙、门窗框、楼角、木制柜架的缝隙、抽屉滑轨及底面、柜架下方及其内部和背面，以及其他死角位置。也有将其杀虫剂喷洒在储物箱、库房或其他结构的内表面，以作为新库使用前或储存设施使用前的灭虫处理。

残留在物体表面的杀虫剂的活性会随着时间的推移而降低，其杀虫有效期取决于所使用的杀虫剂与气候条件等。曾经使用过的有机氯化物（如DDT）和有机磷化物（如敌敌畏）可以保持许多年的灭虫活性，但对人体健康有害。现今多用氯氟氰菊酯属拟除虫菊酯类杀虫剂，其普遍具有对环境稳定、降解速度慢等特点。

尽管表面喷洒具有一定的灭虫效果，但剧毒的杀虫剂是不宜在藏展场所使用的。若必须采用喷射方式进行紧急处理，也应采用广谱、高效、低毒的杀虫剂，如拟除虫菊酯类灭虫剂。这类杀虫剂在喷射后的几十分钟到几小时内毒性就消失了，被喷射区域可以被安全地处理与使用。

若必须对物体表面的裂缝或缝隙喷射，在喷射前须移走可能受影响的藏品，采用有扇形或锥形喷嘴的喷雾器对准裂缝或缝隙处理。

（2）重要的副作用

作为喷洒或雾化用的杀虫剂，需要将杀虫剂与其他物质（如水、油类或乳化剂等）混溶，这平添了这类杀虫剂对被喷洒处物体的风险，这些风险如下：[①]

①水基杀虫剂

溶剂为水基的杀虫剂可能会使被喷射物的表面留下污渍或水渍，一些对水敏感的色料或可能溶入水的材料会因此而变色或损坏。水还可能损坏某些有机材料，例如使皮革变硬发脆。

②油基杀虫剂

喷射剂含有有机溶剂（如石油、煤油、石油馏分油等）的灭虫剂可能损坏的对象更广泛，如纺织品染料、墙纸染料、合成纤维（如人造丝）、丝绸、油漆和饰面、塑料、油毡、橡胶、沥青、地砖、多孔材料（如混凝土、木材）等，拼花地板的黏合剂也可能因此软化或溶解。

③乳剂基杀虫剂

助剂为乳化剂的喷射剂会在被喷射到的物体表面形成污渍，还可能会损害色牢度很高的不褪色的彩色纺织品。

若必须对某些物体表面进行灭虫喷洒，应事先在现场进行测试，但这仅有助于注意到喷射后材料的当时变化，而喷射剂与材料之间发生的细微变化以及对材料持久的影响是无法观察到的。在某些情况下，可能有必要将敏感物品从待处理区域移开，或用聚乙烯塑料将它们完全包裹起来。

6.3.3.2.3 杀虫气雾剂

与杀虫喷雾剂不同的是，杀虫气雾剂是将药液密封盛装在有阀门的容器内，在抛射剂作用下一次或多次喷出微小液珠或雾滴，被设计用来处理整个空间。雾滴中除含有触杀剂外，还含有溶剂和油，可在空气中悬浮几个小时，直到最终沉淀在被处理空

---

① John E. Dawson, J.K. Strang(revised). Technical Bulletin No.15（Solving Museum Insect Problems: Chemical Control）[M]. Ottawa: Canadian Conservation Institute, 2000（Reprint）: 1-26.

间的所有物品上，该空间内的所有物品会在很长时间内被这些化学物质覆盖。该灭虫法适用于大规模杀灭蚊、蝇、蟑螂，只要这类飞虫与药物接触就会快速死亡。该方法并不适用于藏展环境的大规模灭虫，且对藏品有很大的危害风险。其主要弊端如下：

（1）某种气雾剂只能用于特定昆虫的杀灭，并不具有灭虫的广谱性。

（2）只有接触到药雾的成虫、蛹和幼虫才可能被杀死，虫卵不会被杀死。为此需要在第一次雾化后20~30天内再雾化一次，以确保新孵化的昆虫被杀灭。即使反复雾化，一些昆虫仍然可能接触不到杀虫剂，使杀虫不彻底。[1]

（3）药雾无法渗透到物体的裂缝和罅隙中，而这些地方正是某些昆虫的主要栖息地。

（4）许多昆虫（例如皮蠹、衣蛾以及其他钻蛀性昆虫）藏匿在物品细小的缝隙或藏品的虫道内，无法接触到药雾，所以大量有害藏品的昆虫是难以被这类杀虫药雾毒杀的。

（5）杀虫药雾若沉降到藏品上，杀虫剂或藏品载体之间可能会发生不良化学反应，并对藏品造成不可逆转的损坏。雾滴中含有的溶剂、油与藏品载体接触时会玷污藏品。

因此，杀虫气雾剂并不适用于藏展环境的灭虫处理，也不适用于空库消毒，因为空库可见的缝隙处无法被其覆盖与进入。

6.3.3.3　熏蒸法

熏蒸法（fumigation）是指在真空或大气压下，在密封空间内利用杀虫剂气化后散发出的有毒气体渗入被昆虫侵扰的物品中，杀死目标物品内昆虫的过程，个别熏蒸剂（如环氧乙烷）还具有灭菌作用。用于熏蒸法的灭虫剂称为熏蒸剂（fumigant），熏蒸消杀可以在大气压下或在真空室中进行。

熏蒸杀虫是利用熏蒸剂气化后渗透到被处理的物品中，杀虫剂通过昆虫的呼吸道进入虫体内并渗透到其体液中，对细胞代谢产生不可逆的破坏作用，使昆虫的新陈

---

[1] John E. Dawson, J.K. Strang（revised）.Technical Bulletin No. 15（Solving Museum Insect Problems: Chemical Control）[M]. Ottawa: Canadian Conservation Institute, 2000（Reprint）: 1-26.

代谢发生障碍而死亡。熏蒸灭虫的效果不仅与熏蒸剂相关,还与熏蒸的环境及被毒杀的虫种等因素有关。熏蒸剂比其他类型的杀虫剂更具渗透力,特别适用于控制钻蛀性昆虫,因为良好的熏蒸剂可扩散并渗透到其他杀虫剂无法到达的灭虫点。熏蒸法不仅适用于对大量藏品的集中灭虫,还可以对整个藏品库以及柜架、装具等进行整体灭虫。因此,熏蒸法曾经是藏品灭虫的首选方法,并得到广泛应用。

6.3.3.3.1 严重的副作用

理想的熏蒸剂应满足以下要求:对藏品无害;渗透力与扩散力强且可毒杀的虫种多;杀虫处理后,化学药品具有低残留、有效期长等特点。事实上是,所有的熏蒸剂对人体健康都有危害,曾经被使用的熏蒸剂都发现对藏品有一定的危害。表2-3列出了曾经或尚在使用的熏蒸剂的特点[1],更多信息见6.3.3.3.2常用熏蒸剂的特点。

表2-3 主要熏蒸剂的特点

熏蒸剂	杀虫效果	杀菌效果	对人体的毒性	对材质的影响	对环境的影响
环氧乙烷	广谱、高效的灭菌、杀虫熏蒸剂		1类致癌物	可能改变纸张、羊皮纸和皮革的物理和化学性质	对环境有危害
溴甲烷	广谱、高效的灭菌、杀虫熏蒸剂		剧毒	与各种含硫材料发生反应,熏蒸后物品具有难闻气味	破坏臭氧层,被禁用
磷化铝	广谱性熏蒸杀虫剂	无	剧毒	对金属具有强腐蚀性	污染环境
硫酰氟	广谱杀虫熏蒸剂,杀灭虫卵能力差[2]	无	吸入性毒性损害,严重时有生命危险	与部分纸张、蛋白质、合成树脂会有反应,部分金属(尤其是铜)会锈蚀	强效温室气体

由上可见,所有的熏蒸剂对人均有毒害作用,操作时必须由专门的技术人员在

---

[1] 刘家真.古籍保护的原理与方法[M].北京:国家图书馆出版社,2015:205.
[2] 岩素芬.图书蛀虫、防虫处理[J].(台湾)佛教图书馆馆刊,2006(43):40-49.

消毒室内严格按照规程操作。《信息与文献　图书馆和档案馆的文献保存要求》（GB/T 27703-2011）指出：采用化学熏蒸的设备应配备尾气处理系统，废水、废气的排放应符合国家标准《污水综合排放标准》（GB 8978-1996）和《大气污染物综合排放标准》（GB 16297-1996）的有关规定。该标准同时要求消毒室的设计应符合下列要求：

①具备独立的房间，可密封的门、窗；

②使用面积大于20 m^2；

③设有直通室外的窗户或进排气管道；

④室内屋顶、墙壁、地面材料易于清洁；

⑤室内有上下水管路；

⑥不设在地下室。

出于安全和环境考虑，许多熏蒸剂已被逐步淘汰或禁用，尚可使用的熏蒸剂只有在紧急情况才可以考虑使用。熏蒸灭虫的严重副作用归纳如下：

（1）熏蒸剂残留物

熏蒸法具有快速杀灭昆虫的优越性，其弊端是对操作者及环境毒性高，其残留物有可能危害使用者及藏品本身。

熏蒸剂都具有滞留性，虽然滞留的化学品会随时间而挥发，但目前尚难确切知道在藏展环境中其完全挥发掉需要多长时间，因此其对人的危害较大。在20世纪曾有16种常用的熏蒸剂，由于环境安全、成本、致癌性和其他因素，大多数熏蒸剂已被撤回或停止使用，现今只有少数还在应用中。

近年来的研究证明，熏蒸剂或其他的化学杀虫剂可能会给人带来短期或长期的健康问题，包括恶心、头痛、呼吸困难以及癌症。一些化学品进入人体后，尽管当时对人的健康不会有明显影响，但数年后就可能会导致健康问题。许多化学品还可能对藏品有损坏。

物品被熏蒸后，有可能当时看不到明显的损坏，但被藏品吸附的杀虫剂有可能长期危害藏品，相关危害见表2-3以及6.3.3.3.2常用的熏蒸剂的特点。

（2）熏蒸剂对生物标本DNA的破坏

熏蒸剂对蛋白质与生物标本的DNA均具有一定程度的破坏作用。在研究溴甲烷、溴甲烷/环氧乙烷混合气体、环氧乙烷、环氧丙烷、碘化甲基以及甲基溴或硫酰氟熏蒸时发现，它们对蛋白质的改变较大，会导致生物标本 DNA 的显著降解。[1] 藏品本身可能会因残留的氯化物而对蛋白质造成内在损害。[2] 动物标本中存在肌肉，肌肉的蛋白质结构不同于胶原蛋白和角蛋白等结构蛋白，对熏蒸剂较为敏感。[3] 生物标本被污染后，可能会影响其今后的科学分析和研究，例如 DNA 采样。[4] 若要保全生物标本的生物学价值，建议不要进行化学熏蒸处理，包括用敌敌畏熏蒸或樟脑熏蒸。

（3）对环境的破坏

在防治虫霉的化学品中，对人类环境危害最大的是某些熏蒸剂，残留的熏蒸剂很容易扩散到空气中或渗透到地下水中。这不仅会损害人体健康，有些还会危害到人类赖以生存的自然环境。

在几种主要的熏蒸剂中，尽管溴甲烷与硫酰氟具有高效、广谱的杀虫效果，但对环境污染极大。由于较早发现溴甲烷对臭氧层具有破坏作用，自 2005 年以来已被全球逐步淘汰。现在，经科学家研究发现，硫酰氟也是一种强效温室气体。目前尚在使用的熏蒸剂主要是硫酰氟与环氧乙烷。

6.3.3.3.2 常用熏蒸剂的特点

以下介绍的是曾经普遍使用的熏蒸剂，以及目前尚在使用的熏蒸剂的特点，以便对熏蒸剂有进一步的了解。[5]

（1）磷化铝

磷化铝与溴甲烷都曾经被广泛使用，是现今已被淘汰的熏蒸剂。

---

[1] Kigawa R, Nochide H, Kimura H, et al. Effects of Various Fumigants, Thermal Methods and Carbon Dioxide Treatment on DNA Extraction and Amplification: A Case Study on Freeze-dried Mushroom and Freeze-dried Muscle Specimens[J]. Collection Forum, 2003（1-2）: 74-89.

[2] Kigawa R, Strang T, et al. Investigation of Effects of Fumigants on Proteinaceous Components of Museum Objects (Muscle, Animal Glue and Silk) in Comparison with Other Non-chemical Pest Eradicating Measures[J]. Studies in Conservation, 2011（56）: 191-215.

[3] Thomas Strang. Studies in Pest Control for Cultural Property[M]. Sweden: Coronet Books Inc, 2012: 1-79.

[4] National Park Service. NPS Museum Handbook Part 1, Chapter 5: Biological Infestations[EB/OL]. [2014]. https://www.nps.gov/museum/publications/mhi/CHAP5.pdf.

[5] 刘家真. 纸质藏品防治虫霉技术的评价[J]. 国家图书馆学刊, 2015（6）: 71-82.

磷化铝通常是作为一种广谱性熏蒸杀虫剂，主要用于杀灭仓储昆虫、室内的多种昆虫以及室外啮齿动物等。磷化铝吸水后会立即产生高毒性的磷化氢气体，该气体通过昆虫（或者老鼠等动物）的呼吸系统进入体内，抑制昆虫的正常呼吸而使其死亡。

磷化铝可能会腐蚀金属，包括黄金和白银，对人畜高毒。

起初磷化铝因较好的灭虫效果与便于使用而受到推广，但在10年的使用过程中，很多昆虫对其产生了抗药性，使其无法持续使用。[1]

（2）溴甲烷

溴甲烷（CH_3Br）又称溴代甲烷、甲基溴等，是一种无色无味的有毒气体，具有强大的扩散性和渗透性，很低的浓度就可快速杀死绝大多数生物。溴甲烷自20世纪40年代以来，一直是世界上应用最广泛的熏蒸剂，曾经被广泛地用于杀灭危害纸质藏品的各种昆虫与霉菌。

液态溴甲烷会与各种含硫的材料发生反应，如皮革、羊毛、人造丝、乙烯基、橡胶、头发、羽毛和照相用化学品，这种反应会使材料产生一种难以去除的硫磺味或臭鸡蛋味。

由于溴甲烷对臭氧层的影响，1992年在《哥本哈根修正案》上被列为受控物品。2017年，溴甲烷被世界卫生组织国际癌症研究中心列入3类致癌物清单。我国已经不再使用溴甲烷对图书、文物及档案进行熏蒸消杀。

（3）环氧乙烷

环氧乙烷（C_2H_4O）是一种有机化合物，可与虫体蛋白质发生反应而杀死昆虫，也能与菌体中的有机物质发生反应，致使霉菌的新陈代谢发生障碍，因此既能杀虫也能灭菌。环氧乙烷无腐蚀性，且穿透力强，可达被熏蒸物深处。环氧乙烷可以有效地杀死昆虫的成虫、幼虫、虫蛹和卵，因此曾经被广泛地推荐使用。特别是当溴

---

[1] Cao Yang, Song Yi, Sun GuanYing. A Survey of Psocid Species Infesting Stored Grain in China and Resistance to Phosphine in Field Populations of *Liposcelis entomophila*[M].// Credland P F, Armitage D M, Bell C H, et al. (Eds): Advances in Stored Product Protection, Proceedings of the 8th International Working Conference on Stored-product Protection, Oxon, UK: CAB International, 2003: 662-667.

甲烷的使用被明令禁止后，环氧乙烷使用相当普遍，但其对人体健康与藏品安全均有不利影响。

国际环境因素调查研究委员会（ICEF）宣布，经环氧乙烷生产厂商证实，环氧乙烷是一种潜在的血液致癌物，它可使人体的染色体发生异常。[1] 对藏品的影响有：有证据表明，环氧乙烷可以软化胶黏剂，与蛋白质物质发生反应导致其变质，并与纤维素和盐类物质发生反应使其永久性改变[2]；可能改变纸张、羊皮纸和皮革的物理和化学性质[3]。

（4）硫酰氟

硫酰氟（SO_2F_2）是一种无色无味、不燃不爆的气体，化学性质稳定，渗透力强，在消灭农业和仓储昆虫方面非常有效，所以在甲基溴遭到禁用后，硫酰氟便成为其灭虫替代产品。但2008年对硫酰氟的红外吸收光谱数据的研究发现，它属于一种强效温室气体。现今，在非化学法控制虫害不适用时，仍然会使用硫酰氟熏蒸灭虫，有些国家限制其在城市和公寓附近使用。[4]

硫酸氟是一种优良的灭虫熏蒸剂，具有效率高、用量省、熏蒸时间短、散气时间短、使用方便等特点，对赤拟谷盗、黑皮蠹、烟草甲、谷象、麦蛾、天牛、粉螨、黏虫、粉蠹等数十种昆虫均有良好的防治效果。在美国，硫酰氟被当作防治白蚁的特效熏蒸剂。

作为广谱性杀虫熏蒸剂，硫酰氟在灭虫方面的不足是，其杀灭虫卵能力较弱[5]，也没有灭菌能力。硫酰氟由于其疏水性，很难渗透到含水的虫卵中，因而杀灭虫卵的能力差。

---

[1] 刘冲.环氧乙烷致癌[J].环境保护，1981（4）：27.
[2] National Park Service. Ethylene Oxide Health and Safety Update[J]. Conserve 0 Gram, 1993（2）：1-3.
[3] Thomas A. Parker（Northeast Document Conservation Center）.3.10 Integrated Pest Management[J/OL].[2007].https://www.nedcc.org/free-resources/preservation-leaflets/3.-emergency-management/3.10-integrated-pest-management.
[4] Pascal Querner. Insect Pests and Integrated Pest Management in Museums,Libraries and Historic Buildings [J]. Insects, 2015（6）: 595-607.
[5] 岩素芬.图书蛀虫、防虫处理[J].(台湾)佛教图书馆馆刊，2006（43）：40-49.

目前发现，硫酰氟熏蒸对藏品会有一定程度的损坏，主要表现在：

①它会与部分纸张、蛋白质、合成树脂发生反应；[1]

②部分金属（尤其是铜）会锈蚀；

③有可能会在皮革和油渍中及其周围沉积残余氟化物；[2]

④美国大都会艺术博物馆发现，对11种有色物品进行熏蒸，硫酰氟中的杂质（氯化氢和二氧化硫）对其中10种颜色产生了影响。由此，该博物馆禁止对任何艺术品采用硫酰氟熏蒸。[3]

（5）植物熏蒸剂

随着科学技术的发展，从植物中提取的植物性杀虫剂有可能作为新的熏蒸剂。植物提取物作为熏蒸剂以保护藏品免受虫害的应用已经起步，已有多种植物提取物进行了对仓储昆虫的熏蒸毒杀试验。[4]

植物精油（essential oils）是萃取植物中特有的芳香物质，取自草本植物的花、叶、根、树皮、果实、种子、树脂等，是以蒸馏、压榨方式提炼出来的。某些植物精油及其活性成分主要是萜类化合物，对多种昆虫和螨类具有潜在的高生物活性。它们对昆虫也具有高度选择性，因为它们可能靶向昆虫受体，即非哺乳动物。[5] 对植物挥发物的大多数研究表明，植物精油具有一定的熏蒸灭虫或灭菌效果。因此，引入这些低毒性的植物源化学物质作为熏蒸剂将是熏蒸灭虫的方向，但植物精油的渗透能力还需要大规模的实践数据证明。

---

[1] 岩素芬. 图书蛀虫、防虫处理[J]. (台湾)佛教图书馆馆刊, 2006(43): 40-49.

[2] Dawson J E. Technical Bulletin. No.15 (Solving Museum Insect Problems: Chemical Control) [M]. Ottawa: Canadian Conservation Institute, 1992: 1-26.

[3] Koestler R J, et al. Visual Effects of Selected Biocides on Easel Painting Materials[J]. Studies in Conservation, 1993(38): 265-273.

[4] Pascual-Villalobos M J. Volatile Activity of Plant Essential Oils against Stored-product Beetle Pests[M].// Credland P F, Armitage D M, Bell C H, et al. Advances in Stored Product Protection, Proceedings of the 8th International Working Conference on Stored-product Protection, Oxon, UK: CAB International, 2003: 648-650.

[5] Kostyukovsky M. Essential Oils: Potency against Stored Product Insects and Mode of Action[J]. Stewart Postharvest Review, 2006(4):1-6.

6.4 化学驱虫法

化学驱虫法是利用驱虫剂（insect repellent）驱赶接触藏品的昆虫。驱虫剂具有使昆虫避开的物质，可以是植物或化学品。使用驱虫剂的目的是阻止昆虫以藏品为食，但驱虫剂并非对所有昆虫均有驱避作用，有些对藏品还有害。

表 2-4　我国曾经使用的驱虫法[1]

类别	曾用物品	用法	原理	副作用
植物茎、叶、果等	芸香、麝香、木瓜、樟脑、荠草、角蒿、花椒、烟叶等	挂在柜内；放置在柜外，点燃烟熏	利用植物散发的刺激性气味（化学品）驱虫	驱虫气味散尽，植物叶、茎、秆反而招虫
木材	白檀、檀香、栗香、降香、紫白檀、杉木、川柏、银杏木、梓木、楠木等	使用可长期散发特殊气态分子的木材做成藏品装具或装饰品		
驱虫药	天然樟脑精	挂在柜内；放置在柜外	利用升华能力强、有刺激性气味的化学品，使其挥发到空气中驱虫	可能使纸张发生变化
	樟脑丸（人工合成樟脑）			大量使用有损纸张
	卫生球、臭丸（萘）			使纸变黄、墨迹褪色
	对二氯苯			

6.4.1　植物类驱虫剂

我国长期以来使用植物驱虫，包括植物茎、秆、叶以及有气味的木头，国外也曾经有使用薰衣草、雪松木以及香柏木驱虫的。其基本原理是某些植物散发的挥发性化学物质对某些虫类具有驱避作用，但最大的问题是，一旦植物的茎、秆、叶的

---

[1] 刘家真. 纸质藏品防治虫霉技术的评价[J]. 国家图书馆学刊，2015（6）：71-82.

挥发性气味（精油）散尽，这些植物反而会招虫，例如吸引烟草甲、药材甲等。此外，这类驱虫植物的驱虫范围与驱虫对象都是有限的，例如薰衣草和薰衣草精油对成年蛾具有驱避作用，但对幼虫几乎没有作用。[1]

含驱虫精油的木材制成的柜架等装具，随挥发性化学物质的消散，其驱虫的效力也跟着减弱或消失。通过对木材的香精油成分分析来看，它除含有可能导致纸张发黄的成分外，还含有一些酯类化合物[2]，对纸张的污损是无疑的。台湾有学者指出，这些木材的香味对文物的危害很大，不可以用作书架。针叶树材大部分都含有这类物质，如松木、桧木、柏类等都不适于做书架，特别是夹书板，书很容易遭受污染。[3]台湾学者陈俊宇的研究指出，纸质藏品在木质典藏柜中，随典藏时间的增加，木材中的天然抽出成分，如萜类、多元酚、树脂、单宁等，会逐渐挥发出来而导致纸张变色。若典藏在潮湿环境中，木材会逐渐释放出酸性物质，如甲酸、乙酸、丙酸及丁酸等挥发性有机酸而加速纸张的劣化。[4]有的木材还具有较高色素，有可能直接污染纸质藏品，尤其是像红桧、樟木等树脂含量高的树种更会使纸质藏品受到污染。

6.4.2　化学品驱虫剂

从植物中提出的驱虫成分或人工合成的化学品驱虫剂，是今天馆藏环境中常见的驱虫剂，例如樟脑精、卫生球、对二氯苯等。这类化学驱虫剂必须在密闭环境内使用，在空间内具有一定浓度时才可能发挥驱避作用。其驱虫的弊大于利。

（1）驱虫对象有限

这类驱虫剂不具有普适性，例如许多驱虫剂，如樟脑、萘和对二氯苯等，其驱赶的昆虫种类有限，仅对书虱、蛾和某些甲虫有一定的驱避作用，对于钻蛀性昆虫是难以驱避的。

---

[1] Pasquale Trematerra, David Pinniger. Museum Pests—Cultural Heritage Pests[M].//Arthur C G A H：Recent Advances in Stored Product Protection, Switzerland:Springer Link, June 2018.
[2] 曲式曾，张付舜，孙宏义，等.几种松树木材和针叶精油成分及巴山松的分类问题[J].西北林学院学报，1990（2）.
[3] 编辑组整理.纸质图书保存维护实务答录[J].（台湾）佛教图书馆馆刊，2006（43）：93-99.
[4] 陈俊宇.木质典藏用材对于纸质文物保存性之影响[D].（台湾）嘉义大学，2005.

（2）抗药性

昆虫对这类驱虫剂会产生抗药性，由此迫使使用者必须逐年不断提高密闭环境内驱虫剂的浓度。随施放药量的不断增加，其副作用不能忽视。

（3）对藏品的危害

驱虫剂必须在密闭环境中才可能保持驱虫作用，某些藏品由于大量吸附这类驱虫剂而受到损坏。我国台湾地区"故宫博物院"科技室岩素芬指出，天然樟脑丸与人工合成樟脑丸的毒性并不是很清楚，但随着环境温度的变化，樟脑的分子会在藏品上面形成结晶而使藏品产生变化。[1] 通常，用来包裹樟脑丸的纸张泛黄变脆就是例证。

萘（卫生球，臭丸的化学成分）广泛用于控制和击退纺织品昆虫，但萘会使羊毛变色，并可能溶解生物标本中的脂肪[2]。

对二氯苯（防蛀防霉片的主要成分）会使纸张变黄、墨迹褪色，欧美有些博物馆现已舍弃不用[3]。

（4）污染环境，危害人体健康

放置这类驱虫剂的环境容易被污染。由于蒸汽是倾向于离开封闭空间的，其周围环境必然被污染。此外，被藏品吸附的这些驱虫剂的气味（升华的驱虫剂），目前尚不清楚需要多长时间才可能完全散尽（升华完毕），凡是与之接触者均可能受到其伤害，只是受害的程度不同而已。

大多数驱虫剂对人的健康是有害的。萘与对二氯苯均被国际癌症研究中心（International Agency for Research on Cancer，IARC）公认为可能使人体致癌的物质。1999年，国家环保总局发布的《安全型防虫蛀剂》就规定不得使用萘和对二氯苯作为衣物、布料、书籍类防虫蛀剂产品的原料。

当前，也有采用植物精油作为昆虫驱避剂的。许多精油对人类也有相当大的毒

---

[1] 岩素芬.图书蛀虫、防虫处理[J].（台湾）佛教图书馆馆刊，2006（43）：40-49.
[2] Dawson J E. Technical Bulletin. No.15（Solving Museum Insect Problems:Chemical Control）[M]. Ottawa :Canadian Conservation Institute, 1992:1-26.
[3] 赖玟忻.文物典藏——以"辅仁大学中国天主教文物馆"为例[J/OL].[2014-02-01]. www.fuho.fju.edu.tw/sketch/writing/20081025.pdf.

性，也可能对藏品有害。在它们被推荐作为保护藏品的安全替代品之前，还需要进行更多的研究并经受时间的考验。随着 IPM 防治昆虫理念的推广，堵截昆虫入室，并使用昆虫诱捕工具监视昆虫，一旦发现问题立即采取行动，查清昆虫来源并进行消杀处理，其所发挥的防虫作用远远大于驱虫剂，且没有任何副作用。

6.5　非化学灭虫法概述

非化学灭虫法（non-chemical pest control）不使用化学杀虫剂毒杀昆虫，仅使用自然界存在的元素、空气和水，利用物理学定律与生物学原理，或通过诱捕及昆虫的天敌，使藏匿在藏品内的昆虫死亡，无论其处在哪个生命阶段。非化学灭虫法选用得当，将不会损坏藏品，也不会损害工作人员的健康，因而是灭虫的首选方案。

非化学灭虫后，藏品不会残留有害化学品，只需清理死掉的昆虫与污物，在隔离室经过一定时间的杀虫效果监控就可重新使用。因此，这类灭虫法已逐步取代曾经广泛使用的化学灭虫法。但这种转变也带来新的风险，对于新的灭虫技术的副作用需要一定的时间去认识与研究。实践证明不是所有的非化学灭虫法都是成功的或没有副作用的，有的非化学灭虫法已被抛弃，有的还需要在使用过程中继续认识以规避其风险。

表 2-5　非化学灭虫法与使用现状

类别	方法	副作用	现状
电磁辐射	β 射线，γ 射线（放射性辐射）	存在	废弃
	微波（热效应）		废弃
温度控制	冷冻		使用中
	热处理		使用中
缺氧	除氧剂处理		使用中
	二氧化碳缺氧气调		仍有使用
	氮/氩气缺氧气调	暂未发现	使用中

续表

类别	方法	副作用	现状
诱捕	黏性，光阱，化学信息素	后两者存在	使用中
生物控制	藏品害虫的天敌赤眼蜂等	暂不明确	使用中

6.5.1 电磁辐射灭虫法的危害

电磁辐射灭虫法是利用某类电磁波（如 γ 射线、β 射线、微波与红外线等）照射有虫的藏品，使处于各个虫期的昆虫死亡。这类灭虫法自从研发出来后，曾经使用过一段时间，后因发现其存在有损物品材质的严重问题而被淘汰。

6.5.1.1 放射性辐射灭虫

γ 射线、β 射线均为波长极短、穿透力极强的电磁波，即使藏品装箱入柜，也能够在极短的时间内彻底穿透被辐照物，直接杀灭昆虫和微生物，或导致虫卵失去孵化能力。

一些东欧国家曾经使用 γ 射线处理博物馆生虫的标本。美国东北文献保护中心（Northeast Document Conservation Center, NEDDC）对 γ 射线杀虫灭菌的警告如下：γ 射线可有效杀死昆虫，但不同昆虫的最小致死量尚属未知，并且最小致死量会随气候条件和被处理材料的性质而变化。最重要的是，研究已经表明，γ 辐射可以激发氧化并导致纤维素分子链断裂，这对纸质材料会有严重影响，并造成累积性破坏后果。因此，不推荐采用 γ 射线杀虫。[1] 同时，γ 射线可以破坏蛋白质和 DNA 等分子，更不适于生物标本的灭虫。

巴黎自然历史博物馆（Natural History Museum in Paris）曾经使用过 β 射线消毒杀菌，法国国家档案文献保护研究中心利用加速老化测试鉴定其对纸张物理化学特性的影响，结论是：虽然 β 射线具有高效的杀菌能力，但在所有的实例中发现，强烈的射线对纤维素分子有解聚作用。法国国家档案文献保护研究中心还指出，β 射线和 γ 射线一样，都对纸张有类似的不利影响，不推荐作为藏品的消毒与杀虫方法。[2]

---

[1] Thomas A. Parker（Northeast Document Conservation Center）.3.10 Integrated Pest Management[J/OL].[2015].https://www.nedcc.org/free-resources/preservation-leaflets/3.-emergency-management/3.10-integrated-pest-management.

[2] Porck H J, Teygeler R. Preservation Science Survey[M]. NW:Council on Library and Information Resources, 2000: 14.

20世纪80年代，我国曾经使用钴-60 γ射线杀虫灭菌，当辐照剂量在1.5万~8万伦琴时，对纸张多项理化指标影响不大。但辐照剂量越高，纸张材质破坏越严重，当辐照剂量达到100万伦琴时，纸张纤维的破坏程度到了无法翻动的地步。

由于以上原因，放射性辐射灭虫已被藏品管理部门淘汰。

6.5.1.2 微波灭虫

与γ射线、β射线不同的是，微波辐照是一种非电离辐射，可通过分子振荡等方式对生物体产生热效应，使昆虫死亡。鉴于微波已成功用于食品、农业和纺织工业中杀灭昆虫，国内外都有曾经使用微波杀灭藏品内昆虫的历史，例如快速地处理植物标本中的昆虫，成功地杀灭各类不带金属装帧材料的书籍以及皮革制品的昆虫。为了快速地灭虫，我国业界还曾经使微波灭虫设备商业化。

经过一段时期的使用后发现，微波灭虫过程的温度无法准确控制，加热可能不均匀而导致局部过热，这些都会直接导致对藏品的伤害。此外，万一有金属物体残留（如金属装订针、回形针等），均可能在灭虫过程中或灭虫处理后引起火花而点燃标本和纸张，我国甚至还有过这类灾情的记录。由此，曾经风靡一时的微波灭虫被叫停。其实，长时期在微波周围环境工作，对人体健康也是有伤害的。

美国东北文献保护中心对微波灭虫的结论是：微波的穿透力有限，可能无法穿透厚厚的书籍；微波的杀虫效果与昆虫的类型、微波的强度及波长相关；普通微波炉的波长与微波强度是变化的，很难确定最佳的杀虫时间与温度。利用微波杀虫还会使被处理的藏品存在被损坏的风险，例如，可能将书页、封面烧焦，订书钉等金属附件可引起电弧，黏合剂可能软化而造成某些书籍的装订解体，等等。微波加热过程是无法控制的，将导致书籍的损坏，甚至有可能烧坏或点燃书籍，应杜绝使用微波灭虫。[1]

---

[1] Thomas A. Parker（Northeast Document Conservation Center）.3.10 Integrated Pest Management[J/OL].[2015].https://www.nedcc.org/free-resources/preservation-leaflets/3.-emergency-management/3.10-integrated-pest-management.

6.5.2 尚在使用中的非化学灭虫法

尚在使用中的非化学灭虫法主要有受控加热灭虫法、受控冷冻灭虫法、低氧灭虫法与低氧气调灭虫法。生物防治用于藏品灭虫还是新生事物，尚在开发与研究中。发生虫害后，采用哪种方法灭虫在很大程度上取决于藏品材料的物理和化学性质，对藏品的任何潜在的不可逆转的改变（损坏）都是不可接受的。

在已有的非化学灭虫法中，当前具有普适性且没有副作用的灭虫法是低氧气调灭虫法。对于精细的物品和复合性材料，首选低氧气调灭虫处理。[①]

6.5.2.1 温控灭虫

大多数昆虫都是冷血动物，它们的生存温度范围相当狭窄。温控灭虫（thermal pest control）是利用温度消灭昆虫的一种方法，在整个灭虫过程中不使用任何有害的化学物质，是一种具有生态友好性的突破性昆虫防治技术。

6.5.2.1.1 温控灭虫的原理与优点

温控灭虫的基本原理是，将昆虫的环境温度调控到其致死高温或致死低温范围内，使其在极端温度下死亡。温控灭虫法包括受控下的低温冷冻灭虫与受控下的高温灭虫，其基本原理是基于昆虫研究中已经证明的致死温度与在致死温度下持续的时间。高温灭虫和低温灭虫之间的一个主要区别是控制所需的灭虫时间，致死低温通常比致死高温需要更长的灭虫时间。

受控冷冻灭虫法（controlled freezing disinsection）是指对冷冻过程进行严格控制的灭虫方法。昆虫在致死低温区，其体液结成冰晶，虫体原生质将遭受机械损伤、脱水和生理结构破坏，从而死亡。只要温度足够低，持续冷冻的时间足够长，危害藏品的任何昆虫都无法在冷冻的环境中存活。受控下的低温冷冻灭虫已经成功地控

[①] Gilberg M. Inert Atmosphere Fumigation of Museum Objects[J]. Stud. Conserv, 1989(34): 80-84.
Gilberg M. The Effects of Low Oxygen Atmospheres on Museum Pests[J]. Stud. Conserv. 1991(36): 93-98.
Maekawa S, Elert K. The Use of Oxygen-Free Environments in the Control of Museum Insect Pests[M]. Los Angeles, CA, USA: The Getty Conservation Institute, 2003.
Berzolla A, Reguzzi M C, Chiappini, etc. Controlled atmospheres against Insect Pest in Museums: A Review and Some Considerations[J]. Applied Entomology, 2011(43):197-204.

制了皮草和食品工业的昆虫,其使用时间超过了一个世纪,广泛用于杀灭藏品中的昆虫也有几十年时间,现今已成为全球许多收藏单位灭虫与隔离防疫的重要方法。

高温会在几分钟内破坏重要的蛋白质,并使昆虫脱水而死亡。使被虫害物品在环境温度为49~60℃的封闭空间内至少维持4~6个小时,潜伏在藏品内的任何昆虫都会死亡。不同昆虫的致死高温区不同,蛾类和银鱼不到50℃就会死亡,而一些甲虫(例如一些天牛科昆虫和粉蠹虫)需要更高的温度或更长时间才能杀死其虫卵、幼虫和成虫。[1]

> **案例 11:烟草甲与药材甲在高温下致死的温度与时间**[2]
>
> 烟草甲的卵在50℃温度下,平均需要190(170~220)分钟致死。
> 药材甲的初龄幼虫:
>   54℃,平均需要39(36~43)分钟致死;
>   50℃,平均需要234(176~387)分钟致死;
>   55℃,平均需要10.8(6.6~13.8)分钟致死;
>   60℃,平均需要4.8(4.2~4.8)分钟致死。

在对付货物、建筑和农业昆虫方面,高温灭虫已有很长的历史,但在藏品保护领域的应用还是近些年的新生事物。目前用于藏品灭虫的高温处理,主要有两大类:一是在湿度受控的加热室内进行处理,温度在50~52℃范围内,依据藏品材质确定加热室内的湿度与温度;另一种方式是利用太阳能杀灭纺织品内的衣蛾或皮蠹。

温控灭虫的主要优点是环保,整个灭虫过程不会对环境与人体健康带来任何影

---

[1] Nikolaus Wilke, Rebecca Sawyer, Oliver Junk. Humidity-controlled and Warm-air Pest Eradication Technology with a Focus on Museum Collections and Works of Art[EB/OL]. [2018-3-8]. https://international-pest-control.com/humidity-controlled-and-warm-air-pest-eradication-technology-with-a-focus-on-museum-collections-and-works-of-art/.

[2] Abdelghany Y A, Awadalla S S, et al. The Effect of High and Low Temperatures on the Drugstore Beetle, *Stegobium paniceum* (L.) (Coleoptera: Anobiidae). [J]. Journal of Economic, 2010(103):1909-1914.

响，也不会在藏品内残留任何有害物质。此外，温控热处理的灭虫时间比目前正在应用中的其他非化学灭虫法的灭虫时间短。

> **案例**
>
> ### 案例 12：太阳能灭虫法
>
> 20世纪90年代，加拿大文化遗产保护研究所（Canadian Conservation Institute，CCI）的Tom Strang开发出太阳能装袋法灭虫，利用阳光产生对昆虫致死的温度，可有效地杀灭纺织品内的衣蛾或皮蠹。其主要包括以下几个环节：[1]
>
> ①用黑色塑料制作一个与被处理物体大小相同的袋子。
> ②再用透明塑料（聚乙烯）制作另一个稍大的袋子。
> ③将受感染的藏品放在较小的黑色塑料袋内。
> ④从藏品周围尽可能多地抽出空气，密封小包装袋，其目的是减少由于热量变化导致藏品含水量改变而造成的藏品损坏。有的建议用棉花包裹藏品以缓冲水分波动，并将其密封在黑色塑料袋中，防止藏品水分流失，以及紫外线和可见光对藏品的损坏。
> ⑤将装有藏品的黑色塑料包装袋再放入较大的透明塑料袋内并密封。
> ⑥将双袋物放在支撑物或椅子上并暴露在阳光下数小时（不少于4小时），注意不要把袋子放在地上，因为热量会被地面吸收。
>
> 以上灭虫处理，要求外部环境温度在25℃以上，且阳光充沛，以确保袋内温度达到50℃。在袋内，物体温度可能比室外环境温度高出4~21℃（40~70℉），数小时内不同发育阶段的昆虫，包括虫卵都会被杀死，这是由于高温导致了昆虫的脱水和酶功能失调。[2] 相比较而言，太阳能灭虫袋比在湿控环境中的人工加热更安全，但笔者认为它对地理位置与气候条件的选择性较大。

---

[1] Courtesy Artlab Australia. Managing Pests in the Collection: Integrated Pest Management (IPM) [EB/OL]. [2011-3-2]. https://mgnsw.org.au/wp-content/uploads/2019/01/Managing_pests_in_the_collection_by_History_SA.pdf.

[2] Baskin B. Putting Sunlight to Work to Eliminate Insect Infestations in Mere Hours [J]. Western Association for Art Conservation, 2003(2): 20-21.

6.5.2.1.2 温控灭虫的不足与风险

温控灭虫的风险主要围绕着极端温度对藏品材质的影响，以及藏品材质水分变化可能带来的损坏等。表2-6列举了温控灭虫对物品的某些危害。

表 2-6　温控灭虫对某些材质的影响

材料	冻结/加热期间的风险
植鞣革	皮革装订的历史书籍可能要承受不可逆转的收缩[1]
纸莎草	不可逆转的物质变化[2]
黏合剂、树脂	尺寸变化、变色、龟裂、脆化、失重[3]（高温灭虫）
动物制品	蛋白质材料的相变[4]（高温灭虫）
用于DNA研究的生物材料	DNA的变性[5]（高温灭虫）

（1）对藏品形体的影响

一般说来，受控低温冷冻灭虫是在 –20℃到 –29℃之间，理想的低温灭虫温度为 –29℃。高温灭虫的基本原理是54℃（130℉）、3小时可有效地杀死所有生命阶段

---

[1] Beiner G G, et al. Thermal Methods of Pest Eradication: Their Effect on Museum Objects[J]. The Conservator, 2005(29):5-18.

[2] Beiner G G, et al. Thermal Methods of Pest Eradication: Their Effect on Museum Objects[J]. The Conservator, 2005(29):5-18.

[3] Ball M D, Bisulca, et al. Assessment of the Thermo-Lignum Oven Pest Eradication Treatment on Natural and Synthetic Polymers and Resins[C]. //Windsor P, Pinniger D, Bacon L, et al.Integrated Pest Management for Collections : Proceedings of 2011: A Pest Odyssey, 10 Years Later, Swindon: English Heritage, 2011: 107-114.
Tscherne F, et al. The Thermo Lignum Ecological Insect Pest Eradication Process: the Effects on Gilded and Painted Wooden Objects[J]. International Journal of Conservation Science 7, 2016(Special Issue 1):295-300.

[4] Beiner G G, et al. Thermal Methods of Pest Eradication: Their Effect on Museum Objects[J]. The Conservator, 2005(29):5-18.

[5] Ackery R P, Testa J M, Ready P D, et al. Effects of High Temperature Pest Eradication on DNA in Entomological Collections[J]. Studies in Conservation, 2004(1): 35-40.

的昆虫。[1]

对于常温下的藏品而言，无论是低温灭虫还是高温灭虫，被处理的物体都要经受温度剧变的冲击，这对于物体制成材料的结构稳定性是一个巨大的考验。这是由于陡峭的温度梯度可能使被处理的材料遭受严重的机械应力，有些物体会因此而出现裂纹。[2]

温度剧变给材料带来的机械应力主要是环境湿度改变与物品含水量变化导致的，尽管冷冻灭虫采取了用聚酯膜密封藏品的方式来预防这类冲击力，高温灭虫选择在恒湿环境下进行，但物品变干、收缩或破裂的风险仍然是存在的。

热胀冷缩会使被处理物体的尺寸发生变化，特别是处理复合材料时。由于不同材料的膨胀或收缩率不同，复合材料制成的物体有可能解体或受损。例如，油画基材的热胀冷缩对艺术品造成的伤害等。

（2）高温对藏品材质的影响

对于大多数材料来说，高温是会加速其变质反应的，长期暴露在高温下可能会增加被处理物品受损的风险。例如，消灭昆虫所需的高温，会加速纸张的老化和氧化。当然，在没有其他方法可以替代时，短时间暴露在高温下以消灭昆虫，要比听凭昆虫吞食藏品更可取。

（3）极端温度对生物标本DNA的影响

极端温度对生物标本中的DNA是否有潜在影响一直在收藏界众说纷纭，特别是对昆虫标本与剥皮动物标本的受控温度灭虫处理。通过对标本的DNA提取和PCR扩增已经证明，与过去使用的许多熏蒸剂相比，热量对DNA和蛋白质结构的危害要小得多。[3] 低温冷冻处理不会使标本的DNA丢失或变化。在52~55℃范围内，DNA提

---

[1] Thomas A. Parker (Northeast Document Conservation Center) .3.10 Integrated Pest Management[J/OL].[2015].https://www.nedcc.org/free-resources/preservation-leaflets/3.-emergency-management/3.10-integrated-pest-management.

[2] Ackery P R, Testa J M, Ready P D, et al. Effects of High Temperature Pest Eradication on DNA in Entomological Collections [J]. Studies in Conservation, 2004(1): 35-40.

[3] P. R. Ackery, J. M. Testa, P. D. Ready. Effects of High Temperature Pest Eradication on DNA in Entomological Collections[J]. Studies in Conservation, 2004(1): 35-40.

取和 PCR 扩增已被证明对昆虫的热处理相对不敏感。[1] 有人对高温灭虫后的羽毛进行了检测，发现羽毛角蛋白对热的反应不大，可能是实验前先干燥了羽毛，羽毛的水分含量很低。缺乏水分使生物来源的聚合物具有热稳定性，因此干燥有利于热处理时减少对标本 DNA 的危害。[2] 水分含量较高的标本，高温灭虫对其 DNA 可能会有影响。[3]

6.5.2.1.3 建议

温控灭虫环保，不会在藏品内残留有害化学品，但温控灭虫是有风险的，无论是高温灭虫还是冷冻灭虫，并非所有材质的藏品都可以这样处理。在对灭虫方法进行选择时，要对藏品材质进行评估，看其是否适合温控灭虫。

大多数藏品通常是由多种材料构成，复合材料，脆弱或不稳定的材料，或具有较高的科学研究价值以及稀有的物品，都不宜受到极端温度的影响。因此，受控温度下的灭虫，无论是低温灭虫还是高温灭虫均具有风险，关键是发现哪些类型的物品可能会受影响，然后将其排斥在该灭虫方法之外。

高温灭虫比低温冷冻灭虫有更大的风险。尽管在特殊的腔室中，依据藏品材质特点设定腔室内的相对湿度，在腔室内环境温度为55℃，经过18小时已成功对多种物品进行高温灭虫，如书籍、家具、纺织品和自然历史标本等[4]，但对于敏感的藏品，灭虫还是要慎之又慎。

不宜使用冷冻灭虫的材质已经在"6.6受控冷冻灭虫法"中列出，高温灭虫的不

---

[1] Ackery P R, David Pinniger, Adrian Doyle, et al. Heat Treatment of Entomological Drawers Using the Thermo Lignum Heat Process[J]. Collections Forum, 2005(1-2): 15-22.

[2] Takahashi K, Yamamoto H, Hattori Y Y A M. Thermal Behaviour of Fowl Feather Keratin[J]. Bioscience, Biotechnology and Biochemistry, 2004(9): 1875-1881.

[3] Ackery P R, Testa J M, Ready P D. Effects of High Temperature Pest Eradication on DNA in Entomological Collections [J]. Studies in Conservation, 2004, (1): 35-40.
T. Strang. The Use of Thermal Control against Insect Pests of Cultural Property 11th International Working Conference on Stored Product Protection[EB/OL]. [2014-11]. http://spiru.cgahr.ksu.edu/proj/iwcspp/iwcspp11.html.

[4] Child R E, Pinniger D B. Insect Trapping in Museums and Historic Houses[R]. IIC 15th International Conference on Preventative Conservation. Practice, Theory and Research:Ottawa, 1994.
Strang T J K. The Effect of Thermal Methods of Pest Control on Museum Collections[J]. Biodeterioration of Cultural Property, 1996(3): 334-353.

宜对象主要如下：

①不建议对藏品进行高温灭虫，以避免灭虫所需的温度加速藏品材质（特别是纸张）的老化和氧化，或使材料变得易碎，并以其他方式损坏。[1]

②若保留某些生物标本的DNA很重要，建议不要进行热处理，不仅有可能损坏其DNA，还有可能导致标本变脆，例如昆虫标本。

③与冷冻灭虫一样，复合材料、易碎材料或不稳定材料不宜置于高温环境下灭虫。

④对热敏感的材料，包括含有玻璃、蜡、树脂、黏合剂或皮革等的物品，不宜采用高温灭虫。有研究显示，环氧树脂、皮革、胶水和天然树脂在高温下容易变黄、开裂与接缝滑动等。

⑤对于兽角、骨骼等是否可以高温灭虫还需要进一步的检测与测试。[2]

6.5.2.2 生物防治法

生物防治法（biological control）是指利用一种生物对付另外一种生物的方法，它最初被应用在农业昆虫的控制上，近年被引入到藏品的昆虫杀灭领域，并将其作为虫害综合治理的一部分，但它们在藏品灭虫方面的应用仍然很新且在开发之中。[3]

藏品灭虫上的生物防治，目前是使用寄生蜂去消灭（吃掉）藏品中的药材甲与幕衣蛾的幼虫与卵。德国和奥地利有五家博物馆利用米象娜金小蜂（*Lariophagus distinguendus*）做了生物防治的实验，发现米象娜金小蜂的成虫产卵于寄主（如药材甲、衣蛾等）卵内，小蜂幼虫取食其卵黄，化蛹，并引起寄主死亡，小蜂成虫羽化后咬破寄主卵壳外出自由生活。通过实验发现，该灭虫法对药材甲有较好的控制效果，而活跃的衣蛾较难利用该法治理。但如果小蜂长期接触衣蛾，衣蛾的数量也会随着时

---

[1] Thomas A. Parker（Northeast Document Conservation Center）.3.10 Integrated Pest Management[J/OL].[2015].https://www.nedcc.org/free-resources/preservation-leaflets/3.-emergency-management/3.10-integrated-pest-management.

[2] Integrated Pest Management Working Group. Solutions—Heat Treatment [J/OL].[2018]. https://museumpests.net/solutions-heat-treatment-2/.

[3] Querner P, Biebl S. Using Parasitoid Wasps in Integrated Pest Management in Museums against Biscuit Beetle (*Stegobium paniceum*) and Webbing Clothes Moths (*Tineola bisselliella*)[J]. Entomological and Acarological Research, 2011(43): 169-175.

间的推移而减少。[1]

生物防治法使用方便，无污染，杀虫彻底且价格低廉，但在使用过程中还是存在不少制约。例如，要成功地以虫治虫，首先必须知道危害藏品的昆虫类别，其是否存在天敌，该天敌是否被商品化，还必须知道昆虫目前的准确位置。困难的是，不是所有仓储昆虫都可以找到像小蜂这样可购买的天敌。因此，生物灭虫法在当前使用还是有局限性的。

生物防治法的缺陷是此法只能在虫害出现后才能使用，这就意味着在采用生物防治法前，会有部分藏品已被损坏。

6.6 受控冷冻灭虫法

受控冷冻灭虫法（controlled freezing disinsection）是指对冷冻过程进行严格控制的灭虫方法。作为藏品灭虫的方法之一，冷冻法为了在保障藏品安全的前提下，做到彻底灭虫且高效经济，由此必须对冷冻过程中某些特定的量与过程加以控制。受控冷冻灭虫法对以下几项指标是必须严格控制的。

（1）冷冻温度。冷冻温度应覆盖危害藏品的昆虫的冰点温度，可冻死昆虫，但不会损坏藏品。

（2）冷冻时间。即在冷冻温度下，使灭虫率达到100%所用的时间。

（3）降温速率。为避免昆虫在缓慢降温过程中获得抗寒的能力，冷冻灭虫需要迅速降温。

昆虫可通过增加虫体组织中甘油和糖的浓度来降低其冰点，导致原来设置的冷冻温度无法使其体液结冰。昆虫还可通过向其体液中注入一种特殊的核蛋白来控制体

---

[1] Querner P, Biebl S. Using Parasitoid Wasps in Integrated Pest Management in Museums against Biscuit Beetle (*Stegobium paniceum*) and Webbing Clothes Moths (*Tineola bisselliella*)[J]. Entomological and Acarological Research, 2011(43):169-175.

内结冰，即使冷冻数月，在物品解冻后，其中的昆虫仍然能够复苏。[1] 要获得这类抗寒能力，昆虫需要有足够的时间进行代谢变化和生境准备。博物馆虫害综合治理工作组指出，冷冻设备若能够在4小时内将被冷冻物品的温度降到昆虫的冰点，就不可能给昆虫产生"防冻剂"的时间。[2]

正是由于受控冷冻灭虫法是依据昆虫的致死温度、持续冷冻时间和昆虫如何在寒冷中生存的知识设计的，其百分之百致死昆虫的能力毋容置疑。由此，受控冷冻灭虫法成为化学熏蒸法的替代方法之一。

现今受控冷冻灭虫法不仅可用作大多数类型藏品的灭虫，还是大多数类型藏品检疫与预防虫害传播的重要防虫措施。如：

①将藏品从已知或疑似感染的地方转移到新的存储空间或设施前的灭虫。

②对新入藏的藏品或重新入藏藏品的检疫灭虫。

③对难以单独逐一检查的大宗藏品的检疫。

尽管这项技术已在全球收藏单位和其他机构成功应用多年，但若不遵守科学的程序，就仍有可能对藏品造成伤害。[3] 基于已发表的数据和相关经验，该灭虫法并不适合所有类型的藏品，即受控冷冻灭虫法并不是解决所有藏品虫害的最佳方法。如果冷冻过程中温度下降得不迅速或不够低，昆虫就无法达到100%死亡率，这会导致灭虫不完全有效。若冷冻温度过低，被冷冻物品受损的范围与风险就会增大。因此，受控冷冻灭虫法的风险控制极为重要。

---

[1] Strang T J. Notes 3/3（Controlling Insect Pests with Low Temperature）[M]. Ottawa :Canadian Conservation Institute, 1991:1-3.

[2] Integrated Pest Management Working Group. Solution—Low Temperature Treatment [J/OL].（2018-3）[2021-9-2]. https://museumpests.net/solutions-low-temperature-treatment/.

[3] Nesheim K. The Yale Non-toxic Method of Eradicating Book Eating Insects by Deep-freezing[J]. Restaurator, 1984(6):147-164.
Florian M L. The Freezing Process—Effects on Insects and Artifact Materials[J]. Leather Conservation News, 1986(3):1-13, 17.

6.6.1 藏品损坏风险

在受控冷冻灭虫过程中，被冷冻的物品会经受来自以下3个方面的风险：极端低温，降温速率带来的热冲击力，温湿度的变化。了解这些风险的成因，利于规避风险与采取恰当的对策预防藏品在冷冻过程中的损坏。

表2-7 受控冷冻的风险因子

风险因子	极端低温	热冲击力	温湿度变化
破坏现象	物品脆化、开裂，层状物体的剥离或分层，物品表面冷凝	物品脆化，开裂，翘曲	物品出现裂纹或破裂，原有裂纹扩大
最易受损坏的物品	材料老化的物品；细木工家具、上过蜡的木材或其他有机基材，某些粘贴物等；有黏合剂或其他涂层的物品；由金属、玻璃、陶瓷或石头制成的饰品；动物的牙齿、角、爪、喙、壳以及骨骼；生皮或肌腱的包裹物（鼓、箭头与锤子等）	镶嵌的物品、复合材质的物品；带有张力结构的物品；材料脆弱或不稳定的物品	骨头，牙齿，象牙，有隐患的玻璃，油漆或有涂层的木材，植物材料，蜡和某些无机材料（如金属、陶瓷和石头等），原有裂纹的物品

6.6.1.1 藏品损坏的风险成因

冷冻过程中可能造成物品形体损伤的因素是多方面的，这些损伤通过目视检查、显微镜和摄影等方法均可被观察到。

在受控低温冷冻中，常见的损坏主要是水害以及物品的形体损坏。水害发生的主要原因是温度改变带来了相对湿度变化，使受冷冻物品表面出现凝露而形成水痕，这个问题通过聚乙烯袋的密封等措施很容易控制。

物品在低温中形体损坏的风险与其构成材料的特性相关，主要影响因素包括材料的热膨胀系数、刚度、导热性和强度等，对于无法避免形体损坏的物品应排除在受控低温冷冻灭虫法之外。

6.6.1.1.1 极端低温

一般说来，只要严格遵守冷冻操作规程，以下材料采用受控冷冻灭虫或检疫是安全的：用纸张与墨水书写或印刷的文献，不含玻璃、金属纽扣等饰品的干燥纺织品（包括丝织品与毛织品等），干燥的生物标本，羽毛，皮革，有机纤维编织物（如用藤条、竹条制作的篮筐等），木雕，非彩绘和漆木制品等。

在受控冷冻灭虫过程中，被处理的藏品要经受极端低温（-20℃以下），这会给某些类型的材料、物品结构或构造带来一定程度的损坏。

（1）低温脆化

通常情况下，低温会使材料的韧性减弱，材料脆性会有一定程度的加强。任何材料只要脆性增强，其断裂的可能性就会增大，特别是遭遇震动等外力时，有可能造成不可逆转的损坏，如藏品上出现裂纹，有的产生脆性断裂等。

大多数弹性体的硬化发生在-20℃以下，而产生脆性断裂时的临界温度从-20℃直到-50℃，在此温度范围内变脆的材料包括橡胶、树脂清漆、亚麻油膜（油漆）、合成聚合物、丙烯酸涂料和软乙烯基[1]，如油画与油漆中的亚麻油膜在-30℃时会完全脆化[2]。许多涂层能够耐受的温度也是有限的，如丙烯酸涂料，在室温和-30℃之间快速冷却时就可能会脆化。[3]

材料在低温下的脆化除与材料的特性相关外，还受材料老化程度的影响，老化后的材料在低温下更容易发脆或损坏。材料的脆化还与冷冻速度相关，冷冻速度越快，越容易脆化，但快速冷冻是受控低温冷冻的必要条件。

一些附着在服饰或其他藏品上的装饰（如珠子、纽扣、别子等），多是由无机材料制成，如金属、玻璃、陶瓷或石头等，当随同藏品一起冷冻处理时，它们就有可能开裂或表面出现凝露而污损藏品。

（2）复合材料膨胀系数失配

与单一材料制成的物品相比，复合材料在极端低温下受损的可能性更大。当两种

---

[1] M.Mecklenburg, C.Tumosa. Mechanical Behavior of Paintings Subjected to Changes in Temperature and Relative Humidity[M]. Washington D.C.:National Gallery of Art, 1991 :173-216.

[2] M.Mecklenburg, C.Tumosa. Mechanical Behavior of Paintings Subjected to Changes in Temperature and Relative Humidity[M]. Washington D.C.:National Gallery of Art, 1991 : 223-48.

[3] M.Mecklenburg, C.Tumosa. Mechanical Behavior of Paintings Subjected to Changes in Temperature and Relative Humidity[M]. Washington D.C.:National Gallery of Art, 1991 : 223-48.

材料的热膨胀系数不同时，紧密接触的不同材料制成的物品就可能由于膨胀系数失配而产生应力，当一种材料受到另一种材料限制时，有可能发生开裂、分裂或翘曲，例如鼓等，又如有涂层或黏合剂的物品在低温中还可能出现剥离现象。涂有油漆、清漆、胶水、树胶等涂层的物品，如镶嵌的木制品、细木工家具、漆器或其他有机基材以及一些粘贴物等，都有可能出现这一问题。

涂有黏合剂的物品在低温下风险更大，一则是由于黏合剂在低温下易变脆而使粘结失效；二则是由于黏合剂内不同成分可能会由于收缩或膨胀速率不同，导致黏结作用失效而使粘结处分层。

单一材料构成的物品在冷冻环境中并非都是安全的，由各向异性的多层材料构成的物体也面临该问题，尽管它们都是同一材料，但每一层材料的热膨胀系数均与方向相关，且在不同方向上的扩展程度不同。这类物品每层的热膨胀系数均可能出现失配，由此在冷冻环境中可能出现开裂。动物的牙齿、爪子、蹄子、角、动物壳、骨骼以及哺乳动物、鸟类和恐龙的喙等都是由各向异性的多层材料天然生成，在冷冻灭虫过程中均具有较大的损坏风险。由于冻结速度不会对热膨胀系数失配产生影响，因此无法通过控制冻结速率来减轻损害。

有研究指出，在受控冷冻过程中，容易出现分层的位置或物品有：黏合剂连接和修复处，涂漆或镀金的物品，龟壳、海洋贝壳、蜗牛壳等动物壳，动物角，鲸须，树皮，树脂和其他附着物。[①]

6.6.1.1.2 降温速率带来的热冲击力

冷冻灭虫效果与制冷率极其相关，快速降温可提高杀虫效率与减少灭虫的时间。但温度的迅速变化（从室温到 $-20℃$ 以下）使物品在较短的时间内产生大量的热交换，热交换给物品带来的热冲击力有可能导致物品材料损伤或失效。

温度剧变带来材料的尺寸变化，也可能使某些物品无法承受相对湿度的波动，特别是某些无机物、镶嵌物、复合材质的物品、紧绷的物品、材料脆弱或不稳定的物品等。

---

① Carrlee E. Does Low-Temperature Pest Management Cause Damage? Literature Review and Observatioanal Study of Ethnographic Artifacts [J]. JEIC, 2003(2):141-166.

这些物品对相对湿度和尺寸变化特别敏感，在温度剧变的冲击下可能会出现结构解体。

导热性差、热膨胀系数高、弹性刚度大的厚物品（如石头、玻璃和陶瓷等）在温度急剧变化时最容易产生裂纹，特别是原来就含有裂纹的材料，在低温冲击下更容易发生脆性断裂。

6.6.1.1.3 温湿度变化

温度改变带来的湿度变化使受控冷冻灭虫过程中的湿度难以恒定，那些对湿度变化特别敏感的材料就有可能受到伤害，如物品出现裂纹或破裂。

牙齿、骨头、象牙和鲸须含有无机物和有机物成分，它们在温度和湿度的变化过程中表现不同。[1] 例如，骨骼的各向异性构造使其在温度发生变化时在不同方向的反应不同，这类物品在冷冻过程中受损的风险很大。又如动物壳（龟壳、水产物壳、蜗牛壳等）的天然层状结构在冷冻过程中由于温度的变化而产生的层状结构间的应力，会使动物壳层间开裂或剥落。

动物牙齿是各向异性的层状结构，具有吸湿性，湿度对它的影响比温度更大，在低温冷冻过程中有可能因为湿度的变化而产生损伤。[2] 在冷冻过程中，可能出现裂缝的物品有：骨头、牙齿、象牙、有隐患的玻璃、漆木或有涂层的木器、植物材料、蜡和无机材料（如金属、陶瓷和石头等）。[3]

有细微裂纹的物品在受控冷冻过程中，原有的裂纹可能扩展或形成新的裂纹。

以上风险是有可能缓冲的，如将其用无酸薄纸或水洗棉包裹后放入聚乙烯袋内密封，再置入冷冻设备中。

6.6.1.2 受控低温冷冻的高风险对象

美国保护学会（American Institute for Conservation）第30届年会上，有学者综述了冷冻对藏品可能带来的损坏风险，并认为以下4类材质在冷冻灭虫过程中风险较大，

---

[1] Stephen L.Williams, Sarah R. Beyer, Samina Khan. Effect of "Freezing" Treatments on the Hydrothermal Stability of Collagen[J]. Journal of the American Institute for Conservation, 1995(34):107-112.

[2] Williams L S. Investigation of the Causes of Structural Damage to Teeth in Natural History Collections[J]. Collection Forum, 1991(1):13-25.

[3] Carrlee E. Does Low-Temperature Pest Management Cause Damage? Literature Review and Observatioanal Study of Ethnographic Artifacts [J]. JEIC, 2003(2):141-166.

不宜采用冷冻处理。[1]

①复合材料构成的物品

复合材料是由两种或两种以上化学性质、物理性质不同的材料按照一定组分构成的人造材料，例如玻璃和陶瓷等。复合材料构成的藏品可能有内置的张力，一种材料可能会限制另一种材料的运动。这类材质构成的物品是不宜进行冷冻灭虫处理的。

②有裂纹的物品

裂纹的存在暗示着物品内存在潜在的结构弱点，在极端低温或温度快速变化中，裂纹可能扩展。

③层状结构与分层结构的物品

层状结构物品在冷冻中受到的伤害主要是分裂，包括骨骼、牙齿、贝壳、动物的角等。分层结构物品在冷冻中涂层可能分离，例如漆木或采用了黏合剂的物品。

④油状或蜡状物品

在低温下，有时油状或蜡状物品会出现起霜或结晶现象。

受控冷冻灭虫过程中可能受损的物品均应避免使用该法灭虫或检疫，可采用常压低氧气调法处理。

> **案例 13：不宜受控冷冻灭虫的对象**
>
> 根据已发表的文献，将在冷冻过程中出现的损坏案例以及不宜冷冻的对象列举如下。
>
> （台湾）朱铭美术馆限制使用受控冷冻的对象为：作品表面有厚重或脆弱彩绘层的作品，使用黏着剂胶合木材为创作素材的木雕作品，过于干燥的木材或潮湿浸水的木材以及对温度敏感的作品，都不能以冷冻方式进行除虫。[2]

---

[1] American Institute for Conservation 30th Annual Meeting. Summary of Potential Artifact Damage from Low Temperature Pest Control[R/OL].(2002-6)[2021-9-5].https://ellencarrlee.wordpress.com/2009/04/03/summary-of-potential-artifact-damage-from-low-temperature-pest-control/.

[2] 黄筱如，林韵丰.朱铭美术馆藏朱铭木雕作品研究与典藏维护现状探讨[J].雕塑研究，2012（7）：137-167.

> **案例**
>
> 　　台湾地区"故宫博物院"指出：彩绘书画作品若采用冷冻法，组成颜料的动物胶有可能会脆掉。[①]
>
> 　　博物馆虫害综合治理工作组依据其成员的集体经验，建议不得采用冷冻法处理的材料包括[②]：布面油画和丙烯画，未完全干燥的植物标本，彩绘纺织品和油漆木材，以及音视频材料。
>
> 　　澳大利亚艺术实验室指出[③]：在冷冻金属、骨头、象牙与高温烧制的陶瓷或被水湿的物品时，须加入缓冲材料，如干净的棉毛巾等吸湿材料。尽管这将有助于减缓这类物品的损坏，但这类物品的损坏还是可能发生的。绘画、玻璃、蜡及某些塑料和橡胶制品在冷冻中是绝对会损坏的。因此建议以下物品不得冷冻处理：纸质工艺品，绘画，骨和象牙，陶瓷，磁带，磁盘，达盖尔型的玻璃干版相片和湿版相片，基于胶片的材料，金属（包括带有金属组扣或螺纹的纺织品），羊皮纸和牛皮纸，被水浸湿的木制物品等。
>
> 　　丹麦研究人员在对丹麦国家博物馆和被国家认可的博物馆使用冷冻灭虫法的调研中发现，以下物品发生了损坏[④]：木材上的油漆出现裂纹；有油漆和清漆的物品出现涂层剥离，油漆和清漆变得不透明；金属零件上的油漆剥落；木框上的粘结失去效力；墨水瓶破裂；镜子破裂；书籍和纸张发霉的地方变成粉末；皮毛上的动物毛脱落增加；未上漆的木材变得干燥；木制桶分崩离析；等等。
>
> 　　冷冻后可能脆化和开裂的物品[⑤]：玻璃、陶器、象牙、骨头、牙齿、涂漆物

[①] 绿色东吴报. 保存古籍 故宫采简便环保无毒冷冻法 [N/OL]. [2009-03-12]. http://www.scu.edu.tw/green/epaper/13/gnews/gnews1301.htm.

[②] Integrated Pest Management Working Group. Solutions—Low Temperature Treatment [J/OL].（2018-3）[2021-9-2]. https://museumpests.net/solutions-low-temperature-treatment/.

[③] Artlab Australia. Managing Pests in the Collection—Integrated Pest Management[R/OL].（2011-3-2）[2021-9-2]. https://mgnsw.org.au/wp-content/uploads/2019/01/Managing_pests_in_the_collection_by_History_SA.pdf.

[④] Kjerulff A. Investigation of the Use of Freezing against Insect Pests in Danish Museums and the Effect of Repeated Freezing of 5 Different Surface Treatments on Pinewood and Glass Slides[R/OL].（2013）[2021-9-2].https://museumpests.net/wp-content/uploads/2016/03/Vienna_IPM_3BSM.pdf

[⑤] Grimwade Centre for Cultural Materials Conservation. Freezing to Eradicate Insects [J/OL]. (2017) [2019-7-16]. https://arts.unimelb.edu.au/__data/assets/pdf_file/0004/2344045/WHR_Insects_FactSheet.pdf

> 品和人造木板、蜡、皮革、陶瓷、有接头的木质物品、表面有细小裂纹的物品或材料劣化的物品，例如裂开或翘曲的镶嵌面板、被拉紧的弦乐器等。
>
> 因冷冻而变脆的物品：贝壳、树脂和玻璃、油画等可能会轻微的开裂。①
>
> 木材即使密封在袋中，在冷冻过程中也可能变干。复合物可能会开裂，皮革表面结构可能会发生变化。②
>
> 若馆藏的材质易脆或是易碎，可能不宜选择冷冻杀虫。③
>
> 未完全干燥的植物标本。④
>
> 严重脆化、易碎的文物，以及彩绘、油画、胶片、木版画、镶嵌木制品、漆木制品、牙制品和鼓、帆布画等。⑤
>
> 木版画，彩绘或镶嵌物，漆木器，象牙或牙齿等。⑥
>
> 浸水材料，帆布或木头上的绘画，镶嵌物，饰面或涂漆的物品，象牙和牙齿，紧绷的物品（如鼓），以及含有无机材料的复合材料。⑦

6.6.2 影响昆虫死亡率的主要因素

在受控冷冻灭虫过程中，影响昆虫死亡率的因素主要有3个：昆虫已感受到的最终温度，冷却速度，冷冻持续时间。只有昆虫感受到的温度为其冰点时，昆虫才有可能死亡。在其冰点范围内持续冷冻足够长的时间，才可能杀死昆虫。冷却速度决定了昆虫是否可能通过延长其"冬眠期"而逃过劫难，侥幸在致死温度下存活更长的时

---

① Australia Museum. Collection Care and Conservation[G/OL]. (2021)[2021-8-20].https://australian.museum/learn/collections/conservation/.

② Beiner G G, et al. Thermal Methods of Pest Eradication: Their Effect on Museum Objects[J]. The Conservator, 2005(29): 5-18.

③ 岩素芬. 图书蛀虫、防虫处理 [J].（台湾）佛教图书馆馆刊，2006(43)：40-49.
Yan Sufen.Book Borers and Pest Control Treatment[J].Journal of Buddhist Library, 2006(43): 40-49.

④ Pinniger, D. B. & Harmon, D J. Pest Management, Prevention and Control[M]. Oxford:Butterwoth Heinemann, 1999 :152-176.

⑤ Carrlee E. Does Low-Temperature Pest Management Cause Damage? Literature Review and Observatioanal Study of Ethnographic Artifacts [J]. JEIC, 2003(2):141-166.

⑥ Raphael T. An Insect Pest Control Procedure: the Freezing Process[J]. Conserve 0 Gram, 1994(6):1-4.

⑦ David W. Hagstrum ,Thomas W. Phillips ,Gerrit Cuperus.Stored Product Protection[M].Kansas State University:Kansas State,2012:179.

间。有研究指出，在暴露于极端温度之前，将昆虫暴露于低温之下可以使它们的存活率提高2~10倍。①

研究该问题的目的，是为了找出最恰当的冷冻温度，既可有效灭虫，又不会由于温度设置过低而增加物品损坏的风险。

6.6.2.1 昆虫的致死温度与冷冻时间

与高温灭虫不同的是，冷冻灭虫的温度难以统一。因为昆虫对低温的敏感度与物种、性别及其所处的生命阶段相关，且差异很大。② 对于某些昆虫，最易受低温影响的生命阶段通常是卵③，其在10℃环境中暴露两周或在–10℃环境中暴露9小时就会死亡。对另外一些物种，幼虫和成虫是最耐寒的阶段。④

昆虫冰点（freezing point）是立即冻死昆虫所需的温度。不同的昆虫以及同种昆虫的不同发育阶段和生理状态都会影响到它们对温度的特定反应，因此其冰点也不会相同。表2-8为某些仓储昆虫特定生命阶段的冰点温度⑤，由所列数据可以观察到冷冻杀死昆虫的多种因素。

---

① Fields G P. The Control of Stored-product Insects and Mites with Extreme Temperatures[J]. Stored Prod. Res, 1992(28):89-118.

② Edwards K D. Effects of Acclimatization and Sex on Respiration and Thermal Resistance in Tribolium (Coleoptera: Tenebrionidae)[J]. Canadian Journal of Zoology, 1998(36): 363-382.
Kawamoto H, Sinha R N, Muir W E. Effect of Temperature on Adult Survival and Potential Fecundity of the Rusty Grain Beetle, *Cryptolestes ferrugineus*.[J]. Ann. Ent. Zool, 1999(24):418-423.

③ Cline L D. Indian-meal Moth Egg Hatch and Subsequent Larval Survival After Short Exposures to Low Temperature[J]. Econ. Entomol, 1970(63): 1081-1083.
Daumal J, Jourdheuil P, Tomassone R. Variabilite des Effets Letaux des Basses Temperatures en Fonction du Stade de Developpement Embryonnaire Chex la Pyrale de la Farine (Anagasta kuhniella Zell., Lepid., Pyralidae)[J]. Ann.Zool.-Ecol. Anim, 1974(6):229-243.
Jacob T A, Fleming D A. The Effect of Temporary Exposure to Low Temperature on the Viability of Eggs of *Oryzaephilus surinamensis* (L.) (Col.,Silvanidae)[J]. Ent. Month. Mag, 1986(122):117-120.
Johnson J A, Wofford P L. Effects of Age on Response of Eggs of Indianmeal Moth and Navel Orangeworm (Lepidoptera: Pyralidae) to Subfreezing Temperatures[J]. Econ. Entomol, 1991(84):202-205.

④ David H H, Mills R B, White G D. Effects of Low Temperature Acclimation on Developmental Stages of Stored-product Insects[J]. Environ. Entomol, 1977(6): 181-184.

⑤ Hagstrum D W, Phillips T W, Cuperus G. Stored Product Protection[M]. Kansas State:Kansas State University, 2012: 179.

表 2-8　某些仓储昆虫的冰点

昆虫的学名	俗名	发育阶段	昆虫冰点（℃）
Alphitobius diaperinusa	黑菌虫	成虫	−12.3～−9.4
Cryptolestes ferrugineus	锈赤扁谷盗	成虫	−20.4～−16.7
Cryptolestes pusillus	长角扁谷盗	成虫	−14
Ephestia kuehniella	地中海粉螟	幼虫	−21.7～−16.9
Gibbium psylloides	裸蛛甲	成虫	−10.7
Oryzaephilus surinamensis	锯谷盗	成虫	−13.7
Plodia interpunctellab	印度谷螟	幼虫	−16～−7.4
		蛹	−22～−5
		成虫	−22.5
Rhyzopertha dominica	谷蠹	成虫	−15.2
Sitophilus oryzaec	米象	成虫	−22
Stegobium paniceum	药材甲	幼虫	−9～−6.5
		蛹	−4
		成虫	−15.2
Tenebrio molitor	黄粉虫	幼虫	−14.9～−7.7
		蛹	−13.3
		成虫	−14.9～−7.7
Tineola bisselliellae	幕衣蛾	卵	−22.6
		幼虫	−16.2～−13
		蛹	−16.9
		成虫	−18.8
Tribolium castaneum	赤拟谷盗	成虫	−16～−12.3

由上可见，昆虫种类不同，其冰点相差很大，同种但发育阶段不同的昆虫冰点也有差异。例如，药材甲的蛹在 −4℃ 环境中就可能冻死，而其成虫在 −15℃ 环境中才有可能冻死。

在昆虫冰点温度以下，温度越低，杀灭昆虫所需的时间就会越少。表 2-9 为冷冻杀死不同发育阶段的烟草甲所需的时间。[1]

---

[1] Toshihiro IMAI, Haruyasu Harada.Low-temperature as an Alternative to Fumigation to Disinfest Stored Tobacco of the Cigarette Beetle, *Lasioderma serricorne* (F.) (Coleoptera: Anobiidae)[J]. Zool,2006(1):87-91.

表 2-9　冷冻杀死烟草甲的不同温度与时间

虫期	温度 / ℃	100%致死的最少时间 / 小时
卵	−20	1
	−15	4
	−10	12
	−5	48
	0	240
	5	336
4龄幼虫	−20	1
	−15	3
	−10	12
	−5	96
	0	288
	5	336
蛹	−20	1
	−15	2
	−10	4
	−5	48
	0	288
	5	840
成虫	−20	1
	−15	2
	−10	2
	−5	72
	0	288
	5	840

为确保不同发育阶段的昆虫全部死亡,英国伦敦博物馆在《博物馆昆虫电子教程》中对冷冻灭虫的温度与时间建议如下。[1]

① –40℃需48小时;

② –30℃需72小时;

③高于以上温度,至少需7天。

由上可见,为了彻底杀灭昆虫,物品必须冷却到目标昆虫的冰点温度以下,温度越低,昆虫致死时间越短。实践证明,受控冷冻灭虫是有效的,灭虫失败的原因主要是温度尚未低到足以杀死目标昆虫的温度,或是没有保持足够长的冷冻时间。[2]因此,受控冷冻灭虫必须首先确定目标昆虫的种类以及其不同发育阶段的冰点温度与死亡率的关系。

6.6.2.2　冷却速度

冷却速度直接关系到灭虫效率。缓慢的冷却速度提高了昆虫的耐寒性,需要更长的暴露时间才能达到相同的死亡率。[3]冷冻灭虫过程中的冷却速度受多方面影响,一是设备本身,二是昆虫所在的环境。

若冷冻设备制冷效果好,有较好的空气流动速度,其制冷率就高。已有研究对冷冻设备的制冷要求是,要能在24小时内降低被冷冻物品的温度,并使其达到指定的目标温度。[4]

在冷冻设备内,当冷气的前端穿过物品时,物品中心的温度是逐步下降的。被冷冻的昆虫多藏匿在物品内部,只有当冷空气穿过昆虫周围的物品,才可能使虫体感受到温度的变化。影响昆虫感受到冷却速度的因素包括:被虫害物品的厚度、体积及其材料的导热性能,物品周围冷热空气交换的速度等。

---

[1] Museum of London. Museum Pests E-learning Tool[DB/OL]. (2013) [2021-9-2]. https://www.museumoflondon.org.uk/Resources/e-learning/introduction-to-museum-pests/.

[2] Bergh J E., Karl-Martin Jensen,etc.A Contribution to Standards for Freezing as A Pest Control Method for Museums[J].Collection Forum, 2006(1-2):117-125.

[3] Mason J L, Strait C A. Stored Product Integrated Pest Management with Extreme Temperatures. In Temperature Sensitivity in Insects and Application in Integrated Pest Management[M]. Boulder:Westview Press, 1998 :141-177.

[4] Pinniger D B, Harmon D J. Pest Management, Prevention and Control[M]. Oxford:Butterwoth Heinemann, 1999: 152-176.

薄物品的温度梯度通常比厚物品小，热导率高的物品要比保温性能好的物品能更快地让藏匿其中的昆虫感受到致死低温。例如，冷空气穿透木头要比穿透纸张需要更长的时间，穿透大的物品或紧卷的物品可能需要更长的时间。

被冷冻物品周围若留有较多的空间，便于冷热空气交流，可提高制冷率。若物品周围被隔热性材料堵塞，冷热空气难以交换，再好的冷冻柜也难以提高物品冷冻的速率。

若物品冷冻速度缓慢，藏匿其中的昆虫就有足够的时间产生耐寒性，由此可能使冷冻灭虫失败，或是需要更长的时间才可能杀灭昆虫。

由上可见，受控冷冻灭虫的效果不仅与冷冻温度和冷冻时间有关，还涉及冷冻物品排放等的科学性。

6.6.3　冷冻灭虫的温度与冻结时间

冷冻灭虫有两个关键点，一是足够低的温度与足够长的冻结时间，二是使昆虫尽可能快地接触到致死温度。

冻死昆虫的温度必须低于昆虫能够保护自己的温度，即其体液的冰点温度。否则，被冷冻的昆虫在环境转暖后就会复苏，使冷冻灭虫前功尽弃。冻结的时间应不少于其冰点状况下致死的最短时间，否则昆虫会出现假死。使昆虫尽可能快地接触到致死温度是为了避免昆虫在致死温度到来前具有了耐寒性，否则就需要更长时间或置于更低的温度下才可能杀死这类驯化后的昆虫。

前一个条件涉及对目标昆虫的虫种及影响其生命活动的相关数据的准确了解，在收藏单位发现虫害后要马上知晓这些数据是不现实的。为了立即控制虫害，只有选择尽可能低的温度下或更长的冻结时间，以防无法杀死抗寒性较强的昆虫。因此，博物馆虫害综合管理工作组与许多专家建议受控冷冻灭虫的温度为 –29℃。[1] 更低的冷

---

[1] Johanna G. Wellheiser. Nonchemical Treatment Processes for Disinfestation of Insects and Fungi in Library Collections[M].Munich:DeGruyter,2012.
Integrated Pest Management Working Group. Solutions—Low Temperature Treatment [J/OL]. (2018-3) [2021-9-2]. https://museumpests.net/solutions-low-temperature-treatment/.

冻温度与更长的冻结时间会更加有效地杀灭藏品内的未知昆虫，但这也增加了藏品损坏的风险。

丹麦学者对70家丹麦国家博物馆和国家认可的博物馆使用受控冷冻灭虫的温度、时间以及藏品损坏情况进行了调研，发现冷冻温度和时间从 –20~–18℃/24小时到 –45~–31℃/3天以上不等，有两家博物馆甚至在 –80℃到 –50℃的温度下冻结了48与72小时，在这70家博物馆中，有15家发现了由于冷冻而造成的藏品损坏，见表2-10。[①]

表 2-10　受控冷冻灭虫的温度与藏品安全

温度 / ℃	24 小时	48 小时	72 小时	24~96 小时	72 小时以上	藏品损坏报告
–20 ~ –18	2个	-	2个	2个	4个	
–30 ~ –21	-	2个	2个	12个	4个	2个
–45 ~ –31	3个	8个	25个	3个	8个	13个
–80 ~ –50	-	1个	1个	-	-	-

由上可见，科学地选择受控冷冻灭虫的温度与冻结时间是保障藏品安全与有效灭虫的关键之一。

6.6.3.1　冻结温度的选择

由表2-10可见，冷冻的温度越低，藏品损坏的风险越大。在不确定目标昆虫的虫种时，如何选择适当的冷冻温度，使其既可能处在目标昆虫的致死温度范围内，又最大限度地避免藏品损坏，是受控冷冻灭虫首先必须考虑的问题。

某些昆虫在略高于0℃时，只要低温持续相当长的时间也会死亡，例如烟草甲幼虫（见表2-9），但危害藏品的大多数昆虫必须冷却到0℃以下，才有可能在相当短的时间内被完全杀死。需要注意的是，许多昆虫可通过排出体内的排泄物和水分来迅速实现短期冷适应。昆虫通常以这种方式保护自己免受低至 –15℃的低温伤害，因而

[①] Kjerulff A. Investigation of the Use of Freezing against Insect Pests in Danish Museums and the Effect of Repeated Freezing of 5 Different Surface Treatments on Pinewood and Glass Slides[R/OL]. (2013) [2021-9-2].https://museumpests.net/wp-content/uploads/2016/03/Vienna_IPM_3BSM.pdf

更有效的杀虫温度应低于 –15℃。①

1890~1930年间，国外曾经使用 –15 ~ –10℃作为冷冻致死的温度，但不少昆虫在该温区只是冷昏迷，需要再次冷冻。②此阶段未能杀死的昆虫已适应先前的冷冻环境，再次冷冻必须要更低的温度，或者必须延长冻结的时间。实际上，如果使用更低的温度，通常是不需要进行第二次冷冻的。

有研究指出，对于仓储昆虫，其冰点温度在 –4℃和 –22℃之间，因物种、发育阶段和生理状态而异。③更多的研究指出，大多数仓储昆虫在 –25~–15℃会被冻死。④为了藏品免受伤害，冷冻灭虫的温度不得低于必需的温度，即昆虫的冰点温度。由表2-10可见，不必要的过低温度会使藏品受损风险增加。丹麦的研究还发现，当温度冷却至 –38℃时，某些物品会发生损坏。

许多研究指出，不必将冷冻温度设置为低于 –40℃以提高冷冻灭虫的效果。低于 –40℃没有额外优势，而且增加了某些藏品损坏的风险。例如，大多数具有弹性的聚合物的硬化发生在 –20℃以下，而脆性点多在 –50℃。⑤在 –20℃内冷冻涂有油漆和清漆的物品，出现龟裂的风险可忽略不计。若将其冷冻温度设为 –20℃以下或 –40~–20℃，出现裂纹是可能的。⑥幸运的是，当温度降至 –30℃时，纺织品、毛皮、羽毛、皮革、纸张和木材等都不会因低温冷冻而损坏。⑦

---

① Strang T J. Notes 3/3 (Controlling Insect Pests with Low Temperature) [M]. Ottawa :Canadian Conservation Institute, 1991 :1-3.
② Strang T J K. A Review of Published Temperatures for the Control of Pest Insects in Museums[J]. Collection Forum, 1992(2):41-67.
③ Abdelghany Y A, Awadalla S S, et al. The Effect of High and Low Temperatures on the Drugstore Beetle, *Stegobium paniceum* (L.) (Coleoptera: Anobiidae). [J]. Journal of Economic, 2010(103):1909-1914.
④ Strang T J K. The Effect of Thermal Methods of Pest Control on Museum Collections[J]. Biodeterioration of Cultural Property, 1996(3):334-353.
⑤ Stephen L.Williams, Sarah R. Beyer, Samina Khan. Effect of "Freezing" Treatments on the Hydrothermal Stability of Collagen[J]. Journal of the American Institute for Conservation, 1995(34):107-112.
⑥ Michalski S. Freezing of Wood and Parchment[J]. Paper Conservation News, 1996(80):11-12.
⑦ Strang T J K. The Effect of Thermal Methods of Pest Control on Museum Collections[J]. Biodeterioration of Cultural Property, 1996(3):334-353.

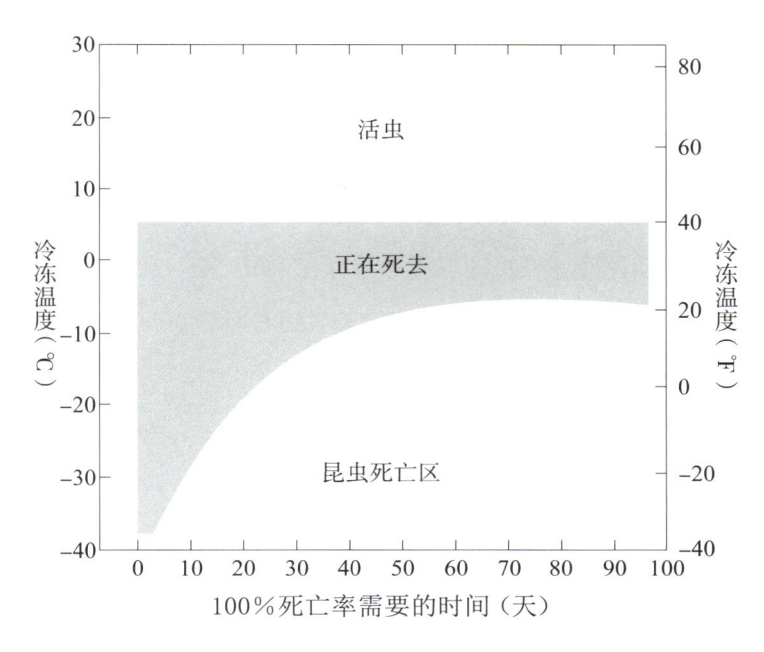

图 2-13　32 种博物馆昆虫的低温死亡率统计图

有人对32种博物馆昆虫的低温死亡率进行了研究，并将已知温度下的持续冷冻的时间，或满足固定时间所需的致死温度绘制成图2-13，以便一旦选定了致死温度便可参考该图确定灭虫时间。[1]

由图2-13可见，只要有足够长的时间，大多数危害藏品的昆虫在 –20℃就可能被冻死，这使一些低温下脆弱物品的冷冻灭虫成为了可能。美国印第安人史密森尼国家博物馆（The Smithsonian National Museum of the American Indian，NMAI）的大部分收藏品是被认为不宜冷冻的，如处在张力下的皮革、具有裂缝的材料、彩绘木制品等，人们将这些具有风险的藏品密封在聚乙烯袋内并填充一些吸湿性材料，在 –20℃下至少冷冻了5天，并没有发生损坏。[2]

---

[1] Strang T J K. The Effect of Thermal Methods of Pest Control on Museum Collections[J]. Biodeterioration of Cultural Property, 1996(3):334-353.
[2] Carrlee E. Summary of Potential Damage from Low Temperature Pest Management,[R/OL]. (2002) [2021-9-7].https://ellencarrlee.wordpress.com/2009/04/03/summary-of-potential-artifact-damage-from-low-temperature-pest-control/.

加拿大文化遗产保护研究所推荐受控冷冻杀虫的温度为 –20℃，持续一周。[①] 但有研究指出，许多接受调查的博物馆报告，使用 –20℃ 作为冷冻灭虫温度可能不足以根除某些昆虫（如皮蠹等）。[②] 在实际工作中，一些抗寒性很强的昆虫，如某些蛀木虫（如粉蠹虫与天牛等），可能需要更低的温度才能致死，否则需要进行再次冷冻灭虫。有研究建议，受控冷冻灭虫的温度可选择在 –30℃ 至 –20℃ 之间持续一周。藏品中大多数常见的昆虫在 –20℃ 就可能杀灭，而 –30℃ 适于杀灭耐受性更强的昆虫，一些生物标本也可以采用 –30℃ 灭虫。[③]

博物馆虫害综合治理工作组建议，冷冻灭虫温度应在 –29℃，而灭虫时间应根据昆虫种类确定。[④]

6.6.3.2 冻结时间的考虑

尽管图 2-13 是基于 30 多种博物馆昆虫的致死温度与冷冻时间的统计图，在确定了冷冻温度后，可参考该图选择持续冷冻的时间，但这些致死温度与冷冻时间是针对自由裸露在冷冻环境中，同时其冷冻前也并未经历过凉爽或低温环境的昆虫。

在馆藏环境中，冷冻灭虫的冻结时间是受很多因素影响的，如昆虫种类及其特性，被冷冻物品的材质与空气流通状况，以及被处理的藏品在冷冻前所处的环境温度等，灭虫时间应比图 2-13 昆虫裸露在冷冻室的时间更长。

冷冻灭虫时间是指昆虫感受到致死温度的时间，而不仅是冷冻柜显示到达该温度的时间。物品越薄，核心温度的变化就越快。物品厚度减半，将使冷却时间减少四分之一；若物品厚度加倍，将使冷却时间增加四分之一。[⑤] 如大型木制品，冷冻温度

[①] Strang T J. Notes 3/3 (Controlling Insect Pests with Low Temperature) [M]. Ottawa : Canadian Conservation Institute, 1991 : 1-4.

[②] Abdelghany Y A, Awadalla S S, et al. The Effect of High and Low Temperatures on the Drugstore Beetle, *Stegobium paniceum* (L.) (Coleoptera: Anobiidae). [J]. Journal of economic, 2010(103):1909-1914.

[③] Pinniger D B, Harmon D J. Pest Management, Prevention and Control[M]. Oxford:Butterwoth Heinemann, 1999 : 152-176.

[④] Integrated Pest Management Working Group. Solutions—Low Temperature Treatment [J/OL]. （2018-3）[2021-9-2]. https://museumpests.net/solutions-low-temperature-treatment/.

[⑤] Strang T J. Notes 3/3 (Controlling Insect Pests with Low Temperature) [M]. Ottawa : Canadian Conservation Institute, 1991 : 1-4.

要穿透木材可能至少需要4个小时。[1] 像粉蠹虫、天牛这类木材昆虫，深藏在木材内部，使其感受到温度变化需要相当长时间，对于这类材质的冷冻灭虫要比一般藏品的灭虫需要更长的灭虫时间。同样，包装过大、被冷冻物品的周围空气流通不畅者，也需要更长的冷冻时间。

为了避免昆虫在冷冻灭虫期间假死或冷昏迷，需要适当延长冷冻的时间，特别要考虑被害藏品在冷冻前所在环境的温度状况。若被冷冻灭虫物品已经在22℃或22℃以上的环境内放置了一个月，冷冻灭虫的降温也十分迅速，则其在-29℃以下1周的时间内是有可能灭虫的。倘若被冷冻灭虫物品曾在凉爽的环境内保存，一些昆虫会适应寒冷环境而不会屈服于冷冻，这时还得考虑对这类物品进行冷冻前的预处理，否则使其在其冰点温度下死亡需要更长的冷冻时间。

总之，为了确保昆虫全部被歼灭，在足够低的温度下进行更长时间的处理是安全的，不建议减少冻结的时间。[2] 否则，等物品回到温暖环境，昆虫复苏后，要将其再度冷冻杀灭就需要更低的温度或更长的灭虫时间。因此，尽管理论上-29℃下冷冻1周可能杀灭仓储昆虫，但更多的收藏单位将物品放在冰箱里1~2周以上，有的甚至更长时间。《美国国家公园管理局博物馆手册》对冷冻灭虫时间提出的建议是：

冷冻灭虫的总时间 = 冷冻灭虫的最短时间 + 物体中心达到冷冻温度需要的时间 + 不宜被冷冻物体达到冷冻点的时间

表2-11列出了该手册的建议要求。[3]

---

[1] Integrated Pest Management Working Group. Solutions—Low Temperature Treatment [J/OL]. (2018-3) [2021-9-2]. https://museumpests.net/solutions-low-temperature-treatment/.

[2] Integrated Pest Management Working Group. Solutions—Low Temperature Treatment [J/OL]. (2018-3) [2021-9-2]. https://museumpests.net/solutions-low-temperature-treatment/.

[3] National Park Service. NPS Museum Handbook Part 1, Chapter 5: Biological Infestations[EB/OL]. [2014]. https://www.nps.gov/museum/publications/mhi/CHAP5.pdf.

表 2-11　冷冻灭虫的温度和冻结持续时间的计算

冷冻温度	藏品在冷冻温度下的灭虫最短时间	冷冻中额外时间计算	成功冷冻处理的必要条件	冷冻的总时间
-20℃	1周	①物体中心达到冷冻温度需要X小时，不得超过6小时；②确定使用热电偶或室内外温度计；③致密或绝缘良好的物体达到冷冻温度需要Y小时（可能需要更多时间）	①物品已正确包装和密封；②达到目标温度后，将物体放入冰箱；③物体中心在6小时内达到目标温度；④物品在冰箱中保存足够长的时间以杀死昆虫	1周+X+Y
-30℃	72小时			72小时+X+Y
-40℃	48小时			48小时+X+Y

6.6.4　冷冻灭虫的过程控制

冷冻灭虫过程关系着灭虫效果与被处理藏品的形体安全，整个过程必须严格、科学的把控。冷冻灭虫的基本过程包括灭虫前的准备、灭虫中的温度与时间控制，以及灭虫后的管理工作。

冷冻灭虫的基本流程如图2-14[①]。

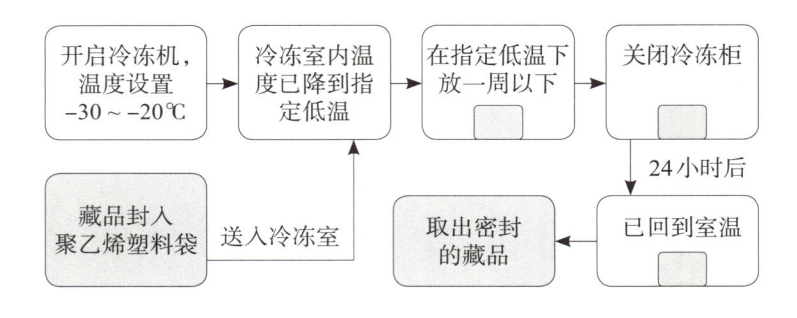

图 2-14　冷冻灭虫流程简图

---

① 该图绘制过程中曾参考：赖玟忻. 文物典藏——以"辅仁大学中国天主教文物馆"为例 [J/OL].[2014-02-01]. www.fuho.fju.edu.tw/sketch/writing/20081025.pdf.

6.6.4.1 冷冻灭虫前的准备

冷冻灭虫前的准备工作包括以下4个基本环节：

（1）将易碎物品或精细的物品置于瓦楞纸盒内，切勿挤压它们。如果太脆弱而难以处理，可使用导热性好的有孔托盘或支撑物保护，有孔托盘不仅利于加快空气循环以提高制冷率，还可避免冷冻过程中藏品受到伤害。

（2）对于必须卷放或折叠的物品，小心地卷起或折叠使其厚度降到最低，以提高冷却速度和避免冷却温度不均匀。

（3）将被处理的物品单独放在塑料袋中，尽量排空袋内空气，然后将袋子紧紧密封，以减轻冷冻过程中因相对湿度变化和水分迁移而给物体带来的损坏。

（4）在进入冷冻柜前，将密封好的物品置于室温下保存。

冷冻过程中，物品周围的温度是会波动的，例如冷冻与缓慢解冻过程，制冷设备的机械故障也会造成冷冻过程中的温度波动。物品周围空气温度的波动直接影响其湿度变化，空气湿度改变又会直接影响到处于该环境中的物品的含水量升降，由此可能会改变有机材质物品（如纸制品、纺织品、皮革或木头等）的尺寸，有的会因此产生裂纹。处在该环境中的无机物（如石头、金属等）也会因其环境湿度变化而出现水珠凝结。冷冻前将物品置于一个空气含量极少的环境中，可预防以上问题的发生，这就是为什么冷冻前物品必须置于聚乙烯袋内密封，并尽可能多地排出袋内空气的原因。聚乙烯袋具有优良的耐低温性能及良好的化学稳定性，并具有阻隔水汽的功能，将物品置于其中可创建一个封闭的环境。

对于含水量变化敏感或易损坏的物品，可用吸湿性材料（如薄纸、棉毛等）包裹再置于聚乙烯袋内排出空气密封。一些被认为冷冻处理有风险的物品，经过这样处理大多没有发生损坏。[1] 同时，袋子本身还可预防冷却的物品在恢复到室温时发生冷凝，可将所有冷凝物阻挡在袋外。尽管水汽也会缓慢渗透到聚乙烯袋内，但其发生的时间

---

[1] Strang T J. Notes 3/3 (Controlling Insect Pests with Low Temperature) [M]. Ottawa :Canadian Conservation Institute, 1991 :1-3.

远远长于袋子被冷冻的时间。[1]

为了使被冷冻物品处在一个密封的环境，聚乙烯袋的封口十分重要。有研究推荐首选热封，也可采用防水胶带密封，在冷冻过程中它们不会失效，可确保袋内的空气与其周围环境的隔离。用胶粘带、自封袋或绳线捆扎在冷冻过程中容易失败，由此造成密封的失效。[2]

6.6.4.2 冷冻灭虫中的过程控制

当冷冻柜的温度已经达到设定的灭虫温度后，才可将聚乙烯袋密封的物品放入冷冻柜，在此期间尽量不要打开冰柜以减少柜内温度波动。

到达预定的灭虫时间后，关掉冷冻柜回温，不要打开冰柜，让被冷冻物品在冰柜内缓慢解冻至少24小时。

受控冷冻灭虫过程中，有以下几个关键点必须注意。

（1）必须在冷冻柜达到指定冷冻温度后才可放入物品，而不是先放入物品再降温。其目的是让昆虫感受降温是急促的，减少昆虫对低温的适应性，以保证杀虫效率。

（2）物品的排放

物品在冷冻柜内的排放直接影响着制冷速度与物品冷却的均匀性，在排放过程中需要注意以下问题。

①为尽快让物品冷却至冷冻温度，被处理的物品不可排放太紧密，以确保空气在物体周围自由流动。

②被冷冻的物品也不可堆叠得太厚，应暴露出最大的比表面积，以便物品可以快速降温。物品堆叠太厚，不仅会延缓降温速度，而且也会使物品冷冻不均匀。海外收藏部门建议，放置的书籍厚度勿超过25 cm，以防其中心部位无法达到指定的低温而使杀虫无效。

③物品不要直接与冰柜四壁接触，要使用传热性好的搁架（如金属架）作为冷冻

---

[1] Carrlee E. Does Low-Temperature Pest Management Cause Damage? Literature Review and Observatioanal Study of Ethnographic Artifacts [J]. JEIC, 2003(2):141-166.
[2] Strang T J K. The Effect of Thermal Methods of Pest Control on Museum Collections[J]. Biodeterioration of Cultural Property, 1996(3):334-353.

柜的支架，以防止出现热桥。不要使用隔热性能好的材料做搁架，这会减缓物体冷却速度。

（3）冷冻温度的检测

冷冻温度应是物体已达到的温度，冷冻时间也应从物体被冷却到设置的温度时才开始计算。由于物体的实际温度与冰柜显示的温度是有差距的，有研究指出，对于大多数物体，在冰柜内整个物体温度达到平衡的时间是一天[1]，因此直接检测被冷冻物体中心位置的温度是最科学的。加拿大文化遗产保护中心建议，若可能，应采用导线上带有探针的温度计检测被冷冻物品（如书籍或纺织品）的中心温度。[2]

（4）冰箱故障预警

冰箱出现任何故障都可能会影响到被冷冻物品的安全，因此采用传感器对冷冻机的故障进行报警就显得尤为重要了。

6.6.4.3　冷冻灭虫结束后的处理

关闭冷冻机电源至少24小时后才有可能使冷冻柜内的物品恢复到室温，只有被冷冻的物品恢复到室温后才可以将其从冷冻柜中轻轻取出，并尽量少直接触碰，以免损坏。

（1）取出物品

将物品从冰柜取出后，最好再在常温下缓冲2~4小时后再除去包装，以免物品上出现凝结水。有收藏机构建议，在取出被冷冻物品之前，须先开启工作室内的除湿机，待室内湿度到达50% RH时再打开袋子并取出物品，以降低物品上结露的风险。

（2）清理污物与初步检查

在适当的地方（如通风柜、隔离室、室外）清理被虫侵染的物品，包括死虫与其蛀屑等，以便隔离后进一步观察灭虫效果。在此过程中，若发现活虫，必须重新进行冷冻灭虫。启动再次灭虫需要降低冷冻温度与延长冷冻时间，因为这类虫子已经具

---

[1] Strang T J. Notes 3/3 (Controlling Insect Pests with Low Temperature) [M]. Ottawa :Canadian Conservation Institute, 1991 :1-3.
[2] Strang T J. Notes 3/3 (Controlling Insect Pests with Low Temperature) [M]. Ottawa :Canadian Conservation Institute, 1991 :1-3.

备了抵抗寒冷的能力。

(3) 隔离观察灭虫效果

冷冻灭虫后的物品不能立即放回到藏展环境中,以免灭虫不彻底给其他藏品带来虫害,必须先隔离一段时间(至少3周时间),待证明确实没有昆虫存活后方可归还到原来的环境中。

将清理过污物的物品再次置于袋中,并在隔离室中进行虫情观察。一般说来,未死幼虫或成虫有可能在温暖环境中隔离几天后苏醒,而尚未杀死的虫蛹、虫卵需要3周或更长的时间才能观察到灭虫效果。因此,隔离室内的物品至少应该每周观察一次,检查有无新的虫害迹象与活虫出现。

经过至少3周的观察,确定没有昆虫再次侵扰的迹象,才可以重新将物品放回到藏展处。

6.6.4.4 冷冻灭虫的存档记录

冷冻灭虫的记录对于灭虫经验的积累以及灭虫效果的审查都具有重要作用,需要记录以下基本内容[1]。

(1) 灭虫工作的责任人与日期

(2) 与冷冻相关的数据

冰柜商品名、可达到的最低温度、预设的冷冻时间、被冷冻物品的大小、被冷冻物品的材料类型、包装所用的材料等。

(3) 冷冻过程

①是否用纸巾包好物品再装袋;

②物品放入冷冻柜的日期/时间;

③冷冻柜达到设定温度的日期/时间;

④从冷冻柜中取出物品的日期/时间;

⑤总时长。

---

[1] National Park Service. NPS Museum Handbook Part 1, Chapter 5: Biological Infestations[EB/OL]. [2014]. https://www.nps.gov/museum/publications/mhi/CHAP5.pdf.

（4）解冻过程

①物品是否留在包装袋中；

②隔离室内的温度与湿度；

③物品升温至室温所用的总时间（24小时以上）。

（5）隔离与观察

①灭虫后的物品进入隔离室的日期；

②是否对灭虫后的物品进行了清洁处理，昆虫与蛀屑是否被清除；

③是否定期对被隔离物品进行了检查，多长时间检查一次（宜每周检查一次）；

④隔离后观察到有新的危害迹象吗？发现了活的昆虫没有？若有，是如何进行处理的。

6.6.5　冷冻灭虫的其他关键问题

选择冷冻灭虫的前提是必须有稳定的电力供应，冷冻灭虫过程中途的电力中断会给被冷冻的昆虫带来被驯化的机会，给电力恢复后的灭虫带来新的问题，同时也可能对藏品有害。

除须对以上基本问题进行控制外，以下几方面问题也相当重要。

6.6.5.1　冷冻设备的选择

冷冻灭虫是否成功，除了正确地选择冷冻温度与确定冷冻时间外，冰柜内的温度是否能够快速降低也极其重要，冷冻柜内温度降低的速度也与冷冻设备的选择相关。冷冻灭虫需要选择专用的冷冻灭虫设备，而一些普通冷冻设备难以快速地将温度降至该类昆虫的冰点，难以达到杀虫效果。[1]

一般说来，凡是最低温度无法达到并保持在 –20℃或更低温度的冷冻设备是不可取的。有研究建议，理想的杀虫冷冻设备应可在 –40℃至 –30℃之间工作。送风式急

---

[1] Marie-Thérèse Varlamoff. IFLA Principles for the Care and Handling of Library Material[M]. Paris & CLIR:IFLA PAC, 1999.

速冷冻机是优选的，因为其强制空气循环可提高冷却速度。① 最好使用深度冷冻装置而不是家用的普通冰箱，更不宜采用自动除霜冰箱。自动除霜冰箱在冷冻灭虫过程中无法保持冷冻柜的温度恒定，在除霜期间，冰箱内的温度会上升到预设的冷冻温度以上。②

博物馆虫害综合管理工作组依据已有的冷冻设备的特点，提出了冷冻设备的选择建议，见表2-12。③

表 2-12　几类冷冻设备的特点

冷冻设备	特点	选择建议
工业制冷设备	可达到必要的温度（如 –42℃），以确保昆虫死亡率，价格较高	最佳选用
无霜家用冰箱	可达到并维持在 –29℃，比专业冰箱便宜	有效，可用
冷藏卡车和冷冻食品仓库	通常保持在 –18℃，适于保存食品，不足以在较短时间内杀灭所有昆虫，灭虫时间至少一周。由于卡车与冷库的门不能长期保持关闭，冷冻温度不稳定	建议不用
冷冻食品集装箱	海上运输食品的冷冻集装箱能够保持在 –29℃	可以选用

6.6.5.2　降低物品损坏的风险

冷冻灭虫过程中，相对湿度的变化以及低温下物品的暂时硬化是可能造成被冷冻物品损坏的主要因素。但冷冻后物品开裂的风险不仅来自低温，更多是由于操作不当。物品经受低温出现的硬化（或脆化）多是可逆的，即在回温后物品可恢复其柔

---

① Integrated Pest Management Working Group. Solutions—Low Temperature Treatment [J/OL].（2018-3）[2021-9-2]. https://museumpests.net/solutions-low-temperature-treatment/.
Strang T J. Notes 3/3 (Controlling Insect Pests with Low Temperature) [M]. Ottawa :Canadian Conservation Institute, 1991 :1-3.

② Florian L M. Freezing for Museum Pest Eradication[J]. Collection Forum, 1900(1):1-7.

③ Integrated Pest Management Working Group. Solutions—Low Temperature Treatment [J/OL].（2018-3）[2021-9-2]. https://museumpests.net/solutions-low-temperature-treatment/.

韧性，但物品在充分升温之前结构就有可能会受到损坏。这种风险主要来自有故障冰箱的电机的振动力、物品尚冷时移动过猛，甚至物品本身的重量（如有黏合剂的物品）。[1] 为降低物品在冷冻灭虫过程中产生裂纹的风险，物品回温前千万不要使其经受振动。将物品从冰箱取出宜小心持拿，轻取轻放，在其恢复到室温前尽量避免触碰，因为这时密封袋内的物品比较脆。

此外，冷冻过程中无法避免产生裂纹的物品是不宜进行冷冻灭虫的。

被采用的冰箱应该是干净的，没有任何其他物品，如食品等，这类东西在断电后会对藏品造成污损。

6.6.5.3 某些受害藏品的预处理

如果在冷冻灭虫之前，昆虫藏匿在阴凉处，它会逐渐适应寒冷气温而增加耐寒性，其在冷冻灭虫中就需要更长的时间才能死亡。例如，烟草甲在15℃环境中生活一个月就可以获得耐寒性，这比生活在27℃环境中的同龄幼虫在低温下更难杀死。表2-13列举了这两类烟草甲幼虫在致死低温（-20~5℃）下达到100%死亡率的最短时间。

表 2-13　两类烟草甲四龄幼虫低温致死时间比较[2]

冷冻温度 / ℃	致死的最短时间 / 小时	致死的最短时间 / 小时[3]
-20	1	1
-15	3	6
-10	12	24
-5	96	504
0	288	1 176
5	336	1 680

---

[1] Carrlee E. Does Low-Temperature Pest Management Cause Damage? Literature Review and Observatioanal Study of Ethnographic Artifacts [J]. JEIC, 2003(2):141-166.
[2] Toshihiro IMAI, Haruyasu Harada.Low-temperature as an Alternative to Fumigation to Disinfest Stored Tobacco of the Cigarette Beetle, *Lasioderma serricorne* (F.) (Coleoptera: Anobiidae)[J]. Zool,2006(1):87-91.
[3] 在15℃环境中生活1~3个月的幼虫。

由上可见，驯化后的幼虫的致死时间是同温度下快速降温致死时间的2~5倍。由表2-13还可见，冷冻温度越低，两者致死时间的差距越小；冷冻温度越高，致死时间的差距就越大。

因此，对于冷冻前处于凉爽环境（如15℃以下）中的有虫物品，若要采用冷冻灭虫需要进行预处理。很多研究建议将其置于室温下数周以完全去除昆虫抵御寒冷的能力。加拿大文化遗产保护研究所建议，将其置于室温下一个月以诱导昆虫从其虫体内去除保护性物质，以利于冷冻灭虫。[1] 笔者认为，对于驯化后的昆虫不宜再采用冷冻灭虫处理，可采用常压下的低氧气调杀灭，因为这么长的等待时间会给藏品带来更大的危害。

6.6.6 建议

受控冷冻灭虫法是具有风险的，表2-14列出了受控冷冻灭虫法的风险因子。

表 2-14　受控冷冻灭虫法的风险因子分析

	灭虫不彻底	物品受损
影响因子	冷冻温度	物品材质特性
	冷冻时间	冷冻温度
	冷却速度	冷却速度
	驯化后的昆虫	管理不当

受控冷冻灭虫法是依据昆虫的致死温度、持续冷冻时间以及昆虫如何在寒冷中生存的知识设计的，只要温度足够低、冷冻时间足够长以及使被处理物品快速降温，彻底灭虫是可能的。其中一个需要特别注意的问题就是冷冻前已经具有抗寒能力的昆虫处理，建议对这类昆虫不要再进行冷冻杀灭，常压低氧灭虫可以彻底地将其消灭。

---

[1] Strang T J. Notes 3/3（Controlling Insect Pests with Low Temperature）[M]. Ottawa：Canadian Conservation Institute, 1991：1-3.

受控冷冻灭虫过程中物品的损坏与被处理物品的材料特性有关，对不适于冷冻灭虫的物品应严格排除在冷冻灭虫之外，选用常压低氧灭虫更为安全。为了避免极端低温对藏品带来的损坏，应科学地选择冷冻温度。若灭虫前已经对藏品昆虫进行了鉴定，则可以以目标昆虫的冰点温度作为冷冻温度。若拟灭虫藏品的昆虫种类未知，−29℃是可供考虑的冷冻温度。冷冻时间对藏品形体的安全影响不大，1~2周以上的时间都是极为妥当的选择。为降低冷冻灭虫过程对藏品的损害，须严格管控冷冻过程，包括冷冻设备的选择，冷冻前的密封处理，冷冻过程中科学地排放物品与监控被冷冻物品的温度，冷冻解除后将物品拿出冷冻柜及打开包装等一系列过程的严格管控。

鉴于以上风险分析，受控冷冻灭虫并不是所有类型藏品都可以选用的灭虫方法。对于可以采取受控冷冻灭虫的物品，灭虫过程中的风险控制极为重要，管控不当会使灭虫无效，或是使本来可以避免的损坏发生。

6.7 气调法灭虫：二氧化碳

在一个气密空间内，通过各种方式改变并控制其中的空气组分的比例，如降低氧气浓度或提高二氧化碳浓度，都有可能杀灭昆虫，这类使昆虫死亡的方法称为气调法（modified atmospheres）灭虫。

气调法最初用于农业和食品工业以控制虫害与保鲜，后发展为对干燥的仓储产品进行灭虫，现今已经作为化学熏蒸法的替代法之一，在藏品的灭虫中得到广泛应用。与冷冻灭虫不同的是，气调法灭虫适用于所有类型的物品，特别是可能会被冷冻灭虫或高温灭虫损坏的物品，对于易碎物品和易损物品尤其有用。

有两种不同类型的气调法可用于藏品的灭虫，一类是利用高浓度的二氧化碳，另一类是通过低氧充氮/惰性气体来实现。这两类灭虫法的灭虫原理有很大区别，但共同特点是都可对气密空间的空气组分进行改变/调节与控制，使之达到杀灭物品内昆虫的目的。另一个共同特点是都必须在气/汽密性好的设备内进行，设备的气/汽密性是气调法可实现的关键之一。

6.7.1　二氧化碳气调灭虫法的基本原理与方法

昆虫依靠腹部的一张一缩，通过气门、气管进行呼吸，即吸入氧气和排出二氧化碳，这个过程并不是连续的而是间歇进行的。美国加州大学欧文分校的昆虫学家在《自然》杂志上对这一现象的解释是[①]，在一个氧浓度正常的环境中，昆虫保持一段时间的呼吸，然后会爆发性地突然释放二氧化碳。在这之后，它会关闭自己的呼吸系统，避免吸入更多氧气，使体内氧气含量维持在生理学上的安全值。昆虫体内氧气的安全值可保证昆虫体内的细胞产生能量，但吸入过量的氧气会对昆虫会造成伤害。在外界氧浓度较低的情况下，昆虫会自动调节气门开闭的时间间隔，延长气门打开的时间而缩短气门关闭的时间，以保障体内氧含量达到安全范围。昆虫呼出二氧化碳是为了避免其身体组织遭受有毒物质的侵害，排出体内二氧化碳对昆虫的生命具有非常重要的保护作用。有研究指出，昆虫产卵率也会随环境中二氧化碳浓度的增加而减少。[②]

由上可见，昆虫的呼吸模式会根据环境的不同而改变。有研究指出，仓储昆虫生态环境中的氧气与二氧化碳的浓度直接影响其呼吸调节作用。当其周围环境中氧气含量低于10%时，仓储昆虫的气门全部开放，其开放时间的长短，取决于聚集在虫体内的二氧化碳浓度。当周围环境中的二氧化碳含量增加时，仓储昆虫气门的开放时间也随之延长。如果环境中的二氧化碳含量在10%~15%，气门有节奏性地开放；二氧化碳含量若增至20%~30%，则全部气门都敞开。[③]二氧化碳气调灭虫就是利用这一原理，首先制造低氧环境，然后充入大量二氧化碳使气密空间含有高浓度的二氧化碳。仓储昆虫在低氧与高浓度二氧化碳环境中持续打开气门，吸入大量二氧化碳，窒息并中毒死亡。

二氧化碳气调灭虫法的基本步骤如下：

①制造缺氧环境

[①] Hetz S K, Bradley T J. Insects Breathe Discontinuously to Avoid Oxygen Toxicity[J]. Nature., 2005(433): 516-519.
[②] Zaner S. Azzam, Kfir Sharabi, Julia Guetta, et al. The Physiological and Molecular Effects of Elevated CO_2 Levels[J]. Cell Cycle, 2010(8): 1528-1532.
[③] 储藏物昆虫和气体成分有什么关系？[EB/OL]. [2021-9-3]. https://zhuanlan.zhihu.com/p/50599905.

将需灭虫的物品置于气密容器中，吸出部分空气，形成缺氧环境。博物馆虫害综合治理工作组建议气密空间内的氧气浓度为4.8%~8.2%。

②充入二氧化碳

将二氧化碳充入该缺氧的气密容器内，使其浓度稳定在60%。如果需要加快灭虫速度，也可以将气密容器内的二氧化碳浓度稳定在80%，这有可能在14天内杀死所有昆虫。[1] 在此期间，必须对二氧化碳气调的气密空间进行持续监测，以保证二氧化碳浓度恒定。

③等待灭虫时间的到达

④排出二氧化碳

灭虫时间到达，从气密容器内抽出二氧化碳气体。

博物馆虫害综合治理工作组指出：气密空间内的氧气浓度为4.8%~8.2%，二氧化碳浓度为60%，环境温度为20~29℃，灭虫时间为4周，可以使昆虫的成虫、幼虫、虫蛹与虫卵全部死亡。若在灭虫的前五天使二氧化碳的初始浓度增加到80%，可以加快灭虫速度，只需14天就可以杀灭各类昆虫。但在此期间，二氧化碳的浓度不得低于60%，温度不得低于27℃。[2]

二氧化碳气调灭虫的效果与环境温度有很大关系，低于20℃的温度会大大降低灭虫效率，30℃以上的环境更有利于二氧化碳气调灭虫。不同虫种的耐抗性也会影响灭虫效率，如蛀木虫，特别是天牛对高浓度的二氧化碳有很强的耐受力，需要更长的时间才可能杀灭。

6.7.2　二氧化碳气调灭虫法的优势与不足

实践证明，二氧化碳气调灭虫法若使用正确，可以有效地杀死危害藏品的所有昆虫，包括虫卵、幼虫/若虫、虫蛹与成虫。二氧化碳气调灭虫法不能杀死霉菌孢子，

---

[1] Kate Latham. What is the CO_2 Fumigation Technique for Controlling Pests?[EB/OL]. [2022-7-22]. https://insectcop.net/co2-fumigation-technique/.

[2] IPM-MG. Solutions—Carbon Dioxide Treatment[J/OL].2017-3[2021-9-30]. https://museumpests.net/solutions-controlled-atmospherecarbon-dioxide-treatment/.

对发霉物品没有消毒灭菌作用。

二氧化碳用于藏品的灭虫，不会在藏品上留下有害物质，大多数藏品在被二氧化碳处理后尚未发现有损坏。但有研究指出，铁在二氧化碳环境中会锈蚀，聚氨酯和聚乙烯等泡沫在被二氧化碳处理后出现了尺寸变化和变形。[1]

与受控冷冻灭虫相比，二氧化碳气调灭虫确实具有很多长处，但二氧化碳对臭氧层的破坏，使其各种应用都受到限制。藏品藏展单位较少选用二氧化碳气调灭虫的主要原因还是二氧化碳确实可对人体健康造成伤害，需要额外的特殊设备来安全操作和监测二氧化碳的泄漏。二氧化碳是一种渗透性气体，很容易被混凝土吸收，除必须为容纳二氧化碳专门设计围护结构外，还需要提供安全的二氧化碳气体排放设施。在更容易廉价获取氮气的现代，二氧化碳气调灭虫被藏品管理部门选用的几率就微乎其微了。

6.8　低氧气调灭虫法

氧气对于生命的重要性是不言而喻的。除了一些厌氧菌外，与大气直接接触的所有生物都是需氧生物。氧气是仓储昆虫生存不可或缺的，在没有氧气的环境中，仓储昆虫死亡只是时间问题。

正常的空气主要是氧气和氮气的混合物，还有少量的二氧化碳和其他气体。当环境内空气的氧气含量低于正常氧气含量（约21%）时，即该环境内的空气部分缺氧（hypoxic air），称为低氧空气（low oxygen air）或低氧环境。无氧环境（anoxic / anaerobic environments）是基本没有氧气的环境，即氧含量极低（氧气浓度在0.1%以下）或氧气浓度接近于零（氧气浓度在0.01%以下）的环境。在无氧环境中，大多数生物都会死亡。使生物死亡的氧气临界浓度与物种有关，例如人在氧气浓度低于6%

---

[1] Solutions—Case Study: Carbon Dioxide Treatments at Historic New England[R/OL].(2008-03-15)[2019-08-12].http://museumpests.net/solutions-case-studies/solutions-carbon-dioxide-treatments-at-historic-new-england-spnea/.

时，6~8分钟内死亡；氧气浓度低于0.3%，大多数昆虫都会死亡。[1]

低氧气调灭虫法是通过人为方式（使用除氧剂或充氮气、惰性气体），使气密空间的氧气含量降低，持续保持在低氧或缺氧状态使昆虫死亡，低氧杀灭昆虫的效果取决于氧气不足的严重程度和持续时间。[2]

6.8.1 低氧气调灭虫法的基本原理

尽管低氧气调灭虫已经使用了半个多世纪，但人们对昆虫在低氧环境中死亡的具体机理仍然知之甚少。[3] 只有明确了低氧环境下昆虫致死的机理，才能灵活地掌控低氧气调环境下的灭虫方法。

虽然存在多种假说，但共同认知是低氧环境中致死昆虫的原因不是窒息。

当环境中氧气浓度下降时，昆虫会延长气门打开的时间，直到其可吸入所需的氧气，保持体内安全的氧气浓度为止。当氧气浓度下降到很低，昆虫无法吸入所需的氧气时，只得持续打开所有气门，由此造成虫体内的水分高度流失而脱水致死。有研究指出，这种非自然状态下迫使气门打开造成的虫体失水率是昆虫正常打开气门造成的失水率的7~10倍。[4] 在此理论下，较低的相对湿度与较高的气温可以加速虫体的失水而提高灭虫效率。若环境较为潮湿或凉爽，则利于昆虫在低氧环境中保留足够的水分或减慢其新陈代谢，使低氧灭虫失败。此外，若被处理的物品潮湿，也会给昆虫保留体内水分的机会，影响灭虫效果。

还有研究认为，动物（包括昆虫）是采用两种策略应对低氧环境的，即无氧代谢

---

[1] The Museum Pests Working Group (MPWG) :Solutions—Nitrogen/Argon Gas Treatment[J/OL].（2019-03-11）[2010-08-12].https://museumpests.net/solutions-nitrogenargon-gas-treatment/.

[2] Farahani R, Kanaan A, Gavrialov O, et al. Differential Effects of Chronic Intermittent and Chronic Constant Hypoxia on Postnatal Growth and Developmen[J]. Pediatric pulmonology, 2008(43):20-28.

[3] Boyer S, Zhang H, Lempérière G. A Review of Control Methods and Resistance Mechanisms in Stored-product Insects[J]. Bulletin of Entomological Research, 2012(102):213-229.
Ingabire P J, Hategekimana A, Bhuvaneswari K, et al. Management of Pulse Beetle, *Callosobruchus maculatus* (F) Population by Nitrogen Based Modified Atmosphere[J]. J. Entomol. Zool. Stud, 2013(1):48-52.

[4] Edward G. Jay, Richard T. Arbogast, Gordon C. Pearman Jr. Relative Humidity: Its Importance in the Control of Stored-product Insects with Modified Atmospheric Gas Concentrations[J]. Journal of Stored Products Research, 1971(6): 325.

和代谢停滞。在低氧过程中，动物体内的碳水化合物储量耗尽、毒性代谢终产物累积等，都会使这两种应对低氧的策略失败而致命。①

氧气含量在3%~5%范围内，昆虫会通过减少氧化代谢而应对氧气供应量减少的问题，但有毒终产物的累积，加上代谢非常缓慢，昆虫最终还是可能死亡。②

当氧气浓度略高于5%时，昆虫会增加呼吸频率以吸入所需的氧气。由于气孔长时间张开，呼吸频率的增加会导致昆虫脱水而死，尤其是在高温和低湿的情况下。③由此，人们认为在氧气浓度为5%时仍然有可能采用气调法使昆虫死亡，但需要提高气密空间的温度与降低相对湿度。有研究指出，在20~40℃的环境温度下，氧气浓度为3%~10%时，低氧气调灭虫也是有可能成功的。④由于藏品对温度、湿度的敏感性，极少有人采用30℃或30℃以上的温度进行低氧气调灭虫。

尽管低氧气调灭虫可以杀灭藏品内昆虫，也可抑制霉菌的发育与繁殖，但不能杀死真菌孢子。杀死微生物是更为复杂的问题，既与微生物的好氧与厌氧相关，也与气密空间的氧气浓度相关，还与置换气体的种类相关。尽管有人已针对氧气浓度与真菌的生长、存活的关系做过研究，但尚无针对在低氧气调环境中杀灭真菌的专门性研究。⑤

6.8.2　低氧气调的降氧模式与特点

低氧气调灭虫的方法很简单，包含以下几个主要步骤：

---

① Harrison J, Frazier M R, Henry J R, et al. Response of Terrestrial Insects to Hypoxia or Hyperoxia[J]. Respir Physiol Neurobiol, 2006(154):4-17.

② T. I. Ofuya, et al. Effect of Relative Humidity on the Susceptibility of *Callosobruchus maculatus* (Fabricius) (Coleoptera: Bruchidae) to Two Modified Atmospheres - ScienceDirect[J]. Journal of Stored Products Research, 2002(2):139-146.

③ Mitcham E, Martin T, Zhou S. The Mode of Action of Insecticidal Controlled Atmospheres[J]. Bulletin of Entomological Research, 2006(96):213-222.

④ Chiappini E, Molinari P, Cravedi P, et al. Mortality of Tribolium Confusum J. du Val (Coleop-tera: Tenebrionidae) in Controlled Atmospheres at Different Oxygen Percentages[J]. Journal of Stored Products Research, 2009(45): 10-13.

⑤ Jensen K F. Oxygen and Carbon Dioxide Affect the Growth of Wood-Decaying Fungi[J]. Forest Science, 1967(4): 304-389.

（1）将待灭虫的物品放入气密容器中。

（2）在气密容器中制造低氧环境，待该环境中的氧气浓度到达设定值，密封该环境，使其与外界的富氧环境隔离。开始灭虫时间计时。

（3）等待灭虫时间到达的过程中，持续检测与调控气密空间内的氧气浓度，使之恒定在指定值。

在低氧气调灭虫过程中，由于氧气浓度逐步降低，藏匿在物品内的昆虫，只要能够爬出来的，都会从物品内爬出以逃避低氧环境（如图2-15）。但并不是所有的昆虫都能够从物品内爬出来，有的可能无法爬出（如钻蛀性昆虫），有的可能还没从物品中爬出就已经死了。

图 2-15　昆虫从物品内逃向气密帐篷封口处
摄影：森罗股份有限公司

（4）灭虫时间到达后，将被处理的物品从气密空间中取出。

灭虫后打开气密容器前，为了避免藏匿在灭虫室周围或气密容器上的昆虫趁机钻入灭虫后的物品内，维也纳艺术史博物馆对低氧灭虫后打开藏品前的处理如下：先用氟氰菊酯（Cyfluthrin）杀虫剂喷洒灭虫室的每个角落，再用除虫菊-胡椒基丁醚（Pyrethrum-piperonyl butoxide）喷雾剂杀死气密容器外所有可能存活的昆虫，最后再取出物品直接运往隔离室保管。

（5）检查被处理物品。

在隔离室检查物品内有无存活的昆虫，若没有发现活虫，就放入隔离室内留观，待3~4周确实没有发现新的虫害迹象后，可将其移入藏展环境。

在灭虫后，应采用弱吸力的高效空气过滤器吸尘，或使用镊子、毛刷等工具清除死去的昆虫残骸与污迹，再行隔离，以便对灭虫效果进行观察。

以上5个步骤看似简单，但一步没有到位或处理好就会使灭虫失败。其中最重要的是制造低氧环境与创建气密空间，它们是灭虫期间持续保持低氧浓度的关键。

按照制造低氧环境的原理划分，主要有两大类降氧模式，即吸氧剂降氧（又称静态降氧）与置换法降氧（又称动态降氧）。采用哪种降氧模式主要取决于被处理的空间的大小，表2-15是相关企业的建议。

表2-15　主要降氧模式[1]

降氧模式	被处理体积	工具
吸氧剂	0~10 m³	吸氧剂
充氮气置换	1~10 m³	氮气瓶
	1~100 m³	氮气发生器

在实际工作中，为了达到最佳的降氧效果，依据这两种降氧模式，产生了三类降氧方法，即被动式降氧、主动式降氧与混合式降氧。表2-16概述了这三类降氧方式的特点。每种降氧方法都有其特点，其方法的选择主要取决于被处理体积的大小（参见表2-15）。

---

[1] 该表依据以下信息制成：ChristophWaller. Anoxia With Oxygen Absorbers[J/OL]. 2020[2021-11]. http://www.youkud.com/tool/referance/index.html.

表 2-16 不同的降氧方法及特点

降氧方法	降氧模式	氧含量监测	灭虫计时起点	气密容器	降氧速度
被动式	吸氧剂降氧	定时观察氧指示剂的颜色变化	氧指示剂颜色显示为低氧状态时开始计时	小型气密袋	慢
主动式	氮气/惰性气体冲洗式降氧	在线监测	氧含量稳定到设定值时开始计时	柔性帐篷，刚性灭虫柜	快
混合式	以除氧剂辅助充氮气/惰性气体降氧	在线监测		中型气密袋，柔性帐篷	更快

被动式降氧是仅使用吸氧剂除氧，并以此维持气密空间的低氧浓度的除氧方法。主动式降氧是采用气体置换法降氧，并以此维持气密空间的低氧浓度的除氧方法。混合式降氧是采用气体置换法并辅以吸氧剂降氧，以维持气密空间的低氧浓度的除氧方法。每种降氧方法都有其特点，其方法的选择主要取决于被处理体积的大小。

6.8.2.1 吸氧剂降氧法

吸氧剂降氧法是在气密袋内利用活性氧清除剂（reactive oxygen scavengers）将袋内空气的氧气消耗到非常低的浓度（0.1%~0.5%），以创建几乎完全由氮气组成的气调环境。

活性氧在生命的代谢过程中起着非常关键的作用，它是数十种物质的总称，包括氧原子和含氧的普通分子，也包括含氧自由基。活性氧清除剂也称为吸氧剂（oxygen absorbers）、除氧剂、脱氧剂、氧清除剂等，其主要成分为含高活性金属铁的粉末，被包裹在多孔的袋内。将吸氧剂置于可热封阻隔膜制成的气密袋中，气密袋内空气中的水分渗透到袋内的铁粉颗粒中，水分激活铁粉并使其氧化形成氧化铁。在该过程中，气密袋内的氧气被消耗而浓度下降，铁基的除氧剂可将气密袋内的氧气浓度下降到0.01%以下[1]，创建几乎全部由氮气构成的气调环境，即缺氧微环境（anoxic microenvironment）。随着科学技术的发展，今天有了更多种类的吸氧剂。

有研究指出，若能够使气密空间的氧气含量在21天内保持在0.5%以下，所有发育阶段的昆虫都可能根除。[2]气密袋内昆虫致死时间与昆虫物种以及生命阶段相关，在25℃的室温下，灭虫时间至少3周。[3]也有研究指出，氧气浓度为0.3%，室内温度为23℃时，7.5~8周才可杀灭昆虫。[4]

若气密袋中的氧气浓度超过1%，即使生虫物品长期保留在袋中也是无法杀死昆虫的。[5]因为低氧环境中昆虫致死的原因不是窒息，而是在非常低的氧气浓度下，昆虫的气孔持续大大张开，虫体水分耗尽而脱水死亡。袋内温度较高或干燥可以加速缺氧微环境中昆虫的死亡，潮湿或凉爽的环境利于昆虫保留足够的水分或减慢其新陈代谢，从而使缺氧灭虫失败。

6.8.2.1.1 构建缺氧微环境

利用吸氧剂构建缺氧微环境包括以下6个步骤：

（1）制作小型气密袋（≤1 m³）

选用汽/气密性好、强度高且耐穿刺的 PE 材料制作气密阻隔袋，不得采用聚乙烯袋，其氧气阻隔性很差。

（2）灭虫对象的预处理

被动吸氧法构建的缺氧微环境仅适于体积小且平面的物品，若物品存在可能刺穿袋子的尖点，可将其放入纸板盒内。除氧剂的氧化反应会产生一定的热量与湿气，

---

[1] Tewari G, Jayas D S, Jeremiah, et al. Absorption Kinetics of Oxygen Scavengers[J]. International Journal of Food Science and Technology, 2002(2):209-217.
[2] Integrated Pest Management Working Group. Solutions—Oxygen Scavenger Treatment [EB/OL]. 2020-6[2021-11]. https://museumpests.net/solutions-oxygen-scavenger-treatment/.
[3] IPM-WG. Solutions—Oxygen Scavenger Treatment[R/OL]. 2020-7[2021-9-30]. https://museumpests.net/solutions-oxygen-scavenger-treatment/.
[4] ChristophWaller. Anoxia With Oxyden Absorbers [J/OL]. 2020[2021-11]. http://www.youkud.com/tool/referance/index.html.
[5] Burke J. Anoxic Microenvironments: A Treatment For Pest Control [J]. Conserve 0 Gram, 1999(9):1-4.

为了避免其影响被处理物品的安全，最好将被处理的物品用薄棉纱或无酸薄纸包裹以缓冲湿气。[1]

（3）计算除氧剂用量

除氧剂的消耗直接关系着气密袋内的氧气浓度，要达到杀灭昆虫的目标，除氧剂的用量需要按照气密空间的大小计算。按照博物馆虫害综合治理工作组的建议，除氧剂的用量要比理论上计算的用量增加1~3倍为好，以确保有效灭虫。形状奇异的物品可能需要更多的吸氧剂。

（4）构建缺氧微环境

将吸氧包与待灭虫的物品放入小型气密袋内，并向气密袋内加入2~3个氧指示剂（oxygen indicator）以监测袋内氧气含量。注意吸氧包应分散放置，切勿直接与被处理物品直接接触。氧指示剂在氧气浓度低于0.1%时会在2~3小时内变成粉红色，在氧气浓度超过0.5%时会在3~15分钟内变回紫蓝色，通过其颜色变化可对灭虫过程中气密袋内的氧气浓度进行监视。除氧剂在与氧反应的过程中会转变成其他物质，故除氧包不可回收再利用。

（5）用氮气冲洗并封口

在袋子密封前，用胶管和喷嘴向袋内注入大量氮气，让袋子稍微充气，有助于保护物品，也便于检漏。如果气密袋不用氮气冲洗，袋子的体积将会塌陷20%。[2]

（6）泄露检测

有多种方式对气密袋检漏。当袋内氧气浓度确定达到设定值后，才能开始对灭虫时间进行计时，这时氧指示剂应为粉红色。

6.8.2.1.2 被动式气调灭虫的特点

仅使用吸氧剂来维持低氧水平的静态低氧除虫系统具有以下特点：

---

[1] IPM-WG. Solutions—Oxygen Scavenger Treatment[J/OL]. 2020-7[2021-9-30]. https://museumpests.net/solutions-oxygen-scavenger-treatment/.
[2] IPM-WG. Solutions—Oxygen Scavenger Treatment[J/OL]. 2020-7[2021-9-30]. https://museumpests.net/solutions-oxygen-scavenger-treatment/.

(1) 适用对象

较适用于体积小的平面物品,特别是单个藏品的灭虫处理。

大多数藏品都可以采用这种方式灭虫,在实际运用中,对纺织品、纸张、植物标本的处理尚未发现损坏问题。鉴于普鲁士蓝染色的纺织品文物在铁基除氧剂营造的低氧环境中出现了不可逆转的褪色问题[1],博物馆虫害综合治理工作组建议不要采用铁基除氧剂对含有普鲁士蓝染料或颜料的材料进行灭虫或保存。

有研究指出,考虑到气密空间内的相对湿度,若被处理物品灭虫前所处的环境相对湿度较低,除氧剂降氧可能是最佳选择。例如,室温不低于20℃,物料湿度不超过55%。[2]

除氧剂降氧也对霉菌、好氧细菌和粮食昆虫的生长有抑制作用,但真菌不会在缺氧环境中死亡。目前被动式降氧法不仅可用来灭虫,也可用于衣料、皮毛、精密仪器等物品的保存、防锈等。

(2) 优势与缺憾

①与主动降氧法相比,被动降氧法的降氧速度慢,袋内气体质量较差,也无法控制袋内的相对湿度。但相对而言,被动降氧模式价格更为低廉,这种方法更适合处理数量有限的小物件。

②除氧剂的用量须与包装空间的大小相匹配,才可能达到灭虫效果,否则无效。

③降氧速率慢,被动气调法难以实现全程可检可控。

④现有除氧剂使用过程中会释放水,导致密封空间内湿度增高,给藏品的安全、恒湿增添风险。

⑤除氧剂使用量大,且会产生废弃物,不利于环境保护。

---

[1] Gervais C, Languille M A, Reguer S, et al. Why does Prussian Blue Fade? Understanding the Role(s) of the Substrate[J]. Journal of Analytical Atomic Spectrometry, 2013(10):1600-1609.

[2] Child R.E, Pinniger D. Using Anoxia to Kill Insect Pests: Methodologies and Methods[M].// Bridgland, Janet ed.; ICOM Committee for Conservation: 15th triennial conference, New Delhi, 22-26 September 2008: preprints, Vol. I + II, New Delhi, India: Allied Publishers, 2008: 563-567.

⑥长期以来，被动降氧模式的氧气浓度监测是通过定时观察氧指示剂颜色的变化，这种检测氧浓度的方法一般不准确、不稳定，只能粗略地判断。2020年开发出的新型氧浓度计可解决以上问题。①

6.8.2.2　氮气与惰性气体置换法

气体置换法是指将氮气或惰性气体充入气密空间，置换空间内原有的空气，使气密空间内氧气浓度降至设定值，并通过氧浓度检测仪检测气密空间的氧气浓度，控制供排气装置启闭以补偿泄漏，使空间内的氧含量维持在设定值范围内。

6.8.2.2.1　置换气体的选择

可供低氧气调环境选择的置换气体主要有：氮气、氩气和氦气。此类气体的共同特点是无毒、不可燃且无反应性。三种气体各有特点，其中氦气最为稳定；优点最多、缺点最少的是氩气；氮气是三者中最廉价的。氮气使用最为普遍，目前我国的低氧气调灭虫都是使用氮气。氦气与氩气有氮气无法取代的优势，在国际上也广为使用，特别是氩气。

（1）氮气

氮气并非惰性气体，占大气近80%的氮气极难与其他物质发生反应，且无毒、不易燃，从这点上看，它与惰性气体具有同样的稳定性。在空气中，氮气比氩气丰富88倍。现场使用变压吸附或者中空纤维膜进行空气分离制氮，不仅价格相当便宜，且现制气体还能最大程度地减少二氧化碳排放量，要比运送瓶装氮气或液氮方便得多，因而被广泛采用。

除比氩气、氦气价廉外，氮气也有不足之处，主要是氮气可以通过固氮酶为微生物提供其生存的要素——氮源，故氮气置换的低氧气调环境很难灭菌。与其形成对比的是，氩气由于不具备为微生物提供氮源的条件，故用氩气置换的气调环境可以杀死某些真菌组织，而氮气则可使这类真菌存活下来。②

---

① IPM-WG. Solutions—Oxygen Scavenger Treatment[R/OL]. 2020-7[2021-9-30]. https://museumpests.net/solutions-oxygen-scavenger-treatment/.
② The Museum Pests Working Group (MPWG) :Solutions—Nitrogen/Argon Gas Treatment[J/OL].（2019-03-11）[2010-08-12]. https://museumpests.net/solutions-nitrogenargon-gas-treatment/.

氮气比氧气轻，在充氮排氧时，氮气上升到气密空间的顶部，氧气则下沉到气密空间的底部，在气密空间的底部会出现氧气含量较高的微环境，而被处理的物品通常会放置在此处，有可能形成灭虫的死角。

（2）氩气与氦气

氩气是惰性气体，是空气中除氮气、氧气之外第三大常见气体。其在空气中含量过低，因此其价格比氮气的价格高出许多倍。氦气也是惰性气体，它是三种置换气体中最昂贵的。尽管如此，氦气曾被用于保存美国最重要的历史文件之一的《独立宣言》。

作为低氧气调灭虫的置换气体，除使用的经济成本较高外，氩气比氮气更具优势。

①氩气比氮气更易形成稳定的低氧环境

氩气比氧气重，在气密空间中会优先下沉到气密空间底部以驱赶并取代氧气，将所有剩余氧气推到气密空间的顶部，并随着时间的推移形成稳定的缺氧环境。

②氩气杀死昆虫的速度更快

有较多的研究与实例证明，在其他环境因素相同的情况下，用氩气作为置换气体要比氮气作为置换气体杀死昆虫的时间更短。这有可能是因为氩气比氧气轻，更易排斥昆虫体内的氧分子。有研究表明，置换气体为氩气的气调环境杀死昆虫的速度比氮气气调环境快25%~50%。[①]

对于木制物品的灭虫，充填氩气更凸显出其优势。蛀木虫深藏在狭长、弯曲的木材内部的虫道中，虫道又被蛀木虫的分泌物所堵塞，由此虫道内的氧气浓度很难被降到可杀死昆虫的低浓度。氩气由于较空气重，故能逐步穿透木材内的虫道，将氧气从木材细胞腔内排挤出来，从而加快灭虫速度。表2-17是美国纽约大都会博物馆杀灭木制品昆虫的实例。

---

① Valentin N, Alguero M, Martin de Hijas C. Evaluation of Disinfection Techniques for the Conservation of Polychrome Sculpture in Iberian Museums[J]. Studies in Conservation, 1992(sup1): 165-167.

表 2-17　有效杀灭木制美术品内蛀木虫的时间[1]

温度 / ℃	相对湿度 / %	置换气体	氧气浓度 / %	彻底杀灭时间 / 周
21	58	氩气（Ar）	0.07	4
21	58	氮气（N₂）	0.07	6~8

③氩气与氮气不利于某些真菌的生存

氧气与微生物生存的关系极为复杂，但已有的研究证明，在充氩或氮的低氧气调环境中，可能杀灭某些真菌组织，包括可以根除美术品上的霉菌孢子，这与氩或氮不能供任何生物用作营养物或转为虫体内可供其生存的物质相关。[2]

④氩气更容易保存在气密容器内

氩气和氮气都是惰性气体，但氩气比氮气的分子量大，更容易保存在气密容器内，而氮气很容易通过大多数材料扩散而造成泄露问题。保存《独立宣言》的低氧氮气气调箱现在已被低氧氩气气调箱所取代，主要原因就是氩气的密封性更好。

作为惰性气体，氩气和氮气不会与任何物质发生化学反应，作为置换气体更能保障文物的安全，一些极为珍贵的文物会优先考虑采用惰性气体作为低氧气调的置换气体。

尽管氩气比氮气价格贵，但其特殊用途以及快速的灭活时间仍然很有吸引力，已成为海外美术品及木制品灭虫灭菌首选的置换气体。但氩气比氮气价格高很多的事实，使不作为特别用途、仅用于藏品灭虫的，还是更多地选择氮气作为置换气体。

6.8.2.2.2　氮气与惰性气体置换法特点

氮气与惰性气体置换法具有以下特点。

（1）适用面极广

与其他除虫方法不同，大气氧的置换法几乎可以用于任何藏品材料。自20世

---

[1] Robert J. Koestler.Anoxic Treatment for Insect Control in Panel Painting Frames with Argon Gas[J].Chemistry,1996（3）:150-158.
[2] Robert J. Koestler.Anoxic Treatment for Insect Control in Panel Painting Frames with Argon Gas[J].Chemistry,1996（3）:150-158.

纪80年代以来，该灭虫法越来越多地被藏品保存机构选用，以杀灭侵入藏品和艺术品的昆虫。[①] 但有研究发现，某些矿物如铅（Pb）、朱砂（HgS）和赭石（主要成分是Fe_2O_3）在没有氧气的情况下是会发生颜色变化的。[②] 博物馆虫害综合治理工作组建议，在对这类与颜色有关的物品进行充氮/氩低氧灭虫时要格外谨慎。加拿大文化遗产保护研究所（CCI）29号技术公报指出，少数着色剂会受到低氧环境（化学还原）的影响，但主要是在长期储存过程中观察到的，在灭虫的时间内没有观察到。[③]

（2）可大规模地整体灭虫

与吸氧剂降氧法不同的是，氮气与惰性气体置换法可像化学熏蒸法一样对整库、整架的藏品进行集中灭虫，因而也被称为氮气或惰性气体熏蒸法。化学熏蒸能够在多大的空间完成灭虫，低氧气调技术也可以在同样大的空间完成灭虫作业。

图2-16 书柜就地整体除虫
摄影：森罗股份有限公司

---

① A. Berzolla, M.C. Reguzzi, E. Chiappini. Controlled Atmospheres against Insect Pests in Museums: a Review and Some Considerations[J]. Journal of Entomological and Acarological Research,2011(43): 197-204.
② Arney S J, Jacobs A J, et al. Influence of Oxygen on the Fading of Organic Colourants[J]. American Institute for Conservation, 1979(18):108-17.
③ Tom Strang, Rika Kigawa. Technical Bulletin No.29（Pests Cultural Heritage Conservation）[M]. Ottawa :Canadian Conservation Institute, 2009 :16.

(3) 可调节气密空间的温度与相对湿度

为满足不同材质的物理性能需求，在气密空间内不仅可以调节气调空间内的相对湿度，也可以在适当范围内调节气密空间的温度，以满足灭虫速度的要求。

(4) 灭虫设备容易组装与移动

可以根据被处理藏品的体积大小与形状特点而个性化设置气密空间，使任何藏品的灭虫工作都可以不出馆库，解决了灭虫期间藏品的安全问题。

(5) 采用氩气与氮气作为置换气体，有可能杀灭某些真菌

(6) 置换气体需要调湿

氮气/氩气相当干燥，特别是压缩气体，一般含水量为0.001%~0.002%，在进行降氧前若不进行加湿，或未在气密容器内设调湿装置，就会使被处理物品脱水，特别是木材、棉、麻、纸以及含有蛋白质的物质（如胶水和皮革等），会由于失去水分发生变形。浸水物品的处理是例外，需要缺氧和干燥。[①]

(7) 安全问题

尽管氮气/惰性气体不会对环境和人体健康造成危害，但在使用和释放氮气/惰性气体时仍需考虑人员安全问题。气调环境中的氧气浓度很低，氮气/惰性气体应释放到通向室外的通风系统而混合到大气中。即使是低氧气密袋的氮气释放也应在通风处进行，否则有令人窒息的风险。

6.8.2.3 主动降氧法与混合降氧法

气密容器用高纯氮气/惰性气体冲洗净化，将气密空间内的全部空气冲洗出气密容器，待气密空间内的氧气浓度达到指定值（如0.1%~0.3%），再调整氮气/惰性气体的流量以维持设定的低氧浓度。该降氧方式为主动降氧法，也称为动态降氧法。

主动降氧法较被动降氧法的降氧速度更快，灭虫时间更短，杀虫规模更大，气密容器内的空气更加洁净。特别是可在线对气密空间内的氧气浓度、相对湿度、温度、气压等进行全方位调整与监测，更利于被处理物品的安全。对于一些笨重、过

[①] Maekawa S, Elert K. The Use of Oxygen-Free Environments in the Control of Museum Insect Pests[M]. Los Angeles:The Getty Conservation Institute, 2003 :67.

大或无法移动的物品，可用隔膜围绕物品形成柔性气密容器。若其地面部分也要成为气密容器的一部分，为保障所需的气密性，可使用缓慢、连续的无氧气流（多为氮气）通过该系统，将气体泄漏降低到最低程度，使该系统保持灭虫的有效性与经济性。

混合降氧法即主动降氧与被动降氧相结合的降氧方式。先充氮降氧，使空间内的氧含量快速降至较低水平，再用少量的除氧剂进行低氧维持。混合降氧法可减少配套设备的补气频率，操作更加简单便捷，且可维持气密空间内的湿度与氧含量的稳定。当气密空间氧气含量较低或需要维持较长时间时，使用混合降氧法更合适，且经济性好。

混合降氧法比较适合柔性气密容器，即使可能有小泄漏，也能将氧气浓度保持在设定值以下。由于首先进行了主动降氧，留给除氧剂吸收的氧气极少，所以除氧剂在氧化过程中发热和产生湿气的可能性降低了。实践工作证明，在同等空间内，混合降氧法的降氧速度要比主动降氧更快，是三种降氧模式中最快的一种。

6.8.3　低氧气调灭虫系统

为了保障低氧气密空间持续维持在指定的低氧浓度，其围护结构必须具有高度的气密性，且气密容器的所有接缝、接口必须防泄露，以阻挡气密容器内外的汽/气交换。只有达到或优于标准规定的气密性后，才可使用。为了保障灭虫效果，低氧气调灭虫系统必须对围护结构内的氧气浓度、温度与相对湿度进行实时监测，当指标不达标时能及时发现并进行调整。

目前，可以具备以上条件的低氧气调灭虫系统有两大类，即柔性气密系统与刚性气密系统，二者各具特点，可依据被处理物品的大小、形状和数量等进行选用。为保障气密空间持续维持在设定的低氧浓度，降氧方式也须依气密空间的大小选择。

6.8.3.1　柔性气密系统

柔性气密系统有两大类，一类是气密袋系统，另一类是软腔室系统。其柔性围护结构材料大多采用高阻隔膜、柔性气密膜等制成，当前这些材料均存在老化问题（设计寿命为2~3年），适用于杀虫、防湿等短期或较长期的密封。

表 2-18 柔性气密系统的特点

柔性围护结构		降氧方式建议	监测对象	监测设备	用途	优势	不足
气密袋	小袋（0~1m³）	除氧剂	氧气浓度	氧指示剂	有限藏品灭虫	单价低，易实现，灵活性高，随做随用，封装后可移动	易因针孔泄漏或密封不良而导致低氧环境受损
	中袋（1~10m³）	动态或混合式	氧气浓度，相对湿度	传感器	藏品灭虫或检疫		
软腔室	柔性帐篷	混合式	氧气浓度，相对湿度	传感器	大量藏品灭虫或检疫	有助于异形或大型物体的灭虫	

6.8.3.1.1 气密袋

气密袋不能采用聚乙烯袋，其氧气阻隔性很差，应选用汽/气密性好、强度高且耐穿刺的 PE 材料。依据我国森罗股份有限公司长期低氧灭虫的经验发现，采用吸氧剂就可以较好地控制小型气密袋（0~1m³）的氧气浓度。

尽管采用吸氧剂与匹配好调湿剂的用量也可以控制好中型气密袋（1~10m³）的氧气浓度，但中型气密袋注入氮气或惰性气体形成低氧环境，或是在以上基础上再加入除氧剂辅助脱氧，其灭虫效果更好。其检测系统可以通过插入的氧气传感器和相对湿度传感器以实时准确监控袋内氧气浓度与相对湿度的变化。

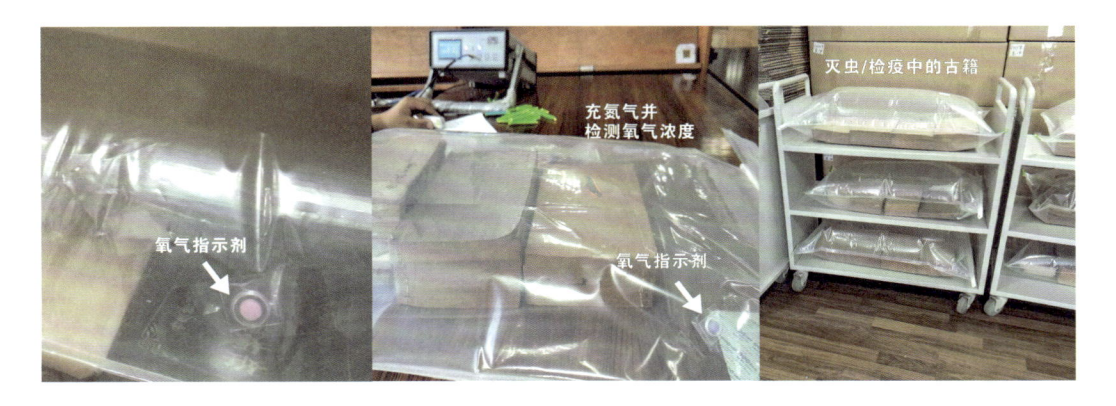

图 2-17 袋式低氧气调灭虫与检疫
摄影：宁波图书馆

气密袋构建的低氧气调灭虫系统较为经济，当需要处理的物品数量有限时，这种中小型气密袋尤其有用。除可用于灭虫与检疫外，还特别适于馆藏搬动前的检疫处理。物品置入袋内可以保存很长时间，直到搬入新的位置再开袋入库，使物品免受较多的环境因素干扰。空袋子小心存放，尽量减少折叠，可以重复使用数次。最好将使用过的袋子保存在有二氧化硅干燥剂的气密容器内，以防水分在袋内积聚，出现生霉问题。

6.8.3.1.2 大型帐篷系统

与中小型气密袋构建的气密系统不同的是，大型帐篷系统（>10m³）是在支撑框架上放置高阻隔膜或柔性气密膜并加热密封，为了准确检测柔性帐篷内的氧气浓度和相对湿度的变化，可插入氧气传感器和相对湿度传感器进行监测。如果帐篷内的氧气浓度变化剧烈，则杀虫效果减弱，故在杀虫处理过程中应采用可连续通入氮气/惰性气体的方法，只有达到所需的氧气浓度时，方停止供应氮气/惰性气体。若在灭虫处理过程中由于帐篷气密度下降而导致氧气浓度增加（大于0.3%），则将氮气/惰性气体再次注入。为避免柔性帐篷底部有氧气浓度较高的死角，可采用除氧剂配合除氧。

大型柔性帐篷的特点是：

①在该气密系统中，温度、湿度和氧气浓度的所有控制系统都是根据需要临时连接的。

②该类气密系统可依据被处理物体的形状与大小原位制作灭虫帐篷，这有助于异形或大型物体的灭虫。

图 2-18　柔性帐篷灭虫
摄影：森罗股份有限公司

③灭虫设备容易组装与移动，能够根据被处理藏品的体积大小进行个性化设置，使所有藏品的灭虫都可以不出馆库，解决了灭虫期间藏品的安全问题。

④帐篷的覆盖面大、接口不当或隔氧膜的质量不高都容易出现泄漏问题，导致帐篷内氧气浓度的不稳定，影响灭虫效果。因此，帐篷的气密性处理的难度更大。

⑤易受外力破坏，寿命短，一次性使用。

⑥需要有空地满足操作空间，且地面须满足密封要求。

6.8.3.2 刚性气密系统

刚性气密系统的围护结构为具有金属外壳的大型灭虫柜，其腔体具有高度的气密性，与柔性围护结构相比，刚性气密系统的气体泄漏更少，可长期保持气密性不变，适合较长期使用，但造价相对较高。刚性气密系统配备有氮气发生器，其湿度控制系统、氧气监测系统、温度控制系统、气流系统等都连接在腔室的侧面，可全自动地实时监控和自动记录运行情况，且可以远程监控。

图 2-19　刚性气密系统
摄影：森罗股份有限公司

刚性气密系统还可以直接做成大的库房，硬连接到建筑物的电气和暖通空调系统。与柔性气密系统不同的是，刚性气密系统可长期使用，是永久固定的内部建筑，利于大量物品的长期灭虫与检疫。

6.8.4　低氧气调灭虫效果的影响因素

在常压下，低氧气调灭虫的成败或效果取决于4个指标：氧气浓度，气密空间的温度与相对湿度，灭虫时间。其中氧气浓度是必需的条件，时间是保障因素，温度与相对湿度对低氧气调灭虫的效率有直接影响。

6.8.4.1　气密空间内的氧气浓度

微环境的氧气浓度对昆虫的生命活动具有较大的影响。有研究表明：氧含量低于5%可导致某些成虫和其他生命阶段的昆虫完全死亡[1]；在氧气浓度为3%~5%的低氧环境中，雌性昆虫在失去活动能力之前，尽管仍然可能产卵，但长时间保持3%~5%的低氧状态，其子代将由于得不到足够的氧气而无法发育[2]。有实验证明，在氧气浓度为2%~5%的低氧状况下，虫卵难以孵化为幼虫，成虫羽化率降低[3]。

低氧状况下，昆虫的气门开放且呼吸频率增加，由此会导致昆虫脱水而死。氧气浓度越低越会促进昆虫体内水分流失，加速其干燥与死亡。表2-19为在氮气气调环境中，氧气浓度与昆虫死亡时间的关系。[4]由表2-19可见，在其他环境条件相同的情况下，氧气浓度为0.62%时，与氧气浓度0.3%或0.1%相比，灭虫时间增加了数倍。

---

[1] Njoroge A, Mankin R, Smith B,etc.Oxygen Consumption and Acoustic Activity of Adult *Callosobruchus maculatus* (F.) (Coleoptera: Chrysomelidae: Bruchinae) During Hermetic Storage[J].Insects, 2018(9):45.

[2] Yan Y,Scott B. Williams.Hypoxia Treatment of *Callosobruchus maculatus* Females and Its Effects on Reproductive Output and Development of Progeny Following Exposure[J].Insects,2016(2):26.

[3] Yan Y,Scott B. Williams.Hypoxia Treatment of *Callosobruchus maculatus* Females and Its Effects on Reproductive Output and Development of Progeny Following Exposure[J].Insects,2016(2):26.

[4] Joonsuk Oh. Anoxia Techniques to Eradicate Insects for Conservation of Cultural Properties in Museums [J]. Journal of Conservation Science, 2011(2):231-241.

表 2-19　氧气浓度与昆虫死亡时间的关系（氮气气调，25.6℃、55% RH）

虫名		虫期	氧气浓度 / %	致死时间 / 天
拉丁文学名	中文俗名			
Lasioderma serricorne	烟草甲	卵	0.1	8
			0.3	8
			0.62	12
Anthrenus flavipes	丽黄圆皮蠹	幼虫	0.1	3
			0.3	8
			0.62	20

经过对多项低氧气调灭虫结果的分析，研究工作者认为，在低氧充氮的气调环境下，氧气浓度在1%或1%以上，对于藏品灭虫基本无效。[1]这并非指氧气浓度为1%的低氧充氮环境无法使昆虫死亡，而是在该临界点以上，需要更高的温度或更低的湿度才可能用更长的时间杀灭昆虫（见表2-22），但这类环境可能会危害大多数藏品的安全。

博物馆虫害综合治理工作组对低氧气调环境（充氮气或氩气）的氧气浓度建议是：氧含量应降低到0.1%~0.3%，这种低氧环境会导致昆虫体内葡萄糖生成中断、体重减轻并最终导致昆虫死亡。[2]

在氧气含量为0.1%~0.3%的低氧与接近无氧的气密空间内，其氧气含量比外界空气中的氧含量低近70倍~210倍，气密空间即使出现最小的泄露，也会严重破坏气密空间内的氧气含量，因此为持续控制气密空间的低氧浓度，气密空间必须有高度抗渗透的外壳保护（即围护结构），杜绝气密空间与外界环境的气/汽交换，并对整个低氧气调灭虫过程中的氧气浓度进行监控。

---

[1] Banks H J, Annis P C. Comparative Advantages of High CO_2 and Low O_2 Types of Controlled Atmospheres for Grain Storage[M]. Boca Raton, Florida:CRC Press, 1990 :93-122.
[2] Integrated Pest Management Working Group. Solutions—Nitrogen/Argon Gas Treatment[J/OL]. [2020-8]. https://museumpests.net/solutions-nitrogenargon-gas-treatment/.

6.8.4.2 气密空间内的温度与相对湿度

低氧气调灭虫是通过脱水而不是窒息杀死昆虫的，干燥和温暖的环境会加速这一进程。若环境温度较低，昆虫可能休眠或滞育，越过不良环境后能提高抗逆性能。有研究表明，将温度从15℃提高到35℃，每升高5℃，致死昆虫的时间会减少25%到65%。[1] 还有研究指出，在低于25℃的温度下，每降低5℃，灭虫时间必须增加约50%，在低于20℃的温度下进行低氧灭虫是有风险的。[2] 人们普遍认为，在低于15℃的温度下，低氧气调灭虫相对无效。[3] 有研究建议，低氧充氮气调的灭虫环境温度应高于20℃，30~38℃最为有效。[4]

表2-20 温度对低氧充氮气调灭虫时间的影响（40% RH 和 0.03%氧气浓度）[5]

虫名		低氧充氮灭虫时间/天		
拉丁文学名	中文俗名	20℃	30℃	40℃
Hylotrupes bajulus	家希天牛	20	10	1
Lasioderma serricorne	烟草甲	9	6	1
Stegobium paniceum	药材甲	6	4	<1
Anobium punctatum	家具窃蠹	7	5	1
Xestobium rufovillosum (De Geer)	报死窃蠹	7	5	1
Nicobium castaneum	浓毛窃蠹	6	4	<1

---

[1] Soderstrom L E, Mackey B E, et al. Interactive Effects of Low-oxygen Atmospheres, Relative Humidity, and Temperature on Mortality of Two Stored-product Moths (Lepidoptera: Phyralidae) [J]. Journal of Economic Entomology, 1986(5):1303-1306.

[2] Burke J, Maekawa S, Elert K. The Use of Oxygen-Free Environments in the Control of Museum Insect Pests[J]. Journal of the American Institute for Conservation, 2005(2):187.

[3] Child R E. (National Museum of Denmark). Insect Damage as a Function of Climate[EB/OL]. [2007]. http://eprints.sparaochbevara.se/158/1/child.pdf.

[4] Bridson D, Forman L. Herbarium Handbook [M]. 3rd. London, England:Royal Botanic Gardens, Kew, 2010:334.

[5] Valentin N. Comparative Analysis of Insect Control by Nitrogen, Argon and Carbon Dioxide in Museum, Archives and Herbarium Collections[J]. International Biodeterioration & Biodegradation, 1993(32):263-278.

续表

虫名		低氧充氮灭虫时间/天		
拉丁文学名	中文俗名	20℃	30℃	40℃
Lyctus brunneus	褐粉蠹	7	5	1
Attagenus piceus	黑皮蠹	4	3	<1

尽管高温可以提高灭虫效率，但考虑到藏品的安全，30℃及其以上的高温罕见有被采用的。大多是在温暖季节的室温下进行低氧气调灭虫，若必须在冬季灭虫，就需要进行供暖，最好使灭虫环境在25℃。

干燥的环境通常对大多数昆虫都非常不利，特别在低氧气调的环境中，低湿加速了虫体水分的流失，在同等时间内提高了死亡率；反之，高湿抑制了虫体的干燥，不利于低氧气调环境下的灭虫。[1] 有研究发现，在氧气浓度为0.32%和温度为26.5℃的条件下对烟草甲幼虫施用充氮低氧气调灭虫，昆虫在相对湿度为33%和55%时致死的时间差异不大。但在同等环境中，相对湿度升高至75%时，昆虫致死时间增加了数天。[2] 还有研究发现，在氧气浓度为0.03%~0.05%的极度低氧环境内，温度为20~30℃时，杀灭家希天牛的时间在30%~60%的相对湿度下差异不大，但相对湿度高于60%时杀虫的效果降低。[3] 可见在同等环境下，相对湿度过高会降低灭虫效果，反之则提高灭虫效果。

---

[1] P. J. Gullan. The Insects: an Outline of Entomology[M]. London:Chapman & Hall,2014 :469.
Emekci M, Navarro S, Donahaye E, et al. Respiration of *Tribolium castaneum* (Herbst) at Reduced Oxygen Concentrations[J]. Journal of Stored Products Research, 2002(38):413-425.
Mitcham E, Martin T, Zhou S. The Mode of Action of Insecticidal Controlled Atmospheres[J]. Bulletin of Entomological Research, 2005(96):213-222.

[2] D.A.Reirson, M.K.Rust, J.M.Kennedy, et al. Enhancing the Effectiveness of Modified Atmospheres to Control Insect Pests in Museums and Similar Sensitive Areas[M].// K B Wildey: Proceedings of the 2nd International Conference on Insect Pests in the Urban Environment, Gran Bretanya : Printed in Great Britain by BPCC Wheatons Ltd,1996: 319-327.

[3] Valentin N, Alguero M, Martin de Hijas C. Evaluation of Disinfection Techniques for The Conservation of Polychrome Sculpture in Iberian Museums[J]. Studies in Conservation, 1992(sup1): 165-167.
Valentin N. Comparative Analysis of Insect Control by Nitrogen, Argon and Carbon Dioxide in Museum, Archive and Herbarium Collections[J]. International Biodeterioration & Biodegradation, 1993(4): 263-278.

表 2-21　相对湿度对低氧充氮气调灭虫时间的影响[1]

昆虫 拉丁文学名	昆虫 中文俗名	虫期	氧气浓度/%	温度/℃	相对湿度/%	灭虫时间/天	参考文献
Lasioderma serricorne	烟草甲	幼虫	0.32	26.5	33	4	[2]
					55	4	
					75	6	
Hylotrupes bajulus	家希天牛	卵，幼虫，蛹，成虫	0.03	20	40	20	[3]
				30	40	10	
			0.05	20	60	20	[4]
				30	50	10	

尽管干燥的环境利于低氧气调灭虫，但选择低氧气调灭虫的相对湿度时，必须考虑到藏品载体的安全。一般说来，对于纸张保存，其相对湿度的范围较宽，可接受35%至50%的相对湿度。[5] 对纸张的安全而言，关键在湿度的恒定，湿度的波动才是造成纸张材料损坏的主要原因。在这种情况下，采取较低的湿度进行低氧气调灭虫是可行的。但对于有涂层的木制品（如漆器、彩绘等），其保存的相对湿度为50%~60%，若将灭虫的环境湿度降低到45%就有可能对其造成伤害。因此，低湿尽管利于低氧气调灭虫，但需要谨慎选择湿度，可以选择保存该藏品的湿度下限，但不得偏离保存该藏品的湿度标准。

---

[1] 该表来源于：Joonsuk Oh. Anoxia Techniques to Eradicate Insects for Conservation of Cultural Properties in Museums [J]. Journal of Conservation Science, 2011(2): 231-241.

[2] D.A.Reirson, M.K.Rust, J.M. Kennedy, et al. Enhancing the Effectiveness of Modified Atmospheres to Control Insect Pests in Museums and Similar Sensitive Areas[M].// K B Wildey: Proceedings of the 2nd International Conference on Insect Pests in the Urban Environment, Gran Bretanya : Printed in Great Britain by BPCC Wheatons Ltd,1996: 319-327.

[3] Valentin N. Comparative Analysis of Insect Control by Nitrogen, Argon and Carbon Dioxide in Museum, Archive and Herbarium Collections[J]. International Biodeterioration & Biodegradation, 1993(4): 263-278.

[4] Valentin N, Alguero M, Martin de Hijas C. Evaluation of Disinfection Techniques for the Conservation of Polychrome Sculpture in Iberian Museums[J]. Studies in Conservation, 1992, 37(sup1): 165-167.

[5] Berzolla A, Reguzzi M C, Chiappini E. Controlled Atmospheres against Insect Pests in Museums: a Review and Some Considerations[J]. Journal of Entomological and Acarological Research, Ser. II, 2011: 197-204.

6.8.4.3 低氧气调灭虫的时间

昆虫的死亡是有过程的，必须有充足的时间等待昆虫在低氧环境下彻底死亡。处在低氧状况下的昆虫，会很快进入低代谢状态，长时间的无氧最终会导致大多数昆虫死亡。尽管昆虫的耐受性不同，有些虫种具有顽强的生命力，但只要持续的缺氧，几乎所有的昆虫都可能死亡。但若没有足够的灭虫时间作为保证，它们再次接触到常氧时就会从昏迷中苏醒过来。为了彻底灭虫，低氧气调灭虫时间的计算必须考虑到三大因素，即氧气解吸时间、昆虫在低氧下致死时间以及安全余量。

低氧气调灭虫的时间 = 氧气解吸时间 + 昆虫在低氧下致死时间 + 安全余量

6.8.4.3.1 氧气解吸时间

氧气解吸时间是指被灭虫物品吸收的氧气被分离，使物品所吸附的氧气浓度低至灭虫指定的氧气浓度，这个过程所需要的时间。

物体的氧气解吸时间取决于气密空间的容量以及被灭虫物品的材料性质、密度及厚度等。一般说来，木制品要比纺织品、纸张需要更多时间解吸氧气。有研究发现，大多数物体的氧气解吸时间为1~2天。[1] 盖蒂保护研究所的研究表明，在涂漆与未涂漆的实木块（杨木与橡木，3.8 cm×3.8 cm×70.4 cm）中，用氮气完全置换氧气大约需要2天，但在白蚁侵蚀的木块中，置换时间少于4小时。这表明，2天之后可在实木内形成缺氧条件，受虫害侵蚀的木块中缺氧条件形成得更快。[2] 这是由于钻蛀性昆虫已经在物品上开孔，改变了原始木材的结构，提高了木材内部与外部空气的交换率。

6.8.4.3.2 昆虫在低氧下致死时间

目前昆虫在低氧环境下的致死时间绝大多数都是来自实验室的数据，本书附录11列出了昆虫致死时间的较多研究数据。

---

[1] A.Berzolla, M.C.Reguzzi, E.Chiappini. Controlled Atmospheres against Insect Pests in Museums: a Review and Some Considerations[J]. Journal of Entomological and Acarological Research, 2011(2):197-204.
Gunn M, Ziaeepour H, Merizzi F, et al. Anoxia, Treatment by Oxygen Deprivation, Optimizing Treatment Time of Museum Objects[J]. Physics, 2006.

[2] Maekawa S, Elert K. The Use of Oxygen-Free Environments in the Control of Museum Insect Pests[M]. Los Angeles, CA, USA: The Getty Conservation Institute, 2003: 9.

在温度、相对湿度与氧气浓度相同的情况下，昆虫在低氧气调环境下致死的时间与昆虫的物种、发育阶段以及所用置换气体的种类相关。

（1）昆虫物种及发育阶段

不同的昆虫物种对低氧气调环境的反应差异很大，杀虫时间需求最长的物种是鞘翅目[1]，其中最难杀死的是天牛科甲虫，如家希天牛 *Hylotrupes bajulus*（L.）即因对缺氧具有高耐受性而闻名。

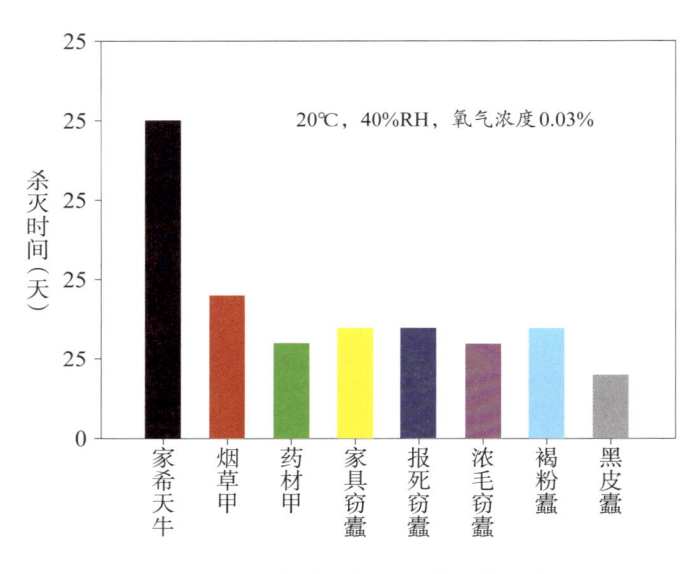

图 2-20　几种鞘翅目昆虫的致死时间

同一物种在特定的生命阶段对低氧的耐抗性也不相同，实验证明虫卵需要更长的时间才能杀灭。若杀虫不彻底，没有死亡的虫卵可以在几周内存活并孵化，再次引起虫害。图 2-21 为当气密空间的氧气浓度为 0.1%，温度为 25.5℃，相对湿度为 55% 时，不同昆虫及其不同生命阶段 100% 致死率的时间。[2]

---

[1] Valentin N. Comparative Analysis of Insect Control by Nitrogen, Argon and Carbon Dioxide in Museum, Archive and Herbarium Collections[J]. International Biodeterioration & Biodegradation, 1993 (4): 263-278.

[2] Rust K M, Daniel V, et al. The Feasibility of Using Modified Atmospheres to Control Insect Pests in Museums[J]. Restaurator (Denmark), 1996(17):43-60.

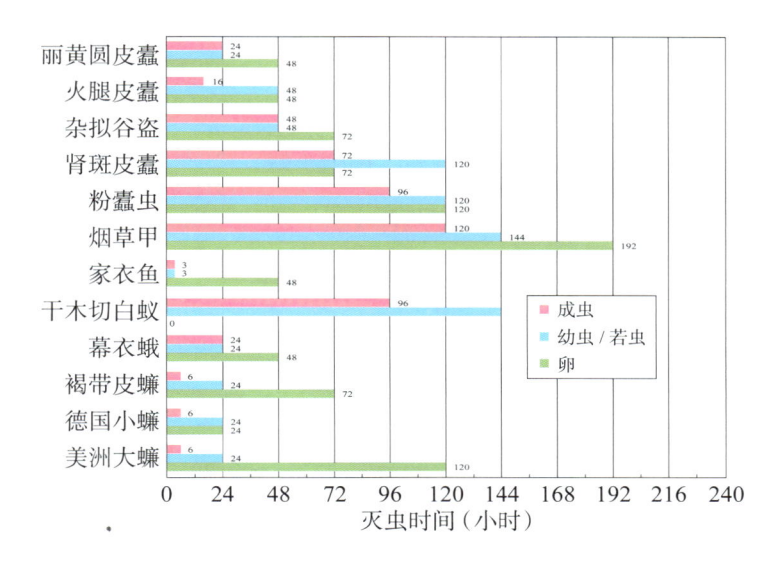

图 2-21　在同等环境中不同昆虫及其不同生命阶段的致死时间

根据昆虫对低氧环境的抗性，日本东京文化财研究所将常见的仓储昆虫分为三大类，并对每类昆虫的致死环境提出了以下建议[1]。

①高抗性昆虫（highly resistant insects）

以下高抗性昆虫的致死时间为：3周（氧气浓度0.1%，30℃）。

cigarette beetle（*Lasioderma serricorne*）烟草甲

drugstore beetle（*Stegobium paniceum*）药材甲

pubescent anobiid（*Nicobium hirtum*）

book-borer anoibiid（*Gastrallus immaginatus*）书窃蠹

brown powderpost beetle（*Lyctus brunneus*）褐粉蠹

②中抗性昆虫（moderately resistant insects）

以下中抗性昆虫的致死时间为：1周（氧气浓度0.1%，30℃）或2周（氧气浓度0.1%，25℃）。

black carpet beetle（*Attagenus unicolor*）短角褐毛皮蠹

varied carpet beetle（*Anthrenus verbasci*）小圆皮蠹

---

[1] KEEPSAVE. Insect Mortality under Anoxia[J/OL]. [2019-9]. https://www.keepsafe.ca/?page_id=82.

③弱抗性昆虫（weakly resistant insects）

以下弱抗性昆虫的致死时间为：1周（氧气浓度0.1%，25℃）。

German cockroach（*Blattella germanica*）德国小蠊

Webbing clothes moth（*Tineola bisselliella*）幕衣蛾

Japanese termite（*Reticulitermes speratus*）日本白蚁

Casemaking clothes moth（*Tinea translucens*）

Oriental siverfish（*Ctenolepisma villosa*）毛衣鱼

Firebrat（*Thermobia domestica*）家衣鱼

（2）被置换的气体种类

采用氮气、氩气与氦气进行置换的低氧气调环境，随置换气体种类的不同，昆虫在同等环境下的致死时间不同。一般来说，氩气比氮气快25%～50%[1]。

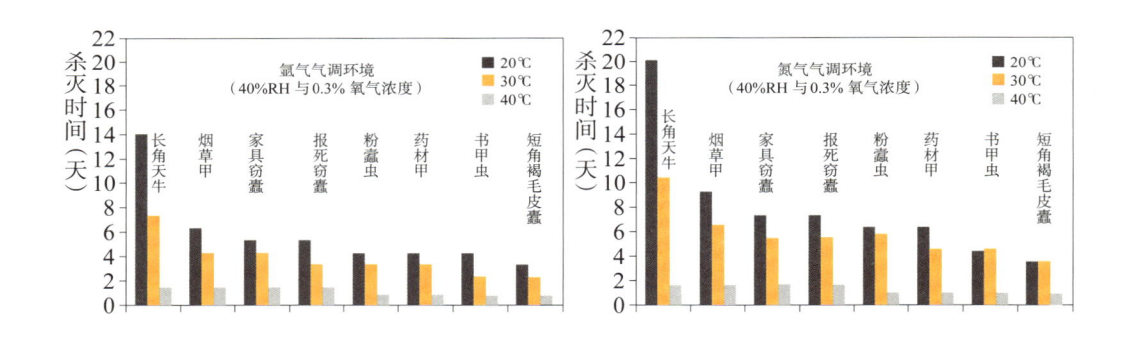

图2-22　氩气气调环境与氮气气调环境的灭虫效率比较[2]

6.8.4.3.3　安全余量

安全余量是考虑到灭虫的彻底性以及不明风险而设置的，这些风险包括：

---

[1] Valentin N, Algueró M, Martin de Hijas C. Evaluation of Disinfection Techniques for the Conservation of Polychrome Sculpture in Iberian Museums[J]. Studies in Conservation, 1992(sup1): 165-167.

[2] Selwitz C, Maekawa S. Inert Gases in the Control of Museum Insect Pests[M]. the United States of America:The Getty Conservation Institute, 1998 :3.

（1）灭虫前难以确认昆虫的具体情况

在实践中，对危害物品的昆虫种类、生命阶段及其健康状况进行识别并非轻而易举的事，很难在灭虫前都能够全部明了，而这些与昆虫抵御低氧环境的能力相关。例如，在氧气浓度不超过0.5%的情况下，大多数昆虫及其卵在不到5天的时间内可能被有效杀死，但一些抗性强的物种（如烟草甲）可能需要10~12天才能100%消除。[1]

（2）实验数据不等于现实环境

其一，文献中提供的低氧气调的灭虫数据大多是来自实验室培养的昆虫，它们不能完全代表危害藏品的野生昆虫，后者比实验室培养的昆虫耐性更强。其二，实验室数据来自人工设置的模拟环境，而野生昆虫在自然环境中已经很好地适应了其所在的生态环境，例如，深深钻入木制品的昆虫对低氧气调环境的反应就很慢，它们已经习惯了在缺氧环境中生存。因此，来自实验室的灭虫数据只能是参考数据，与现实情况是有差距的。再者，目前昆虫学的基础研究有限，对昆虫不同发育阶段呼吸速率的研究非常罕见。[2]

（3）被处理物品的水分含量

被处理物品的水分含量直接影响到昆虫的致死时间。同样的物品，含水量大的物品会延缓昆虫的死亡，而目前尚未有对这些数据的精确分析。

由于以上未知问题的存在，若完全依靠实验室提供的昆虫致死时间进行实际问题的处理就会导致灭虫失败，这在以往工作中已经出现。

鉴于以上情况，盖蒂保护研究所建议，实际灭虫的时间应考虑到风险因素，即应比实验证明的常见虫害致死时间多加50%的安全余量。

6.8.4.4 讨论

气密空间的几个变量（氧气浓度、温度、相对湿度）并非孤立的，而是相互关联地影响到灭虫效果的。此外，气密空间的空气压力对灭虫效果也有影响。

---

[1] Burke J. Anoxrc Microenvrronments: A Treatment for Pest Control [J]. Conserve 0 Gram 3/9, 1999(9):1-4.
[2] Hoback W W, Stanley D W. Insects in Hypoxia.[J]. Journal of Insect Physiology, 2001(6):533-542.

比常压更大的压力，可迫使昆虫呼吸频率增加，由此造成虫体水分迅速地流失，昆虫致死的时间是可以缩短的。关键是被处理的对象是否可以承受比常压更大的压力，因此为了安全起见，大多是在常压下进行低氧气调灭虫。

含氧量较高的低氧气调环境也被证明是可以杀灭昆虫的，但需要在高温与低湿的状况下来补偿氧气浓度的提高。例如，氧浓度高于5%的环境下，要杀灭昆虫，其相对湿度须始终低于15%。[1] 又如，当氧气浓度为3±0.1%时，在32±1℃和30±2% RH的常压环境中，100%杀灭杂拟谷盗成虫（T. confusum）需要5天。若其他环境条件不变，提高气密空间的相对湿度到50±2%，5天时间是不能全部杀灭昆虫的，其灭虫率只有86%。若氧气浓度再高一点（5±0.1%），要100%杀死杂拟谷盗成虫，需要将环境温度升得更高，湿度降得更低。见表2-22。

表2-22　杂拟谷盗成虫（T. confusum）低氧气调灭虫结果[2]

氧气浓度	温度	相对湿度	处理时间	死亡率
3±0.1%	32±1℃	30±2%	5天	100%
3±0.1%	32±1℃	50±2%	5天	86%
5±0.1%	35±1℃	30±2%	4天	100%

显然，这样的温湿度环境对于大多数藏品是不宜的。对于可以选择这类温湿度环境的藏品当然是可以考虑的，毕竟要调控并稳定0.3%以下的氧浓度并不是轻而易举的。

大多数研究一致认为，在氧气浓度低于0.5%的情况下，温度是影响昆虫死亡率

---

[1] Chiappini E, Molinari P, Cravedi P, et al. Mortality of Tribolium confusum J. du Val (Coleop-tera: Tenebrionidae) in Controlled Atmospheres at Different Oxygen Percentages[J]. Journal of Stored Products Research, 2009(45): 10-13.

[2] 数据来源：A. Berzolla, M.C. Reguzzi, E. Chiappini. Controlled Atmospheres against Insect Pests in Museums:a Review and Some Considerations[J]. Journal of Entomological and Acarological Research, Ser. II, 2011(2): 197-204.

的最重要变量。[1] 在非常低的氧气浓度下，环境温度对昆虫致死时间影响很大。例如，在氧气浓度0.03%的环境下，提高环境温度（由20℃上升到25℃），即使也提高了相对湿度（由40%上升到50%），杀灭烟草甲的时间仍然减少了。当环境湿度不变（40%），温度由20℃上升到30℃，杀灭家希天牛的时间减少了一半。见表2-23。

表2-23 昆虫在0.03%氧气浓度下的死亡率[2]

	温度/℃	相对湿度/%	致死时间/天
家具窃蠹	30	50	5
烟草甲	25	50	8
	20	40	9
家希天牛	30	40	10
	20	40	20

了解以上规律，便于灵活地调控低氧气调灭虫的环境因素，以提高效率或有更高的性价比。

低氧气调灭虫的工作经验对于灭虫条件的掌握是相当重要的，长期从事低氧灭虫的昆虫专家建议：环境温度为20℃，相对湿度为55%，氧气浓度为0.3%，灭虫时间宜7.5周；同等条件下，温度为23℃时，灭虫时间只需6周。[3]

6.8.5 低氧气调灭虫法的特点

低氧气调法对所有材料都是温和的，它可以用来处理几乎所有的物品，不仅可

---

[1] Streel G D, Henin J, Bogaert P, et al. Modelling the Mortality of *Hylotrupes bajulus* (L.) Larvae Exposed to Anoxic Treatment for Disinfestation of Wooden Art Objects[J]. Wood Science and Technology, 2016(5):432-457.

[2] Valentin N. Comparative Analysis of Insect Control by Nitrogen, Argon and Carbon Dioxide in Museum, Archive and Herbarium Collections[J]. International Biodeterioration & Biodegradation, 1993(4):263-278.

[3] Christoph Waller. Anoxia with Oxygen Absorbers[EB/OL]. 2020[2021-11]. http://www.youkud.com/tool/referance/index.html.

以用来灭虫，也可以利用低氧气调环境为文物藏展提供全面的预防方案，如在氧浓度低于0.1%的氮气气调环境中，大多数有机色素的寿命显著延长，金属不会发生锈蚀。在灭虫方面，其显著的优点如下。

(1) 适于各类材料的灭虫处理

除被动吸氧法不宜对含有普鲁士蓝染料或颜料的材料进行灭虫处理外，低氧气调灭虫法对所有材料都是温和的，它可以用来处理几乎所有的物品，特别适合可能因低温或高温处理而受损的物品以及非常脆弱的物品。例如（台湾）朱铭美术馆指出：针对上彩木质作品的虫害问题，建议使用低氧除虫法，使用冷冻除虫法有导致涂层与木材因胀缩不一产生龟裂现象之可能。此方式更可应用于其他遭虫害的复合性媒材作品的除虫处理上，应用广泛且安全。[1] 在目前已有的灭虫技术中，尚未有一种灭虫方法比低氧气调法更安全或更能保护物体的完整性。

(2) 利于整体性集中灭虫且不残留化学品

除化学熏蒸外，尚未有其他灭虫法可像低氧气调法那样对藏品进行整体灭虫，现今低氧气调法不仅可以做到就地整体灭虫，还不会在任何材料上残留化学品。有研究人员对含有11种不同无机颜料的物品分别用硫酰氟处理和在氮气气调环境中保存5个月进行对比实验，发现经过处理后，硫酰氟中的杂质对11种颜色中的10种颜色产生了不利影响，而氮对任何样品都没有明显的负面影响。[2]

(3) 比二氧化碳气调灭虫更有效

有研究指出，含氧浓度非常低的氮气气调环境比二氧化碳气调环境更能杀死昆虫。在一项比较氮气、氩气和二氧化碳的灭虫研究中发现，家希天牛在30℃、60%的二氧化碳气调环境中持续待3周，其死亡率非常低，尤其是老熟幼虫和蛹。在相同的温湿度条件下，氧气浓度为0.3%的充氮气调环境，10天内各生命阶段的家希天牛全部死亡。该研究同时指出，博物馆中发现的大多数甲虫在二氧化碳气调环境中

---

[1] 黄筱如，林韵丰.朱铭美术馆藏朱铭木雕作品研究与典藏维护现状探讨[J].雕塑研究，2012(7)：137-167.
[2] Koestler R J, et al. Visual Effects of Selected Biocides on Easel Painting Materials[J]. Studies in Conservation, 1993(38):265-273.

死亡的条件是：30~35℃，60%的二氧化碳，灭虫时间为10~25天。而在氧气浓度为0.03%的低氧充氮气调环境中，这类甲虫死亡的时间为4~6天。由此该研究得出以下结论：二氧化碳气调对于控制天牛科的种群是无效的，且消灭窃蠹科和粉蠹科的物种比在充氮低氧气调环境中需要更多的时间。[1]

（4）比冷冻灭虫与二氧化碳气调灭虫的成本更低

现今氮气可直接从空气提取，其价格要比二氧化碳更为便宜，其气密容器的制作也比二氧化碳气调灭虫所需的设备更便宜、更容易。与冷冻灭虫相比，处理数量相同的物品，冷冻设备所用的电费远远高于低氧环境维护的费用。构建低氧气调环境无需电源，不用考虑断电带来的灭虫负面效应与再次灭虫的难度，断电也不会影响气密空间的维护。若采用柔性围护结构则费用更低，仅袋子的更换成本就远低于冷冻机的维护成本。

科学技术的进步，使低氧气调环境比以往更容易获取与推广。例如，形成低氧环境围护结构的密封技术及密封工艺进步很大，低氧灭虫所需的气密空间比以往更容易获取；氮气纯度更高，对被处理物品的污染更小；气密空间的氧气含量的监控技术水平进一步提升；调湿材料的推广应用；等等。这些都使得充氮低氧气调法成为藏品灭虫的首选方法，并得到快速的推广与应用。

正由于以上优势的存在，现今科学技术背景下，低氧气调灭虫成为取代化学熏蒸灭虫的首选方法。

低氧气调灭虫法存在以下不足：

①不宜在室温低于20℃时进行灭虫处理，除非将灭虫空间升温至20℃以上。

②除非使用价格较贵的氩气，否则氮气环境下的低氧气调无法杀死微生物，只能抑制霉菌的生长。

③与化学熏蒸法相比，低氧气调灭虫时间还是太长。因此，在紧急情况下，化学熏蒸法还是作为应急措施。

---

[1] Valentin N. Comparative Analysis of Insect Control by Nitrogen, Argon and Carbon Dioxide in Museum, Archive and Herbarium Collections[J]. International Biodeterioration & Biodegradation, 1993(4):263-278.

低氧气调灭虫必须注意以下关键问题，方可确保其灭虫效果。

①气密空间的氧气浓度必须控制在0.3%以下，并采取氧气浓度监控措施。

②氮气或惰性气体必须经过处理，使其洁净且具有相应的湿度。

③被处理的藏品不得为潮湿的，这可能会有利于昆虫的无氧呼吸，从而降低低氧灭虫的效果。

④必须依据密封环境的温度、湿度以及昆虫种类，设计出较为准确的杀灭时间，使实际灭虫时间不低于该设计时间。

⑤必须有优良的气密材料与气密控制技术。

第三部分
霉菌的预防与去霉

Part III Mold – Prevention And Removal

危害藏品的昆虫与霉菌均属于有害生物，其防治方法有较多共同点，但也存在很大的差异，这主要是由于霉菌与昆虫具有不同的生物学特性。由此，虫霉的防与治就有了不同的管理策略与消杀技术的选择。

预防虫害的关键在于建立无虫环境，预防霉菌的关键在于控制环境（特别是微环境）的相对湿度，抑制无处不在的孢子的萌发。有效的灭虫方法并不具有杀灭霉菌的功效，处理发霉藏品的关键在于对霉菌的灭活与灭活后的霉菌清除。

7　霉菌的特点

霉菌是丝状真菌的俗称，即"发霉的真菌"，属多细胞的低等植物。霉菌是自然环境中产生的真菌，它们存在于室内和室外。

霉菌的繁殖与昆虫不同，昆虫的繁殖依靠受精卵，霉菌的繁殖主要依靠孢子的萌发，其菌丝也可以繁殖。危害藏品的霉菌，其生存不需要阳光，其生长与繁殖的基本条件是养料、水分与氧气。其养料的来源相当广泛，灰尘或有机残骸都可为其提供食物，只要环境的相对湿度达到65%以上，就有生长发育的可能。由此，很多物品都可能发霉，包括被有机物玷污的金属与石头。

与昆虫危害藏品的后果相同的是，被霉菌侵蚀的物品将永久性损坏，其污迹是难以清除的。与昆虫危害藏品不同的是，霉变速度很快，霉菌的扩散难以控制，且影响面极大。

昆虫可以被杀灭，但霉菌孢子的顽强生命力使发霉后藏品的灭菌处理较为棘手。一旦物品生霉，最好的方法是进行物理清除。霉菌清除过程中，物品损坏的风险很大。由此，预防藏品的发霉是极为关键的。

7.1　霉菌的生长与发育

霉菌分布极广，种类很多，约有4万种。一般来说，建筑物内发现的霉菌种类与室外发现的相同。经调查发现，在藏品上检测出来的霉菌种类和空气中的霉菌种类差不多。[1] 霉菌是由细长的菌丝与孢子所组成的，尽管其繁殖方式多种多样，例如其菌丝体上任一部分的菌丝碎片都能进行繁殖，但在正常自然条件下，霉菌主要还是依靠其产生的孢子进行繁殖。霉菌的生命周期一旦开始，就很难结束。

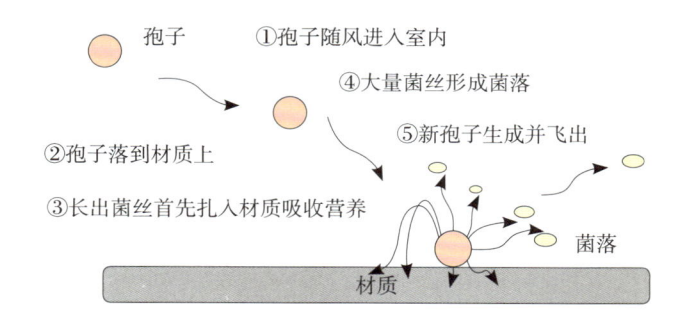

图 3-1　霉菌的生长发育过程

---

[1] 赖玟忻. 文物典藏——以"辅仁大学中国天主教文物馆"为例. [EB/OL]. [2014-02-01]. www.fuho.fju.edu.tw/sketch/writing/20081025.pdf.

7.1.1 霉菌的生命周期

霉菌的生命周期有4个主要阶段，即菌丝生长、孢子形成、孢子扩散和孢子萌发，所有的霉菌都遵循相同的生命周期。

7.1.1.1 菌丝生长 Hyphal Growth

成千上万个霉菌孢子随空气的流动附着到物品上，一旦获得充足的水分和养分，即满足了霉菌孢子理想的生长条件，它就会萌发而滋生出毛发状的细丝，即菌丝。菌丝形成的初期只有在显微镜下才可能观察到，人眼是难以觉察的，但它是启动霉菌生命周期的细胞，也是破坏物品的开始。

一旦形成菌丝，即使最强壮的霉菌也需要至少65%的相对湿度才能维持其继续生长。在潮湿环境中，菌丝发展迅速并呈爆炸性增长，48小时后就可能爆发大面积霉变。

无数个线状的菌丝聚集成网状菌丝体（即菌落），这时人眼才可观察到霉菌的存在。菌落多为绒毛状、絮状或蜘蛛网状，形态较大，质地疏松，外观干燥，不透明，呈现或松或紧的形状。其活跃期间，湿漉漉的菌落会玷污与它直接接触的物体。

菌丝是构成霉菌体的基本单位，有两大类型。

（1）营养菌丝

霉菌在固体基质上生长时，营养菌丝深入固体基质（如藏品载体）内部并牢固地固定在适当位置，使菌落及其固体基质紧密连接不易分离，故营养菌丝又称为基质菌丝。营养菌丝可通过释放消化酶，降解和吸收基质中的营养物。可见，营养菌丝就像植物的根对植物生命的作用一样。

由于营养菌丝能够深入固体基质内部，纸张或丝织品一旦发霉，其正反面都会出现霉迹。在物体表面擦拭掉霉层（菌丝体）并不能消灭霉菌，表面上似乎看不到霉了，但深深扎根在物品内部的菌丝依然存在，在适合的条件下，不可避免地会再次长出霉层。

在维护物品形体完整的前提下，机械摩

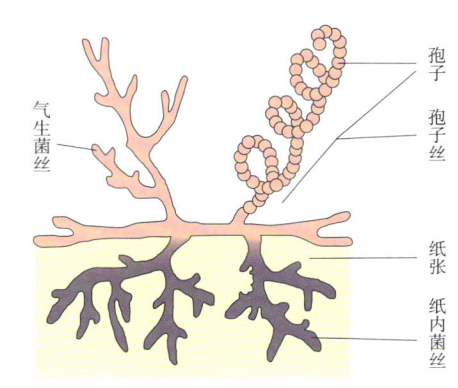

图 3-2　霉菌的菌丝

擦法是难以深入到物品内部去彻底清除这类菌丝的，化学品消毒也难以杀死深层的菌丝体。因而，物品一旦发霉，即使经过除霉，今后也要比没有发霉过的物品更容易出现霉菌。

（2）气生菌丝与繁殖菌丝

向空中伸展的菌丝称为气生菌丝，部分气生菌丝发育到一定阶段，分化为繁殖菌丝，并产生霉菌孢子。一旦孢子成熟向空中释放，又一次新的生命周期循环开始。

霉菌菌丝若失去水分的时间较长，菌丝可能会死亡，干燥后会出现有色污渍、污迹或污垢。

霉菌有多种繁殖方式，除主要通过霉菌的孢子繁殖外，霉菌菌丝体上任一片段在适宜条件下都能发展成新的个体。

7.1.1.2 孢子形成 Spore Establishment

当菌落建立并发育到足够大时，果实结构出现，即产生孢子。

当条件合适时，孢子将在一些菌丝细胞的末端形成。霉菌孢子是霉菌脱离亲本后能直接或间接发育成新个体的生殖细胞，霉菌主要是通过霉菌孢子繁殖的。孢子有点像植物的种子，不过数量特别多，特别微小。每个孢子头所产生的孢子数，经常是成千上万个，有时竟达几百亿、几千亿，甚至更多。

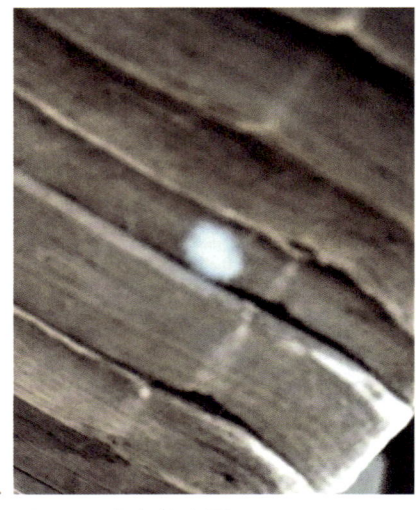

图 3-3　书上的白霉
摄影：孙雯霞，江西省宜春市图书馆

图 3-4　书脊上的黑霉
摄影：杨敏仙，云南省图书馆

霉菌孢子具有以下特点：

(1) 具有不同的形状与颜色

霉菌菌落最初常呈浅色或白色，当长出各种颜色的孢子后，菌落依孢子的颜色相应呈现黑、褐、绿、黄、灰、紫、青、棕、灰白色等，这是由于孢子有不同形状、构造与色素所致。[1] 由此，霉菌也常用孢子的颜色来命名，如黑霉菌、红霉菌或青霉菌等。

孢子色素的着色力极强且很难清除，纸张或纺织品一旦发霉，其正反面都会出现有色斑点，常规的修复方法很难消除这类色素。

(2) 轻而小，易飘浮在空气中

霉菌的孢子具有小、轻、干等特点，大多数霉菌孢子的直径只有0.01~0.1 mm[2]，很容易飘浮在空中，或附着在微粒物质上，因此特别容易随空气流动而广为散播和繁殖，孢子也容易被人或昆虫等带到各处。因此，要杜绝霉菌孢子进入藏展环境内基本是不可能的或不现实的。除无菌室外，任何物体上都会沉积有霉菌的孢子，在空气中不沾染霉菌孢子的物体几乎找不到。

一般说来，建筑物内的霉菌孢子浓度是低于室外的，若发现建筑物内的平均孢子浓度高于户外，可能表征建筑物内有物品正在发霉。

(3) 生命力极强

孢子生命力极强，能以休眠的方式抵抗干燥与极端温度以及其他不利的环境条件，并长期保持着一定的生命力。如霉菌孢子能忍受电流与阳光，普通的化学消毒剂一般很难透过其细胞将其彻底杀灭。一旦条件适合，孢子会被激活而萌发。根据霉菌的类型，某些孢子在适当的条件下可以保持数百年的休眠状态。

实践证明，霉菌对许多物理或化学处理具有极强的抵抗力，例如有的霉菌孢子在−150℃仍能生存，高温170℃干热或110℃湿热才能将它杀死。[3] 在低氧气调环境中，

---

[1] 桑亚新，李秀婷主编. 食品微生物学 [M]. 北京：中国轻工业出版社，2017：111-114.
[2] 肖学福，周朝霞主编. 车辆装备封存技术 [M]. 北京：国防工业出版社，2013：39-40.
[3] 肖学福，周朝霞主编. 车辆装备封存技术 [M]. 北京：国防工业出版社，2013：39-40.

霉菌孢子可以存活。除环氧乙烷外，很多化学熏蒸剂也无法杀灭霉菌孢子。

霉菌孢子的顽强生命力使发霉后藏品的灭菌处理较为棘手。

（4）对人健康不利

霉菌孢子是大气的生物性污染物之一。当其在空气中浓度较小时对人体健康危害不大，但随着孢子数量增加，会引起人体过敏反应和其他的健康问题，尤其是体质敏感的人。

7.1.1.3 孢子传播 Spore Dispersal

即使是最大的孢子在空气中也有足够的浮力，可以通过气流远距离传播。一旦到了孢子成熟阶段，数百万个孢子就可能被释放到空气中，并通过空气传播到其他地方，重新启动新的生命周期。因而，与昆虫的虫卵不同，孢子一旦释放到空气中，就会无处不在，要控制其传播是极为困难的。

7.1.1.4 孢子萌发 Spore Germination

一旦孢子落在物体上，只要存在养料与充足的水分就开始萌发并发育成新的菌丝细胞，霉菌的生命周期也就完成了一个完整的循环。当孢子定居并开始繁殖时，如果不加以人为制止，该过程将无休止地继续下去。

除养料外，霉菌孢子只有在高湿度下才能萌发并开始生长。大多数霉菌孢子的萌发，需要环境相对湿度在70%~90%。[1] 例如，当相对湿度达到或超过70%~75%并在此水平保持数天时，侵蚀纸质材料的霉菌孢子的萌发风险最大。[2] 如果相对湿度保持在足够低的水平，即低于65%，霉菌的孢子就不能萌发。[3]

7.1.2 霉菌生长发育的条件

菌类孢子随处都存在，只是需要合适的环境条件才能萌发，因此物品发霉的可

---

[1] Kathleen Parrott. Mold Basics[J/OL].[2009].https://www.pubs.ext.vt.edu/content/dam/pubs_ext_vt_edu/2901/2901-7019/2901-7019_pdf.pdf.

[2] Conservation Center for Art and Historic Artifacts.Managing a Mold Infestation: Guidelines for Disaster Response [J/OL].[2009-9-20].https://ccaha.org/resources/managing-mold-infestation-guidelines-disaster-response.

[3] Gerozisis J, Hadlington P. Urban Pest Management in Australia[M]. Sydney: UNSW Press,2004:205-220.

能性随时都存在，掌握霉菌生长发育的条件是预防藏品发霉的基础。

霉菌生长发育的必要条件是水分与养料，其他影响因素还包括环境温度、环境的卫生状况以及空气的流通状况等。

7.1.2.1 霉菌生长的必要条件

霉菌生长需要两个关键条件——水分与营养物，二者缺一不可。

（1）水分

水分在霉菌的生理代谢活动中起着极其重要的作用，霉菌滋生的第一要素就是水分。

霉菌孢子从休眠状态活化苏醒的首要条件就是水分。每种霉菌都需要有起码的水分才能使其孢子膨胀并开始萌发，基质中所含的水分是霉菌唯一可用的水源。材料的含水量与空气的相对湿度相关，故可用空气的相对湿度来衡量霉菌孢子萌发的可能性，大多数霉菌孢子的萌发，需要环境相对湿度在70%~90%。

霉菌细胞含有大量水分，菌丝的水分为其重量的85%~90%，孢子含水量约占38%。霉菌孢子即使萌发，没有持续的水分供给（环境相对湿度小于65%），菌丝也会死亡。

因此，只有周围环境可以供给其充足的水分，霉菌才可能发育，否则就可能停止生长或休眠。加拿大文化遗产保护研究所指出，霉菌在相对湿度高于65%的富含营养的物质中存活，相对湿度大于75%的环境使霉菌生长的活力增强，85%以上的相对湿度使霉菌生长活跃。[1]有研究指出，在21℃的环境中，若相对湿度为75%以上，藏品发霉需要1个月；若相对湿度为80%，藏品发霉需要2周；在相对湿度为90%时，藏品发霉只需4天。[2]若藏品浸水，不仅是相对湿度较高，纸张的含水量也增加了，此时更增加了霉菌滋生的机会，其发霉的时间就以小时为单位计算了。

---

[1] Tom Strang, Rika Kigawa.Agent of Deterioration: Pests[J/OR].[2021-02-05].https://www.canada.ca/en/conservation-institute/services/agents-deterioration/pests.html.

[2] NEDCC. 3.8 Emergency Salvage of Moldy Books and Paper[EB/OL]. [2020]. http://www.nedcc.org/free-resources/preservation-leaflets/3.-emergency-management/3.8-emergency-salvage-of-moldy-books-and-paper.

（2）营养物

支持霉菌生长的关键要素之二是营养物质，它是由可生物降解的有机物提供的。霉菌能够分泌大量的酶，酶将有机物分解成其必需的养料，如单糖、淀粉、小肽和氨基酸等复杂的含碳物质，并通过霉菌的菌丝壁吸收。

霉菌能够消化所有有机物质，无论是植物还是动物。若无机材料（如玻璃或金属等）的表面残留了有机物，霉菌也可以生长。所有的有机物品都有可能发霉，这使许多藏品都具有了生霉的风险，如纺织品、皮革、毛皮、动植物标本、黏合剂、清漆、颜料、木制品与纸张等。水分含量高、蛋白质含量高的有机材料更容易滋生霉菌，如含有明胶和动物胶的材料（照片、胶片等）要比纸张等更容易发霉。

表面沾染污垢的无机物也可能生霉，这些污物包括灰尘、泥土、污垢或碎屑、油性物质、昆虫碎屑、工业污染物与建筑尘埃等。有研究表明，霉菌可能会在任何可能的基材上生长，包括陶器、木炭、油漆、不锈钢和玻璃。只要这些基材表面是肮脏或是油腻的，就会使尘埃聚集在其表面，成为霉菌的养料来源。虽然霉菌不能消化金属和水泥等不含碳元素的材料，但它可以消化这些材料表面沉降的尘埃颗粒，这些材料表面也会发霉，例如墙壁、被雨水侵蚀处等。

7.1.2.2 霉菌生长的其他影响因素

影响藏品生霉的其他因素中，环境温度与不洁净的环境对藏品载体发霉的影响最大。

（1）环境温度

在大多数情况下，环境温度不是霉菌发生的决定性因素。因为霉菌可以在很宽的温度范围内生长，大多数霉菌孢子在4~30℃的温度下都可以萌发[①]，霉菌在0~35℃之间也可能生长。环境温度对于霉菌的生长只是一个调节剂，例如霉菌生长的最佳生长

---

① Sherry Guild，Maureen MacDonald. Technical Bulletin No.26(Mould Prevention and Collection Recovery: Guidelines for Heritage Collections)[M]. Ottawa :Canadian Conservation Institute, 2020.

温度为15~25℃①，在此温度范围内，温度越高越有利于其生长。在短期内，略高或略低于其最佳温度范围，会导致霉菌休眠，一旦回到最佳环境又会激活其生长，但大多数室内生长的霉菌都不能在4℃以下的环境生长。②冷冻灭虫的低温可以抑制霉菌生长，但霉菌孢子能耐受极低或极高的温度，因此冷冻灭虫的低温是不可能杀死霉菌孢子的。加拿大文化遗产保护研究所的研究发现，冷冻和解冻的冻融交替作用可降低孢子的活力。③

（2）藏品载体的pH

藏品载体的pH（酸性、中性或碱性）会影响到霉菌的萌发、颜色和生长。加拿大文化遗产保护研究所的研究指出，适于孢子萌发的基质pH范围在2~9，最佳pH为4~7，大多数馆藏材质的pH都在其适宜发霉的范围内。④调整藏品材质的pH，并不能阻止霉菌的生长，例如对纸质物品水洗或脱酸。

藏品载体的pH对霉菌的生长发育没有影响，何况霉菌代谢过程中还会释放出化学物质，如有机酸、酶和渗出物，这些都会改变藏品载体的pH。

（3）光

加拿大文化遗产保护研究所的研究报告指出，光在霉菌生长中所起的作用尚不明确。⑤对某些霉菌的一些研究表明，光通过以下方式影响霉菌：光可能会影响霉菌的生长方向和速度，并影响霉菌的某些化合物产生，例如毒素和挥发性有机化合物等。

---

① Sherry Guild, Maureen MacDonald. Technical Bulletin No.26(Mould Prevention and Collection Recovery: Guidelines for Heritage Collections)[M]. Ottawa :Canadian Conservation Institute, 2020.
② Debbie Luna.Do Mold Spores Ever Die? Is It Possible to Kill Them?[DE/OL].[2020-7-6].https://www.inspireusafoundation.org/do-mold-spores-die/.
③ Sherry Guild, Maureen MacDonald. Technical Bulletin No.26(Mould Prevention and Collection Recovery: Guidelines for Heritage Collections)[M]. Ottawa :Canadian Conservation Institute, 2020.
④ Sherry Guild, Maureen MacDonald. Technical Bulletin No.26（Mould Prevention and Collection Recovery: Guidelines for Heritage Collections）[M]. Ottawa :Canadian Conservation Institute, 2020.
⑤ Sherry Guild, Maureen MacDonald. Technical Bulletin No.26（Mould Prevention and Collection Recovery: Guidelines for Heritage Collections）[M]. Ottawa :Canadian Conservation Institute, 2020.

光也会影响霉菌的繁殖过程。对于某些物种来说，光是必不可少的，而对于另一些物种来说，则不是必需的。

因此，不必担心那些存放在黑暗中以降低藏品材质变质速率的物品，它们不会因为存放在黑暗中而很快发霉。需要担心的是，这些黑暗中存放的物品，若周围通风不良，则可能形成较高湿度的微环境而发生霉变。

（4）灰尘与污垢

污垢和灰尘夹杂了大量的有机物、霉菌孢子和霉菌碎片（如菌丝和菌丝体），而且污垢和灰尘有吸湿性，这些都使藏污纳垢的环境以及落尘的藏品更容易滋生霉菌。

（5）其他因素

休眠孢子在萌发前等待适量的水和养分的到来，随等待时间的延长，孢子会老化，其活力会随之降低。有些种类的霉菌孢子在不利的环境中能够存活很多年，而另一些孢子则可能只能存活几个小时。[1] 在藏品载体可以接受的最低湿度范围内，降低环境湿度是可以抑制霉菌发生的。

人们还认为某些种类的霉菌孢子可以被化学物质激活，如洗涤剂或有机溶剂（例如丙酮和乙醇/水混合物），有可能是这些溶剂内的润湿剂和水分导致了孢子的活化。[2] 由此，谨慎地选择处理发霉物品的清洗剂或消毒剂是十分重要的。

7.1.2.3 最易发霉的位置

通风不良的环境、潮湿环境与多尘环境都是最容易生霉的环境。

空气不流通或是流通得很缓慢可从两个方面促进霉菌的繁殖。一是停滞的空气更有利于霉菌孢子落到藏品上；二是空气流通不畅会减缓藏品水分的蒸发，使得其含水量增加。以上两方面因素的配合，为霉菌的萌发提供了一个更加有利的环境。

灰尘属于微粒物质，它含有多种有机物和无机物，其本身就是霉菌最好的培养

---

[1] Sherry Guild, Maureen MacDonald. Technical Bulletin No.26（Mould Prevention and Collection Recovery: Guidelines for Heritage Collections）[M]. Ottawa :Canadian Conservation Institute, 2020.

[2] Sherry Guild, Maureen MacDonald. Technical Bulletin No.26（Mould Prevention and Collection Recovery: Guidelines for Heritage Collections）[M]. Ottawa :Canadian Conservation Institute, 2020.

基。霉菌是可以附着在灰尘上的，而微粒物质是水汽凝结的核心，加上微粒物质本身的吸湿性，使灰尘成为保存场所霉菌滋生的诱因。

保存环境可能产生潮湿的来源有：环境内的相对湿度太高，出现结露现象，发生浸水与漏水，等等。

环境内的相对湿度太高，在温度忽然下降时，空气中部分水蒸气会凝结成水，产生的冷凝水沾附在柜架、地面、墙壁上，使藏品吸湿而变潮。因此，在温湿度经常波动的环境中，墙壁潮湿的部位以及直接放置在金属柜架上的纸质文献最容易生长霉菌。保证空调的正常运转、保证其温湿度能够恒定在要求的指标内，以及保持良好的通风换气等都可以降低霉菌的发生率。

保持保存场所的密闭，可降低发霉风险。特别是夏天，保存环境的温度低于外面的温度，若经常开门，外面湿度较高的热空气涌入库内，很容易在库内温度最低的部位（墙壁、金属物等）凝结为水珠，使这些部位更容易出现霉菌。

藏品储存在地下室或温湿度得不到调控的其他场所，是最有可能爆发霉菌的。地下室往往空气潮湿且流通不畅，整个环境都有利于霉菌的繁殖。将藏品堆放在地板上可能会导致更加严重的霉菌灾害，因为地面上升的湿气会使藏品材质的含水量增加。

7.2 霉菌的危害

霉菌孢子几乎随处可见，在一定的温度范围内，只要存在水分和微量的氧气，霉菌几乎会在任何有机物上生长。当过多的水分积聚在建筑物或建筑材料上时，若没有及时采取干燥措施，霉菌也会生长。尽管只是沾染有机物或污迹，无机物也会出现发霉现象，其材质会被霉菌产生的有机酸腐蚀和蚀刻，但受损害最大的还是有机材料，特别是潮湿环境里的蛋白质材料（如皮制品、动物源性纤维织品等）与纤维素材料（如纸等）。

与昆虫相比，霉菌的危害方式更广，危害速度更快，破坏性更强。

表 3-1　虫霉对藏品的破坏性比较

	昆虫	霉菌
危害对象	有机物	几乎每种类型的材料；人体健康
危害方式	吞食有机材质，污染藏品	分解与消化有机材质；酸化与污染藏品
危害速度	即使在最佳生长条件下，昆虫也要花费数月至数年时间，才能造成藏品的巨大破坏	霉菌孢子萌发仅需几个小时；高温高湿下，几天就足以产生极强的破坏性
后患	灭虫后，彻底清除死虫及污物，不会留下后患	霉菌会永久性地损坏发过霉的材料；死霉有致敏性，会对人的健康有影响

昆虫通过口器造成物品残缺与留下各类污物（如排遗物、蛀屑等）而损坏物品，一旦被杀灭，只要没有新的虫源，物品不会再被虫害。与昆虫不同的是，霉菌通过排出消化酶消化和破坏其寄主材料，使材料弱化与永久性损坏，并使它们今后更容易受到霉菌影响。霉菌对物品的危害是多元化的，贯穿在其整个生长过程中。

表 3-2　霉菌破坏藏品的基本途径与后果

危害对象	藏品	危害途径	后果
纤维材料	棉、麻、纸、木、竹等	分解纤维素	使其腐烂并留有霉斑，酸性增高，机械强度下降
蛋白质	丝、毛、皮革类等	分解蛋白质	使其腐烂并留有霉斑，释放 H_2S、NH_3 污染环境，降低其表面光泽度和机械强度
无机物	铁、青铜等金属与石制品等	霉菌的有机酸代谢产物加快金属与石头腐蚀	酸腐蚀和侵蚀无机材料

（1）消化和破坏材质

菌丝能够深入基材内部，物品的孔隙率越高，菌丝的渗透越快且越深，由此造成物品的形体损坏。这些菌丝是很难消除的，无论是机械清洁法还是化学处理都难以杀死进入材料内部的菌丝体，霉菌会永久性地损坏这些材料，并使它们今后更容易受到霉菌的影响。

菌丝释放的消化酶分解与消化有机物，改变和降解所有类型的有机材料。有资料报道，霉菌在3个月内能毁坏纸张纤维的10%~60%，某些霉菌（如青霉）还能够分解字迹材料中的油脂或胶料，使字迹脱落。

霉菌在生长的过程中产生柠檬酸、葡萄糖酸、草酸或其他有机酸，进一步地损坏其寄主材料，包括有机材料与无机材料。例如，纸张或丝绸发霉后，发霉处会泛黄且脆弱，最终碎裂。消化酶产生的有机酸不仅使有机材料脆化而碎裂，也可以腐蚀和侵蚀无机材料，包括金属和石头。

（2）引起污渍

霉菌在生长与发育过程中会产生色素，包括孢子带有的色素、菌丝分泌的色素，以及随着年限而变色的代谢产物，色素会玷污发霉物品。这些色素相当稳定，很难溶解于水或是用非化学法除掉。特别是由于霉菌对物品的损坏，使得被玷污处难以承受去污处理。

图 3-5　霉菌对书籍的玷污
摄影：王晨敏，上海图书馆

(3) 分泌出黏液

在菌丝生长后期，有的会分泌出液滴，使菌落上有"汗珠"呈现。生长在纸上的某些菌丝，会分泌出黄色黏液。这些水珠和黏液，可使霉变后的纸张相互黏连，若长期不处理或是在高湿、堆压的情况下，会粘结成纸砖，难以揭开。

（4）霉菌会产生有毒的化学物质，会引起人体过敏和生病，处理发霉物品时必须做好个人防护

> **案例**
>
> ## 案例14：霉菌危害的实例
>
> #### （1）纸质物品
>
> 纸质物品发霉后，除纤维素受到破坏，其所含的淀粉与胶料等也会受到损坏，使得纸张更容易吸收水分，更加多孔且更脆弱。据资料介绍，长了霉的书在5天内纸的坚牢性降低了50%。
>
> 除大型霉斑外，纸张上还可能存在许多分散的霉点，不仅影响物品外观，而且霉斑与霉点处特别易脆。时间久了，发霉处会破裂或变成碎片。
>
> 书砖、档案砖等，不少就是纸张发霉后长期没有得到应有的处理而形成的。
>
> #### （2）纺织品
>
> 纺织品易发霉，霉菌会导致纤维变色，更加多孔，更脆弱或完全被破坏。纤维素纤维（例如棉、亚麻和人造丝）特别脆弱，蛋白质纤维（例如羊毛和丝绸）也会受到影响而降低纺织品的强度。霉菌甚至会在合成纤维上生长，比如尼龙和聚酯纤维。
>
> #### （3）兽皮与皮革
>
> 兽皮与皮革对霉菌的危害特别敏感，会被霉菌玷污和损坏。在浅色毛皮或皮革上很容易看到棕色到黑色霉点，而在深色毛皮或皮革上可发现白色或其他浅色霉点。
>
> #### （4）胶片相纸类感光材料
>
> 照相明胶特别容易生霉而损坏，若发现这类霉变，千万不可清洗，否则图像会被损坏，只能通过翻拍方式挽救图片信息。

7.3 霉菌的发现与检查

表 3-3 比较了检测与监控昆虫与霉菌的手段，现在已经有商业化的工具可以方便地监控虫害，但要监控霉菌就比较困难，至少比监控昆虫更困难。因此，经常翻检藏品是否发生霉菌就很重要。

表 3-3 昆虫与霉菌检查与监控的方法比较

	昆虫	霉菌
检查	人工翻检可发现活虫、虫皮、虫孔、蛀屑、物品被害处等虫害迹象	通过菌丝、霉斑、霉味发现霉害
监控	黏性陷阱，信息素陷阱。诱捕非常有效；每年检查陷阱至少 4～6 次	采集空气样品并在微生物实验室进一步培养和分析样品以监控霉菌。暂无简便方式

7.3.1 感知观察

大多数情况下，仅当霉菌发展成菌落时，人眼才可以观察到。若在一个较为封闭的空间，感受到霉菌特有的霉味，说明周围环境存在霉菌，尽管可能没有发现它的踪迹。除以上可以感知的发霉信息外，若在藏展环境发现了食霉菌的跳虫或书虱等，也表征该区域有发霉问题存在。

霉菌的生长通常是从中心点向外辐射，边缘可能有白色或其他颜色的毛茸茸的外观。霉菌有多种形状，这取决于其种类，有可能是圆形的，也有可能类似于蜘蛛网。霉菌可能会有多种颜色，如白色、灰色、绿色、黑色、黄色、蓝色和棕色等，这取决于它寄生的基质。因此，若发现藏品出现了不规则的污渍或颜色变化就要考虑是否发霉。

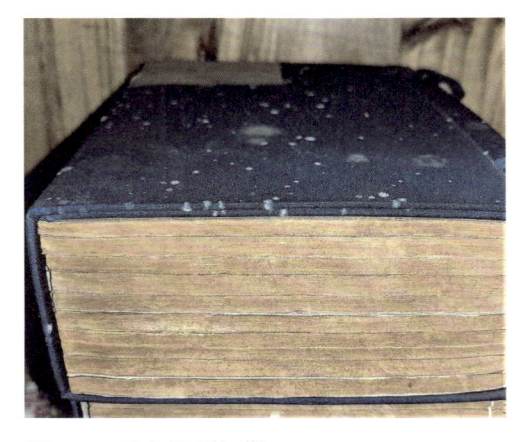

图 3-6 函套发霉初期
摄影：森罗股份有限公司

图 3-7　类似于蜘蛛网的霉菌（广州）
摄影：广州文保文化传播有限公司

图 3-8　霉迹与虫屎
摄影：广州文保文化传播有限公司

霉菌滋生的早期，外观类似于灰尘或精细的蜘蛛网，或为孤立的斑点。

霉菌生长初期的外观很容易与蜘蛛网、灰尘相混淆，但用手触摸就会发现有黏、潮湿或黏滑的感觉。失活后的霉菌外观是干燥的、粉状的，也比较容易与水迹、狐斑等混淆。

无论是失活霉菌还是活性霉菌都具有特别的霉味，这股霉味源于霉菌产生并释放的微生物挥发性有机化合物（MVOCs），它是霉菌代谢过程中形成的多种化合物。虽然霉味并不总是表明当前霉菌仍然活跃，但它通常与霉菌有关，休眠的霉菌是不会发出这类特别气味的。

如果在建筑物内闻到霉味但尚未发现霉菌，就需要考虑人眼难以观察到的位置可能出现了霉菌。例如冷凝管道、柜架后面的墙壁（容易形成冷凝）、空气处理装置内的冷凝水排水盘、管道系统内的多孔隔热装置或屋顶材料等。

7.3.2　设备检测

最简单的检测设备就是放大镜或显微镜。在生长初期，霉菌在寄主材料的表面或结构上以细丝（菌丝）的形式出现（见图3-7）。在后期，霉菌就形成毛茸茸、浓密的外观，在放大镜下还可以清楚地看到含有孢子的子实体。

霉菌的存在还可以通过对菌落的显微镜检查或在受控条件下的真菌培养来证实。另一种检测方法是在黑暗中使用长波紫外线黑光来检测某些霉菌，在紫外光照射下，霉菌会发光而发亮，但这种操作需要专业人士或经过培训后进行。应该注意的是，紫外线辐射可能会触发某些真菌物种的孢子形成。

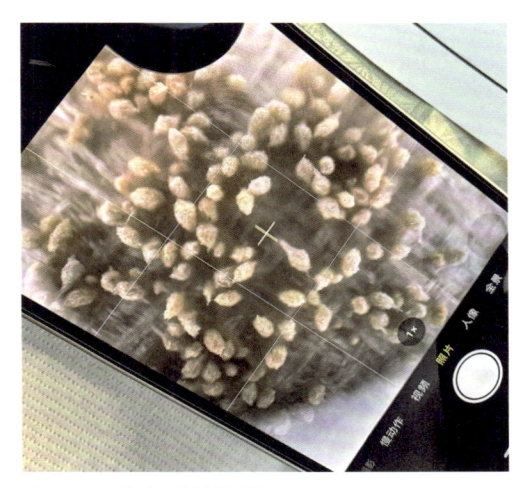

图 3-9　放大后的霉菌
摄影：广州文保文化传播有限公司

图 3-10　古籍表面分离的霉菌
摄影：黄艳燕，复旦大学中华古籍保护研究院

图 3-11　书画表面分离的霉菌
摄影：黄艳燕，复旦大学中华古籍保护研究院

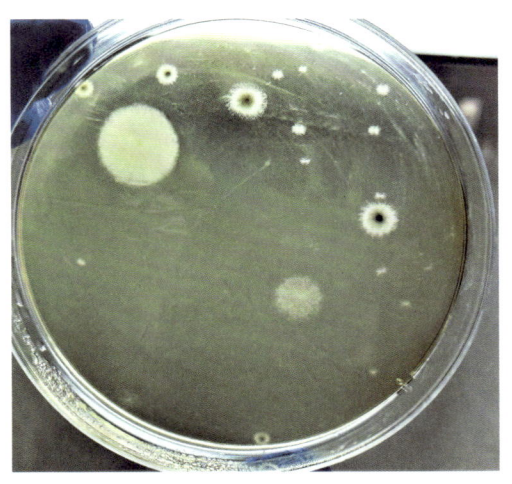

图 3-12　纸表采样的各种真菌与细菌
摄影：黄艳燕，复旦大学中华古籍保护研究院

7.4 霉菌与昆虫防治的异同

危害馆藏的昆虫与霉菌均属于有害生物，其防治方法有较多共同点，但也存在很大的差异，这主要是由霉菌与昆虫不同的生物学特性决定的。由此，虫霉的防与治就应选择不同的管理策略与消杀技术。

7.4.1 影响虫霉发生的因素比较

危害藏品的昆虫与霉菌都来自户外的大自然环境，要在建筑物内部生存首先要侵入，然后还要有适于其生存的要素：食物与其生长发育所需的环境条件，二者缺一不可。只要切断了以上两个重要因素之一，建筑物内的藏品是不可能发生虫蛀与霉蚀的。

7.4.1.1 虫霉侵入户内的路径比较

表 3-4 列出了虫霉入侵建筑物的基本路径。

表 3-4 虫霉入侵的基本路径比较

传入途径	昆虫	霉菌	堵截方法
随其他藏品或物品传入	√	√	检疫、隔离与消杀
随访客/员工传入	√	√	
从密封不良的建筑物围护结构进入	√	√	昆虫可阻挡于户外；霉菌难以封堵
通过门窗进入	√	√	
通过空气传播	×	√	

由表 3-4 可见，虫霉传入建筑物内的基本路径都是一致的。只是昆虫体型大，不可能随空气传播，而大多数霉菌孢子极微小，很容易随空气传播或沉积在灰尘中而进入建筑物内，甚至可以通过空气的渗透作用无孔不入，围护结构的密闭无法阻挡霉菌孢子进入建筑物内。因此，通过各种阻截措施很容易建立无虫环境，但却难以做到无菌。

7.4.1.2 虫霉生存环境比较

食物、水分、空气与温度都会影响到昆虫与霉菌的生存，但昆虫与霉菌对这四大要素的需求迫切性不同。对于昆虫来说，以上四个条件缺一不可，都是影响其生命的关键因子。但危害藏品的霉菌对环境要素的需求较少，其关键的生存因子主要是食物与水分，条件不适合就进入休眠状态，等待足够的水分使之恢复活力，再度生长繁殖。

表 3-5　虫霉的生存要素比较

环境要素	昆虫	霉菌
氧气	低氧下脱水而死	需要氧气，但对氧含量需求较低
养料	有机物	有机物，但范围很广，包括灰尘
温度	约高于10℃，昆虫变得活跃	在很大的温度范围内生存或处于休眠状态
水分	60%~80%的相对湿度为最佳生长湿度	在65%~70%的相对湿度下开始生长

霉菌与昆虫不同，在大多数情况下，温度不是霉菌发生的关键因素。霉菌在温暖的环境下生长得最好，例如温度为25~30℃，但在0~35℃也可能生长。[1] 霉菌可在很大的温度范围内生存或处于休眠状态，这取决于霉菌的物种。

霉菌的养料来源比昆虫更广，所有的有机物都是霉菌的养料，包括灰尘。

危害馆藏的霉菌尽管属于好氧菌，但这些霉菌可以在氧气浓度非常有限的环境中生长。只要空气中的含氧量在1%或1%以上，它们便能生长。在某些情况下，在氧浓度低于1%的环境中，霉菌仍然生长良好。[2]

---

[1] Dry Hero.Controlling Mold Growth in the Home[DE/OL]. [2020-4].https://www.dryhero.com/blog/controlling-mold-growth-in-the-home.

[2] D.D.Miller, N.S.Golding.The Gas Requirements of Molds. V. The Mimum Oxygen Reqirements for Normal Growth and for Germination of Six Mold Cultures[J].Journal of Dairy Science, 1940(101):101-109.

影响霉菌生存的关键要素是水分。霉菌对物品的危害始于孢子的萌发，霉菌的孢子只有在高湿度下才能萌发并开始生长。大多数霉菌孢子的萌发，需要环境相对湿度在70%~90%。例如，当相对湿度达到或超过70%~75%并在此水平保持数天时，侵蚀纸基材料的霉菌孢子萌发的风险最大。如果相对湿度保持在足够低的水平，即低于65%，这类霉菌的孢子就不能萌发。① 一旦形成菌丝，即使最强壮的霉菌也需要维持至少65%的相对湿度才能继续生长。通过潮湿的空气提供水分，霉菌可以在相对湿度高于65%的富营养物质中存活；环境相对湿度高于75%，霉菌生长活力增强；环境相对湿度高于85%，霉菌生长活跃。②

霉菌孢子一旦萌发，温暖潮湿或空气流通不畅的环境都会促进并加速霉菌的生长。如果相对湿度下降到70%以下，材料所含水分流失到大气中，则大多数霉菌将停止生长，变得不活跃或处于休眠状态。然而，孢子在寄主材料上仍能存活，一旦相对湿度上升，孢子将变得活跃并再次开始萌发和生长。

7.4.2　虫霉防治措施比较

虫霉侵入建筑物内途径的差异以及其生存所依赖的环境因素不同，使得针对二者的预防与补救措施有所差别。

7.4.2.1　预防虫霉发生的措施比较

虫害的预防可以总结为以下几个阶段：隔绝昆虫，阻止进入，监测虫害，控制环境。以上几个阶段的预防措施，对于霉菌的预防，有些是很难完全套用的。在藏展环境内建立无虫环境是可能的，而霉菌的无孔不入，使阻断霉菌进入收藏单位基本是不可能的。

虫霉的预防措施有其相同之处，但关键措施是有差异的，见表3-6。

---

① Gerozisis J, Hadlington P. Urban Pest Management in Australia[M]. UNSW Press: Sydney, 2004:205-220.
② Tom Strang, Rika Kigawa. Agent of Deterioration: Pests[J/OR].[2021-02-05].https://www.canada.ca/en/conservation-institute/services/agents-deterioration/pests.html.

表 3-6　虫霉预防措施比较

预防措施	昆虫	霉菌
关键措施	杜绝虫源，创建无虫环境	控制湿度，剥夺孢子萌发所需的水分
检疫与隔离	√	√
监控	黏性陷阱与人工检测	除人工翻检外，暂无其他简便措施
清洁	√	√
合适的装具	√	碱性装具较为有利

杜绝虫源，使昆虫无法进入存藏环境是防虫的关键，也是可行的。只要做到建筑物围护结构密封，使外部昆虫无孔或无缝可入，做好虫害的检疫及有虫藏品的消杀与隔离，无虫的室内环境是可以建立的。所以，杜绝进入藏展场所的虫源是预防藏品被虫害的关键。

与防虫不同的是，要使藏展场所没有霉菌孢子的存在是不可能的。由于霉菌孢子的萌发与环境湿度的相关性很大，剥夺孢子萌发所需的水分就成了防霉的关键。美国艺术和历史文物保护中心（Conservation Center for Art & Historic Artifacts, CCAHA）建议将室内相对湿度水平保持在60%以下（理想的防霉湿度是30%~50%），这一目标符合长期保存纸质收藏品的标准。也有研究建议将相对湿度控制在65%附近，但倘若温度发生波动，相对湿度就可能上升到65%以上，所以更安全的方法是把相对湿度降低到65%以下。当然，环境湿度在45%和55%之间被认为是安全的。如果相对湿度太低，即低于45%，某些材料可能会被损坏。如果相对湿度超过此水平，可进行除湿。此外，良好的空气流通不仅有助于藏品的干燥，也可以减少霉菌孢子落到藏品上的几率。

除关键措施外，虫霉的其他预防措施基本相同，包括检疫与隔离，监控，清洁及采用碱性纸的内装具等。

检疫对于虫霉的预防都是必要的而且也是可行的，可以阻断虫霉侵扰过的任何物品（包括藏品本身）进入藏展场所。将被虫霉侵扰过的藏品隔离一段时期，直到可以证明无害再入藏，这些措施都可以降低虫霉发生的风险。

虫霉的监控利于及时发现虫情，便于及早采取应对措施。昆虫的监控比较容易，采用捕虫陷阱（如粘虫纸等）或检查藏品及其周围有无昆虫危害迹象，就可能监控虫情。霉菌孢子及孢子的萌发初期是无法通过人眼发现的，菌丝形成初期，也只能用显微镜观察到。当人眼可见霉菌存在时，霉菌覆盖率已经超过10%。监控霉菌较监控昆虫困难得多，因而控制环境湿度使孢子不能萌发就极为关键。

清洁是重要的虫霉预防措施。虫卵和霉菌孢子都可能藏匿在灰尘中，灰尘吸湿性强并含有虫霉所需要的营养物质，故定期清洁卫生是降低虫霉发生的重要措施。

将藏品放入碱性纸的内装具，给昆虫的侵入增加一道屏障。碱性纸的内装具也可阻挡灰尘和霉菌孢子，使其沉积在藏品上的数量最少化，纸盒还可以及时吸收短期湿度波动而产生的水分。霉菌无法在高碱性环境中生存，尽管碱性纸不具有高碱性，但也不是霉菌喜欢的生存环境。

7.4.2.2　虫霉发生后的补救措施比较

杀灭昆虫的有效方法较多，一般推荐采用冷冻法和低氧气调法。只有在这些方法无法控制大范围虫害的紧急情况下，才可能考虑化学法。昆虫杀灭后，必须彻底清除掉死虫及其污染物（如蛀屑、虫屎等），以消除隐患且便于鉴别新虫源。经过灭虫处理后的藏品，若没有新的虫源是不会再次生虫的。与昆虫不同的是，霉菌孢子具有极强的生命力，以上灭虫法均不能杀灭霉菌孢子，只能抑制霉菌的生长。见表3-7。

表3-7　虫霉发生后的补救措施比较

补救措施	霉菌	昆虫
低氧气调法	低氧环境不能灭菌，尤其不能杀灭霉菌孢子，仅可以抑制霉菌的生长	低氧气调法可以杀死各虫期的昆虫；适于各种材质的藏品灭虫 灭虫的关键点：氧气浓度，低氧时间，温度与湿度 灭虫的风险：尚未发现有损害藏品的风险
冷冻灭虫法	冷冻不能灭菌，但可抑制其生长	低温冷冻可以杀灭昆虫 灭虫的关键点：温度，冷冻时间，冷冻方法 灭虫的风险：某些材质的藏品在低温下会损坏

续表

补救措施	霉菌	昆虫
高温灭虫法	霉菌的孢子有很强的耐热性,干热杀灭温度要非常高,湿热121℃且高压20分钟才有可能将其杀死,不可采用	控湿状况下,50~55℃可能杀灭各虫期的昆虫,并无害于藏品
不推荐的方法	伽玛射线(γ射线)灭菌、紫外线灭菌、环氧乙烷灭菌、臭氧灭菌、双氧水灭菌等,除非藏品不需要长期保存	只有在以上灭虫方法无法控制虫害时,才考虑化学法 易被低温损坏的藏品,不得使用低温冷冻灭虫
清除方法	软刷等工具辅助HEPA真空吸尘器清理灭活后的霉菌	软刷、镊子等工具清扫死虫及虫害残留物

可以有效杀灭昆虫且无害于藏品的物理灭虫法,均无法杀灭霉菌孢子,但低氧与冷冻环境可以抑制霉菌的继续生长。大多数菌类孢子在低氧气调环境中都可以存活;在可冷冻杀死昆虫的环境下,尽管支持霉菌生长的菌丝会被冻结并断裂,但霉菌孢子仍能承受寒冷的温度并保持活力。

美国环保署(USEPA)指出,在室内环境中,暂无消杀所有霉菌和霉菌孢子的实用方法。采用霉菌喷雾剂、杀微生物剂、杀菌剂等喷洒,或是用氧化剂处理霉菌,都只能杀死霉菌菌丝,并不能杀死所有的霉菌孢子。美国环保署不建议将杀死微生物的化学品(如氯漂白剂[chlorine bleach]等)或灭菌剂作为处理霉菌的常规方法,因为它会带来很多的负作用。

并非没有杀灭霉菌孢子的办法,但它们都会对藏品材质产生破坏作用。例如,伽玛射线对昆虫、菌类及其孢子的杀灭是非常有效的。由于杀灭菌类的辐射剂量必须超过10~20 KGy[1],这对许多材料都会产生负面影响,因此其应用受到限制。波长范围在

---

[1] Nittérus M.Fungi in Archives and Libraries,a Literary Survey[J].Restaurator,2000(21):25-40.

100~280 nm 范围内的紫外线（UV-C）具有很高的杀菌活性[1]，可破坏霉菌的 DNA 的排列，导致霉菌细胞死亡，但其灭菌效果取决于多种因素，如光强、视距等。在如此强大的紫外光照射下，藏品材质会受到严重损坏。环氧乙烷尽管有强大的灭菌能力，但其对人与物的危害性已得到证实，在许多国家都已经被禁止使用。

现代的观点，并不强调给发霉后的书进行灭菌处理，因为霉菌孢子是很难杀灭的，除非用环氧乙烷熏蒸，否则难以达到灭菌的目的。更何况，即使通过熏蒸暂时灭菌，空气中霉菌孢子仍然会源源不断地落在藏品上。因此，对于霉菌的预防和去除，强调的是剥夺孢子萌发的条件，发现菌丝菌落，并及时清除。

---

[1] Vipavee Trivittayasil, Kohei Nashiro, Fumihiko Tanaka,etc.Inactivation Characteristics and Modeling of Mold Spores by UV-C Radiation Based on Irradiation Dose[J].Food Science and Technology Reserch, 2015(3):365-370.

8 霉菌的预防与抢救

活跃或休眠的孢子无处不在，只要孢子保持在休眠状态，它几乎不会对物品造成危害。由于不可能清除所有孢子，预防霉菌的关键就是控制孢子萌发，特别是预防菌落的形成。

藏展环境内不可能消除霉菌孢子，也无法消除霉菌所需的营养物质，温度并非是催生孢子苏醒的必要条件，控制孢子繁衍的关键是剥夺使其苏醒（或将其激活）的水分。预防霉菌发生的关键在于控制物品的水分以及空气中的水分含量，使其保持在不利于霉菌生长的程度。

除物品受水外，物品的含水量还与环境的相对湿度相关，控制环境的相对湿度可以抑制孢子的萌发与菌丝体的形成。

有研究发现，霉菌的生长与启动孢子萌发的湿度峰值及支持霉菌生长的高相对湿度的持续期相关，相关数据如下。[1]

---

[1] Strang T J K. Studies in Pest Control for Cultural Property[D]. Swedish: University of Gothenburg. Faculty of Science, 2012.

①65% RH 以下，持续3年的试验表明，霉菌没有明显的增长。

②75% RH，在2周到3个月之间霉菌显著增长。

③在80%～90% RH 下，1～5天内霉菌显著增长。

由以上数据可见，将建筑物内环境的相对湿度控制在65%以下可减少霉菌生长的可能。持续2周至3个月，环境湿度都在75%，霉菌必然发生。若环境湿度高达80%～90%，1~5天内霉菌就会发生。

基于以上研究，要降低霉菌发生的风险，只要环境高湿的持续时间大大低于导致孢子萌发与生长的时间就可能降低霉菌发生的风险。

美国西北文献保护中心的研究指出：尽管某些种类的霉菌可以在较低的相对湿度下生长，但在21℃与75% RH 的环境中，大多数霉菌一个月就会发生；同温度下，相对湿度为80%，生霉只需2周；同温度下，相对湿度超过90%，4天就会生霉。[①]

不同种类的霉菌对环境湿度的需求存在很大差异，相对湿度降到60%以下，霉菌菌丝体通常会死亡；大多数物种需要至少65%的相对湿度才能存活和繁殖，少数物种在相对湿度低于60%的条件下也能存活。但在逆境中霉菌释放的孢子通常处于休眠状态，直到条件适合就会再次生长。因此，控制环境湿度仅会降低霉菌生长的可能性，并不能完全消除其发生的可能。较为现实与可行的防霉手段是，将相对湿度控制在65%以下，阻止孢子萌发与菌落形成。

在潮湿的环境中，导致霉菌生长的其他因素还包括高温与空气不流通，若这些条件同时存在，霉菌孢子的萌发就会很快发生。表3-8列举了预防霉菌发生的方法。

表3-8 预防霉菌发生的主要措施

主要措施	目的
用吸尘器清扫入库的藏品	清除可能携带的霉层
隔离进入的物品	使可能存在的霉菌失活，降低霉菌传播的风险

---

① NEDCC. 3.8 Emergency Salvage of Moldy Books and Paper[EB/OL]. [2020]. http://www.nedcc.org/free-resources/preservation-leaflets/3.-emergency-management/3.8-emergency-salvage-of-moldy-books-and-paper.

续表

主要措施	目的
关闭门窗	减少室外孢子的侵入
使用空气过滤器	降低室内孢子浓度与减少霉菌养料来源
使用调湿与控湿工具	控制环境湿度，使孢子保持休眠状态
定期监测湿度（65%以下）	使孢子保持休眠状态；阻止菌落的形成
物品远离潮湿区域	阻断孢子萌发的水源
定期清洁和维护暖通空调	堵截生物气溶胶
保持良好的空气流通	减少物品表面的孢子含量，避免物品受潮
修复户内的水泄漏	控制户内相对湿度
擦干潮湿的物品	降低物品含水量，阻断孢子萌发的水源
控制环境温度	减缓霉菌增长速度
采用恰当的装具	控湿；减少藏品表面的灰尘与孢子
维护环境清洁	减少霉菌养料来源
定期检查	及时发现问题，降低霉菌危害的程度
制定抢救方案	防患于未然

8.1 预防霉菌的主要措施

以下列举了多项预防霉菌发生的措施，其中控制环境湿度最为重要，但其他措施也是预防霉菌必不可少的。

8.1.1 降低建筑物内孢子浓度

降低建筑物内霉菌孢子浓度可在一定程度上降低霉菌发生的几率，采取以下措施可限制霉菌孢子进入建筑物内。

①保持窗户关闭，可减少进入户内的粉尘与孢子。有研究指出，关闭门窗可阻挡室外2%的孢子进入户内。[1]

---

[1] B.Flannigan, R.A.Samson, et al. Microorganisms in Home and Indoor Work Environments: Diversity, Health Impacts, Investigation and Control[M]. 2nd ed. London, UK, and New York, NY:Taylor & Francis, 2011.

②在封闭的环境中，通风口的空气过滤器可在一定程度上阻止空气中的孢子进入户内。有研究指出，中央空调的过滤器可阻挡室外5%的孢子进入室内。①

③孢子附着在灰尘和污垢上，因此保持藏展区域以及物品的清洁可以减少霉菌孢子的来源。

④隔离传入藏展环境的物品，以检查是否有霉菌，杜绝发霉物品进入建筑物内。

⑤及时隔离建筑物内的发霉物品，减少霉菌孢子的传播。

8.1.2 控制环境的湿度与温度

尽管环境温度不是催生孢子苏醒的必要条件，但高温且高湿会加快霉菌生长发育的速度，低温会减缓霉菌的生长，18~24℃是霉菌生长的最佳温度范围。将环境温度控制在21℃以下，相对湿度低于55%，可使孢子保持休眠状态，并进行监控以确保环境处在安全水平内，以此抑制霉菌的发生。② 藏展环境的相对湿度不得超过65%，温度不得高于24℃，这应该是预防霉菌发生的底线。若不影响材质的安全，湿度不宜高于60%（理想的防霉湿度是30%~50%）。③ 此外，低温与较干燥的环境对大多数藏品的保存也是有利的。

（1）监控环境温度与相对湿度

定期监控环境的温度和相对湿度，并使其尽可能恒定。如果相对湿度超过设定值，应进行除湿。当环境相对湿度上升到65%以上时，使用去湿机使环境相对湿度

---

① B.Flannigan, R.A.Samson, et al. Microorganisms in Home and Indoor Work Environments: Diversity, Health Impacts, Investigation and Control[M]. 2nd ed. London, UK, and New York, NY:Taylor & Francis, 2011.
② NEDCC. 3.8 Emergency Salvage of Moldy Books and Paper[EB/OL]. [2020]. http://www.nedcc.org/free-resources/preservation-leaflets/3.-emergency-management/3.8-emergency-salvage-of-moldy-books-and-paper.
③ Sherry Guild, Maureen MacDonald. Technical Bulletin No.26(Mould Prevention and Collection Recovery: Guidelines for Heritage Collections) [M]. Ottawa :Canadian Conservation Institute, 2020.

降至40%以下[1]，以减少空气中的水分含量，直至物料干燥；一旦物料干燥，就恢复到正常湿度。

应特别关注微环境（如柜架内）的温度与湿度，使相对湿度控制在60%以下。微环境的相对湿度非常关键，可将湿度计置于柜架内，使藏品周围小空间的湿度处在安全范围内。

在没有空调与去湿机的环境中，可采用硅胶干燥剂与其他调湿材料来控制密封空间的微环境（如储藏柜或展柜）的相对湿度，保障藏品的安全。

在使用空调系统时，必须控制空气的相对湿度，使其不超过60%。如果将除湿器与大型暖通空调系统结合使用，则可以实现这一目标。需要注意的是，所需除湿器的大小取决于被处理空间的容积。冷冻除湿机（又称压缩式除湿机）不能在低于18℃的环境中有效工作，而转轮除湿机可在18℃以下的环境中高效去湿。

（2）不宜将藏品放置在高湿的风险区域

即使藏展区域的大环境的相对湿度得到控制，仍然会有局部位置可能存在高湿的风险，这些位置包括：地面，靠近外墙处，角落，柜架排列紧凑且通风不良处，窗边，等等。应加强对这些位置的湿度管控，若湿度较高，可用移动去湿机进行去湿，以减少这些局部位置空气中的水分含量。

藏品不可靠近外墙存放或靠在外墙上，因为墙壁会吸收水分，外墙更容易受到高湿和上层水泄漏的影响，这些都会利于霉菌的生长。藏品应放置在离外墙35~45 cm远的位置。[2]

不可将藏品放置在地面上或接近地面的位置，藏品放置的位置至少应离地面

---

[1] Sherry Guild，Maureen MacDonald. Technical Bulletin No. 26（Mould Prevention and Collection Recovery: Guidelines for Heritage Collections）[M]. Ottawa :Canadian Conservation Institute, 2020.

[2] Sherry Guild，Maureen MacDonald. Technical Bulletin No. 26（Mould Prevention and Collection Recovery: Guidelines for Heritage Collections）[M]. Ottawa :Canadian Conservation Institute, 2020.

10~15 cm[①]，以防材料吸湿而使含水量增加，发霉风险增加。更不可将藏品放置在容易发生水渗漏的地方。

（3）定期检查与维护，预防水泄露

水分控制是预防霉菌的关键。

监视空间内有无水渗漏与积水，若有水溢出或泄漏应立即清理与修复，并尽快弄干受潮区域。若是夏天，最好在48小时内修复完毕，以防霉菌爆发。

定期检查与维护建筑物与暖通空调系统，预防漏水或其他潮湿问题发生。表3-9为加拿大文化遗产保护研究所（Canadian Conservation Institute，Department of Canadian Heritage）关于建筑物和工程系统维护的建议。

表 3-9　建筑物和工程系统的维护[②]

水源	影响因素	预防措施
建筑外部	水通过建筑物裂缝等侵入；建筑物附近的坡度不合适；雨水槽堵塞或排水太靠近建筑物；外墙（墙壁）损坏；昆虫入侵（大多数霉菌存在于地面的泥土和有机物质中，故生活在这些区域的昆虫，身上携带霉菌孢子）	立即修复所有外部的漏水源；对建筑物外部表面等进行维护和检查（雨水槽、门的密封性等）
室外空气	附近农区、建筑工地、堆肥作业、水处理设施	将进气口放置在远离污染源的位置；关闭污染源方向的门窗
暖通空调系统，进气口	生物气溶胶的来源包括死亡的植物材料、昆虫、昆虫粪便、积水中的水分、蒸发冷凝器和靠近建筑物进水口的冷却塔	定期检查进气区域和定期进行清洁
过滤器	潮湿，安装不当，效率低	定期维修和更换

---

① Sherry Guild, Maureen MacDonald. Technical Bulletin No. 26（Mould Prevention and Collection Recovery: Guidelines for Heritage Collections）[M]. Ottawa :Canadian Conservation Institute, 2020.

② Sherry Guild, Maureen MacDonald. Technical Bulletin No. 26（Mould Prevention and Collection Recovery: Guidelines for Heritage Collections）[M]. Ottawa :Canadian Conservation Institute, 2020.

续表

水源	影响因素	预防措施
热交换器	维护不善（脏、罐中水过多、排水不当、吸音隔板潮湿、加湿器中积水）	定期维护和定期清洁
增压室和管道工程	潮湿、加湿器无法使用、表面沉积物肮脏	定期维护和定期清洁
空气扩散器	表面沉积物、生锈（表明存在水分问题）、微生物生长、空气混合不良	定期检查和定期清洁
占有的空间（水损坏）	屋顶泄漏、溢出、管道问题、长期霉味；地毯未经常清洁、湿度过大（>65%）	立即修复所有泄漏、溢出和管道问题
持续冷凝	隔热性能差、蒸汽阻隔性差和来自外部的湿热空气在空调（冷却器）表面上冷凝，导致窗户外墙和冷表面受潮，而温暖、潮湿的内部空气在冷却器外壳（外墙）材料上冷凝	夏天，除湿机配合空调一起使用；冬季湿度较低
窗式空调	维护不善，支架脏，积水	空间大小合适，定期检查和清洁（滴水盘）
便携式加湿器和除湿器	维护不善，滴水盘脏污	应适合空间大小、定期清洁和维护计划；清洁滴水盘，使水流畅通无阻

8.1.3 保持建筑物内空气流通

确保藏展区域有良好的通风，微风对于预防霉菌也是至关重要的。

最容易发生霉菌的地方是潮湿、灰尘多、黑暗和空气不流动的地方。空气欠流通，藏品容易受潮，霉菌孢子更容易沉积到物品的表面，这些都促进了霉菌的滋生。这类情况最容易发生在物品堆积且通风不良的环境，或是密闭的存储柜内。

通风不良容易造成高湿度的死角，例如角落处或外墙的内壁附近。有研究指出，室内为20℃和60% RH的环境中，其外墙内壁的表面温度可能为15℃，其周围的相对湿度则为80%。[①] 如果墙壁的表面温度达到露点温度，尽管环境的相对湿度在正确

---

① B. Flannigan, J.D.Miller. Humidity and Fungal Contaminants, Proceedings [M].// William Rose, TenWolde, eds: Bugs, Mold Rot, II:Proceedings of Workshop on Control of Humidity for Health, Artifacts. and Buildings, Washington, DC: National Institute of Building Sciences, 1994: 63-65.

的范围内，墙面由此产生的冷凝水也可能会使霉菌生长。若通风良好，局部位置出现的高湿度问题就可以避免。为防止这类情况发生，藏品应放置在离外墙 35~45 cm 远的位置[①]，这个间隔既利于空气流通，又有利于藏品的内部管理。

当暖通空调控制湿度不足或没有控湿功能时，采用去湿机辅助控制湿度非常重要。去湿机除可以消除空气中部分水分外，还可以产生较大的气流交换，有助于增加空气循环。也可以采用风扇促进空气在建筑物内流动，以减少湿度"死角"的发生。

为了避免柜内出现高湿的情况，打开柜门或密集架，增加空气流通，避免局部位置出现高湿而发生霉菌。

8.1.4 藏品应有恰当的装具

储存时应将藏品装入恰当的装具内，以防止灰尘和霉菌孢子沉积在藏品上，并防止因短期湿度波动而导致藏品吸收水分。

物品发霉的速度与其吸收水蒸气的能力相关，在同等条件下，吸湿性大的物品更容易发霉。装具可以阻挡外部水蒸气对藏品的直接影响，可使装具外的湿度变化对装具内藏品的影响降低到几分钟、几个小时，甚至一年。[②]装具抵御外部湿气渗透的能力与装具的材质相关。

纸板、木板、黏合剂和胶料可为霉菌的滋生提供养料，这类材料的吸湿性也较强，由这类材质制成的装具只能在很短的时间内保护藏品免受环境湿度升高的影响。在湿度较高的环境内，时间一长，这类材质自身的含水量就可以升高到支持霉菌生长的程度。那些放在函套内的书籍，往往自身先发霉。

与裸露在环境中保存相比，确保所有可能支持霉菌生长的材料都储存在无酸纸或无酸盒内，至少可以减少藏品表面的灰尘与孢子的浓度，阻碍霉菌的迅速发育。

---

① Sherry Guild, Maureen MacDonald. Technical Bulletin No. 26 (Mould Prevention and Collection Recovery: Guidelines for Heritage Collections) [M]. Ottawa :Canadian Conservation Institute, 2020.
② Sherry Guild, Maureen MacDonald. Technical Bulletin No. 26 (Mould Prevention and Collection Recovery: Guidelines for Heritage Collections) [M]. Ottawa :Canadian Conservation Institute, 2020.

对于藏品的长期存放，密封的聚乙烯塑料装具更有效。[①]因为这类材料本身不是霉菌的营养源，而且吸水率低，可以较长时间抵御外界的高湿度对内部物品含水量的影响，密封性好的聚乙烯塑料装具甚至可与水接触。要使这类装具确实可以起到保护作用，至关重要的两个问题是：一是进入装具前的物品要干燥；二是若高湿度环境持续时间较久，工作人员应定期检查装具内的物品是否已发霉。

加拿大文化遗产保护研究所建议，在物品使用聚乙烯袋进行包装之前，要注意以下问题。

①物品进入聚乙烯袋之前应保持干燥，宜在相对湿度小于65%的环境中放入袋内。如果物品最初是在55% RH的环境中装入，若其周围的温度下降了15℃，则袋内的湿度会上升到80%；若其周围的温度上升了15℃，则袋内的湿度会降低到35%。

②不要储存在相对湿度高的环境中，尽管聚乙烯袋隔湿性能好，但水汽最终会渗透到袋内，影响袋内物品的含水量。若将袋内的物品用吸湿材料包裹，则可以使湿气的渗透作用减缓。

③即使物品存放在聚乙烯袋中，保持环境温度在设定范围内仍然很重要，外界环境温度的改变会带来袋内微环境的湿度变化，保持环境温度在设定范围内可抑制袋内霉菌的生长。

8.1.5 定期检查与清洁

霉菌发生与发展的速度较昆虫快，特别是在高温高湿环境中，或是遭遇水害后，有可能在几天之内，甚至24小时内，霉菌就会爆发。定期检查陈列和储存的物品，一旦发现生霉迹象，便要尽快处理，避免疏忽造成严重的霉害。

若发现物品发霉，千万不要触碰霉菌，应采取谨慎与处理最少的方式尽快将其移出，并送入有去湿机的隔离空间，使霉菌菌丝在干燥的隔离室内尽快干燥并进入休眠状态，以便后续的除霉。在移出发霉物品的过程中，可将发霉物品的放入聚乙烯

[①] Sherry Guild, Maureen MacDonald. Technical Bulletin No. 26 (Mould Prevention and Collection Recovery: Guidelines for Heritage Collections) [M]. Ottawa :Canadian Conservation Institute, 2020.

袋内或用聚乙烯布包裹起来，以防止孢子散布到其他物品上。若发霉物品是潮湿的，就不得用塑料袋密封，而应将其放入有盖的纸板箱，避免不通风加速霉变。

收藏单位，特别是藏展区域，应尽量做到无尘、无污物和无滋养霉菌的有机碎屑，这是降低霉菌发生率的重要举措。

定期清洁地面、柜架、装具表面的灰尘。不建议采用扫把、抹布等工具除尘，建议采用空气过滤器吸尘（F5、F6级即可），以避免灰尘的散落。注意定期更换空气过滤器的过滤层。

在暖通空调的维护过程中，定期检查和清洗热交换线圈、滴水盘和管道，这些都是容易滋生霉菌的位置。过滤器积聚的污物、尘埃容易滋生霉菌，可定期更换高效空气过滤器以减少灰尘和霉菌孢子。

8.2 霉菌发生后的抢救

对于物品的发霉，曾经采用过一些快速、简单的处理方法，例如向物品表面喷洒来苏尔（又名来苏水）、百里酚溶液或用漂白剂清洗物品，这些方法并不能消除霉菌，而且还会对物品造成无法预料的损坏。环氧乙烷熏蒸虽然可以杀死菌丝与孢子，但环氧乙烷已被确定是致癌物。曾经使用过的其他灭霉化学品（如甲醛等）的效果较差，且都可能对藏品或人体健康造成严重伤害，而且所有的化学品都无法抑制霉菌的再发生。加拿大文化遗产保护研究所指出：通常，不再建议使用化学药品处理藏品上的霉菌，这些曾经用于灭霉或抑霉的化学品并不能够破坏霉菌的抗原或毒性，即没有一种化学品可以起到长久的霉菌控制作用，这些因素促使人们不再使用化学药品来处理藏品上的霉菌侵害。美国艺术和历史文物保护中心指出：使用杀菌剂/杀霉剂和抑霉剂时应格外小心。过去，图书馆、档案馆和博物馆曾推荐并广泛使用各种杀菌剂（fungicides：杀死霉菌的化学物质）和抑霉剂（fungistats：抑止霉菌生长的化学物质）来控制藏品上的霉菌。然而近年来，人们对这些物质进行了更仔细的评估，不再推荐使用它们。它们的使用引起了人们对藏品材料的毒性和长期负面影响的担忧。有毒成分可能会妨碍人们与藏品的直接接触并使今后的保护处理复杂化。此外，已经

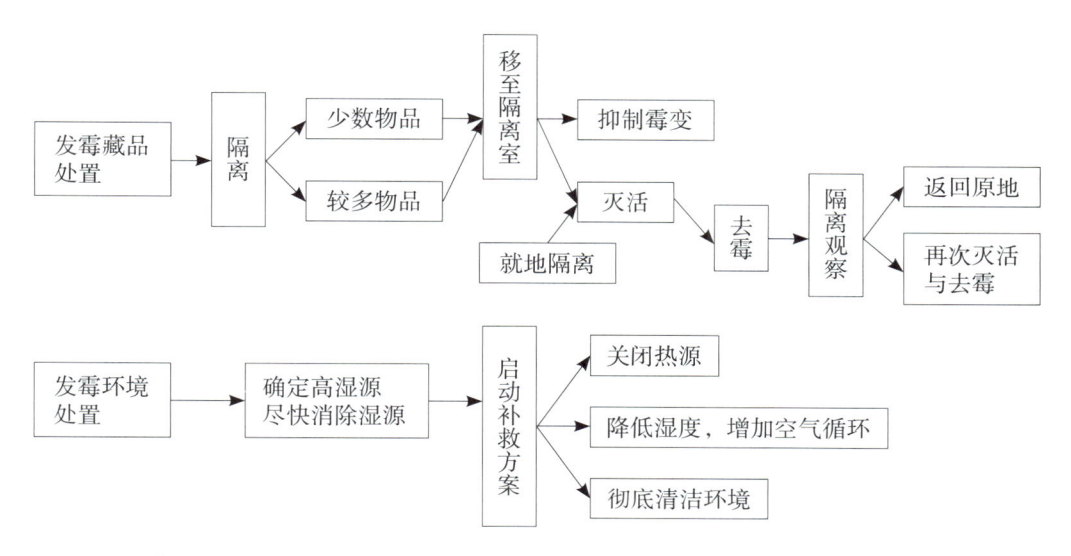

图 3-13 霉菌爆发后的紧急处理路径

确定这些化合物和处理程序不会与藏品材料产生任何的后续保护作用，这表明使用它们的风险超过其可能带来的效益。[1]

图 3-13 为霉菌发生后的紧急处理路径与程序，它包括对感染霉菌的物品的处理和对霉菌侵染的环境的处理。

以下是评价霉菌爆发后抢救成功的底线：

①发霉原因被找到，并彻底解决或修复了导致潮湿问题的根源。

②除霉彻底，即藏品或其他物品上不存在可见的霉菌，曾经发霉的藏品和场所再也闻不到发霉的气味。

只有藏品彻底除霉并清洁、干燥后，才可能返回原地；曾经出现过霉菌的场所，只有在彻底清洗、干燥并确认霉菌爆发的原因解决之后，才可能接受藏品的保管。

曾经被霉菌感染过的物品与场所更容易再次滋生霉菌，要定期检查曾经感染霉菌

---

[1] Conservation Center for Art & Historic Artifacts. Managing a Mold Infestation: Guidelines for Disaster Response[EB/OL]. 2019-9-20[2021-11]. https://ccaha.org/resources/managing-mold-infestation-guidelines-disaster-response.

的场所，确保其温湿度在安全范围内（小于55% RH，低于21℃），确保其环境洁净和空气流通。定期检查所有曾经发过霉的物品，以检查是否有新的霉菌生长。

在霉菌爆发后的抢救过程中，以下关键问题必须重视：

①工作人员的自身保护：必须佩戴N95口罩、护目镜和丁腈一次性塑料手套。

②尽可能少触碰霉菌，以防更大范围的霉菌传播。

③藏品上的霉菌尚未灭活前，切勿尝试对其进行任何清洁工作，这会导致藏品被染色或进一步被玷污，也会促进霉菌的传播。

④如果怀疑空调系统已被霉菌污染，请不要运行空调系统并密封回风口。

⑤在受感染区域重新投入使用前，必须确保对暖通空调系统部件进行检查、清洗和消毒。

8.2.1 发霉藏品的处置

霉菌的发展相当迅速，特别在较高的气温下，快速抢救藏品至关重要。建议在24~48小时内采取行动[1]，以减缓或制止潜在的霉菌生长。

8.2.1.1 隔离

隔离是采取措施阻断发霉物品（包括藏品）或受霉菌感染区域与未受霉菌影响的物品或区域的接触空间，包括将受霉菌感染的物品（包括藏品）移出原来的场所，例如送到户外或隔离室处置，或是将受霉菌感染的整个区域与未受霉菌感染的区域整体隔断，使二者之间的空气不可能交流。采用哪种隔离方式更好，取决于感染霉菌的物品数量和已有的灭活手段等。隔离的目的是减少孢子的扩散和保护人体健康。

（1）对被感染区域进行整体隔离

对于可能就地进行灭活处理的物品或受霉菌感染的区域，可以进行整体隔离，包括关闭所有门窗，或在被霉菌感染和未受感染的区间用塑料布分隔，并减少或限制受感染区域和建筑物的其他区域的空气交流。对于必须隔离的区域，若使用了空调系

---

[1] Conservation Center for Art & Historic Artifacts. Managing a Mold Infestation: Guidelines for Disaster Response[EB/OL]. 2019-9-20[2021-11]. https://ccaha.org/resources/managing-mold-infestation-guidelines-disaster-response.

统，应用胶带和厚实的塑料/聚乙烯布密封回风口，避免霉菌孢子进入建筑物其他未受霉菌感染的区域。

对被感染区域进行整体隔离时，可不必将受感染的物品移出该区域，以减少受霉菌感染的物品在移动过程中的孢子扩散，以及在移除过程中对其他物品的影响。若发生大规模的霉菌感染，无法将整个藏品移出感染区域，又具有在该区域现场进行霉菌灭活与除霉的条件者，这种隔离方法当属优先。

（2）将物品移出霉菌感染区域并隔离

若不能满足整体隔离条件者，应尽可能快地将藏品移出受影响的区域，并避免霉菌孢子的扩散。

潮湿或受污染的物品被运出现场时，可将其装入干净的有盖纸板箱内或用纸/无纺布包裹，移至相对湿度低于55%的清洁区域来隔离它们。如果不是立即送入冷冻，请勿将发霉的藏品密封在塑料袋中，这会促进霉菌的生长。所有被转移的藏品，应注明原保存位置以及离开的日期，以便识别与管理。

某些发霉的装具最好丢弃，如无酸纸盒、普通的函套等，可将其放入聚乙烯袋中，并在丢弃前将其密封。

注意，不要重复使用受污染的包装材料。

对于密切接触受霉菌感染物品的物品，也应隔离并进行灭活处理，可将其干燥并放入塑料袋中进行保护。[1]

> **案例**
>
> **案例 15：IFLA 推荐的纸质文献隔离法**
>
> 在检查过程中若发现纸质文献有霉变现象，有两种可参考的隔离方式。[2]

---

[1] Conservation Center for Art & Historic Artifacts. Managing a Mold Infestation: Guidelines for Disaster Resonse[EB/OL]. 2019-9-20[2021-11]. https://ccaha.org/resources/managing-mold-infestation-guidelines-disaster-response
[2] 该案例摘译自：Edward P. Adcock. IFLA Principles for the Care and Handling of Library Material. [EB/OL].[2014-02-15].https://www.ifla.org/wp-content/uploads/2019/05/assets/pac/ipi/ipi1-en.pdf

> **案例**
>
> 　　第一种，若受害的纸质文献不多，可以将它们移到干燥的纸盒内并放入硅胶之类的干燥剂，这种封闭措施可防止霉菌进一步扩散。也可将发霉的纸质文献放在一个有干燥剂的、密闭的塑料盒子内，这样霉菌的生长同样会受到抑制。
>
> 　　第二种，若受害纸质文献较多，可将其移到一个干净的处所并将环境的相对湿度控制到45%以下，让其变干。如果不可能立即干燥，或是有许多发霉藏品需要处理，可先对它们进行冷冻。待清理前，再将其分批解冻、晾干与清理干净。

8.2.1.2　灭活

灭活（inactivation）是指采取某些措施来破坏霉菌的活性，使其进入休眠状态，从而使其无法感染或危害物品。活跃的霉菌（active mold）是具有生长活力的霉菌，它会继续增长并损坏藏品，其外观是柔软、潮湿、黏糊糊与易沾染的。失活的霉菌（inactive mold）进入休眠状态，不会对藏品造成进一步危害，除非其孢子遇到水分再次被激活。失活后的霉菌，菌丝干枯，其外观呈干燥的粉状，很容易被擦掉。因此，霉菌一旦失活，在现阶段不仅不会危害物品，且可以更安全、更容易地被去除。因此，霉菌的灭活很重要，清除藏品上的霉菌必须在霉菌灭活后进行。

图 3-14　具有活性的霉菌（左）与失活的霉菌（右）

霉菌灭活的方法较多，如果物体不会被高温损坏，将温度提高到30~40℃就可使霉菌失活。若这有可能损坏藏品，灭活霉菌的其他方法还有干燥法、冷冻法、日光照射等。尽管这些措施都可以使霉菌失活，但休眠的霉菌孢子仍然可以存活。灭活后必须进行除霉处理，以最大程度地降低今后再次发霉的几率。

（1）干燥法

自然通风、风扇、除湿器或干燥剂等均可以用来干燥物品，使霉菌失活。霉菌菌丝干燥，霉菌就失去了产生成千上万个孢子的能力，但霉菌干燥后若控制不当，可能其威胁更大。当霉菌已经变干，霉菌的孢子因为干燥而变得更轻，使孢子更容易在空气中传播，这会增加建筑物内的孢子浓度。因此，所采用的干燥法得以避免霉菌孢子在建筑物内传播为原则。

少量物品在密封的容器内用干燥剂干燥，虽然可以避免霉菌孢子的扩散，但处理量太小。自然通风虽然也具有一定的干燥物品的能力，但必须是室外较室内干燥才具有效力。但若环境温度高，自然通风也难以抑制发霉物品的进一步霉变。

利用风扇、除湿机可以更快地使发霉物品干燥，关键问题是所在场地若有回风口则必须密封，以免霉菌孢子扩散到其他区域。在可能的情况下，应打开窗户将污浊的空气排出到户外。

利用多个低速运转的风扇，增加发霉物品间的空气流动，利于霉菌的灭活，但风向不宜直接指向藏品，以避免损坏藏品与造成孢子的加速扩散。

利用去湿机，使被处理空间的湿度保持在35%~50%，并用风扇增加空气的流动，使该空间的发霉物品可以更安全地被干燥，霉菌可以更快速地被灭活。

以上处理均应在隔离区或其他独立区域进行，待霉菌灭活后将其彻底清洁。

（2）冷冻法

非常低的温度可阻止有活性的霉菌生长和防止新的霉菌滋生，具有较好的抑制霉菌及灭活作用。例如，在 –20℃以下[①]或是在 –28℃至 –18℃之间[②]，冻结受霉菌感染的材料。但冷冻仅可能抑制孢子的萌发和菌丝的生长，并不能杀死孢子。冷冻前物品的处理以及缓慢解冻的方法如同冷冻灭虫，同样这种方法不适于所有类型的材料。

在温度较高的环境内，霉菌会在 48 小时内（有时更短）在潮湿的材料上生长，之后会迅速增长。当存在大量潮湿或发霉的物品时，或尚未找到合适的干燥方法之前，冷冻法常常作为一种过渡措施，使无法在48小时内干燥的发霉物品先冷冻，抑制霉菌的进一步生长，直到有机会再去干燥与清洁这些发霉的材料，消除了在短时间内处理或干燥所有发霉物品的紧迫性。

（3）紫外线与日光照射

紫外线可以有效地使霉菌失活，但对图书馆，档案馆和博物馆的大多数藏品会有损坏，该方法可用于被霉菌感染区域的霉菌灭活。如有必要，少量藏品也可以暴露在阳光明媚、干燥、无风的室内窗台上，或室外空气干燥的晴天，避免阳光直射的阴凉处，接受少量的日光辐照。[③]

8.2.2　发霉环境的处置

霉菌发生后尽快找到与确认导致物品生霉的主要原因极为重要，只有知道是什么导致问题的发生，并有针对性地解决这些问题，才能避免今后问题的再发生。霉菌的发生主要与水的存在及高湿度相关，除消除高湿源与水源外，还需要对受霉菌感染的区域进行清理与霉菌灭活，才能降低再次发生的风险。

[①] Conservation Center for Art & Historic Artifacts. Managing a Mold Infestation: Guidelines for Disaster Response [EB/OL]. 2019-9-20[2021-11]. https://ccaha.org/resources/managing-mold-infestation-guidelines-disaster-response.

[②] Sherry Guild, Maureen MacDonald. Technical Bulletin No. 26 (Mould Prevention and Collection Recovery: Guidelines for Heritage Collections) [M]. Ottawa :Canadian Conservation Institute, 2020.

[③] Conservation Center for Art & Historic Artifacts. Managing a Mold Infestation: Guidelines for Disaster Response [EB/OL]. 2019-9-20[2021-11]. https://ccaha.org/resources/managing-mold-infestation-guidelines-disaster-response.

8.2.2.1 确定高湿源

水分对霉菌生长至关重要，首先要检查水或水汽的来源。

除发生洪水、漏水等原因外，供暖系统、通风系统和空调系统也常常是产生水泄漏与霉菌的感染源，特别是其热交换线圈、滴水盘和通风管道。对这些部位的检查需要专业人员进行。

藏展区域的结构缺陷也常常是水汽的来源，例如围护结构的隔热绝湿性能差、墙壁损坏、管道损坏、地板潮湿、天花板潮湿，等等。

凝结水是高湿度的标志，一旦在窗户、墙壁或管道上看到凝结的水滴，要迅速擦干，或用隔湿材料覆盖，以避免水汽凝结。藏展的物品不宜靠外墙太近，外墙也是湿度来源之一。

如果没有查到建筑物内水分的明显来源，需使用湿度计检测发霉区域的相对湿度，判断是否有气流未到达的高湿度死角。检测受霉菌感染区域内是否空气不流通，或柜架是否积累污垢与灰尘等。

找到导致霉菌产生的根源，并尽快修缮与改善环境。

如果发生大量漏水而导致建筑组件或家具受潮，必须立即采取措施，在24~48小时内制止泄漏并干燥水分。

8.2.2.2 清理与干燥受霉菌感染的区域

在滋生霉菌的环境内，不要运行被霉菌感染的暖通空调系统，应对其系统组件（热交换盘管、管道系统等）进行检查、清洁和消毒。若整个区域感染了霉菌，应对整个区域进行彻底清洁与干燥，以防止霉菌再次滋生。对受霉菌感染区域的处理，包括清除所有积水，降低环境温湿度，增加空气循环，以及对地面、柜架等进行清洁。

（1）降低环境的温度与湿度

①除掉室内可见的明水，并尽快使之干燥。

②调控环境的温度与湿度，使之低于21℃与55% RH。[①]

可利用去湿机降低空气湿度，注意去湿机的功率要与空间大小相匹配。若使用风扇增加该区域的空气循环，可使用多个风扇低速运作，且不要指向有霉菌的物件，以免霉菌孢子扩散。但使用去湿机时必须保持门窗密闭。

在没有条件使用去湿机，且室外湿度低于室内时，可打开窗户加强空气流通。

（2）清洁与灭活霉菌

待受霉菌感染的区域干燥后，才能进行该区域的清洁与消毒工作。

在用消毒液进行清洗前，先用内置高效微粒空气过滤器的真空吸尘器对楼层地面、工作台面和柜架进行彻底清洁处理，再用下列任一消毒剂彻底清洁整个受影响区域。[②]

①0.5%家用漂白剂（次氯酸钠）的水溶液；

②至少40%异丙醇水溶液（按体积法计算比例）；

③70%乙醇水溶液（按体积法计算比例）。

使用以上任一消毒剂在物品表面擦洗，并使消毒剂在物品表面停留15~20分钟，再擦干或冲洗。在这些物品重新投入使用前，必须完全干燥。

若室内使用了地毯或类似物品，则需要将其移到室外处理。

若受感染区域的藏品被移除，可考虑采用紫外线灭菌消毒器对受感染的环境进行照射消毒，可有效地灭活该区域的霉菌。

（3）监测受感染区域的环境

每天多次检测该区域的温度与相对湿度，并保留温湿度记录。

[①] Edward P. Adcock. IFLA Principles for the Care and Handling of Library Material.[EB/OL].[2014-02-15].https://www.ifla.org/wp-content/uploads/2019/05/assets/pac/ipi/ipi1-en.pdf.
NEDCC. 3.8 Emergency Salvage of Moldy Books and Paper[EB/OL]. [2020]. http://www.nedcc.org/free-resources/preservation-leaflets/3.-emergency-management/3.8-emergency-salvage-of-moldy-books-and-paper.

[②] Conservation Center for Art & Historic Artifacts. Managing a Mold Infestation: Guidelines for Disaster Response[EB/OL]. [2019-7-20]. https://ccaha.org/resources/managing-mold-infestation-guidelines-disaster-response.

检测被清洁过的表面是否干燥，空气中是否残留霉味。若霉味持久存在，则应进一步检查是否有新的霉菌滋生。

只有受霉菌感染区域的发霉原因已经查明并彻底解决了，且该环境已被清洁、消毒与干燥，温湿度恒定在设定范围（小于21℃与55% RH）内，才可以重新接纳藏品。

8.2.3 藏品的去霉

霉菌产生的大量分支管状细丝（菌丝）深入到基材内部，特别是多孔材料，要将其清除干净相当困难。被霉菌感染后的物品强度减弱，处理不当很容易造成二次损坏。去霉过程为霉菌的进一步扩散提供了一次机会，对除霉工作人员的健康也有一定程度的伤害。因此，对藏品的除霉需要慎重与仔细，在除霉前要做好以下工作。

①处理发霉的材料时，做好个人防护装备。

②正确地选择除霉时机。

应在霉菌灭活后再考虑除霉，即待菌丝干燥后再处理。失活后的霉菌很容易通过干式表面清洁法清除，降低了藏品在除霉过程中遭受额外伤害的风险。活性霉菌正在生长时，若强行除霉，其色素会加重对藏品的污损。

在某些情况下，若必须清除活性霉菌，则需要用更精细的专用工具处理，例如吸引器，该设备是将一个小型压缩机连接到带有吸管喷嘴的柔性软管上，轻轻地将霉菌从工件表面吸走。[1]

受损面积大、数量多、霉变程度严重、一时无法处理的，则可先采取冷冻法抑制霉菌生长，待有条件时再进行除霉处理。

③应做好藏品完整性的保护。

去霉前，应仔细检查被处理物品的状况，任何已经松动或易碎的组件，若不能固定好的，应将其装袋保存并记录下它们脱落的位置，以便去霉后修复。

④发霉后的物品都是脆弱的，要正确选择除霉工具。

---

[1] Conservation Center for Art & Historic Artifacts.Managing a Mold Infestation: Guidelines for Disaster Response [J/OL].[2019-9-20].https://ccaha.org/resources/managing-mold-infestation-guidelines-disaster-response.

⑤在去霉过程中，不要试图清除物品上霉菌的色斑，霉菌留下的色斑不是除霉工具可以解决的。

⑥正确地选择去霉地点，以防污染环境。

⑦做好除霉工作记录，所有除霉工具、除霉过程等均应记录在案。

8.2.3.1　去霉位置的选择

用于去霉的工作地点应以不对建筑物内环境造成污染为原则。

（1）室内

不建议在没有适当防护措施的情况下在室内使用刷子或真空吸尘器去霉。[1] 在室内进行除霉工作，须在以下环境内进行。

①通风柜内

尽可能在负压通风柜内进行去霉工作。负压通风柜相对于柜外是负压的，空气从柜外向通风柜内部流动，排出的空气是经过高效过滤器过滤的。由此，霉菌孢子不会飘逸到柜体外部而污染环境。去霉工作完毕，对通风柜内进行清洁与消毒，以便下次安全使用。

需要注意的是，一旦负压通风柜发生断电或机械故障、高效过滤器出现破损等情况，霉菌孢子都有可能逃逸到柜体外面，污染环境。

此外，也可在带有HEPA过滤器的无管道通风柜内除霉，内置的过滤器可预防孢子的扩散。

②窗前

如果没有通风柜，可考虑在窗前做除霉工作，并使用强力排气扇将空气排到室外。为了避免孢子进入建筑物内的其他区域，可封闭空调系统的回风口以及该工作室的其他通风处。

---

[1] Sherry Guild, Maureen MacDonald. Technical Bulletin No. 26 (Mould Prevention and Collection Recovery: Guidelines for Heritage Collections) [M]. Ottawa :Canadian Conservation Institute, 2020.

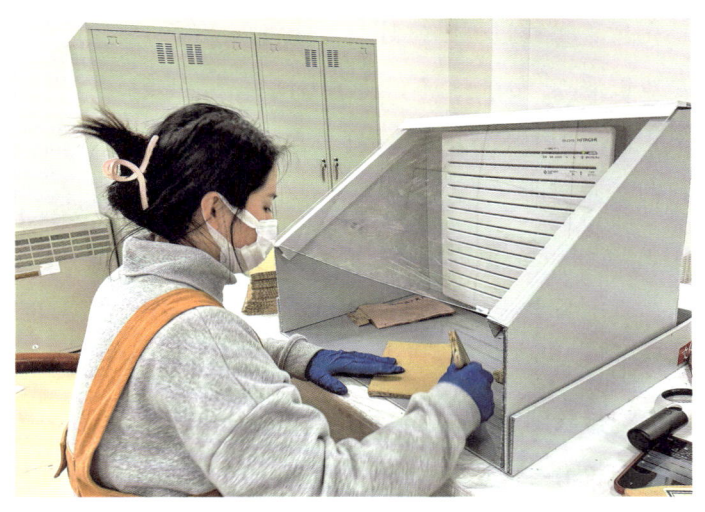

图 3-15 带空气过滤器的清洁箱
摄影：广州文保文化传播有限公司

（2）户外

如果除霉工作必须在户外进行，可以选择空气干燥的晴天，在远离人与建筑物通风口处进行除霉。一天工作结束，须将所有工作台面、工具及设备等进行清洗与消毒。被污染的材料，如曾经使用过的包装材料应密封在塑料袋内并丢弃在室外垃圾箱中。若天气不适于马上去霉，可将干燥后的物品置于密封容器内，保存在不支持霉菌生长的环境中，等待去霉时机。

8.2.3.2 去霉工具的选择

我国曾经使用过的除霉方法有：用软刷、干布进行擦刷，用75%酒精或甲醛对发霉处进行擦拭。这些方法都很难清除深入材质内部的菌丝，只能清除物品表面的失活菌丝。擦霉过程中，还有可能将灭活后的菌丝或孢子推入物品表面的凹处，使其更难以清除。因此，不得使用擦拭法清除霉菌。

甲醛因其致癌性已经被停用。酒精属有机溶剂，可能导致某些介质洇开或染色，有些酒精还添加了除水以外的其他成分，有可能伤害藏品。[1] 现今提倡使用内置HEPA 滤网的真空吸尘器去除失活的霉菌。

真空吸尘器对被处理的物品产生负压，通过吸力足以将霉菌从材质表面拔出，是快速清除发霉物品中干燥、失活霉菌的有效办法，其不足是被抽吸出来的孢子有可能又被排放到空气中，污染空气。

内置 HEPA 滤网的真空吸尘器，可以将拔出的霉菌吸附到内置的 HEPA 滤网上，避免其再次扩散到空气中。配有 HEPA 滤网的真空吸尘器可以处理被霉菌感染的各类物品，包括纸质文献、纺织品、皮革、象牙、骨骼等有机物藏品与发霉的无机物藏品（包括玻璃与金属）。

内置 HEPA 滤网的变速真空吸尘器还具有可变速控制能力，可调整真空吸尘器的吸力大小，以适合不同类型的材质，避免吸力过大损坏材质。因此，内置 HEPA 滤网的变速真空吸尘器是清除藏品上失活霉菌的第一选择。

真空吸尘器并非直接施加到物品上将霉菌吸入，因其吸力较大很容易损坏物品，一般是与软刷、棉棍等工具配合使用，用这类工具使失活霉菌松动，然后让吸尘器靠近霉菌将其拨动并吸入吸尘器内部。

经过真空吸尘器除霉后的物品，还需要用其他工具再次清洗物品表面的残留物，一般使用柔软的刷子、硫化橡胶海绵、橡皮屑等作为真空吸尘器除霉的后期干洗工具。

硫化橡胶海绵除可以直接用于清除藏品装具、柜架上的霉菌外，还可以在真空去霉后，通过擦拭进一步清理残留在物品表面的污物（见图3-22左图）。

使用姜丝刨可将乙烯基橡皮擦变成橡皮屑，尽管这是一种较为温和的表面除污工具，主要用于去除物品表面残留的霉菌，但橡皮屑的研磨作用也有可能进一步损坏

---

[1] Sherry Guild, Maureen MacDonald. Technical Bulletin No.26 (Mould Prevention and Collection Recovery: Guidelines for Heritage Collections) [M]. Ottawa :Canadian Conservation Institute, 2020.

物品表面，使用时必须轻柔按摩。

70%的酒精只是消毒剂，不是杀菌剂。消毒剂可以杀死微生物，但杀不死孢子。70%的乙醇或异丙醇仅是一种消毒液，它可以从发霉藏品上擦除霉菌菌丝并使菌丝内的蛋白质凝固，对菌丝生长起到一定的抑制作用，并不能杀灭霉菌孢子。由于菌丝深深植入有孔材料（如纸及木头等），必须使乙醇或异丙醇在材质上停留不少于2~3分钟才有良好的消毒作用。

酒精水溶液并不能单独用于清除失活的霉菌，但可以辅助真空除霉后的彻底清洁。使用酒精要慎重，因为许多介质对水、酒精或溶剂敏感或可溶。选用酒精时须看清其产品说明，检查是否有除水以外的添加物，这些添加物是否有可能损坏藏品。

某些刚刚发霉，且霉点不多的物品，在霉菌失活后，也可以直接使用橡皮泥进行去霉。需要注意的是，橡皮泥黏性大，使用在较薄的纸上，或是强度较低的纸上，风险较大。

选用以上工具除霉时，需要考虑发霉后的物品的物理强度会有所下降，其是否能够承受以上处理方式。在除霉过程中，一定要保护藏品的形体安全，不能受到再次伤害。

8.2.3.3 去霉程序

无论采用何种方式除霉，必须穿戴个人防护设备，包括 N95 口罩、塑料手套与护目镜。去霉的注意事项和主要程序如下：[1]

（1）必须注意的事项

①不要使用擦拭法去霉，以免孢子传播到更广泛的区域，或将孢子与菌丝推入

---

[1] NEDCC. 3.8 Emergency Salvage of Moldy Books and Paper[EB/OL]. [2020]. http://www.nedcc.org/free-resources/preservation-leaflets/3.-emergency-management/3.8-emergency-salvage-of-moldy-books-and-paper.
Sherry Guild, Maureen MacDonald. Technical Bulletin No.26 (Mould Prevention and Collection Recovery: Guidelines for Heritage Collections) [M]. Ottawa :Canadian Conservation Institute, 2020.
NSW State Archives. Conservation Tip 05: Removing Mould from Records[EB/OL]. [2021-11]. https://www.records.nsw.gov.au/archives/collections-and-research/guides-and-indexes/conservation-tip-05-removing-mould.

被处理物品表面的不平坦处。

②使用真空吸尘器去除霉菌时必须非常小心，不要太靠近物品表面，以免吸起物品，造成严重损坏，如表面撕裂或破损等。一般与软刷等配合使用，吸尘器仅在软刷附近的上部悬置。

③不要直接用真空吸尘器处理易脆的物品，其抽吸的强度会损坏脆弱的藏品。

④清洁完毕或工作日结束，要清洗与消毒所有工具，最好用酒精清洗。

（2）清洁程序

在干净、平坦、整洁的台面上工作，工作台面最好使用未印刷的包装纸或吸水纸铺垫，以便工作结束或清洁完毕时扔掉，以防再次污染。

用真空吸尘器去霉时，应从物品的外表面开始，再转向物品内部区域。

用油漆刷、水彩笔或剃须刷等软毛刷轻触粉状的失活霉菌，待其松动后，将吸尘器真空吸嘴指向霉菌，直接将霉菌吸走（见图3-16）。软刷的轻触可避免霉菌嵌入基材中，特别是多孔的材料。

图3-16 真空吸尘与软刷配合去霉
摄影：广州文保文化传播有限公司

图3-17 覆盖网格式纤维保护被去霉的易碎物品
摄影：广州文保文化传播有限公司

非常易碎的物品，例如易碎的纸张和纺织品，可以用玻璃纤维窗纱或像纱布一样的材料覆盖，减少真空吸尘器的吸力，再进行除霉处理，以防除霉过程中易脆材料的碎片丢失（见图3-17）。

要对物品的每个位置进行多次除霉处理，如果可能的话，至少对物品除霉两次，第二次除霉运行方向宜与第一次除霉运行方向呈垂直交叉状。

吸霉处理完毕的物品，可用其他工具再次清洗，以去除嵌入物品中的孢子、霉菌碎片以及污渍和污垢。例如，可用软刷再次清扫，或用橡皮屑轻轻按摩以拨动残留物，然后用软刷将其清除。或用酒精溶液进行再次清洁，酒精溶液可用棉布、棉签、刷子或喷雾器进行局部处理。采用哪种方式更好，视情况而定。

除用真空吸尘器去霉外，还可以使用橡皮泥逐点吸霉。去霉前，可将橡皮泥捏成很小的圆团，准确地轻拍在失活霉菌上，依据物品表面的霉菌状况，不断地调整橡皮泥的粘取点，直到去霉结束。这种方法特别适于艺术品的去霉。

内置 HEPA 滤网的真空吸尘器配有多种附件（如刷子与吸嘴），较适合在各种状况下使用。例如，使用其配件的微型刷或真空刷可清除裂缝或裂纹中的霉菌。但也有人认为这类随附的刷子会变脏并粘住孢子，不建议使用，应用类似的柔软刷子替代。

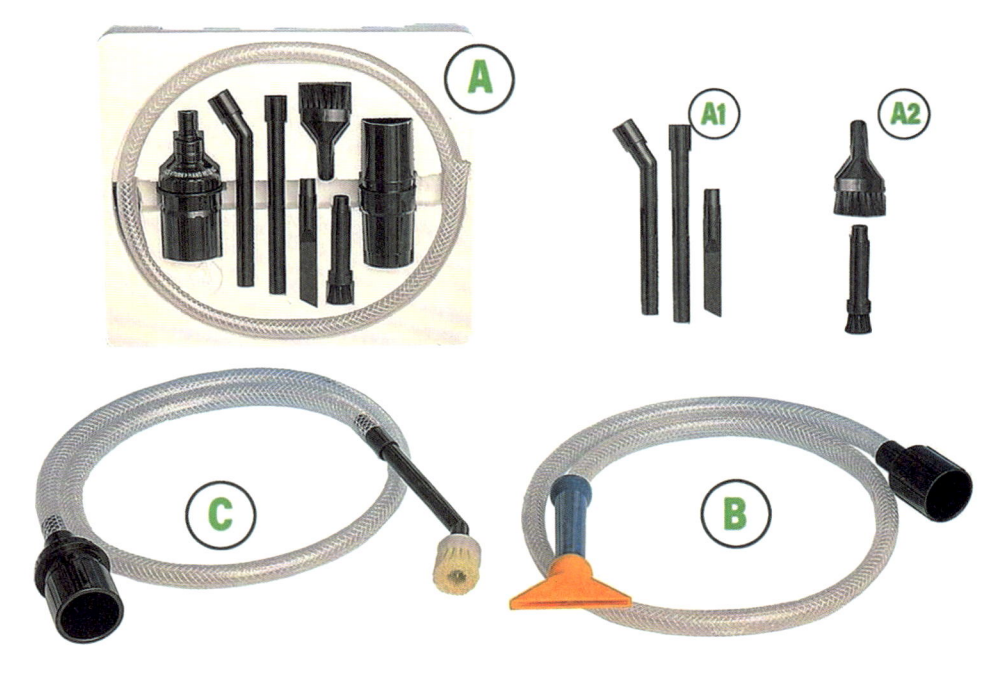

图 3-18　内置 HEPA 滤网的真空吸尘器所配的多种附件
摄影：广州文保文化传播有限公司

霉菌清除完毕或每天工作结束，必须对所有工具进行清洗与消毒。推荐的消毒方法如下：

与发霉的物品直接接触的真空吸尘器的任何部件都应在使用之后用异丙醇（外用酒精）或清洁剂清洁。工作台面应用至少40%的异丙醇水溶液清洗，也有人建议用洗涤剂水溶液擦拭或清洗，如使用家用洗涤剂。[1] 工具与消毒液需要15～20分钟的接触时间才可能确保完全消毒。[2] 世界卫生组织建议用0.5%次氯酸钠（家用漂白剂）水溶液对工作台面和工具消毒。

一次性使用工具，如桌面垫纸、手套等应丢弃。

8.2.3.4　去霉实例

8.2.3.4.1　书本除霉

本案例参照了以下文献：

① Sherry Guild, Maureen MacDonald. Technical Bulletin No. 26（Mould Prevention and Collection Recovery: Guidelines for Heritage Collections）[M]. Ottawa :Canadian Conservation Institute，2020.

② NEDCC. 3.8 Emergency Salvage of Moldy Books and Paper[EB/OL]. [2020]. http://www.nedcc.org/free-resources/preservation-leaflets/3.-emergency-management/3.8-emergency-salvage-of-moldy-books-and-paper.

书本发霉后，应首先检查内外封面、书脊以及整个文本块的发霉状况。如果可能的话，选择内置HEPA滤网的变速真空吸尘器对书本除霉，因为发霉后纸张强度受到很大影响，变速真空吸尘器可依据纸张损坏状况相应调整吸力。

若书籍文本块出现霉菌，则应检查和清洁每个受霉菌影响的页面。对页面进行除霉，应从订口向外运行吸尘器，或以订口为中心向外吸尘（注意图3-19上的红色箭头）。

---

[1] Sherry Guild, Maureen MacDonald. Technical Bulletin No. 26 (Mould Prevention and Collection Recovery: Guidelines for Heritage Collections) [M]. Ottawa :Canadian Conservation Institute, 2020.

[2] NEDCC. 3.8 Emergency Salvage of Moldy Books and Paper[EB/OL]. [2020]. http://www.nedcc.org/free-resources/preservation-leaflets/3.-emergency-management/3.8-emergency-salvage-of-moldy-books-and-paper.

图 3-19　书本的书页去霉
摄影：汪帆，浙江图书馆

图 3-20　用软刷将订口处的霉送入吸嘴
摄影：汪帆，浙江图书馆

注意不要让吸尘器接触到书页，以免吸住页面边缘而造成损坏。

如果页面没有发霉，则仅对书本的六个面进行全面的除霉与清洁，以减少霉菌在书本上的总孢子量。清洁时，应将书本紧紧合上，使用内置 HEPA 滤网的变速真空吸尘器对书本的三面切口以及封面、封底与书脊进行真空吸霉，用小软刷清洁书本的订口处。

书本的扉页和衬页可根据需要进行真空吸霉或表面清洁。

用真空吸尘器吸霉完毕，可用干燥的布或硫化橡胶海绵再次彻底擦拭书本，以清除残余的霉菌或污物。

必须注意的是，书本发霉后一定要首先对书架进行除霉清洗工作，待其干燥后才可以考虑使用。

图 3-21　刷子与吸嘴在书本上运行的方向
摄影：汪帆，浙江图书馆

图 3-22　对吸霉后图书的再清洁
摄影：广州文保文化传播有限公司

8.2.3.4.2　纸张除霉

该案例参考了：Sherry Guild, Maureen MacDonald. Technical Bulletin No. 26（Mould Prevention and Collection Recovery: Guidelines for Heritage Collections）[M]. Ottawa：Canadian Conservation Institute，2020.

可使用内置 HEPA 滤网的变速真空吸尘器与软刷对发霉纸张吸霉，若纸张易碎，可使用网格式纤维覆盖再仔细吸霉（见图3-17）。除对纸张两面吸霉外，还需要对纸张两侧吸霉，以减少孢子覆盖量。

真空吸霉完毕，可用软刷、硫化橡胶海绵对纸张进行再次清理，若有必要可以使用橡皮屑再处理，以清除残留的孢子和霉菌碎片。

8.2.3.4.3　纺织品除霉

该案例参考了：

① Sherry Guild, Maureen MacDonald. Technical Bulletin No. 26（Mould Prevention and Collection Recovery: Guidelines for Heritage Collections）[M]. Ottawa: Canadian Conservation Institute，2020.

② Smithsonian's Museum Conservation Institute（MCI）. Mold and Mildew[EB/OL]. 2013[2021]. http://www.youkud.com/tool/referance/index.html.

高湿度、高温和通风不良都会促进霉菌在纺织品上生长。

天然纤维制成的纺织品具有吸湿性，吸收水或湿气的速度非常快，而解吸（干燥）的速度非常慢。若相对湿度超过80%且空气流通不畅，棉纤维或亚麻布就可能生霉。羊毛和丝绸在相对湿度为92%以上的环境会出现生霉现象。若以上纺织品沾染了污垢，或有其他有机残留物或污渍，在更低的相对湿度下也会生霉。每年至少检查两次纺织品是否发霉，如果藏展环境趋于潮湿，则应更频繁地检查。

霉菌在纺织品上发生后要及时进行干燥处理，使霉菌失活。其主要方法如下：

①干燥

将发霉的纺织品小心地铺放在干净、吸水、干燥的台面上，使用风扇增加物体附近的空气流通，注意不要将风扇直接指向强度变弱、发霉的纺织品上。

如果纺织品不能立即风干，则可以将其放在冰箱中冷冻，以防止霉菌进一步生长。冻结之前，将其密封在透明的聚乙烯袋中，或用聚乙烯薄膜包裹并用胶带密封。

②去霉

霉菌干燥后，可以使用内置HEPA过滤网的真空吸尘器进行轻柔的除霉，并去除霉菌的残留物。准备进行真空吸尘时，用精细的筛网遮盖软管吸嘴，以防止纺织

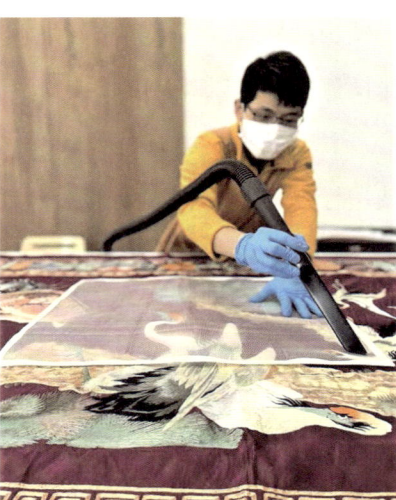

图 3-23　在网格式纤维保护下对纺织品进行真空除尘除霉
摄影：广州文保文化传播有限公司

品的松散部分被吸入机器。请勿让真空吸尘器的吸嘴直接接触纺织品，这可能会使霉菌弄脏纺织品表面。应将真空吸嘴保持在离纺织品非常接近的位置，以保证吸力可将霉菌从纺织品内吸出。可以使用软刷引导霉菌被吸入吸嘴，否则很难将其移向吸嘴。

如果纺织品尚足够坚固，可以使用软刷来拨动霉菌残留物或清除附着牢固的霉菌。纺织品被霉菌遮蔽的部分比未受影响的部分更脆弱，对于脆弱的纺织品可先覆盖网格式纤维再进行真空吸霉。纺织品的四个侧面也需要进行全面的除霉处理，以减少孢子总数。

去除霉菌时要全面、彻底，并仔细地将纺织品全部吸尘，而不仅仅是处理可见的霉菌。对纺织品进行第二次吸霉时，吸嘴运行方向应与第一次的运行方向垂直并遍历整个纺织品。① 清除霉菌后的纺织品，应放在干燥的通风环境内，以促进其霉味的散发。

---

① Canadian Conservation Institute. Notes 13/15 (Mould Growth on Textiles) [EB/OL]. [2010-2-22]. https://www.canada.ca/en/conservation-institute/services/conservation-preservation-publications/canadian-conservation-institute-notes/mould-growth-textiles.html.

第四部分
附 录

Part IV Appendix

附录 1

中国境内危害藏品的昆虫统计

本附录是笔者依据中国学术期刊与著作上已经发布的相关数据做出的统计，其统计对象为中国境内发现的危害图书馆、档案馆与博物馆内各类藏品的昆虫。这些昆虫的分类尽可能遵照最新的分类系统构建，但不同学者在分类问题上至今仍然存在意见分歧。本分类系统仅供大家参考。

昆虫纲 Insecta

1. 鞘翅目 Coleoptera

1）窃蠹科 Anobiidae

档案窃蠹　*Falsogastrallus sauteri* Pic

烟草甲　*Lasioderma serricorne*（Fabricius）

药材甲　*Stegobium paniceum*（Linnaeus）

浓毛窃蠹　　*Nicobium castaneum*（Olivier）
真角窃蠹　　*Eaceratocerus* sp.
家具窃蠹　　*Anobium punctatum*（De Geer）
报死窃蠹　　*Xestobium rufovillosum*（De Geer）
梳角细脉窃蠹　*Ptilinus pectinicornis*（Linnaeus）
大理窃蠹　　*Ptilineurus marmoratus*（Reitter）

2）皮蠹科 Dermestidae

黑毛皮蠹　　*Attagenus unicolor japonicus* Reitter
短角褐毛皮蠹　*Attagenus unicolor simulans* Solskij
褐毛皮蠹　　*Attagenus augustatus gobicola* Frivaldszky
百怪皮蠹　　*Thylodrias contractus* Motschulsky
小圆皮蠹　　*Anthrenus verbasci*（Linnaeus）
花斑皮蠹　　*Trogoderma variabile* Ballion
白腹皮蠹　　*Dermestes maculatus* De Geer
小圆胸皮蠹　*Thorictodes heydeni* Reitter
月纹毛皮蠹　*Attagenus vagepictus* Fairmaire
金黄圆皮蠹　*Anthrenus flavidus* Solskij
条斑皮蠹　　*Trogoderma teukton* Beal
中华圆皮蠹　*Anthrenus sinensis* Arrow
拟长毛皮蠹　*Evorinea* sp.
白带圆皮蠹　*Anthrenus pimpinellae latefasciatus* Reitter
红圆皮蠹　　*Anthrenus picturatus hintoni* Mroczkowski
拟白带圆皮蠹　*Anthrenus oceanicus* Fauvel
火腿皮蠹　　*Dermestes lardarius* Linnaeus

3）蛛甲科 Ptinidae

拟裸蛛甲　　*Gibbium aequinoctiale* Boieldieu
日本蛛甲　　*Ptinus japonicus* Reitter

棕蛛甲　*Ptinus clavipes* Panzer

澳洲蛛甲　*Ptinus tectus* Boieldieu

白斑蛛甲　*Ptinus fur*（Linnaces）

黄蛛甲　*Niptus hololeucus*（Faldermann）

仓储蛛甲　*Tipnus unicolor*（Piller & Mitterpacher）

裸蛛甲　*Gibbium psylloides*（Czempinski）

4）象甲科 Curculionidae

短鼻木象　*Rhyncolus chinensis* Voss

竹小象　*Pseudocossonus brevitarsis* Wollaston

五棘长小蠹　*Diapus quinquespinatus* Chapius

5）薪甲科 Lathridiidae

脊鞘薪甲　*Dienerella costulata*（Reitter）

小薪甲　*Microgramme* sp.

白背薪甲　*Euchionellus albofasciatus*（Reitter）

珠角薪甲（丝薪甲）　*Cartodere filiformis*（Gyllenhal）= *Dienerella filiformis*（Gyllenhal）

湿薪甲　*Lathridius minutus*（Linnaeus）

中沟薪甲　*Dienerella beloni*（Reitter）

大眼薪甲　*Dienerella arga*（Reitter）

缩颈薪甲　*Cartodere constricta*（Gyllenhal）

6）拟瓢甲科 Endomychidae

头角薪甲　*Holoparamecus signatus* Wollaston

椭圆薪甲　*Holoparamecus ellipticus* Wollaston

7）天牛科 Cerambycidae

家茸天牛　*Trichoferus campestris*（Faldermann）

杨柳虎天牛　*Chlorophorus motschulskyi*（Ganglbauer）

长角栎天牛　*Stromatium longicorne*（Newman）

槐绿虎天牛　*Chlorophorus diadema*（Motschulsky）

八星粉天牛　*Olenecamptus octopustulatus*（Motschulsky）

家扁天牛　*Eurypoda antennata* Saunders

竹绿虎天牛　*Chlorophorus annularis*（Fabricius）

竹红天牛　*Purpuricenus temminckii*（Guérin-Méneville）

玉米坡天牛　*Pterolophia cervina* Gressitt

8）大簟甲科 Erotylidae

褐簟甲　*Cryptophilus integer*（Heer）

9）吉丁科 Buprestidae

吉丁　*Buprestis haemorrhoidalis* Herbst

10）隐食甲科 Cryptophagidae

毛隐食甲　*Cryptophagus pilosus* Gyllenhal

11）锯谷盗科 Silvanidae

米扁虫　*Ahasverus advena*（Waltl）

锯谷盗　*Oryzaephilus surinamensis*（Linnaeus）

大眼锯谷盗　*Oryzaephilus mercator*（Fauvel）

12）拟步甲科 Tenebrionidae

赤拟谷盗　*Tribolium castaneum*（Herbst）

杂拟谷盗　*Tribolium confusum* Jacquelin du Val

13）扁谷盗科 Laemophloeidae

锈赤扁谷盗　*Cryptolestes ferrugineus*（Stephens）

14）长蠹科 Bostrychidae

竹蠹 / 竹长蠹　*Dinoderus minutus*（Fabricius）

日本竹长蠹　*Dinoderus japonicus* Lesne

双棘长蠹　*Xylopsocus bicuspis* Lesne

谷蠹　*Rhizopertha dominica*（Fabricius）

中华粉蠹　*Lyctus sinensis* Lesne

鳞毛粉蠹　*Minthea rugicollis*（Walker）

褐粉蠹　*Lyctus brunneus*（Stephens）

齿粉蠹　*Lyctoxylon dentatum*（Pascoe）

方胸粉蠹　*Trogoxylon impressum*（Comolli）

2. 鳞翅目 Lepidoptera
谷蛾科 Tineidae

幕谷蛾、幕衣蛾、衣蛾　*Tineola furciferella* Zagulajev = *Tineola bisselliella*（Hummel）

袋衣蛾　*Tinea pellionella* Linnaeus

拟衣蛾、褐织叶蛾　*Hofmannophila pseudospretella*（Stainton）

毛皮衣蛾　*Tinea metonella* Pierce & Metcalfe

3. 衣鱼目 Zygentoma
衣鱼科 Lepismatidae

毛衣鱼（多毛栉衣鱼）　*Ctenolepisma villosa*（Fabricius）

台湾衣鱼　*Lepisma serricom* Gray

衣鱼（西洋衣鱼）　*Lepisma saccharina* Linnaeus

家衣鱼　*Thermobia domestica*（Packard）

4. 啮虫目 Psocoptera
1）书虱科 Liposcelididae

无色书虱　*Liposcelis decolor*（Pearman）= *Liposcelis simulans* Broadhead

书虱（家书虱）　*Liposcelis divinatorius*（Mŭller）

嗜卷书虱　*Liposcelis bostrychophilus* Badonnel

嗜虫书虱　*Liposcelis entomophila*（Enderlein）

皮氏书虱　*Liposcelis pearmani* Lienhard

2）窃虫科 Trogiidae

尘虱（窃虫）　*Trogium pulsatorium*（Linnaeus）

5. 蜚蠊目 Blattodea

1）蜚蠊科 Blattidae

美洲大蠊　*Periplaneta americana*（Linnaeus）

澳洲大蠊　*Periplaneta australasiae*（Fabricius）

凹缘大蠊　*Periplaneta emarginata* Karny = *Periplaneta fuliginosa*（Serville）

家蠊、家屋斑蠊　*Neostylopyga rhombifolia*（Stoll）= *Blatta rhombifolia*

东方蜚蠊　*Blatta orientalis* Linnaeus

黑胸大蠊　*Periplaneta fuliginosa* Serville

日本大蠊　*Periplaneta japonica* Karny

褐斑大蠊　*Periplaneta brunnea* Burmeister

淡赤褐大蠊　*Periplaneta fallax*（Bei-Bienko）

2）姬蠊科 Ectobiidae

德国小蠊　*Blattella germanica*（Linnaeus）

广纹小蠊　*Eublattella latistriga*（Walker）

拟德国小蠊　*Blattella lituricollis*（Walker）

3）折翅蠊科 Blaberidae

蔗蠊　*Pycnoscelus surinamensis*（Linnaeus）

4）鼻白蚁科 Rhinotermitidae

黑胸散白蚁　*Reticulitermes chinensis* Snyder

黄胸散白蚁　*Reticulitermes flaviceps*（Oshima）

台湾乳白蚁（家白蚁）　*Coptotermes formosanus* Shiraki

尖唇散白蚁　*Reticulitermes aculabialis* Tsai et huang

6. 直翅目 Orthoptera

蟋蟀科 Gryllidae

家蟋蟀　*Acheta domesticus*（Linnaeus）

7. 膜翅目 Hymenoptera

1）蚁科 Formicidae

家褐蚁　*Paratrechina longicornis*（Lattreille）

2）蜜蜂科 Apidae

黄胸木蜂　*Xylocopa appendiculata* Smith

中华木蜂　*Xylocopa sinensis* Smith

3）小蜂科 Chalcididae

广大腿小蜂　*Brachymeria obscurata*（Walker）

4）旋小蜂科 Eupelmidae

长距旋小蜂　*Neanastatus* sp.

5）茧蜂科 Braconidae

竹长蠹柄腹茧蜂　*Platyspathius dinoderi*（Gahan）

小茧蜂　*Bracon* sp.

8. 革翅目 Dermaptera

蠼螋科 Labiduridae

除昆虫危害藏品外，我国有文献记载蛛形纲中的某些螨虫也对标本藏品具有危害作用，这些螨虫分布在：

蛛形纲 Arachnida

疥螨目 Sarcoptiformes
粉螨科 Acaridae
尘食酪螨　*Tyrophagus perniciosus* Zachvatkin

梅氏嗜霉螨　*Euroglyphus maynei*（Cooreman）

长嗜霉螨　*Euroglyphus longior*（Trouessart）

屋尘螨　*Dermatophagoides pteronyssinus*（Trouessart）

参考文献：

[1] 汪华明. 文献害虫在我国的分布情况及其分布规律初探 [J]. 图书情报知识，1990（1）.

[2] 李景仁. 对我国图书害虫种类的探讨 [J]. 贵图学刊，1991（3）.

[3] 蒋书楠. 城市昆虫学 [M]. 重庆：重庆出版社，1992.

[4] 孟正泉，张乃先，陈元晓. 中国图书档案害虫分类地位、名录和分布 [J]. 图书馆论坛，1997（6）.

[5] 张浩. 馆藏图书害虫初步调查 [J]. 锦州医学院学报，1999（5）.

[6] 冯惠芬，荆秀昆，陶琴. 全国档案害虫种类及分布调查 [J]. 档案学通讯，2000（3）.

[7] 冯惠芬，荆秀昆，陶琴. 全国档案害虫种类与分布的调查研究 [J]. 档案学研究，1996（3）.

[8] 李灿，李子忠. 我国档案图书害虫种类 [J]. 山西档案，2003（4）.

[9] 赵秉中. 档案害虫在各省区的种类和各虫种分布的省区 [J]. 陕西档案，1998（2）.

附录 2

国家档案局档案科学技术研究所：中国档案昆虫统计

国家档案局档案科学技术研究所对全国30个省、自治区、市（按当时行政区划）458个样点的档案资料进行了抽样调查。通过分类鉴定、统计和分析，获得档案昆虫50余种。其中采集到档案界过去未记载的虫种24种。据统计，我国危害档案的昆虫有54种，分属于6目19科。[①]

1. 鞘翅目 Coleoptera

1）窃蠹科 Anobiidae

档案窃蠹　*Falsogastrallus sauteri* Pic
烟草甲　*Lasioderma serricorne*（Fabricius）
药材甲　*Stegobium paniceum*（Linnaeus）

---

① 国家档案局档案科学技术研究所. 新档案保护技术实用手册 [M]. 北京：中国文史出版社，2013.

浓毛窃蠹　*Nicobium castaneum*（Olivier）（*）（**）

真角窃蠹　*Eaceratocerus* sp.

2）粉蠹科 Lyctidae

中华粉蠹　*Lyctus sinensis* Lesne

鳞毛粉蠹　*Minthea rugicollis* Walker

褐粉蠹　*Lyctus brunneus* Stephens

3）皮蠹科 Dermestidae

黑毛皮蠹　*Attagenus unicolor japonicus* Reitter

百怪皮蠹　*Thylodrias contractus* Motschulsky

小圆皮蠹　*Anthrenus verbasci* Linnaeus

花斑皮蠹　*Trogoderma variabile* Ballion

白腹皮蠹　*Dermestes maculatus* De Geer

小圆胸皮蠹　*Thorictodes heydeni* Reitter（*）

月纹毛皮蠹　*Attagenus vagepictus* Fairmaire（*）

金黄圆皮蠹　*Anthrenus flavidus* Solskij（*）

条斑皮蠹　*Trogoderma teukton* Beal（*）

短角褐毛皮蠹　*Attagenus unicolor simulans* Solskij（*）

中华圆皮蠹　*Anthrenus sinensis* Arrow

拟长毛皮蠹　*Evorinea* sp.（*）

4）蛛甲科 Ptinidae

拟裸蛛甲　*Gibbium aequinoctiale* Boieldieu

日本蛛甲　*Ptinus japonicus* Reitter

5）象甲科 Curculionidae

短鼻木象　*Rhyncolus chinensis* Voss

6）薪甲科 Lathridiidae

宽脊小薪甲　*Microgramme costulata* Reitter（*）

椭圆薪甲　　*Holoparamecus ellipticus* Wollaston

小薪甲　　*Microgramme* sp.

头角薪甲　　*Holoparamecus signatus* Wollaston（*）

肩角薪甲　　*Coninomus* sp.（*）

白背薪甲　　*Euchionellus albo fasciatus*（Reitter）（*）

珠角薪甲　　*Cartodere filiformis*（Gyllenhal）（*）

湿薪甲　　*Lathridius minutus*（Linnaeus）

中沟小薪甲　　*Dienerella beloni* Reitter（*）

大眼薪甲　　*Dienerella arga*（Reitter）（*）

7）天牛科 Cerambycidae

家茸天牛　　*Trichoferus campestris*（Faldermann）（*）

杨柳虎天牛　　*Chlorophorus motschulskyi*（Gangl）（*）

8）拟叩甲科 Languriidae

褐簟甲　　*Cryptophilus integer*（Heer）

9）吉丁科 Buprestidae

吉丁　　*Buprestis haemorrhoidalis* Herbst（*）

10）隐食甲科 Cryptophagidae

毛隐食甲　　*Cryplophogus pilasus* Cyllenhal（*）

11）长小蠹科 Platypodidae

五棘长小蠹　　*Diapus quinquespinatus* Chap（*）（**）

12）锯谷盗科 Silvanidae

米扁虫　　*Ahasverus advena* Waltl（*）

13）拟步甲科 Tenebrionidae

赤拟谷盗　　*Tribolium castaneum*（Herbst）（*）

2. 蜚蠊目 Blattariae

1）蜚蠊科 Blattidae
美洲大蠊　　*Periplaneta americana* Linnaeus
澳洲大蠊　　*Periplaneta australasiae*（Fabricius）
凹缘大蠊　　*Periplaneta emarginata* Karny
家蠊　　*Neostylopyga rhombifolia*（Stoll）

2）姬蠊科 Phyllodromiidae
德国小蠊　　*Blattella germanica* Linnaeus

3. 等翅目 Isoptera

鼻白蚁科 Rhinotermitidae
黑胸散白蚁　　*Reticulitermes chinensis* Snyder

4. 缨尾目 Thysanura

衣鱼科 Lepismatidae
毛衣鱼　　*Ctenolepisma villosa* Fabricius

5. 啮虫目 Psocoptera

书虱科 Liposcelidae
嗜卷书虱　　*Liposcelis bostrychophilus* Badonnel
嗜虫书虱　　*Liposcelis entomophilus*（Enderlein）
无色书虱　　*Liposcelis decolor*（Pearman）（*）
皮氏书虱　　*Liposcelis pearmani* Lienhard（*）

6. 鳞翅目 Lepidoptera

谷蛾科 Tineidae

黄幕谷蛾　*Tineola fureiferella*（zag）

袋衣蛾　*Tinea pellionella*（Linnaeus）

注："（*）"为档案界文献新记录种，"（**）"为国内新记录种。

附录 3

我国皮蠹科昆虫的分布与危害

本部分数据摘录自张生芳《中国储藏物甲虫》皮蠹科的13种昆虫的部分相关数据。[1]

① 小圆皮蠹 *Anthrenus verbasci*（Linnaeus）：

其幼虫严重为害蚕丝、生丝、动物性药材、剥制的鸟兽标本和昆虫标本、动物毛与羽毛制品、皮毛、毛呢、毛毯等，也危害谷物。

主要分布：我国黑龙江、辽宁、内蒙古、河北、河南、甘肃、陕西、宁夏、青海、新疆、四川、贵州、云南、湖北、湖南、山东、广东、江苏、安徽、江西、浙江。

成虫的主要特征：宽椭圆形，深黑褐色到黑色，有光泽。前胸背板的两侧缘和后缘的中央及其两侧约1/2处披白色鳞片，其余部分披黄色鳞片。头部几乎满披黄色鳞片，鞘翅的基部中部由白色鳞片组成两条波状横带，每个鞘翅端部各有由白色鳞片组成的鳞片斑。

② 花斑皮蠹 *Trogoderma variabile* Ballion：

花斑皮蠹为斑皮蠹属（*Trogoderma*）昆虫中当前在国内分布最广、危害最大的种

---

[1] 张生芳，刘永平，武增强. 中国储藏物甲虫 [M]. 北京：中国农业科技出版社，1998：108-162.

类。主要为害毛织品、棉织品、丝纺织品，以及皮毛、生丝、皮革、衣物、尼龙、的确良、人造纤维等，以及多种仓储谷物。

主要分布：我国黑龙江、辽宁、内蒙古、河北、河南、山西、陕西、湖南、四川、贵州、浙江、广东等。

成虫的主要特征：成虫头及前胸背板表皮黑色，鞘翅表皮褐色至暗褐色并有淡色花斑。

③ 火腿皮蠹 Dermestes lardarius Linnaeus：

幼虫破坏力极强，危害皮张、蚕丝、地毯、毛毯、动物标本与中药材。

主要分布：我国黑龙江、吉林、内蒙古与新疆等。

成虫的主要特征：成虫表皮黑色，有黄色带纹及深色斑。前胸背板着生黑色毛。

④ 黑皮蠹 Attagenus piceus：

因其危害毛皮，成虫全身近黑色，加之属于皮蠹科，故俗名为黑皮蠹。其幼虫会对如羊毛、蚕茧、丝毛织品、毛皮、皮革、羽毛、昆虫标本等造成巨大危害，也取食粮食、油料、烟草等储藏物。

主要分布：除西藏不明外，我国大部分地区均有分布。

成虫的主要特征：暗赤褐色至黑色。触角、足淡褐色至黄褐色，触角末节通常黑色或近黑色。全身密布小刻点并生黄褐色至暗褐色的倒伏状毛。

⑤ 黑毛皮蠹 Attagenus unicolor japonicus[①]：

幼虫主要危害毛呢衣物、毛地毯、挂毯、毛纺织品、羽毛制品及兽皮制品，对于粮食也有危害。

主要分布：我国东半部大部分省区。

成虫的主要特征：成虫表皮暗褐色至黑色，多为黑色，前胸背板颜色没有鞘翅深或稍比鞘翅深。

⑥ 白腹皮蠹 Dermestes maculatus De Geer：

其幼虫主要危害皮毛、动物性药材、动物标本、水产品等，在开凿蛹室时对建

[①] 黑毛皮蠹之前被归入皮蠹属，故称为黑皮蠹，现昆虫学分类变化后被归到毛皮蠹属，故改名为黑毛皮蠹。——本书作者注

筑物的木质部分、硬纸板、棉花等均有破坏作用。

主要分布：我国各省区。

成虫的主要特征：成虫表皮赤褐色至黑色，腹面大部分着生白色毛，短距离飞行。

⑦ 赤毛皮蠹 *Dermestes tessellatocollis* Motschulsky：

此种皮蠹幼虫主要危害皮张、丝织品、动物性药材、动物性标本，也危害中药材、干制水产品以及花生等。

主要分布：我国黑龙江、吉林、辽宁、山西、陕西、内蒙古、青海、西藏、甘肃、宁夏、河南、河北、山东、四川、江苏、浙江、上海、云南、贵州、广西、福建等。

成虫的主要特征：成虫表皮赤褐色至黑褐色，前胸背板有成束的赤褐色、黑色及少量白色倒伏状毛。

⑧ 钩纹皮蠹 *Dermestes ater* De Geer：

成虫主要取食动物性物质，幼虫食性更复杂，会破坏皮毛、动物性中药材、动物标本等动物蛋白含量丰富的储藏物。

主要分布：我国各省。

成虫的主要特征：成虫背面表皮暗褐色至黑色，腹面表皮暗红褐色，背面着生褐色毛夹杂淡黄色毛。

⑨ 短角褐毛皮蠹 *Attagenus unicolor simulans* Solskij：

其幼虫严重危害皮毛、药材、动物标本，以及毛与羽毛制品。对粮食与中草药也有严重危害。

主要分布：我国新疆。

成虫的主要特征：成虫前胸背板暗褐色，鞘翅红褐色。

⑩ 日本白带圆皮蠹 *Anthrenus pimpinellae*：

日本白带圆皮蠹俗称白带圆皮蠹，其幼虫严重为害皮毛、皮张、蚕茧、毛织品、羽毛制品与动物标本，也为害中药材。

主要分布：我国黑龙江、内蒙古、新疆、山东、四川、河南、河北、辽宁、陕西、浙江。

成虫的主要特征：表皮赤褐色至黑色，背面披白色、黄色及暗褐色鳞片，鞘翅基半部有一条极宽的"H"形白色鳞片带。

⑪ 红圆皮蠹 *Anthrenus picturutus hinton* Mroczkowski：

红圆皮蠹幼虫严重为害毛织品、毛料、毛呢衣物、毛毯、羽毛制品、蚕丝及其制品、生皮张、动物标本与动物性药材等。

主要分布：我国四川、湖南、陕西、河北、山东、福建、辽宁、青海、甘肃、宁夏、内蒙古与新疆等。

成虫的主要特征：成虫背面着生黄色、白色及黑色鳞片，鞘翅上有许多白色鳞片斑。

⑫ 驼形毛皮蠹 *Attagenus cyphonoides* Reitter：

驼形毛皮蠹俗称阿氏黑皮蠹、埃及黑皮蠹，其幼虫严重为害毛织品、羽毛制品、皮张、动物性药材、动物标本，也危害谷物与中药材等。

主要分布：我国新疆、西藏、内蒙古、河南、天津、湖南、云南等。

成虫的主要特征：成虫表皮近栗红色，披暗褐色或黄褐色毛。

⑬ 褐毛皮蠹 *Attagenus augustatus gobicola* Frivaldszky：

褐毛皮蠹俗称褐皮蠹，其幼虫严重为害毛皮、毛织品、皮制品、羽毛制品、皮张、药材、动物标本等，也危害谷物。

主要分布：新疆、青海、甘肃、内蒙古。

成虫的主要特征：成虫前胸背板暗褐色至黑色，背面着生黄色长毛，无淡色毛带。

⑭ 丽黄圆皮蠹 *Anthrenus flavipes* LeConte：

丽黄圆皮蠹幼虫危害多种动物毛与羽毛制品、皮张及动物性药材等，也危害其他仓储物。

主要分布：我国广东。

成虫的主要特征：成虫背面着生白色、金黄色及暗褐色鳞片，每只鞘翅近内角处有一圆形白斑。

附录 4

蠹木虫

本附录摘录、摘译了几位昆虫学家及一家虫害防治公司关于蠹木虫特点的论述。

1. 台南艺术大学：蠹木虫害形态表

表4-1摘自台南艺术大学的一篇学位论文：《木质文物虫蛀劣化注入式填补之探讨》[1]。

---

[1] 林才宝. 木质文物虫蛀劣化注入式填补之探讨[D]. 台湾：台南艺术大学，2019：表1虫害形态表.

表 4-1 蠹木虫的危害特征

昆虫	种类	特征、习性	虫蛀形态及危害对象	蛀屑形态
蠹虫（成虫会有开放性孔洞产生，飞出即为了交配繁衍）	长蠹科（粉末蛀虫）Bostrichidae	干木昆虫体长1.5～50 mm，多呈黑色	直径约0.16～0.21 cm的圆柱孔，虫道呈网状，外表多完整 阔叶心材，针叶材，气干的成材	粉状
	窃蠹科（家具蛀虫）（烟甲虫）（报死虫）Anobiidae	干木昆虫体长1.1～9 mm，呈褐色或黑色	直径约0.1～0.2 cm的圆柱孔，虫道呈网状，外表多完整。易受热气致死 以家具、结构材、胶合板、干燥木器、软硬木的边才、针叶木为主	粉状
	粉蠹科（粉末蛀虫）Lyctidae	干木昆虫体长2.7～8 mm，细长而扁，呈红棕、暗黑或红黄色	直径约0.1～0.2 cm的圆柱孔，虫道呈网状，外表多完整 干材边材、硬木家具、栎木、黄杨木、山核桃、白蜡树。危害竹材最频繁者	粉状
	小蠹科 Scolytidae	体长1～9 mm，多为1～3 mm，呈棕色	虫孔小而圆，无虫屑填充 针阔叶活木边材，多居于虚弱的树木中，需一定的潮湿环境才能繁殖	不排蠹粉
	长小蠹科 Platypodidae	体长1～6 mm，呈棕色	虫孔小而圆，无虫屑填充；虫道较小蠹科深 以阔叶活木为主	不排蠹粉
白蚁	台湾家白蚁 *Coptotermes formosanus*	土木栖性白蚁比起干木白蚁，需更潮湿的环境才能生存	蛀洞不规则且较深，通常只蛀蚀早材而留下晚材；蛀蚀后外表多完整但内部中空，呈锐利的沟条状与片状 危害处周围长留有蚁土，泥土蚁道直径约0.6 cm、接近蚁巢的蚁道直径最大可达2.5 cm	不排虫屑

续表

昆虫	种类	特征、习性	虫蛀形态及危害对象	蛀屑形态
白蚁	截头堆砂白蚁（干木白蚁）*Cryptotermes domesticus*	木栖性白蚁所需的木材含水率较低(5%~8%)。	平行分支状蚁道，不定形，不外露；蛀蚀后的表面较为平整光滑。排遗于木材周遭，堆积如沙为主要特征，其颜色多样与取食的材种有关。蚁道直径大于5 mm 家具、门窗及坚硬木材等	六角状
	黄肢散白蚁（大和白蚁）*Reticulitermes flaviceps*	木栖性白蚁	不筑大型蚁巢，群体较小且分散；蛀蚀形状较缓和，散居于树根与腐木 以与土壤相接的木材为主。	不排虫屑
	台湾土白蚁（黑翅土白蚁）*Odontotermes formosanus*	木栖性白蚁	大面积片状蚁巢，表层大面积蛀食。巢内可见养菌圃，地面可见鸡肉丝菇，为该种白蚁的共生菌 为农业主要害虫之一，多危害庭院植栽	不排虫屑
象鼻虫 Curculionidae	米虫		虫道较窄蠹虫小，虫道呈网状，外表多完整，内部呈薄片状 活体植物的春材	细小虫屑
吉丁虫 Buprestid	吉丁虫科		虫孔多呈椭圆形，直径7~8 mm 死亡或刚砍伐的木材，干木较少见	圆柱状圆形颗粒
天牛 Cerambycidae	家希天牛幼虫 *Hylotrupes bajulus*	比较喜欢蛀蚀干燥的木材	虫孔多呈椭圆形，大小视虫体而定，多为6~10 mm，通常较白蚁大，表面成薄片状。针叶木边材	疏松状或纤维状

2.（台湾）中兴大学：重要竹木质文物蠹虫名录及危害对象一览表

表4-2摘录于（台湾）中兴大学昆虫学系昆虫学家刘蓝玉、杨正泽2005年在台湾植物重要防疫检疫昆虫诊断鉴定研习会（五）（2005年10月）上发表的论文：《竹木材检疫重要蠹虫类（鞘翅目）》。[1]

表 4-2 重要竹木质文物蠹虫名录及危害对象一览表

科	昆虫种类	危害记录
Bostrichidae 长蠹科	*Dinoderus minutus*（Fabricius）竹长蠹	竹材，木材，榻榻米
	Dinoderus japonicus Lesne 日本竹长蠹	竹材，木材，榻榻米
	Heterobostrychus hamatipennis（Lesene）二突异翅长蠹	木材
	Lichenophanes carinipennis（Lewis）斑长蠹虫	竹材，木材，家具
	Rhizopertha dominica（Fabricius）谷蠹	木材，种子，植物标本
Lyctidae 粉蠹科	*Lyctus brunneus*（Stephens）褐粉蠹	竹材，木材
	Lyctus linearis（Goeze）栎粉蠹	竹材，木材
	Lyctus sinensis Lesne 中华粉蠹	竹材，阔叶木材，中草药
	Lyctoxylon dentatum（Pascoe）齿粉蠹	竹材，阔叶木材，中草药，植物标本
	Minthea rugicollis（Walker）鳞毛粉蠹	竹材，阔叶木材，中草药，植物标本

---

[1] 刘蓝玉，杨正泽. 竹木材检疫重要蠹虫类（鞘翅目）昆虫介绍 [EB/OL]. 2005-10[2021-11-1]. https://www.baphiq.gov.tw/userfiles/03(6).pdf

续表

科	昆虫种类	危害记录
Anobiidae 窃蠹科	*Falsogastrallus sauteri* Pic 档案窃蠹亚洲种	书籍，纸张
	Lasioderma serricorne（Fabricius）烟草甲	榻榻米，书籍，纸张，种子，积谷，染料，植物标本
	Nicobium hirtum（Illiger）浓毛窃蠹	木材，书籍，纸张
	Ptilineurus marmoratus（Reitter）云斑窃蠹	木材，榻榻米，书籍，纸张 木材，家具，中草药，书籍
	Stegobium paniceum（Linnaeus）药材甲	纸张，动物标本，植物标本
Scolytidae 小蠹科	*Ips cembrae*（Heer）北欧八齿小蠹	针叶木材
	Scolytoplatypus tycon Blandford 太康锉小蠹	阔叶木材
	Xyleborus validus Eichhoff 阔面材小蠹	木材
Platypodidae 长小蠹科	*Crossotarsus niponicus* Blandford 日本异胫长小蠹	阔叶木材
	Platypus lewisi Blandford 刘氏长小蠹	阔叶木材

3.（美）得克萨斯农工大学：侵害木材的甲虫种群和特征

本部分两份表格均摘译自美国虫害综合治理专家 Wizzie Brown 在得克萨斯农工大学系统上发表的研究论文 "Wood-boring Beetles of Structures"。[1]

---

[1] Wizzie Brown. Wood-boring Beetles of Structures[J/OL]. 2011-12[2021-11].https://agrilife.org/aes/files/2014/06/Wood-Boring-Beetles-of-Structures.pdf.

表 4-3 侵害木材的甲虫种群和特征

种类	蛀孔 直径	蛀孔 形状	破坏阶段	生命周期	蛀屑特点
粉蠹亚科	1/32~1/16 英寸	圆形	幼虫	3月~1年	粉状蛀屑,易从虫洞和裂缝中渗出
窃蠹科（红毛窃蠹）	1/16~1/8 英寸	圆形	幼虫	1~3年	粗细不一；颗粒状,散落在虫道内,在虫洞口较少
长蠹科（长蠹虫）	1/8~3/8 英寸	圆形	幼虫和成虫	通常1年	粗细不一；密度大；易粘连
蛛甲科（蛛甲）	1/16~1/12 英寸	圆形	幼虫	有利环境下数年	细粉状；分布在幼虫虫道中
象甲科（象鼻虫）	1/32~1/16 英寸	圆形	幼虫和成虫	种类不同有所区别	呈粉状和颗粒状,堆积在不规则的虫道内
吉丁甲科（平头吉丁虫）	1/32~1/2 英寸	椭圆	幼虫	1~30年	虫洞口没有蛀屑,虫道内有粗粉状蛀屑
拟天牛科（黑尾拟天牛）	1/4 英寸	圆形	幼虫	大约1年	蛀屑呈碎片状且潮湿
天牛科（圆头天牛）					
家希天牛	1/4 英寸	椭圆	幼虫	1~32年（通常3~10年）	虫道内有粉状蛀屑,通常结成颗粒状
平头橡树天牛	1/16~1/12 英寸	略呈椭圆	幼虫	1至几年	虫道内有细粉状和颗粒状蛀屑
其他圆头天牛	1/16~1/2 英寸	圆形	幼虫	不固定	虫道内有粗粉状和纤维状蛀屑

续表

种类	蛀孔 直径	蛀孔 形状	破坏阶段	生命周期	蛀屑特点
小蠹科（小蠹虫）	不到1/16英寸	圆形	成虫和幼虫	2个月到一年或更久	洞口蛀屑很少或几乎没有，虫道内几乎没有蛀屑

表 4-4　蠹木虫与被侵害的木材种类

木虫	受侵害的木材						木材状况		发现成虫的位置				再次侵扰
	未干的	干透的	软木	硬木	边材	心材	活立树	枯树或新砍伐的原木	干木或木制品	木制品或地板	建材木	家具、工具、把手等	柴火
粉蠹虫		×		×	×				×	×	×	×	×	√
红毛窃蠹		×		×	×				×	×	×	×	*	√
长蠹虫	×	×		×	×				×	×	×	×	×	很少
蛛甲		×		×	×				×	×	×	×		
象鼻虫	×	×		×	×	×				×	×	×	×	√
平头吉丁虫	×	*		×	×				*	×	×	*	×	×
黑尾拟天牛		×		×	×				×	×	×	×		√
天牛														
1.家希天牛		×		×		×			×	×	×			√
2.平头橡树天牛		×		×	×	×								×
3.其他天牛	×	×		×	×							*	×	
小蠹虫	×	**		×	×				*	*	×	×	×	
木材蛀虫	×			×				×	×				×	

注：* 表示可能，** 表示罕见

4. 蛀蚀木材的甲虫特点

表4-5译自美国印第安纳州韦斯特菲尔德（Alain Van Ryckeghem）的虫害防治公司2012年发布在博物馆虫害综合治理工作组（MPWG）官网上的信息[①]。

表4-5 蛀蚀木材甲虫的种类

昆虫	特征	昆虫	特征
粉蠹虫	体长1/8~5/16英寸（约3~8 mm），细长而扁，呈浅棕色至黑色 触角锤状部由两节组成 喜蛀蚀新风干的边木材 虫洞呈圆形，直径1/32~1/16英寸（约0.8~1.6 mm） 虫屑呈细粉状，在虫道内分布较松散，会对木材造成多次危害	食菌小蠹	体长1/50~1/8英寸（约0.5~3 mm），除了圆形触角外，其他跟长蠹虫很像。喜蛀蚀硬木 虫洞呈圆形，直径1/50~1/8英寸（约1.5~3 mm），会在虫道深处和虫洞口留下紫色和蓝黑色印记 虫洞内没有虫屑 对木材造成多次危害的可能性小于30%
家具窃蠹	体长1/16~3/8英寸（约1.6~3 mm），头部被前胸背板覆盖，棕色为主 触角端部三节明显庞大。喜蛀蚀风干的硬木和软木 虫洞呈圆形，直径1/16~1/8英寸（约1.6~3 mm） 虫屑呈细沙状，在虫道内分布较松散，会对木材造成多次危害	树皮甲虫	体长1/8英寸（约3 mm）；酷似长蠹虫；触角端部呈圆形 树皮下有独特的虫道，仅蛀蚀木材表层 虫洞呈圆形，直径1/8英寸（约3 mm），可穿透树皮 虫屑紧密堆积在虫道内 不会对木材造成多次危害

---

① Alain VanRyckeghem, Insects Limited, Inc. Distinguishing Major Groups of Wood-infesting insects[J/OL]. 2012[2021-11]. https://museumpests.net/wp-content/uploads/2014/03/Wood-Infesting-Insect-Identification-Chart.pdf.

续表

昆虫	特征	昆虫	特征
长蠹虫	体长 1/4 英寸（约 8 mm），短粗，头部可隐藏，呈黑色至深棕色。触角端部三节明显庞大 通常侵害硬木的边材部分。虫洞呈圆形，直径 3/32~9/32 英寸（约 2.5~7 mm） 虫屑为细粉或粗粉状，紧密堆积在虫道内 可多次危害木材，但很少见	长角甲虫/天牛	体长 1/3~2 英寸（8~50 mm），触角极长，颜色多样。眼睛呈肾状 虫洞呈椭圆或圆柱形，随种类不同而有区别 虫屑为粗锯屑状，堆积在虫道内 除家希天牛（只蛀蚀干燥软木）外，不会对木材造成多次危害
木匠蜂	体长 1 英寸（约 25 mm），有蓝色至紫黑色光泽的腹部。善于飞行盘旋，雄蜂之间常激烈追逐 主要危害无枝条的树枝和平直的木材 虫洞呈圆形，直径 1/2 英寸（约 13 mm） 虫道干净，虫屑为锯屑状，紧密堆积在虫道内 可多次危害木材	吉丁虫	体长 1/4~3/2 英寸（约 6~33 mm），呈扁平状；椭圆形眼睛，有金属光泽 虫洞为长椭圆形 虫道弯曲但平整 虫屑为锯屑状或球状 可多次危害木材 在砍伐木和干木中存活
木蚁	1/2~1 英寸（约 13~25 mm）长的黑色大蚂蚁。蚁道内部光滑，但不规则，沿着木材纹路延伸。蚁道内常有锯末状或其他昆虫的尸体	土栖白蚁	体长 1/4 英寸（约 8 mm），呈白色；有翼白蚁体长 1/4~1/2 英寸（约 8~13 mm），黑色，有透明翅膀。蚁道很窄，沿着木材纹路延伸，内部常有泥土

附录 5

博物馆虫害综合治理工作组：
危害藏品的昆虫及消杀方式

　　博物馆虫害综合治理工作组是一个由全球藏品管理者、保管员、昆虫学家和其他对在博物馆、图书馆、档案馆和其他收藏机构实施虫害综合治理问题感兴趣的专业人士组成的工作组，由美国自然历史博物馆（American Museum of Natural History）等支持机构主办，该组织每年举行一次国际会议。

　　以下是该组织针对遭受虫害的不同藏品发布的昆虫名录以及建议的消杀方法，原文为表格形式。[1]

---

[1] The MuseumPests Working Group (MPWG). Prevention—Assessing Collection Vulnerabilty[J/OL]. [2019-10]. https://museumpests.net/prevention-introduction/prevention-assessing-collection-vulnerability/.

1. 自然历史标本

自然历史标本包括：昆虫标本、干燥生物标本，以及剥制动物标本与棉花填充的鸟类标本。

1.1 昆虫标本

危害昆虫标本的昆虫主要有：

Anthrenus sarnicus（Guernsey carpet beetle）根西皮蠹

Anthrenus verbasci（varied carpet beetle）小圆皮蠹

Dermestes lardarius（larder beetle）火腿皮蠹

Lasiderma serricorne（cigarette beetle）烟草甲

Stegobium paniceum（drugstore beetle）药材甲

Thylodrias contractus（odd beetle）百怪皮蠹

Tribolium confusum（confused flour beetle）杂拟谷盗

Trogoderma spp.（warehouse beetle）花斑皮蠹

Tineola bisselliella（webbing clothes moth）幕衣蛾

Liposcelidae spp.（booklice）书虱

建议的杀灭方法是：低温冷冻处理；热处理；除氧剂处理；二氧化碳气调法处理；氮气/氩气气调法处理。

1.2 干燥生物标本

危害干燥生物标本的昆虫主要有：

Dermestes ater（black larder beetle）钩纹皮蠹

Dermestes lardarius（larder beetle）火腿皮蠹

Dermestes maculatus（hide beetle）白腹皮蠹

Necrobia rufipes（red legged ham beetle）赤足郭公虫

Stegobium paniceum（drugstore beetle）药材甲

Thylodrias contractus（odd beetle）百怪皮蠹

Trogoderma variabile（warehouse beetle）花斑皮蠹

建议的杀灭方法是：热处理；除氧剂处理；二氧化碳气调法处理；氮气/氩气气调法处理。

1.3 剥制动物标本与棉花填充的鸟类标本

危害以上材质的昆虫主要有：

Dermestes ater（black larder beetle）钩纹皮蠹

Dermestes lardarius（larder beetle）火腿皮蠹

Dermestes maculatus（hide beetle）白腹皮蠹

Trogoderma variabile（warehouse beetle）花斑皮蠹

Tineola bisselliella（webbing clothes moth）幕衣蛾

Mus domesticus（mouse）家鼠（小鼠）

建议的杀灭方法是：低温冷冻处理；热处理；除氧剂处理；二氧化碳气调法处理；氮气/氩气气调法处理。

2. 纤维素类物质

纤维素类物质包括四大类材料：木制品；植物性材料；纸，书，纸板；植物源性纺织品（亚麻、麻、棉、绳等）。

2.1 木制品

危害木制品的昆虫主要有：

Anobium punctatum（furniture beetle or woodworm）家具窃蠹

Dermestes ater（black larder beetle）钩纹皮蠹

Lyctidae spp.（true powderpost beetle）粉蠹虫

Xestobium rufovillosum（De Geer）（deathwatch beetle）报死窃蠹

建议的灭虫方法与处理方法是：低温冷冻处理；热处理；除氧剂处理；二氧化碳气调法处理；氮气/氩气气调法处理；外观检查与清洁处理。

2.2 植物性材料

植物体材料包括干燥的植物标本、篮筐、树皮布、纤维绳等。危害这类材质的昆虫主要有：

Lasiderma serricorne（cigarette beetle）烟草甲

Lyctidae spp.（true powderpost beetle）粉蠹虫

Ptinus tectus（spider beetle）澳洲蛛甲

Stegobium paniceum（drugstore beetle）药材甲

Tribolium confusum（confused flour beetle）杂拟谷盗

建议的灭虫方法与处理方法是：低温冷冻处理；热处理；除氧剂处理；二氧化碳气调法处理；氮气/氩气气调法处理；外观检查。

2.3 纸，书，纸板

危害纸/书/纸板的昆虫主要有：

Lasiderma serricorne（cigarette beetle）烟草甲

Ptinus tectus（spider beetle）澳洲蛛甲

Lepisma saccharina（silverfish）蠹鱼，衣鱼

Perilaneta americana（American cockroach）美洲大蠊

建议的灭虫方法与处理方法是：低温冷冻处理；热处理；除氧剂处理；二氧化碳气调法处理；氮气/氩气气调法处理；外观检查。

2.4 植物源性纺织品（亚麻、麻、棉、绳等）

一般说来，昆虫是不会侵扰洁净的植物源性纺织品的。若这些制品在制作过程中上过浆，就可能会遭到衣鱼、家衣鱼（firebrats）以及蟑螂的侵害。若这些制品被蛋白质类残留物玷污，就可能会遭到攻击羊毛和皮制品的昆虫的侵扰。

建议的灭虫方法是：低温冷冻处理；热处理；除氧剂处理；二氧化碳气调法处理；氮气/氩气气调法处理。

3. 含蛋白质类材料

含有蛋白质的材料包括三大类：毛织品，羽毛，角类，羽毛管，毛发，毛皮，鲸须；皮革/兽皮（及皮胶）/皮张，筋绳索；以羊毛和丝绸为基础的纺织品。

3.1 毛织品，羽毛，角类，羽毛管，毛发，毛皮，鲸须

危害以上材质的昆虫主要有：

Anthrenus sarnicus（Guernsey carpet beetle）根西皮蠹

Anthrenus verbasci（varied carpet beetle）小圆皮蠹

Dermestes lardarius（larder beetle）火腿皮蠹

Ptinus tectus（spider beetle）澳洲蛛甲

Thylodrias contractus（odd beetle）百怪皮蠹

Tineola bisselliella（webbing or common clothes moth）幕衣蛾

Tinea pellionella（casemaking clothes moth）袋衣蛾

Perilaneta americana（American cockroach）美洲大蠊

建议的灭虫方法是：热处理；除氧剂处理；二氧化碳气调法处理；氮气/氩气气调法处理。

3.2 皮革/兽皮（及皮胶）/皮张，筋绳索

危害以上材质的昆虫主要有：

Anthrenus sarnicus（Guernsey carpet beetle）根西皮蠹

Anthrenus verbasci（varied carpet beetle）小圆皮蠹

Dermestes lardarius（larder beetle）火腿皮蠹

Dermestes maculatus（hide beetle）白腹皮蠹

Ptinus tectus（spider beetle）澳洲蛛甲

Stegobium paniceum（drugstore beetle）药材甲

Trogoderma variabile（warehouse beetle）花斑皮蠹

建议的灭虫方法是：低温冷冻处理；除氧剂处理；二氧化碳气调法处理；氮气/氩气气调法处理。

3.3 以羊毛和丝绸为基础的纺织品

Dermestes lardarius（larder beetle）火腿皮蠹

Dermestes maculatus（hide beetle）白腹皮蠹

Anthrenus verbasci（varied carpet beetle）小圆皮蠹

Lasiderma serricorne（cigarette beetle）烟草甲

Thylodrias contractus（odd beetle）百怪皮蠹

Tineola bisselliella（webbing or common clothes moth）幕衣蛾

Tinea pellionella（case-making clothes moth）袋衣蛾

建议的灭虫方法是：低温冷冻处理；热处理；除氧剂处理；二氧化碳气调法处理；氮气/氩气气调法处理。

4. 历史建筑构件

历史建筑构件分为6个部分：木结构，隔热材料，墙纸和胶粘剂，灰泥，木质地板和地板缝隙，阁楼/顶楼。

4.1 木结构

危害木结构的昆虫主要有：

Anobium punctatum（furniture beetle or woodworm）家具窃蠹

Dermestes lardarius（larder beetle）火腿皮蠹

Lyctidae spp.（true powderpost beetle）粉蠹

Xestobium rufovillosum（De Geer）（deathwatch beetle）报死窃蠹

Reticulitermes flavipes（subterranean termites）地白蚁/土栖白蚁

Camponotus pennsylvanicus（carpenter ants）木蚁

Xylocopa violacea（carpenter bees）木蜂

建议的灭虫方法是：低温冷冻处理；热处理；除氧剂处理；二氧化碳气调法处理；氮气/氩气气调法处理；外观检查。

4.2 隔热材料

危害隔热材料的昆虫主要有：

Perilaneta americana（American cockroach）美洲小蠊

Lepisma saccharina（silverfish）衣鱼

Liposcelidae spp.（booklice or psocids）书虱

建议的灭虫方法是：去湿（空调系统）。

4.3 墙纸和胶粘剂

危害墙纸和胶粘剂的昆虫主要有：

Perilaneta americana（American cockroach）美洲小蠊

Lepisma saccharina（silverfish）衣鱼

建议的处理方法是：清洁；外观检查。

4.4 灰泥

危害灰泥的昆虫主要有：

Ahasverus advena（foreign grain beetle）米扁虫

Latridiidae spp.（plaster beetle）薪甲科灰甲虫

Liposcelidae spp.（booklice or psocids）书虱

建议的灭虫方法是：去湿（空调系统）。

4.5 木质地板和地板缝隙

危害木质地板和地板缝隙的昆虫主要有：

Anthrenus verbasci（varied carpet beetle）小圆皮蠹

Lasiderma serricorne（cigarette beetle）烟草甲

Ptinus tectus（spider beetle）澳洲蛛甲

Stegobium paniceum（drugstore beetle）药材甲

Hofmannophila pseudospretella（brown house moth）褐家蛾

Tinea pellionella（casemaking clothes moth）袋衣蛾

Tineola bisselliella（webbing or common clothes moth）幕衣蛾

建议的处理方法是：外观检查；清洁；干燥剂。

4.6 阁楼 / 顶楼

在阁楼上发现的昆虫主要有：

Anobium punctatum（furniture beetle or woodworm）家具窃蠹

Dermestes lardarius（larder beetle）火腿皮蠹

Lyctidae spp.（true powderpost beetle）粉蠹

Xestobium rufovillosum（De Geer）（deathwatch beetle）报死窃蠹

Lepisma saccharina（silverfish）衣鱼

Rattus norvegicus（Norway rat）褐家鼠

Bats 蝙蝠

Birds 鸟，如家麻雀

建议的灭虫方法是：外观检查；清洁；干燥剂与除湿（空调系统）。

5. 美术材料

美术材料分为三大类：油画、木版画与纸面作品。

5.1 油画

通常不容易受到昆虫的攻击。

建议的处理方法：外观检查。

5.2 木版画

危害木版画的昆虫主要有：

Anobium punctatum（furniture beetle or woodworm）家具窃蠹

Dermestes lardarius（larder beetle）火腿皮蠹

Lyctidae spp.（true powderpost beetle）粉蠹

建议的灭虫与处理方法是：热处理；除氧剂处理；二氧化碳气调法处理；氮气/氩气气调法处理；外观检查。

5.3 纸面作品
危害纸面作品的昆虫主要有：

Lasiderma serricorne（cigarette beetle）烟草甲

Ptinus tectus（spider beetle）澳洲蛛甲

Perilaneta americana（American cockroach）美洲小蠊

Lepisma saccharina（silverfish）衣鱼

建议的灭虫与处理方法是：缺氧灭虫以及外观检查。

6. 储存和运输组件
储存和运输组件分为两个部分：胶合板与尚未使用过的木材，非档案纸板、衬纸。其中，胶合板与尚未使用过的木材没有统计数据。

非档案纸板、衬纸
危害非档案纸板、衬纸的昆虫主要有：

Anthrenus verbasci（varied carpet beetle）小圆皮蠹

Lepisma saccharina（Linnaeus）衣鱼

Thermobia domestica（firebrat）斑衣鱼

Lasiderma serricorne（cigarette beetle）烟草甲

建议的灭虫与处理方法是：低温冷冻处理；热处理；除氧剂处理；二氧化碳气调法处理；氮气/氩气气调法处理。

7. 新建筑构件

隔热层板

危害隔热层板的昆虫主要有：

Anobium punctatum（furniture beetle or woodworm）家具窃蠹

Dermestes lardarius（larder beetle）火腿皮蠹

Lyctidae spp.（true powderpost beetle）粉蠹

Xestobium rufovillosum（De Geer）（deathwatch beetle）报死窃蠹

建议的灭虫与处理方法是：低温冷冻处理；热处理；除氧剂处理；二氧化碳气调法处理；氮气/氩气气调法处理。

附录 6

加拿大文化遗产保护研究所技术公报：材料、物品及常见有害昆虫

　　加拿大文化遗产保护研究所（Canadian Conservation Institute，CCI）在渥太华持续出版技术简报，作为向全世界文物策展人和保护工作者以及收藏护理专业人员传播利用现有技术保护藏品的原则与手段。到2021年元月共发布30多份技术公报，这些技术公报都是与保护藏品实践工作相关且有用的知识与信息，有助于文物专业人员和保护工作者保护他们的藏品。本附录译自第29号技术公报[1]，共报告了7大类材料的常见昆虫及其危害。

---

[1] Tom Strang, Rika Kigawa. Technical Bulletin No. 29（Pests Cultural Heritage Conservation）[M]. Ottawa：Canadian Conservation Institute, 2009 :5-7.

1. 被危害的材料及相关昆虫

1.1 纤维素材料：木材、架上藏书
危害的状况：在书芯、木器与家具上钻孔，被钻孔的木结构变弱。

常见的昆虫：危害结构性木材的昆虫有粉蠹（仅危害硬木）、窃蠹、天牛、木蚁、白蚁。另外，在腐烂的木材和潮湿的户外木材中发现了各种各样的蛀木虫。

1.2 纤维素材料：纸张表面
危害的状况：啃食书籍封面、艺术品、信件、墙纸和绝缘材料。

常见的昆虫：衣鱼，蟑螂，书虱。

1.3 植物纤维和花朵部位、叶片和树皮部分
危害对象：植物标本室标本、篮子、绳索和粗纤维制品。

常见的昆虫：烟草甲，药材甲，里斯皮蠹，蛛甲。

1.4 淀粉质材料
危害的状况：在储藏的种子和谷物上钻孔，粘贴接缝处被损坏。

常见的昆虫：象鼻虫，印度谷螟，蟑螂，衣鱼。

1.5 角蛋白：毛发、毛皮、爪、角和鲸须/鲸骨
危害的状况：使裘皮服装、发绣、毛饰物和自然历史标本剥离。

常见的昆虫：衣蛾和皮蠹。

1.6 胶原蛋白：皮革、兽皮和羊皮纸
被损坏的代表性物品：服装，筋绳，袋子，鼓皮，胶水接头，以及书籍装订材料。

常见的昆虫：多种皮蠹，通常是圆皮蠹属和毛皮蠹属，百怪皮蠹和蛛甲。

1.7 发霉和潮湿的物体

危害的状况：在发霉的档案纸、艺术品上发现擦痕。

常见的昆虫：啮虫/书虱和姬薪虫科的灰泥甲虫。

2. 主要昆虫及其相关的诊断标志

2.1 粉蠹虫

拉丁文学名：*Lyctus brunneus*

英文俗名：powder post beetles

存在性指标和特性：在木材上留下小圆孔以及粉状蛀屑与虫屎。粉蠹虫成虫是褐色小虫，只攻击硬木。在加拿大普遍存在，是一个常见问题。

2.2 家具窃蠹，烟草甲，药材甲

拉丁文学名：*Anobium punctatum*，*Lasioderma serricorner*，*Stegobium paniceum*

英文俗名：furniture beetle，cigarette beetle，drugstore beetle

存在性指标和特性：在木材上留下小圆孔和颗粒状蛀屑与虫屎。

2.3 家希天牛

拉丁文学名：*Hylotrupes bajulus*

英文俗名：longhom beetles，old house borer

存在性指标和特性：将木材蛀空并留下椭圆形孔。是加拿大的一种天牛属（*Cerambycid* spp.）的木材昆虫。

2.4 黑尾拟天牛

拉丁文学名：*Nacerdes melanura*

英文俗名：wharf borer

存在性指标和特性：黑尾拟天牛是在加拿大文物遗址中发现的，与潮湿的木材或木材厂的废料有关。

2.5 吉丁虫

拉丁文学名：*Buprestis aurulenta*

英文俗名：flathead borer

存在性指标和特性：在历史遗迹和收藏品的木材上，有时也会在多年前被砍伐的木材上，发现大的椭圆形木材孔，并冒出金属色的小蠹虫。它们不太可能对这些材料进行再次危害。

2.6 白腹皮蠹，皮蠹

拉丁文学名：*Anthrenus verbasci*，*Thylodrias contractus*，*Attagenus unicolor*，*Anthrenus scrophulariae*

英文俗名：hide beetles, carpet beetles

存在性指标和特性：最常见的危害藏品的昆虫之一。在毛皮、羽毛上可以发现带有褐色条纹的毛茸茸的幼虫和皮蜕，或是看到幼虫在爬动，在抽屉底部可以看到松散的刚毛以及蛀屑堆。

2.7 幕衣蛾，袋衣蛾

拉丁文学名：*Tineola bisselliella*，*Tinea pellionella*

英文俗名：webbing clothes moths, casemaking clothes moths

存在性指标和特性：在物体表面结网或附有扁平虫茧的白色且细小的幼虫，会在羊毛织物上留下沟渠或孔洞。在历史藏品中很常见，而且极具破坏性。谷蛾科的成虫是白色且带有条纹翅膀的小蛾子，有时会与印度菜蛾混淆，但后者的翅膀为紫铜色。

2.8 衣鱼

拉丁文学名：*Lepisma saccharina*

英文俗名：silverfish

存在性指标和特性：衣鱼的成虫与若虫会啃伤纸张表面并留下参差不齐的粗糙的虫孔。衣鱼有两根不断扫荡的触角和三根尾毛。

2.9 德国小蠊

拉丁文学名：*Blatella germanica*

英文俗名：German cockroach

存在性指标和特性：若虫和成虫是棕色的，胸部有两道深色条纹。德国小蠊繁殖能力很强，它们聚集在食物上，最喜欢吃淀粉，对有淀粉糊的物品极具伤害性。

2.10 书虱

拉丁文学名：*Liposcelis* spp.

英文俗名：book louse

存在性指标和特性：微小，半透明，球根状的腹部，通常无翅，通常在纸上啃食微生物的污垢。书虱喜欢潮湿的环境，但也可以在干燥的地方漫游几周。书虱的存在是对高湿度环境的警告。

2.11 木蚁

拉丁文学名：*Camponotus pennsylvanicus*，*Camponotus herculeanus*，*Camponotus modoc*

英文俗名：carpenter ants

存在性指标和特性：常在春季出没，会把腐烂的树木或木材挖空，喷出像锯屑一样的碎渣，它是严重危害历史建筑物上木材的昆虫。

2.12 白蚁

拉丁文学名：*Reticulitermes flavipes*，*Reticulitermes hesperus*

英文俗名：termites

存在性指标和特性：白蚁在地下活动，其幼虫在地下打造隧道。散白蚁的成虫像蚂蚁一样，可以飞行，但与蚂蚁相比，白蚁的"腰"更粗。

附录 7

美国费城博物馆：昆虫对藏品的影响

本附录表4-6译自费城博物馆关于昆虫鉴定与防治部分，它概述了可能被藏品所吸引的各类昆虫和易受虫损的藏品种类[1]。

表 4-6　常见昆虫及高危藏品

	昆虫种类	对藏品的影响
织物害虫	短角褐毛皮蠹的幼虫和成虫	幼虫可造成纺织品、毛皮、羽毛、动物源性纤维制成的任何物品的损坏 相关虫种：小圆皮蠹、丽黄圆皮蠹以及地毯圆皮蠹
	衣蛾（幼虫和成虫）	幼虫会对羊毛衣服和羊毛物品造成损害，如羽毛帽、毛玩具、毛刷、纺织品和壁挂 相关虫种：袋衣蛾和幕衣蛾

---

[1] Philadelohia Museum of Art. What are the Effects from Exposure to Pests in a Museum's Collection?[EB/OL]. [2022]. https://www.philamuseum.org/conservation/10.html?page=5.

续表

	昆虫种类	对藏品的影响
木制品害虫	褐粉蠹	易被虫损的物品：木制品，木框架，家具，工具手柄，书籍，玩具，竹子，地板，建筑木材
	干木白蚁	易被虫损的物品：各种木制物品
仓储害虫	烟草甲	易被虫损的物品：书籍，干植物（植物标本）和种子
	药材甲	易被虫损的物品：书籍和手稿，还有豆类和香料
湿气害虫	霉菌，真菌	易生霉的物品：木材，纺织品，书籍，纸制品，纺织品，昆虫标本
	书虱	易被虫损的物品：干燥的植物，植物标本，昆虫标本，手稿，纸板箱，亚麻，麻，黄麻或亚麻填充的家具
	衣鱼	易被虫损的物品：纸张，纸制品和纺织品（棉或人造丝），墙纸上的胶水背衬 相关虫种：家衣鱼（firebrats）

附录 8

危害藏品的昆虫分布

本附录的两个作者均为昆虫学博士，并在希腊塞萨利大学（University of Thessaly, Greece）担任昆虫学教授，Christos G. Athanassiou 博士在昆虫学和作物保护方面有20多年的经验，Frank H.Arthur 博士在仓储产品昆虫学方面有超过31年的研究经验。本附录摘译了二人合著的 *Museum Pests—Cultural Heritage Pests* 一书中关于危害藏品昆虫的统计[1]。

---

[1] Athanassiou C G, Arthur F H. Museum Pests—Cultural Heritage Pests[M].Berlin：Springer,2018:229-260.

表 4-7　危害木材的昆虫

虫名	分布	
鞘翅目	南美	欧洲
家具窃蠹　*Anobium punctatum*，furniture beetle/woodworm	+	+
天牛　*Callidium violaceum*，longhorned beetle		+
竹蠹　*Dinoderus minutus*，bamboo powderpost beetle	+	
家茴天牛　*Hylotrupes bajulus*，old house borer/house longhorn	+	+
褐粉蠹　*Lyctus brunneus*，powderpost beetle	+	+
栎粉蠹　*Lyctus linearis*，powderpost beetle	+	+
浓毛窃蠹　*Nicobium castaneum*，library beetle		+
胡氏五节象　*Pentarthrum huttoni*，wood boring weevil	+	+
报死窃蠹　*Xestobium rufovillosum* (De Geer)，death watch beetle	+	+
等翅目		
短白蚁　*Cryptotermes brevis*，drywood termite		+
黄颈木白蚁　*Kalotermes flavicollis*，yellow-necked drywood termite		+
欧洲散白蚁　*Reticulitermes lucifugus*，sub-terranean termite/destructive，European termite	+	+

表 4-8　危害纺织品和自然历史标本的昆虫

虫名	分布	
鞘翅目	南美	欧洲
丽黄圆皮蠹　*Anthrenus flavipes*，furniture carpet beetle	+	+
小圆皮蠹　*Anthrenus verbasci*，varied carpet beetle	+	+
标本圆皮蠹　*Anthrenus museorum*，museum beetle		+
根西皮蠹　*Anthrenus sarnicus*，Guernsey carpet beetle		+
二星毛皮蠹　*Attagenus pellio*，two-spotted carpet beetle		+
斯氏毛皮蠹　*Attagenus smirnovi*，brown carpet beetle/vodka beetle		+
短角褐毛皮蠹　*Attagenus unicolor*，black carpet beetle	+	+

续表

虫名		分布	
火腿皮蠹	*Dermestes lardarius*，larder beetle		+
秘鲁皮蠹	*Dermestes peruvianus*，Peruvian hide beetle	+	+
白腹皮蠹	*Dermestes maculatus*，leather beetle	+	+
里斯皮蠹	*Reesa vespulae*，museum nuisance	+	+
百怪皮蠹	*Thylodrias contractus*，odd beetle		+
长斑皮蠹	*Trogoderma angustum*，Berlin beetle		+
鳞翅目			
幕衣蛾	*Tineola bisselliella*，webbing clothes moth	+	+
袋衣蛾	*Tinea pellionella*，case-making clothes moth	+	+
毛毡衣蛾	*Trichophaga tapetzella*，carpet moth/tapestry moth	+	+

表 4-9 危害藏品的一般昆虫

虫名		分布	
		南美	欧洲
蜚蠊目			
德国小蠊	*Blattella germanica*，German cockroach	+	+
东方小蠊	*Blatta orientalis*，oriental cockroach	+	+
美国小蠊	*Periplaneta americana*，American cockroach	+	+
鞘翅目			
烟草甲	*Lasioderma serricorne*，cigarette beetle	+	+
黄蛛甲	*Niptus hololeucus*，golden spider beetle	+	+
澳洲蛛甲	*Ptinus tectus*，Australian spider beetle	+	+
药材甲	*Stegobium paniceum*，drugstore beetle/biscuit beetle		+
鳞翅目			
褐家蛾	*Hofmannophila pseudospretella*，brown house moth	+	+
白肩家蛾	*Endrosis sarcitrella*，white-shouldered house moth	+	+

续表

虫名	分布	
缨尾目		
衣鱼　*Lepisma saccharina*，silverfish	+	+
斑衣鱼　*Thermobia domestica*，firebrat	+	+
啮虫目		
嗜卷书虱　*Liposcelis bostrychophila*，common booklouse	+	+
尘虱　*Trogium pulsatorium*，deathwatch booklouse	+	+

附录 9

台湾史前文化博物馆：危害文物的昆虫的特点及危害

本附录摘自台湾史前文化博物馆的电子报《虫虫危机篇》中关于有害藏品的昆虫特点的内容。[1]

表 4-10　危害文物的昆虫的特点及危害

昆虫	生态习性	危害特征	危害期
衣鱼	喜生活于高温处，主要以糖类如淀粉、糊精为食，其他如钙粉、人造纤维、釉纸、昆虫尸体的蛋白质、壁纸的黏胶、纸张及书的装订线、人造丝及棉麻等也是它们的食物	排遗物、文物上的蚀痕	若虫期及成虫期

---

[1] 台湾史前文化博物馆. "公开的密室"文物典藏环境因子（三）虫虫危机篇 [N]. 史前馆电子报，2009（第 159 期），博物馆频道.

续表

昆虫	生态习性	危害特征	危害期
烟草甲	主要以纸张、书籍、木制品、昆虫标本、皮制品、植物标本、丝制品等为食	文物上的污痕与蚀痕	幼虫期，但常看到成虫
衣蛾	成虫将卵产在皮毛、羽毛、皮制品、毛或污秽的丝绸上，幼虫会吐丝作茧，两端开口供取食及行动。特别喜爱沾有食物或其他污物的纺织品，衣领或衣服折叠处常可见到其踪迹	在纺织品纤维上取食或蛀洞、筒巢、幼虫、脱落的毛发	幼虫期
皮蠹（鲣节虫）	以动物性纤维、动物标本、皮革制品等为食	皮毛脱落、幼虫蜕皮、趋光的成虫	幼虫期
档案窃蠹	以纸质、合板、纤维板、纸箱等为食	紫红色成虫	幼虫期
竹粉蠹	以竹材为食	蛀孔、木粉、幼虫或成虫	幼虫期及成虫期
粉蠹虫	以木制品、竹材等为食	蛀孔、木粉	幼虫期及成虫期
药材甲	以植物标本、昆虫标本、皮革制品、书籍等为食	蛀孔、排遗物	幼虫期或成虫期
白蚁	以木制品、竹材、书籍等为食	蛀洞、蚁土、排遗物、蚁道、工蚁或生殖蚁、脱落的翅膀	若虫期及成虫期
蟑螂	杂食性昆虫，多以含糨糊的书籍、被污染的书画装裱物、纸张、织品、皮制品等为食，尤其嗜好淀粉及糖类	排遗物、卵鞘、幼虫或成虫、文物上的污痕、食痕	若虫期及成虫期

附录 10

英国东南博物馆：某些昆虫的特征与鉴别

本附录摘译自英国东南博物馆（South East Museum）文物保护项目中危害藏品的昆虫特点与鉴别部分[1]，该项目是英国皇家馆和博物馆信托基金（RPMT）与查塔姆历史船坞信托基金、牛津郡博物馆管理局和汉普郡文化信托基金合作，领导英格兰艺术委员会（ACE）在英国东南博物馆开发的。

1. 蛀木虫类

（1）报死窃蠹 *Xestobium rufovillosum*（De Geer）

英文俗名：death watch beetle
- 尺寸：成虫长 6~9 mm。
- 食物来源：通常是硬木（橡木和榆木）和软木。

---

[1] South East Museum. Pest Identification and Management[J/OL]. https://southeastmuseums.org/wp-content/uploads/PDF/Pest_management_presentation_25_Nov.pdf.

- 生存环境：黑暗和潮湿的条件（75% RH 以上）。
- 危害状：幼虫会钻穿木材并留下圆形颗粒状的碎屑，成虫的飞行孔直径为 3 mm。雄性成虫会用会头部敲击木头产生振动以吸引配偶。

（2）家具窃蠹 *Anobium punctatum*（De Geer）

英文俗名：Furniture beetle
- 尺寸：成虫长 3~5 mm。
- 食物来源：除取食完好心材外的大多数木材，有时也取食潮湿的木浆纸书籍。
- 生存环境：黑暗和潮湿的条件（60% RH 以上）。
- 危害状：幼虫会钻穿木材并留下粗砂状排遗物，这类排遗物为类似"小麦粒"状的碎屑。成虫的飞行孔直径为 1.5~2 mm。幼虫可在化蛹前存活 3~5 年。

（3）钻木象鼻虫 *Euophryum* sp.

英文俗名：wood-boring weevils 或 wood weevil
- 尺寸：成虫长 2~3 mm，圆柱形，黑色。
- 食物来源：潮湿的木头。
- 生存环境：黑暗和潮湿条件（60% RH 以上）。
- 危害状：成虫出口孔直径为 1 mm，木材表面看起来受到侵蚀且蚀痕不规则。

2. 蛾类

（1）幕衣蛾 *Tineola bisselliella*

英文俗名：webbing clothes moths
- 尺寸：成虫和幼虫长 8~10 mm。
- 幼虫的食物来源：纺织品和动物标本。
- 生存环境：黑暗和温暖的条件。
- 危害状：幼虫会将丝网缠绕在它所吃的材料上，并留下坚硬、不透明的颗粒状碎屑。

（2）袋衣蛾 *Tinea pellionella*

英文俗名：case-bearing clothes moths
- 尺寸：成虫和幼虫长 8~10 mm。
- 幼虫的食物来源：纺织品和动物标本。
- 生存环境：黑暗和温暖的条件。
- 危害状：幼虫在自己周围旋转制成茧壳，其茧壳末端敞开；它取食并穿过材料时会留下虫洞与侵扰痕迹，即留下坚硬、不透明的小球状排遗物。

（3）白肩家蛾 *Endrosis sarcitrella* 与褐家蛾 *Hofmannophila pseudospretella*

英文俗名：white-shouldered house moths（白肩家蛾），brown house moths（褐家蛾）
- 尺寸：成虫长 8~10 mm。
- 幼虫的食物来源：潮湿的羊毛、毛皮、羽毛、皮类。
- 生存环境：黑暗和温暖的条件。
- 危害状：很少危害干净和干燥的纺织品。

3. 甲虫类

（1）根西皮蠹，小圆皮蠹，斯氏毛皮蠹，二星毛皮蠹

根西皮蠹 *Anthrenus sarnicus* Mroczkowski，英文俗名：Guernsey carpet beetle

小圆皮蠹 *Anthrenus verbasci*（Linnaeus），英文俗名：varied carpet beetle

斯氏毛皮蠹 *Attagenus smirnovi* Zhantiev，英文俗名：Vodka beetle

二星毛皮蠹 *Attagenus pellio* Linnaeus，英文俗名：two-spotted carpet beetle

- 尺寸：成虫长 3~5 mm，表面毛茸茸的，像蜘蛛一样。
- 食物来源：范围广泛的植物和动物碎屑；被感染的纸和木头；昆虫类标本、动物皮毛、干燥的植物和纺织品。
- 生存环境：可以忍受低于 10℃ 的低温，温暖环境下一年可发生 2 代。
- 危害状：幼虫在球状丝茧内化蛹前，会在坚硬的材料上钻孔。

（2）药材甲 *Stegobium paniceum*（Linnaeus）

英文俗名：biscuit beetle
- 尺寸：成虫长 2~3 mm，呈红棕色；幼虫呈白色且弯曲。
- 食物来源：硬干植物材料，包括饼干、烟草、坚果、纸浆，以及干植物和动物标本。
- 生存环境：温暖潮湿的条件。
- 危害状：幼虫在材料内部形成虫道，其成虫的出口孔整齐而圆。

（3）烟草甲 *Lasioderma serricorne*（Fabricius）

英文俗名：cigarette beetle
- 尺寸：成虫长 2~3 mm，呈红棕色；幼虫是白色的、弯曲的。
- 食物来源：各种干燥植物材料（包括烟草）和动物蛋白（即冻干动物）。
- 生存环境：最常见于热带/亚热带气候，但也在英国的供暖建筑中发现。
- 危害状：幼虫在材料内部形成虫道，其成虫的飞行孔整齐而圆。

4. 啃食类昆虫

（1）衣鱼 *Lepismatidae*

英文俗名：silverfish
- 尺寸：成虫长 10~15 mm，有鳞且无翅。
- 食物来源：胶水和墨水字迹等表面的微小霉菌。
- 生存环境：黑暗和潮湿的条件（70% RH 以上）。
- 危害状：纸张表面出现粗糙、刮擦和擦伤的区域。

（2）书虱 *Loposcelis*

英文俗名：booklice
- 尺寸：成虫长度不到 1 mm；无翅昆虫，无雄性或雌性的区分。
- 食物来源：物品（例如面粉、纸和纸板）表面上的微小霉菌。
- 生存环境：黑暗和潮湿的条件（高于 60% RH）。
- 危害状：擦伤书籍和纸张的表面，压扁的虫体会弄脏被害物并滋生霉菌。

附录 11

低氧灭虫参数

本附录列出了3个具有影响力的研究报告,其相关数据对低氧灭虫时间具有重要的参考价值。

1. 盖蒂保护研究所推荐的相关参数

表4-11提供的低氧灭虫参数是基于盖蒂保护研究所实践的数据记录[1]。

---

[1] Selwitz C, Maekawa S. Inert Gases in the Control of Museum Insect Pests[M]. the United States of America:The Getty Conservation Institute, 1998 :12.

表 4-11 100% 杀死博物馆常见昆虫所有生命阶段的最短时间

昆虫	氧气浓度 / %	气调气体	温度 / ℃	相对湿度 / %	时间 / h
美洲大蠊	<0.1	氮气	25	55	120
短角褐毛皮蠹	0.03	氮气	30	40	72
	0.03	氩气	30	40	48
书甲虫	0.03	氮气	30	40	72
	0.03	氩气	30	40	48
褐带皮蠊	<0.1	氮气	25	40	72
皮蠹	<0.1	氮气	25	55	120
烟草甲	0.42	氮气	30	65~70	168
	<0.1	氮气	25	55	192
	0.03	氮气	30	40	144
	0.03	氩气	30	40	96
杂拟谷盗	<0.1	氮气	25	55	96
药材甲	0.03	氮气	30	40	144
	0.03	氩气	30	40	96
	0.42	氮气	30	65~70	168
干木白蚁	1.0	氮气	22	40	360
家衣鱼	<0.1	氮气	25	40	48
果蝇	0.5	氮气	30	75	80
家具窃蠹	0.03	氮气	30	40	168
	0.03	氩气	30	40	120
丽黄圆皮蠹	<0.1	氮气	25	55	72
德国小蠊	<0.1	氮气	25	55	24
火腿皮蠹	<0.1	氮气	25	55	96
长角天牛	0.03	氮气	30	40	240
	0.03	氩气	30	40	168
粉蠹虫	0.03	氮气	30	40	120
	0.03	氩气	30	40	72
	<0.1	氮气	25	55	120
	0.42	氮气	30	65~70	168
米象	1.0	氮气	20	12	1 000
	1.0	氮气	26	12	500
小圆皮蠹	0.42	氮气	30	65~70	168
袋衣蛾	<0.1	氮气	25	55	96
	0.42	氮气	30	65~70	168
干木切白蚁	<0.1	氮气	25	55	96

2. 韩国研究人员总结的低氧灭虫相关参数

表4-12来自韩国研究人员对相关文献的总结，表中数据来源于以下三部研究文献：

① Rust M，Kennedy J. The Getty Conservation Institute Scientific Program Report[M]. USA:Getty Conservation Institute，1993.

② Kigawa R，Miyazawa Y，Yamano K，et al. Practical Protocols of Low Oxygen Atmosphere and Carbon Dioxide Treatments for Eradication of Japanese Museum Insects [J]. Bunkazaihozonshuhukugakaisi，2001:73-86.

③ Maekawa S，Elert K. The Use of Oxygen-Free Environments in the Control of Museum Insects Pests[M]. USA:The Getty Conservation Institute，2003.

表4-12 低氧气调法推荐的灭虫时间[①]

虫名		灭虫时间／天				
拉丁文学名	中文俗名	55% RH，氧气浓度0.1%	55% RH，氧气浓度0.2%		55% RH，氧气浓度0.3%	
		25.5℃	25℃	30℃	20℃	25℃
Lasioderma serricorne	烟草甲	8	-	21	22	14
Stegobium paniceum	药材甲	-	-	21	-	-
Nicobium castaneum	浓毛窃蠹	-	-	21	-	-
Gastrallus immarginatus	蛀书虫	-	-	21	-	-
Lyctus brunneus	褐粉蠹	6	-	21	14	10
Anthrenus flavipes	丽黄圆皮蠹	3	-	-	7	5
Trogoderma inclusum	红斑皮蠹	5	-	-	14	10
Dermestes lardarius	火腿皮蠹	4	-	-	7	5
Attagenus japonicus	日本黑皮蠹	-	14	7	-	-
Anthrenus verbasci	小圆皮蠹	-	14	7	-	-
Tribolium confusum	杂拟谷盗	-	-	-	10	7
Tineola bisselliella	幕衣蛾	4	7	-	7	5

---

① Joonsuk Oh. Anoxia Techniques to Eradicate Insects for Conservation of Cultural Properties in Museums [J]. Journal of Conservation Science, 2011(2): 231-241.

续表

虫名		灭虫时间/天				
拉丁文学名	中文俗名	55% RH，氧气浓度0.1%	55% RH，氧气浓度0.2%		55% RH，氧气浓度0.3%	
		25℃	25℃	30℃	20℃	25℃
Tinea translucens		-	7	-	-	-
Thermobia domestica	家衣鱼	2	7	-	7	5
Ctenolepisma villosa	毛衣鱼	-	7	-	-	-
Periplaneta americana	美洲大蠊	5	4	7	14	10
Supella longipalpa	褐带蜚蠊	3	-	-	10	7
Blattella germanica	德国小蠊	1	7	-	5	4
Incisitermes minor	西方干木白蚁	4	-	-	11	8
Reticulitermes speratus	日本白蚁	-	7	-	-	-
Liposcelis bostrychophilus	嗜卷书虱	-	7		33	29

3. 韦洛西（VELOXY）公司提出的低氧气调灭虫时间建议

表4-13来自韩国学者引用的研究报告，该项研究属欧盟资助的拯救艺术研究活动，由RGI三维生物技术公司下属的韦洛西（VELOXY）公司承担，利用VELOXY系统（极低氧）低氧气调灭虫提出的灭虫时间建议。

表4-13　氮气调低氧灭虫时间推荐[①]

昆虫种类	氧气浓度/%	温度/℃	湿度/%	灭虫时间/天
希天牛属	0.005	20	30~60	24
		25		14
		20	60~80	40
		25		30

[①] Joonsuk Oh. Anoxia Techniques to Eradicate Insects for Conservation of Cultural Properties in Museums[J]. Journal of Conservation Science, 2011(2):231-241.

续表

昆虫种类	氧气浓度 / %	温度 / ℃	湿度 / %	灭虫时间 / 天
窃蠹属，烟草甲，褐粉蠹，毛窃蠹属，报死窃蠹，圆皮蠹属，毛皮蠹属	0.03	20	35~60	20
		25		15
		20	60~80	30
		25		15
小蠊属，大蠊属	0.2	20	35~60	14
		25		5
		20	60~80	25
		25		10
拟谷盗属	0.1	20	35~60	28
		25		14
		20	60~80	30
		25		20
皮蠹属，斑皮蠹属	0.1	20	35~60	30
		25		18
		20	60~80	20
		25		45
幕谷蛾属	0.2	20	35~60	14
		25		16
		20	60~80	25
		25		15
粉啮虫属	0.3	20	35~60	15
		25		8
		20	60~80	20
		25		28

参考文献

这里所列的参考文献仅包含著作、学位论文、论文集、会议录以及期刊与报纸，其他电子文献请关注页下注。

一、中文文献

1. 著作

[1] 国家档案局档案科学技术研究会.新档案保护技术实用手册[M].北京：中国文史出版社，2013.

[2] 刘家真.古籍保护原理与方法[M].北京：国家图书馆出版社，2015.

[3] 肖学福，周朝霞主编.车辆装备封存技术[M].北京：国防工业出版社，2013.

[4] 李隆术，朱文炳.储藏物昆虫学[M].重庆：重庆出版社，2009.

[5] 张生芳，施宗伟，薛光华，等.储藏物甲虫鉴定[M].北京：中国农业科技出版社，2004.

[6] 李照会主编.农业昆虫鉴定[M].北京：中国农业出版社，2002.

[7] 白旭光主编.储藏物害虫与防治[M].北京：科学出版社，2002.

[8] 张生芳，刘永平，武增强.中国储藏物甲虫[M].北京：中国农业科技出版社，

1998.

[9] 刘永平, 张生芳. 中国仓储品皮蠹害虫 [M]. 北京: 农业出版社, 1988.

[10] 李鸿兴, 隋敬之, 周士秀, 等. 昆虫分类检索 [M]. 北京: 农业出版社, 1987.

[11] 陈启宗, 黄建国. 仓库昆虫图册 [M]. 北京: 科学出版社, 1985.

[12] 冯惠芬, 李景仁, 赵秉中. 档案图书害虫及其防治 [M]. 北京: 档案出版社, 1985.

[13] 陈耀溪. 仓库害虫（修订本）[M]. 北京: 农业出版社, 1984.

[14] 罗益镇. 粮食仓储害虫防治 [M]. 济南: 济南出版社, 1992.

[15] 萧刚柔. 中国森林昆虫 [M]. 北京: 中国林业出版社, 1992.

[16] 陈小钰, 林树青, 李妙金. 家庭害虫与健康 [M]. 杭州: 浙江大学出版社, 1992.

[17] 刘家真. 文献保护学 [M]. 武汉: 武汉大学出版社, 1990.

[18] 蒋书楠. 城市昆虫学 [M]. 重庆: 重庆出版社. 1992.

[19] 郭郛. 昆虫的变态 [M]. 北京: 科学出版社, 1965.

2. 学位论文

[1] 林才宝. 木质文物虫蛀劣化注入式填补之探讨 [D]. 台湾: 台南艺术大学, 2019.

[2] 江亚杰. 我国常见鞘翅目储粮害虫系统发育研究 [D]. 郑州: 河南工业大学, 2017.

[3] 郭义强. 重庆渝北区馆藏木质文物的保护与修复 [D]. 重庆: 重庆师范大学, 2016.

[4] 黄能科. 竹绿虎天牛生物学特性及其竹制品熏蒸处理技术的研究 [D]. 长沙: 湖南农业大学, 2014.

[5] 王云果. 花斑皮蠹的生物学特性及防治技术研究 [D]. 咸阳: 西北农林科技大学, 2007.

[6] 陈俊宇. 木质典藏用材对于纸质文物保存性之影响 [D]. 台湾: 嘉义大学, 2005.

3. 论文集、会议录

[1] 刘蓝玉、杨正泽. 竹木材检疫重要蠹虫类（鞘翅目）害虫介绍 [R]. 台湾: 植物重要防疫检疫害虫诊断鉴定研习会（五）, 2005: 35-54.

[2] 毛志平, 曹盛葆. 浅谈基层文博单位文物藏品虫害及其防治 [C]. 中国文物保护技术协会第三次学术年会论文集. 北京: 紫禁城出版社, 2004: 239-243.

[3] 刘博, 魏国锋. 文物库房虫害的分布情况及解决方案 [C]. 新世纪辽宁省保管工作论文集. 长春: 吉林文史出版社, 2002: 2728-2731.

[4] 王铨明，鲍荣全，柴文莉. 自然博物馆藏昆虫及为害特征 [C]. 城市昆虫控制系统工程研究论文汇编. 重庆：重庆市昆虫学会，1991：69-70.
[5] 伍建芬. 广东竹材虫害调查报告 [A]. 华南农学院科研论文辑 [C]. 广州：华南农学院，1963：1-8.

4. 期刊与报纸

[1] 刘家真. 馆藏虫霉防治的比较 [J]. 图书馆杂志，2021（05）：4-10，35.
[2] 贺鹏，陈军，孔宏智，等. 生物样本：生物多样性研究与保护的重要支撑 [J]. 中国科学院院刊，2021（04）：425-435.
[3] 荆秀昆. 档案害虫的生活习性和为害特点 [J]. 中国档案，2020（02）：79.
[4] 谢燕. 博物馆库房中药材甲（Stegobium paniceum）的生物防治 [J]. 文物保护与考古科学，2020（03）：48.
[5] 荆秀昆. 黑毛皮蠹及其防治 [J]. 中国档案，2020（09）：67.
[6] 陈伟，刘宏玉，董丽君，等. 我国口岸截获蛛甲科昆虫疫情分析 [J]. 食品安全质量检测学报，2019（12）：3852-3856.
[7] 卫国. 西藏博物馆藏品虫害调研与防治 [J]. 文物保护与考古科学，2019（5）：91-98.
[8] 刘家真. 低氧气调技术在文化遗产保护领域的应用前景及问题 [J]. 国家图书馆学刊，2018（03）：87-91.
[9] 高凯. 馆藏标本害虫种类及其综合防治 [J]. 中国野生植物资源，2018（02）：65-69.
[10] 杨若苓. 藏品虫害风险管理工作坊纪要 [J].（台湾）故宫文物月刊，2018（419）：40-49.
[11] 何亮. 动植物标本在陈列环境中的虫害防治研究 [J]. 自然博物，2017（00）：116-123.
[12] 陆琴. 浅析我国自然标本制作与保管 [J]. 自然科学博物馆研究，2016（增刊2）：95-100.
[13] 洪芳，宋赫，安春菊. 昆虫变态发育类型与调控机制 [J]. 应用昆虫学报，2016（1）：1-8.
[14] 万永红，蔡开明，韦曙. 标本害虫——小圆皮蠹的生物学特征及其防治方法 [J]. 常州文博论丛，2016（00）：199-201.
[15] 吴彦，郭姗姗，韦建玉，等. 连翘挥发油对两种烟草仓储害虫的毒杀作用 [J]. 中国烟草科学，2016（3）：67-71.
[16] 刘家真. 纸质藏品防治虫霉技术的评价 [J]. 国家图书馆学刊，2015（06）：71-82.

[17] 叶杨,张波,张锐,等.馆藏剥制动物标本害虫防治法的研究进展[J].文物保护与考古科学,2015(03):97-107.

[18] 吕建华,钟建军,张会娜,等.高温处理对烟草甲各虫态的致死作用研究[J].农业灾害研究,2014(3):15-17,20.

[19] 王晖,董慧,杨地.标本害虫主要种类及其综合防控现状[J].安徽农业科学,2014(27):9373-9378,9480.

[20] 黄筱如,林韵丰.朱铭美术馆藏朱铭木雕作品研究与典藏维护现状探讨[J].雕塑研究,2012(7):137-167.

[21] 王春,周理坤,王玉茹.馆藏动物标本害虫的综合治理[J].中国文物科学研究,2011(03):15-17.

[22] 杨若苓."引虫入室"?——以博物馆及典藏环境为例[J].文化资产保存学刊,2010(13):79-88.

[23] 李生吉,魏勇,孙恩涛.毛衣鱼生态习性观察[J].医学动物防制,2010(12):1083-1084.

[24] 夏沧琪,黄俊翰.抢救虫虫危机!纸质文物害虫之物理防治:以灰衣鱼为例[J].台湾图书馆管理季刊,2010(3):21-43.

[25] 刘蓝玉."国内"博物馆须正视之虫害问题[J].博物馆学季刊,2010(3):79-95,97.

[26] 王秀芳,任广伟,周显升,等.低温对不同虫态烟草甲的影响[J].华北农学报,2010(增刊1):287-289.

[27] 李生吉,湛孝东,孙恩涛,等.高校图书馆衣鱼孳生种类和生态调查[J].环境与健康杂志,2009(3):244-245.

[28] 谢宇斌.浅析档案窃蠹的防治[J].图书馆论坛,2009(04):170-172.

[29] 吕建华,袁良月,董凡卓.高良姜根茎提取物对烟草甲的熏蒸作用[J].河南工业大学学报,2009(1):18-21.

[30] 林峰,徐金汉,黄可辉,等.福州地区竹材害虫种类初步调查[J].植物检疫,2008(01):52-53.

[31] 王云果,高智辉,卜书海,等.昆虫标本害虫种类调查[J].陕西林业科技,2008(02):116-119.

[32] 赵姝荣,高智辉,卜书海,等.花斑皮蠹在自然变温下的发育起点温度和有效积温测定[J].西北林学院学报,2008(05):130-132.

[33] 王云果,李孟楼,高智辉.花斑皮蠹发育起点温度和有效积温研究[J].西北农业学报,2008(4):208-210.

[34] 周培.干木白蚁的危害及防控对策[J].植物检疫,2007(增刊1):43-45.

[35] 王思忠,李庆,封传红,等.西藏飞蝗各发育阶段的耐寒性[J].昆虫知识,2007(6):896-897.

[36] 王云果，高智辉，赵姝荣. 温度处理防除花斑皮蠹越冬幼虫 [J]. 陕西林业科技，2007（1）：41-45.
[37] 刘蓝玉，杨正泽. 常见木材检疫鞘翅目昆虫 [J].（台湾）植物保护学会会刊，2007（49）：337-346.
[38] 李灿，金道超，柳琼友，等. 温度对药材甲（Stegobium paniceum L.）实验种群发育和繁殖参数的影响 [J]. 生态学报，2007（8）：3532-3535.
[39] 朱彬彬，李慧甫，李枝金. 湖北三峡地区首次发现袋衣蛾 [J]. 公共卫生与预防医学，2007（4）：56.
[40] 岩素芬. 图书蛀虫、防虫处理 [J].（台湾）佛教图书馆馆刊，2006（43）：40-49.
[41] 编辑组整理. 纸质图书保存维护实务问答录 [J].（台湾）佛教图书馆馆刊，2006（43）：93-99.
[42] 何军，马志卿，张兴. 植物源农药概述 [J]. 西北农林科技大学学报（自然科学版），2006（9）：79-85.
[43] 赵红，薛东，杨长举. 贮烟害虫的发生及综合防治技术 [J]. 湖北植保，2006（01）：13-16.
[44] 赖婉绮，张上镇，王升阳. 以天然药剂防治衣鱼的新策略 [J]. 台湾林业，2006（4）：15-19.
[45] 喻梅，谢令德，唐国文. 书虱综合防治技术研究进展 [J]. 武汉工业学院学报，2006（4）：18-22.
[46] 林阳武. 从进境南非货物的木质包装中检出褐粉蠹 [J]. 植物保护，2005（01）：93.
[47] 吴海涛. 青藏高原服饰类文物虫害菌害的化学防治 [J]. 青海师范大学学报（自然科学版），2005（03）：84-86.
[48] 姚建，刘虹，陈小琳. 使用冷冻方法防治昆虫标本虫害 [J]. 昆虫知识，2005（1）：96-97.
[49] 凤舞剑，戴优强，胡长效. 花斑皮蠹的生物学特性及防治技术 [J]. 安徽农业科学，2004（3）：472-473
[50] 尹兵，陈铺尧. 室内蛀木害虫的发生、危害和防治 [J]. 安徽农业大学学报，2004（02）：151-155.
[51] 李灿，李子忠. 我国档案图书害虫种类 [J]. 山西档案，2003（4）：25-26.
[52] 曾飞燕，叶华谷，陈海山. 植物标本馆防虫方法 [J]. 热带亚热带植物学报，2003（3）：271-274.
[53] 王春，于小玲. 博物馆藏品害虫的综合防治 [J]. 四川文物，2003（01）：91-93.
[54] 洪兆春. 浅论标本害虫防治技术 [J]. 生物学教学，2003（11）：48-49.
[55] 丁伟，赵志模. 高CO_2对嗜卷书虱的致死作用及其行为反应 [J]. 西南农业大学学报，2002（5）：398-402.
[56] 李前泰，宋永成. 几种植物挥发油杀虫效果的试验研究 [J]. 粮食储藏，2001（1）.

[57] 江幸福，罗礼智，李克斌，等．甜菜夜蛾抗寒与越冬能力研究 [J]．生态学报，2001（10）：1575-1582．

[58] 王文久，陈玉惠，付惠，等．云南省竹材蛀虫及其危害研究 [J]．西南林学院学报，2001（1）：34-39．

[59] 毛建萍．标本害虫小圆皮蠹的发生与防治 [J]．蚕桑茶叶通讯，2001（4）．

[60] 冯惠芬，荆秀昆，陶琴．全国档案害虫种类及分布调查 [J]．档案学通讯，2000（3）．

[61] 伍志山，陈家骅，张玉珍，等．温度对烟草甲生长发育的影响 [J]．华东昆虫学报，2000（2）：59-62．

[62] 李景仁．对我国图书害虫种类的探讨 [J]．贵图学刊，1991（3）．

[63] 张浩．馆藏图书害虫初步调查 [J]．锦州医学院学报，1999（5）．

[64] 王进军，赵志模．不同食物对嗜卷书虱发育和繁殖的影响 [J]．昆虫知识，1999（2）：95-97．

[65] 沈兆鹏．重要储粮甲虫的识别及防治——Ⅵ．谷蠹 竹蠹 药材甲 烟草甲 [J]．粮油仓储科技通讯，1999（1）：48-52．

[66] 赵秉中．档案害虫在各省区的种类和各虫种分布的省区 [J]．陕西档案，1998（2）：28-30．

[67] 李冰祥，陈永林，蔡惠罗．过冷却和昆虫的耐寒性 [J]．昆虫知识，1998（6）：361-364．

[68] 孟正泉，张乃光，陈元晓．中国图书档案害虫分类地位、名录和分布 [J]．图书馆论坛，1997（6）．

[69] 荆秀昆．毛衣鱼的识别与防治 [J]．中国档案，1997（07）：33-34．

[70] 冯惠芬，荆秀昆，陶琴．全国档案害虫种类与分布的调查研究 [J]．档案学研究，1996（3）．

[71] 李燕文，殷勤，唐进根．竹材主要害虫及其防治 [J]．江苏林业科技，1996（04）．

[72] 姜希强，张春和．对防止贮存黄芪蛀害的研究 [J]．中药材，1996（01）．

[73] 林日钊．袋衣蛾的习性及其防治 [J]．昆虫知识，1996（5）：289-290．

[74] 杨培昌．褐粉蠹的生物学特性及其防治 [J]．昆虫知识，1996（04）：221-222．

[75] 徐汉虹，赵善欢．五种精油对储粮害虫的忌避作用和杀卵作用研究 [J]．中国粮油学报，1995（1）．

[76] 张生芳，李业林．家具窃蠹的鉴定及生物学特性 [J]．植物检疫，1995（3）：154-156．

[77] 王进军，赵志模，郭依泉．嗜卷书虱抗气调品系的选育及其适合度研究 [J]．西南农业学报，1994（1）：70-74．

[78] 万继扬．动物标本害虫及其防治 [J]．四川文物，1994（增刊1）：56-57．

[79] 张文同，姚传文．小圆皮蠹的生物学特性及防治研究 [J]．安徽农业技术师范学

院学报，1994（03）：27-33.

[80] 熊兴占，熊洪治，孙康，等.档案窃蠹发育的起点温度和有效积温研究 [J].西南农业大学学报，1992（4）：299-302.

[81] 陈元生，解玉林.博物馆的虫害及其防治 [J].文物保护技术，2010：455-465.

[82] 熊洪治，冯惠芬，熊兴占，等.档案窃蠹发生规律研究 [J].档案学研究，1991（2）：73-78.

[83] 汪华明.文献害虫在我国的分布情况及其分布规律初探 [J].图书情报知识，1990（1）.

[84] 曲式曾，张付舜，孙宏义，等.几种松树木材和针叶精油成分及巴山松的分类问题 [J].西北林学院学报，1990（2）.

[85] 熊兴占，冯惠芬，熊洪治，等.档案窃蠹生物生态学研究 [J].西南农业大学学报，1990（5）：503-507.

[86] 邓望喜，杨志慧，杨长举.几种植物性物质防治储粮害虫的初步研究 [J].粮食储藏，1989（2）.

[87] 贡金年，李小鹰.档案窃蠹的危害与防治 [J].白蚁科技，1989（1）：26-27.

[88] 陆安邦，曹阳，白旭光.嗜卷书虱生活史及习性初步研究 [J].郑州粮食学院学报，1988（02）：44-47.

[89] 熊兴占.档案窃蠹的药剂防治 [J].四川植物保护，1987（1）：37-39.

[90] 张生芳，刘永平.对六种皮蠹科仓虫的探讨 [J].郑州粮食学院学报，1985（03）：66-70，9-10.

[91] 刘云.竹制品防霉防虫（一）[J].竹类研究，1985（1）：51-54.

[92] 詹仲才.中华粉蠹习性观察与防治试验 [J].森林病虫通讯，1983（03）：25-28.

[93] 詹仲才.家茸天牛的生物学特性 [J].昆虫知识，1984（01）.

[94] 曹志丹.我国仓贮皮蠹害虫简报 [J].粮食加工，1984（01）：13-21.

[95] 沈兆鹏.看图识虫——常见鞘翅目储粮昆虫的识别 六，谷蠹 烟草甲 药材甲 [J].粮食储藏，1984（1）：48-51.

[96] 刘冲.环氧乙烷致癌 [J].环境保护，1981（4）.

[97] 蒋书楠.我国天牛科害虫研究动态及展望 [J].陕西林业科技，1980（01）.

[98] 卢川川.档案窃蠹的初步观察 [J].昆虫知识，1980（2）：78-79.

[99] 李参，朱越林.一种为害建筑物的触角锯天牛 [J].昆虫知识，1975（01）.

[100] 陈承德，洪成器.竹长蠹虫（*Dinoderus minutus*，Fab.）之发生及其防治试验初步观察报告 [J].福建林学院学报，1961（00）：11-23.

[101] 台湾史前文化博物馆."公开的密室"文物典藏环境因子（三）虫虫危机篇 [N].史前馆电子报，2009（第159期），博物馆频道.

二、外文文献

1. 著作

[1] Sherry Guild, Maureen MacDonald. Technical Bulletin No. 26（Mould Prevention and Collection Recovery: Guidelines for Heritage Collections）[M]. Ottawa :Canadian Conservation Institute, 2020.

[2] Forensic Entomology: the Utility of Arthropods in Legal Investigations[M]. Florida: CRC Press, 2019.

[3] Arthur C G A H. Recent Advances in Stored Product Protection[M]. Switzerland:Springer Link, June 2018: 229-260.

[4] Christos G. Athanassiou, Frank H. Arthur. Museum Pests—Cultural Heritage Pests[M]. Berlin: Springer, 2018.

[5] Carole Dignard, Janet Mason. Caring for Leather, Skin and Fur[M]. Ottawa:Canadian Conservation Institute, 2018.

[6] P. J. Gullan. The Insects: an Outline of Entomology[M]. London: Chapman & Hall, 2014 :469.

[7] Johanna G. Wellheiser. Nonchemical Treatment Processes for Disinfestation of Insects and Fungi in Library Collections[M].Munich:DeGruyter, 2012.

[8] Hagstrum D W, Phillips T W, Cuperus G. Stored Product Protection[M]. Kansas State:Kansas State University, 2012 :179.

[9] Arnold Mallis, Stoy A.Hedges, et al. Handbook of Pest Control : the Behaviour, Life History, and Control of Household Pests[M]. 10 ed. USA: Mallis Handbook & Technical Training Company, 2011.

[10] Flannigan B, Samson R A, et al. Microorganisms in Home and Indoor Work Environments: Diversity, Health Impacts, Investigation and Control[M]. 2nd ed. London, UK, and New York, NY:Taylor & Francis, 2011.

[11] Tom Strang, Rika Kigawa. Technical Bulletin No. 29（Pests Cultural Heritage Conservation）[M]. Ottawa :Canadian Conservation Institute, 2009.

[12] John E. Dawson, J.K. Strang（revised）.Technical Bulletin No. 15（Solving Museum Insect Problems: Chemical Control）5[M]. Ottawa: Canadian Conservation Institute, 2000（Reprint）.

[13] Bennett G W, Owens J M, Corrigan R M.Truman's Scientific Guide to Pest Management Operations[M]. 7th ed. Cleveland, OH, USA: Advanstar Communications/Purdue University, 2010.

[14] Bridson D, Forman L. Herbarium Handbook [M]. 3rd. London, England:Royal

Botanic Gardens, Kew, 2010.

[15] Sturm H. Encyclopedia of Insects: Zygentoma[M]. 2nd ed. Elsevier:Academic Press, 2009.

[16] 川上裕司, 杉山真纪子. 博物館·美术馆の生物学：カビ·害虫対策のためのIPMの実践 [M]. 日本：雄山阁, 2009.

[17] Hagstrum D W. Fundamentals Stored Product Entomology[M]. U.S.A., Minnesota: AACC Internationa, 2006.

[18] J.Gerozisis, P.Hadlington.Urban Pest Management in Australia[M].UNSW Press:Sydney, 2004.

[19] Maekawa S., Elert K. The Use of Oxygen-Free Environments in the Control of Museum Insect Pests[M]. Los Angeles, CA, USA: The Getty Conservation Institute, 2003.

[20] Mullen G R, Durden L A.Medical and Veterinary Entomology[M]. Amsterdam：Academic Press,2002.

[21] Porck H J, Teygeler R. Preservation Science Survey[M]. NW:Council on Library and Information Resources, 2000.

[22] Pinniger D. Pest Management in Museums, Archives and Historic Houses[M]. London:Archetype Publications Ltd, 2001.

[23] K.H. Jürgen Buschow. Encyclopedia of Materials : Science and Technology[M]. Amsterdam:Elsevier, 2001.

[24] Marie-Thérèse Varlamoff. IFLA Principles for the Care and Handling of Library Material[M]. Paris & CLIR:IFLA PAC, 1999.

[25] Pinniger D B, Harmon D J. Pest Management, Prevention and Control[M]. Oxford:Butterwoth Heinemann, 1999: 152-176.

[26] Selwitz C, Maekawa S. Inert Gases in the Control of Museum Insect Pests[M]. the United States of America:The Getty Conservation Institute, 1998.

[27] Mason J L, Strait C A. Stored Product Integrated Pest Management with Extreme Temperatures. In Temperature Sensitivity in Insects and Application in Integrated Pest Management[M]. Boulder: Westview Press, 1998: 141-177.

[28] Strang T J K. Notes 2/3（Detecting Infestations: Facility Inspection Procedure and Checklist）[M]. Ottawa: Canadian Conservation Institute, 1996.

[29] Gwinner J, Harnisch R. Manual on the Prevention of Post-harvest Grain Losses [M]. Eschborn: Deutsche Gesellschaft für Technische Zusammenarbeit（GTZ）GmbH, 1996.

[30] Dawson J E. Technical Bulletin. No.15（Solving Museum Insect Problems: Chemical Control）[M]. Ottawa: Canadian Conservation Institute, 1992.

[31] Strang T J. Notes 3/3（Controlling Insect Pests with Low Temperature）[M]. Ottawa: Canadian Conservation Institute, 1991.

[32] M.Mecklenburg, C.Tumosa. Mechanical Behavior of Paintings Subjected to Changes in Temperature and Relative Humidity[M]. Washington D.C.:National Gallery of Art, 1991.

[33] Olkowski W, Daar S, Olkowski H. Common-sense Pest Control[M]. USA: The Taunton Press, 1991.

[34] Olkowski W, Daar S, Olkowski H. Common-Sense Pest Control[M]. Connecticut: Taunton Press, 1991.

[35] Gwinner J, Harnisch R, Mück O, et al. Manual on the Prevention of Post-harvest Grain Losses[M]. Eschborn: Deutsche Gesellschaft für Technische Zusammenarbeit, 1990.

[36] Banks H J, Annis P C. Comparative Advantages of High CO_2 and Low O_2 Types of Controlled Atmospheres for Grain Storage[M]. Boca Raton, Florida:CRC Press, 1990 :93-122.

[37] Klaus H. Hoffmann.Environmental Physiology and Biochemistry of Insects[M]. Berlin Heidelberg :Springer-Verlag, 1985.

[38] Gallo F.Biological Factors in Deterioration of Paper Paperback[M]. Rome, Italy：ICCROM, 1985.

[39] Lewin M, Sello S. Handbook of Fiber Science and Technology: Volume I, Chemical Processing of Fibers and Fabrics: Fundamentals and Preparation Part B [M]. New York: Dekker, 1984.

[40] Audrey D. Aitken. Insect Travellers Volume I. Coleoptera[M]. London: Tech Bull, 1975.

2. 学位论文

[1] Strang T J K. Studies in Pest Control for Cultural Property[D]. Swedish: University of Gothenburg. Faculty of Science, 2012.

3. 论文集、会议录

[1] Pascual-Villalobos M J, Volatile Activity of Plant Essential Oils against Stored-product Beetle Pests[M].// Credland P F, Armitage D M, Bell C H, et al,（Eds）: Advances in Stored Product Protection, Proceedings of the 8th International Working Conference on Stored-product Protection,Oxon, UK：CAB International, 2003: 648-650.

[2]　Cao Yang, Song Yi, Sun GuanYing. A Survey of Psocid Species Infesting Stored Grain in China and Resistance to Phosphine in Field Populations of *Liposcelis entomophila*[M].// Credland P F, Armitage D M, Bell C H, et al（Eds）：Advances in Stored Product Protection, Proceedings of the 8th International Working Conference on Stored-product Protection,Oxon,UK：CAB International,2003：662-667.

[3]　Ball M D, et al. Assessment of the Thermo-lignum Oven Pest Eradication Treatment on Natural and Synthetic Polymers and Resins[C]. //Windsor P, Pinniger D, Bacon L, et al（Eds.）.Integrated Pest Management for Collections : Proceedings of 2011: A Pest Odyssey, 10 Years Later, Swindon: English Heritage, 2011: 107-114.

[4]　D.A. Reirson, M.K. Rust, J.M. Kennedy, et al. Enhancing the Effectiveness of Modified Atmospheres to Control Insect Pests in Museums and Similar Sensitive Areas[M].// K B Wildey: Proceedings of the 2nd International Conference on Insect Pests in the Urban Environment, Gran Bretanya : Printed in Great Britain by BPCC Wheatons Ltd,1996: 319-327.

[5]　Child R E, Pinniger D B. Insect Trapping in Museums and Historic Houses[R]. IIC 15th International Conference on Preventative Conservation. Practice, Ottawa: Theory and Research, 1994.

4. 期刊

[1]　Yu-Hsiang Ho, Yun Hsiao, OrcID, etc.Ultramorphological Characteristics of *Falsogastrallus sauteri* Pic（Coleoptera: Ptinidae）and a New Species of Cephalonomia Westwood（Hymenoptera: Bethylidae）: A Book-Boring Beetle and Its Natural Enemy in Taiwan[J].Insects, 2020（4）:223.

[2]　Vaclav Stejskal, Tomas Vendl, Zhihong Li, etc.Minimal Thermal Requirements for Development and Activity of Stored Product and Food Industry Pests（Acari, Coleoptera, Lepidoptera, Psocoptera, Diptera and Blattodea）: A Review[J].Insects, 2019（5）:149.

[3]　Fatma Faheem, Abduraheem K.Management of Pests Risks in Museums: A Review[J]. International Journal of Advanced Research in Biological Sciences, 2019（9）:122-136.

[4]　Njoroge A, Mankin R, Smith B, etc.Oxygen Consumption and Acoustic Activity of Adult *Callosobruchus maculatus*（F.）（Coleoptera: Chrysomelidae: Bruchinae）During Hermetic Storage[J].Insects, 2018（9）:45.

[5]　Streel G D, Henin J, Bogaert P, et al. Modelling the Mortality of *Hylotrupes bajulus*（L.）Larvae Exposed to Anoxic Treatment for Disinfestation of Wooden Art Objects[J]. Wood Science and Technology, 2016（5）:432-457.

[6]   Yan Y, Scott B. Williams.Hypoxia Treatment of Callosobruchus maculatus Females and Its Effects on Reproductive Output and Development of Progeny Following Exposure[J].Insects, 2016（2）:26.

[7]   M.R.Goddard, Christopher Foster, Graham J.Holloway. *Ctenolepisma Longicaudata*（Zygentoma: Lepismatidae）New to Britain [J].British Journal of Entomology & Natural History, 2016（29）:33-35.

[8]   Bertone M A, Leong M, Bayless K M, et al. Arthropods of the Great Indoors: Characterizing Diversity inside Urban and Suburban Homes[J]. PeerJ, 2016（4）: 1582.

[9]   Tscherne F, et al. The Thermo Lignum Ecological Insect Pest Eradication Process: the Effects on Gilded and Painted Wooden Objects[J]. International Journal of Conservation Science 7, 2016（Special Issue 1）:295-300.

[10] Pascal Querner.Insect Pests and Integrated Pest Management in Museums, Libraries and Historic Buildings[J].Insects, 2015（2）:595-607.

[11] Vipavee Trivittayasil, Kohei Nashiro, Fumihiko Tanaka, etc.Inactivation Characteristics and Modeling of Mold Spores by UV-C Radiation Based on Irradiation Dose[J].Food Science and Technology Reserch, 2015（3）:365-370.

[12] Hagstrum D W. Modern Stored-Product Insect Pest Management[J]. Journal of Plant Protection Research, 2014（3）:205-210.

[13] Ingabire P J, Hategekimana A, Bhuvaneswari K, et al. Management of Pulse Beetle, *Callosobruchus maculatus*（F）Population by Nitrogen Based Modified Atmosphere[J]. J. Entomol. Zool. Stud, 2013（1）:48-52.

[14] Zhang Z Q. Phylum Arthropoda[J]. Zootaxa, 2013（1）: 17-26.

[15] Gervais C, Languille M A, Reguer S, et al. Why does Prussian Blue Fade? Understanding the Role（s）of the Substrate[J]. Journal of Analytical Atomic Spectrometry, 2013（10）:1600-1609.

[16] Boyer S, Zhang H, Lempérièr G. A Review of Control Methods and Resistance Mechanisms in Stored-product Insects[J]. Bulletin of Entomological Research, 2012（102）: 213-229.

[17] Berzolla A, Reguzzi M C, Chiappini, et al. Controlled Atmospheres against Insect Pest in Museums: A review and Some Considerations[J]. Applied Entomology, 2011（43）:197-204.

[18] Kigawa R, Strang T, et al. Investigation of Effects of Fumigants on Proteinaceous Components of Museum Objects（Muscle, Animal Glue and Silk）in Comparison with Other Non-chemical Pest Eradicating Measures[J]. Studies in Conservation, 2011（56）: 191- 215.

[19] Joonsuk Oh. Anoxia Techniques to Eradicate Insects for Conservation of Cultural Properties in Museums [J]. Journal of Conservation Science, 2011（2）: 231-241.

[20] Querner P, Biebl S. Using Parasitoid Wasps in Integrated Pest Management in Museums against Biscuit Beetle（*Stegobium paniceum*）and Webbing Clothes Moths （*Tineola bisselliella*）[J]. Entomological and Acarological Research, 2011（43）:169-175.

[21] Zaher S.Azzan, Kfir Sharabi, Julia Guetta, et al. The Physiological and Molecular Effects of Elevated CO_2 Levels[J]. Cell Cycle, 2010（8）:1528-1532.

[22] Abdelghany Y A, Awadalla S S, et al. The Effect of High and Low Temperatures on the Drugstore Beetle, *Stegobium Paniceum*（L.）（Coleoptera: Anobiidae）. [J]. Journal of Economic, 2010（103）:1909-1914.

[23] Opit G P, Throne J E.Effect of Diet on Population Growth of Psocids *Lepinotus reticulates* and *Liposcelis entomophila*[J].Econ Entomol, 2008（2）:616-622.

[24] Farahani R, Kanaan A, Gavrialov O, et al. Differential Effects of Chronic Intermittent and Chronic Constant Hypoxia on Postnatal Growth and Developmen[J]. Pediatric Pulmonology, 2008（43）:20-28.

[25] Klein D. Identifying Museum Insect Pest Damage[J]. Comerve 0 Gram, 2008（11）:1-7.

[26] Toshihiro IMAI, Haruyasu HARADA.Low-temperature as an Alternative to Fumigation to Disinfest Stored Tobacco of the Cigarette Beetle, Lasioderma Serricorne（F.）（Coleoptera: Anobiidae）[J].Zool,2006（1）:87-91.

[27] Bergh J E., Karl-Martin Jensen, etc.A Contribution to Standards for Freezing as a Pest Control Method for Museums[J].Collection Forum, 2006（1-2）:117-125.

[28] Mitcham E, Martin T, Zhou S. The Mode of Action of Insecticidal Controlled Atmospheres[J]. Bulletin of Entomological Research, 2006（96）:213-222.

[29] Gunn M, Ziaeepour H, Merizzi F, et al. Anoxia, Treatment by Oxygen Deprivation, Optimizing Treatment Time of Museum Objects[J]. Physics, 2006.

[30] Kostyukovsky M. Essential Oils: Potency against Stored Product Insects and Mode of Action[J]. Stewart Postharvest Review, 2006（4）:1-6.

[31] Yan Sufen.Book Borers and Pest Control Treatment[J].Journal of Buddhist Library, 2006（43）:40-49.

[32] Harrison J, Frazier M R, Henry J R, et al. Response of Terrestrial Insects to Hypoxia or Hyperoxia[J]. Respir Physiol Neurobiol, 2006（154）:4-17.

[33] Ramotnik C A. Handling and Care Of Dry Bird and Mammal Specimens[J]. Conserve 0 Gram, 2006（9）:1-5.

[34] Gunasekaran N, Rajendran S. Toxicity of Carbon Dioxide to Drugstore Beetle

Stegobium paniceum and Cigarette Beetle *Lasioderma serricorne*[J]. Journal of Stored Products Research, 2005（3）: 283-294.

[35] Hetz S K, Bradley T J. Insects Breathe Discontinuously to Avoid Oxygen Toxicity[J]. Nature.2005（433）: 516-519.

[36] Beiner G G, et al. Ogilvie. Thermal Methods of Pest Eradication: Their Effect on Museum Objects[J]. The Conservator, 2005（29）:5-18.

[37] Morin P, McMullen D C, Storey K B. HIF-1α Involvement in Low Temperature and Anoxia Survival by a Freeze Tolerant Insect[J]. Molecular and Cellular Biochemistry, 2005（1）: 99-106.

[38] Ackery P R., David Pinniger, Adrian Doyle, et al. Heat Treatment of Entomological Drawers Using the Thermo Lignum Heat Process[J]. Collections Forum,2005（1-2）: 15-22.

[39] Burke J, Maekawa S, Elert K. The Use of Oxygen-Free Environments in the Control of Museum Insect Pests[J]. Journal of the American Institute for Conservation, 2005（2）:187.

[40] Takahashi K, Yamamoto H, Hattori Y Y A M. Thermal Behaviour of Fowl Feather Keratin[J]. Bioscience, Biotechnology and Biochemistry, 2004（9）:1875-1881.

[41] Ackery P R, Testa J M, Ready P D, et al. Effects of High Temperature Pest Eradication on DNA in Entomological Collections [J]. Studies in Conservation, 2004（1）: 35-40.

[42] Kigawa R, Nochide H, Kimura H, et al. Effects of Various Fumigants, Thermal Methods and Carbon Dioxide Treatment on DNA Extraction and Amplification: A Case Study on Freeze-dried Mushroom and Freeze-dried Muscle Specimens[J]. Collection Forum, 2003（1-2）:74-89.

[43] Carrlee E. Does Low-Temperature Pest Management Cause Damage? Literature Review and Observatioanal Study of Ethnographic Artifacts [J]. JEIC, 2003（2）:141-166.

[44] Emekci M, Navarro S, Donahaye E, et al. Respiration of *Tribolium castaneum*（Herbst）at Reduced Oxygen Concentrations[J]. Journal of Stored Products Research, 2002（38）:413-425.

[45] Berzolla A, Reguzzi M C, Chiappini E. Controlled Atmospheres against Insect Pests in Museums:a Review and Some Considerations[J]. Journal of Entomological and Acarological Research, Ser. II, 2011（2）:197-204.

[46] Hoback W W, Stanley D W. Insects in Hypoxia.[J]. Journal of Insect Physiology, 2001（6）:533-542.

[47] Tewari G, Jayas D S, et al. Absorption Kinetics of Oxygen Scavengers[J].

International Journal of Food Science and Technology, 2002（2）:209-217.

[48] Ofuya T I, et al. Effect of Relative Humidity on the Susceptibility of *Callosobruchus maculatus*（Fabricius）（Coleoptera: Bruchidae）to Two Modified Atmospheres-Science Direct[J]. Journal of Stored Products Research, 2002（2）:139-146.

[49] Baskin B. Putting Sunlight to Work to Eliminate Insect Infestations in Mere Hours [J]. Western Association for Art Conservation, 2001（2）: 20-21.

[50] Chiappini E, Molinari P, Cravedi P, et al. Mortality of Tribolium Confusum J. du Val（Coleop-tera: Tenebrionidae）in Controlled Atmospheres at Different Oxygen Percentages[J]. Journal of Stored Products Research, 2009（45）: 10-13.

[51] 木川りか，三浦定俊，山野勝次. 文化財の生物被害対策の現状―臭化メチル燻蒸の代替対応策について [J]. 文化財保存修復学会誌，2000（44）: 52-69.

[52] Nittérus M.Fungi in Archives and Libraries, a Literary Survey[J].Restaurator, 2000, 21: 25-40.

[53] Burke J. Anoxrc Microenvrronments: A Treatment for Pest Control [J]. Conserve 0 Gram 3/9, 1999（9）:1-4.

[54] Kawamoto H R, Sinha R N, Muir W E. Effect of Temperature on Adult Survival and Potential Fecundity of the Rusty Grain Beetle, Cryptolestes Ferrugineus.[J]. Ann. Ent. Zool, 1999（24）:418-423.

[55] Jia Q X,Chen L ,Zuo Z Y. Comparison of Cold Tolerance among Differentartemia Strains[J].Acta Zoologica Sinica,1999（1）:32-39.

[56] Edwards K D. Effects of Acclimatization and Sex on Respiration and Thermal Resistance in Tribolium（Coleoptera: Tenebrionidae）[J]. Canadian Journal of Zoology, 1998（36）: 363-382.

[57] Service N P. Monitoring Insect Pests with Sticky Traps [J]. Conserve 0 Gram, 1998（7）:1-3.

[58] Stephen L.Williams, Sarah R. Beyer, Samina Khan. Effect of "Freezing" Treatments on the Hydrothermal Stability of Collagen[J]. Journal of the American Institute for Conservation, 1995（34）:107-112.

[59] Robert J. Koestler.Anoxic Treatment for Insect Control in Panel Painting Frames with Argon gas[J].Chemistry, 1996（3）:150-158.

[60] Rust K M, Daniel V, et al. The Feasibility of Using Modified Atmospheres to Control Insect Pests in Museums[J]. Restaurator（Denmark）, 1996（17）:43-60.

[61] Michalski S. Freezing of Wood and Parchment[J]. Paper Conservation News, 1996（80）:11-12.

[62] Strang T J K. The Effect of Thermal Methods of Pest Control on Museum Collections[J]. Biodeterioration of Cultural Property, 1996（3）:334-353.

[63] Raphael T. An Insect Pest Control Procedure: the Freezing Process[J]. Conserve 0 Gram, 1994（6）:1-4.

[64] National Park Service. Ethylene Oxide Health And Safety Update[J]. Conserve 0 Gram, 1993（2）:1-3.

[65] Koestler R J, et al. Visual Effects of Selected Biocides on Easel Painting Materials[J]. Studies in Conservation, 1993（38）:265-273.

[66] Valentin N . Comparative Analysis of Insect Control by Nitrogen, Argon and Carbon Dioxide in Museum, Archive and Herbarium Collections[J]. International Biodeterioration & Biodegradation, 1993（4）:263-278.

[67] Valentin N, Alguero M, Martin de Hijas C. Evaluation of Disinfection Techniques for the Conservation of Polychrome Sculpture in Iberian Museums[J]. Studies in Conservation, 1992（sup1）: 165-167.

[68] Fields G P. The Control of Stored-product Insects and Mites with Extreme Temperatures[J]. Stored Prod. Res, 1992（28）:89-118.

[69] Langford Lane.The Control of Stored Product Insects and Mites with Extreme Temperatures[J].Stored Product Research,1992（3）:89-188.

[70] Strang T J K. A Review of Published Temperatures for the Control of Pest Insects in Museums[J]. Collection Forum, 1992（2）:41-67.

[71] Gilberg M. The Effects of Low Oxygen Atmospheres on Museum Pests[J]. Stud. Conserv. 1991（36）:93-98.

[72] Coulson S J, Bale J S. Anoxia Induces Rapid Cold-hardening in the Housefly Musca Domestica（Diptera：Muscidae）[J].Journal of Insect Physiology,1991（7）:497-501.

[73] Williams L S. Investigation of the Causes of Structural Damage to Teeth in Natural History Collections[J]. Collection Forum, 1991（1）:13–25.

[74] Johnson J A, Wofford P L. Effects of Age on Response of Eggs of Indianmeal Moth and Navel Orangeworm（Lepidoptera: Pyralidae）to Sub-freezing Temperatures[J]. Econ. Entomol, 1991（84）:202-205.

[75] Florian L M. Freezing for Museum Pest Eradication[J]. Collection Forum, 1900（1）:1-7.

[76] Florian M L. The Freezing Process — Effects on Insects and Artifact Materials[J]. Leather Conservation News, 1986（3）: 1-13, 17.

[77] Gilberg M. Inert Atmosphere Fumigation of Museum Objects[J]. Stud. Conserv, 1989（34）: 80-84.

[78] LEE R E. Insect Cold hardiness: to Freeze or Not to Freeze[J].Bioscience,1989（2）:308-313.

[79] Soderstrom L E, Mackey B E, et al. Interactive Effects of Low-oxygen Atmospheres, Relative Humidity, and Temperature on Mortality of Two Stored-product Moths (Lepidoptera: Phyralidae)[J]. Journal of Economic Entomology, 1986(5):1303-1306.

[80] Nesheim K. The Yale Non-toxic Method of Eradicating Book Eating Insects by Deep-freezing[J]. Restaurator, 1984(6):147-164.

[81] Childs D P, Overby J E. Mortality of the Cigarette Beetle in High Carbon Dioxide Atmospheres[J]. Journal of Economic Entomology, 1983(3): 544-546.

[82] Jacob T A, Fleming D A. The Effect of Temporary Exposure to Low Temperature on the Viability of Eggs of *Oryzaephilus surinamensis*(L.)(Col.,Silvanidae)[J]. Ent. Month. Mag, 1986(122):117-120.

[83] D. C. Harcourt, J. M. Yee. Polynomial Algorithm for Predicting the Duration of Insect Life Stages[J].Environmental Entomology, 1982(3):11.

[84] Arney S J, Jacobs A J, et al. Influence of Oxygen on the Fading of Organic Colourants[J]. American Institute for Conservation, 1979(18):108-117.

[85] David H H, Mills R B, White G D. White. Effects of Low Temperature Acclimation on Developmental Stages of Stored-product Insects[J]. Environ. Entomol, 1977(6): 181-184.

[86] Daumal J, Jourdheuil P, Tomassone R. Variabilite des Effets Letaux Des Basses Temperatures en Fonction du Stade de Developpement Embryonnaire Chex la Pyrale de la Farine(Anagasta kuhniella Zell., Lepid., Pyralidae)[J]. Ann.Zool.-Ecol. Anim, 1974(6): 229-243.

[87] Jensen K F. Oxygen and Carbon Dioxide Affect The Growth of Wood-Decaying Fungi[J]. Forest Science, 1967(4): 304-389.

[88] Edward G. Jay, Richard T. Arbogast, Gordon C. Pearman Jr. Relative Humidity: Its Importance in the Control of Stored-product Insects with Modified Atmospheric Gas Concentrations[J]. Journal of Stored Products Research, 1971(6): 325.

[89] Cline L D. Indian-meal Moth Egg Hatch and Subsequent Larval Survival after Short Exposures to Low Temperature[J]. Econ. Entomol, 1970(63): 1081-1083.

[90] J. Heeg. Studies on Thysanura. II. Orientation Reactions of Machiloides Delanyi Wygodzinsky and Ctenolepisma Longicaudata Escherich to Temperature, Light and Atmospheric Humidity[J].Zoologica Africana, 1967(1): 43-57.

[91] D. D. Miller, N. S. Golding. The Gas Requirements of Molds. V. The Mimum Oxygen Reqirements for Normal Growth and for Germination of Six Mold Cultures[J].Journal of Dairy Science, 1940: 101-109.

[92] Lindsay Eder. The Biology of the Silverfish, Ctenolepisma Longicaudata Esch. with Particular Reference to Its Feeding Habits[J].Proceedings of the Royal Society of Victoria. New Series., 1940(40): 35-83.

索引

1. 高危藏品 / 易感材质

28，29，35，36，37，38，39，40，41，42，46，47，53，55，58，64，72，94，97，98，111，112，115，123，128，134，143，149，157-158，166，176，177，184，194，200，202，204，205，209，210，213，219，220，224-225，229，230，231，386，449，450，451，468，472

2. 虫霉的发现与检查

（1）虫害迹象　6，7，45，46，47，48，49-50，51，54，56，65-69，77，81，85，87，90，91，92，93，97，99，100，101，107，109，111，112-114，120，124，128-129，135-136，144-145，150-151，158-160，166-168，185-188，195，202，206-207，208，209，214-215，220，226，227，232-233，261，262-264，268，389

（2）霉菌发生迹象　389-390

（3）虫害检查　87，90-94，101，103，132，135，140，150，178，189，190-191，195，207，211，236，242，243，245，250，261-264，266，332，389

（4）霉变检查　389-391，402，407，409-410，417，424，425，427

3. 发霉 / 生虫物品的处理

（1）被虫侵扰物品的处置　54-55

（2）发霉物品的处置　44，384，388，402，408，410-414，414-417，420

4. 隔离

12，28，43，50，54，56，57，66，74，81，87，103，104，121，122，126，140，141，147，153，163，207，211，212，218，228，239，

242，243，264，265-269，299，331，332，333，343，344，395，400，402，407，409，410-411，413

5. 防虫与监测昆虫设备

（1）捕鼠器　2
（2）虫害的预防　53-55，56，73，81，84，87，102-104，121-122，126，131-132，146-147，153，154，163，177-179，181-182，190-192，196-197，203-204，211-212，217-218，222-223，228，235-236，239，241-245，261-264，267，310，394-396
（3）昆虫诱捕器　2，87，126，246，255-258，261，265
（4）昆虫诱捕器的作用　147，245-246，247
（5）昆虫诱捕器的放置　87，103，104，248，257
（6）昆虫诱捕器的管理　248-249，255-261
（7）信息素陷阱　80，101，103-104，126，140，153，218，246，248，249-253，255
（8）皮蠹科幼虫监视器　253-255
（9）光诱捕器　151，246，255
（10）黏性陷阱/失误陷阱　33，101，126，132，140，178，179，191，197，201，212，246，247-248，249，255，256-257，258，266，389，395
（11）光阱　246，252-253，300
（12）卫生清洁　33，38，42，51，53，56，73，122，131，140，147，153，163，178，183，191，197，203，218，244，258，264，266，380，395，396，401，402，405，408，409，415，417
（13）真空吸尘器　55，103，122，126，127，131，140，147，153，178，192，197，218，244，266，269，397，400，416，418，420，422，423，424，425，426，427，428
（14）驱虫剂　53，80，82，84，87，102，126，131，140-141，163，243，280，282，292，296-299
（15）植物源杀虫剂　281-283，284，295，296-297
（16）化学驱虫法/化学驱虫剂　79，81，126，274，297-299

6. 霉菌的预防

375，394-398，399-408

7. 虫霉处理过程中的藏品损坏风险

（1）灭虫风险　79-80，87-88，277，288，290，291，293，294，295，300-301，305-308，311-317，318-321，323，340，348，352

（2）除霉风险 417-418，420，421-422

8. 灭虫方法

（1）放射性辐射灭虫 299，300-301，397

（2）微波灭虫 79，105，228，274，299，301

（3）生物防治法 308-309

（4）温控灭虫 302-308，397

（5）太阳能灭虫 303，304

（6）胃毒法 181，192，279，281，282，283-284

（7）触杀法 181，192，279，281，282，283-286，287，288

（8）喷洒 75，80，105，122，182，192，197，236，277，280，281，283，285，286-289，343，397，408

（9）刷涂 75

（10）杀虫气雾剂 147，285，288-289

（11）熏蒸法 74，75，81，82，87，138，141，154，182，198，212，219，223，228，236，273，274，276，280，281，282，283，284，289-295，306，310，352，370，372，380，398，408

（12）受控冷冻灭虫法 12，19-21，53，54，74，80，81，87，88，122，141，163，178，180，198，211，212，218，236，242，267，271，272，302，305，306，307，308，309-337，383，396

（13）二氧化碳气调法 127，156，181，228，299，337-340，370-371，458，459，460，461，462，465，466

（14）低氧气调灭虫 8，12，53，54，58，74，76，81，87，88，104，105，122，132，140，147，148，156，163，178，182，198，204，212，218，222，223，228，229，236，242，267，273，274，275，302，316，336，337，338，340-372，396

降氧模式：342-354

吸氧剂：58，344，345，346，347，355

置换气体选择：342，349-353，366

低氧气调与霉菌：379-380，393，396，397

（15）杀虫剂 75，122，181，182，192，222，236，272，273，276，277，278

（16）无机杀虫剂 279-280

（17）有机杀虫剂 280-283

（18）植物源杀虫剂 281-283

（19）溴氰菊酯 75，181，278，281，286

（20）拟除虫菊酯类杀虫剂　121，122，192，278，280，281，282，287

（21）除虫菊酯　181，279，281，282，286

（22）杀虫粉剂　105，121，178，181，197，276，279，280，281，283，284，285-286

（23）化学熏蒸剂　75，87，138，198，212，219，236，273，276，280，282，289，290，291，292，293，294，295，306，380

（24）环氧乙烷　75，87，272，278，289，290，292，293-294，380，397，398，408

（25）溴甲烷　154，212，290，291-292，293

（26）磷化铝　87，163，290，292-293

（27）硫酰氟　75，105，212，219，223，236，290，292，294-295，370

（28）植物熏蒸剂　295

（29）植物源杀虫剂　281-283，284

9. 灭虫参数

（1）温控灭虫　18，222

（2）高温灭虫　74，105，122，132，141，148，155，177，180，210，211，212，218，228，236，303，305，307

（3）太阳能灭虫　304

（4）低温冷冻灭虫　74，105，127，132，141，155，180，198，212，236，305，310，319，320-321，322-323，325，326，327-328，335，337

（5）低氧气调灭虫　81，127，132，156，181，199，218，228-229，339，342，346，347，351，358-369，370，371，484-488

10. 除霉

（1）霉菌的特点　339，342，348，349，337，375-385，392-394

（2）发霉后的抢救　408-410

（3）活性霉菌　390，413，417

（4）霉菌失活与灭活　375，390，409，410，411，412-414，416，417，421，423，427-428

（5）除霉位置与工具选择　418-423

（6）除霉方法　424-428，397

11. 有害生物

（1）啮齿动物　2，5，35，37，87，115，126，147，242，243，244，247，258，293

（2）钻蛀性昆虫　9，14，44-47，92，144，202，204，205，219，223，285，289，290，297，343，363

（3）咬碎性昆虫　9，47-49

（4）侵蚀性昆虫　9，49-50

（5）指示性昆虫　33-34，42-43

（6）喜湿昆虫　32-34

（7）卫生昆虫　29，30，33-34，183

（8）仓储昆虫　17，18，19，26，28，34-36，39，110，142，149，223，249，252，253，280，282，293，294，295，309，318，319，324，327，338，340，365

（9）高风险昆虫　29-31，35，128，165，183，200

（10）中风险昆虫　29，30，32

（11）低风险昆虫　30，32

（12）竹木蠹虫　60-62，63

（13）衣蛾　2，13，28，29，37，52，53，55，56，61，86，90，91，93，95-105，113，122，241，251，253，279，285，286，289，303，304，468，472，479

（14）袋衣蛾　28，31，41，49，52，56，77，78，86，96，101，102，105，108-110，249，435，443，461，462，463，470，472，476，482，485

（15）幕衣蛾　6，20，28，31，48，49，52，83，87，96，101，106-108，149，308，309，319，366，435，458，459，461，462，464，470，476，481，486

（16）火腿皮蠹　7，30，37，41，52，83，87，111，115，116，254，365，432，445，458，459，461，462，464，466，476，485，486

（17）钩纹皮蠹　30，41，87，115，446，458，459

（18）白腹皮蠹　7，30，31，40，41，49，52，56，78，79，82，86，87，116，249，432，440，445，458，459，461，462，470，476

（19）二星毛皮蠹　117，475，482

（20）斯氏毛皮蠹　31，49，117，249，475，482

（21）丽黄圆皮蠹　41，52，83，117，120，130，249，359，365，447，472，475，485，486

（22）标本圆皮蠹　31，77，83，117，118，475

（23）地毯圆皮蠹　40，41，52，83，117，118，472

（24）小圆皮蠹　31，37，41，48，49，52，56，82，83，86，111，117，120，123，124，125，126，127，128，130，244，249，253，365，432，440，444，458，461，462，463，465，472，475，482，485，486

（25）黑毛皮蠹　9，13，30，40，52，78，82，86，111，116，120，127，128，

129，130，131，132，140，282，432，440，445

（26）花斑皮蠹　13，31，37，41，49，52，79，82，83，86，87，111，112，118，132-141，249，282，432，440，444，458，459，461

（27）谷斑皮蠹　13，119，249

（28）饰斑皮蠹　41，119

（29）肾斑皮蠹　41，49，119，365

（30）药材甲　11，16，20，22，30，31，35，37，42，50，51，54，77，79，82，83，86，94，141-148，149，150，156，249，297，303，308，319，360，364，365，366，431，439，452，458，460，461，463，468，469，476，479，483，485，486

（31）烟草甲　9，11，15，30，31，35，37，42，47，50，54，77，78，79，80，82，83，86，94，141，142，143，148-156，181，201，202，249，250，253，282，294，297，303，319，320，323，335，359，360，361，362，364，365，366，367，369，431，439，452，458，460，462，463，465，468，469，473，476，479，483，485，486，488

（32）档案窃蠹　15，21，22，30，31，46，141，156-163，282，431，439，452，479

（33）粉蠹虫　7，27，31，37，42，46，47，59，60，61，62，63，64，68，69，70，72，79，92，204-212，213，214，215，216，217，219，294，303，326，327，339，361，364，365，371，434，435，440，449，451，453，454，455，459，460，462，464，466，468，469，473，475，479，485，486，488

（34）家具窃蠹　21，22，30，31，33，37，47，50，51，64，71，94，212-219，250，360，364，366，369，432，455，459，462，464，466，469，475，481，485

（35）竹长蠹　60，61，62，64，86，219-223，434，451

（36）天牛　13，27，31，46，47，59，60，61，63，64，67，68，69，70，73，75，90，92，93，223-229，246，294，303，326，327，339，360，361，362，364，366，369，370，371，433，434，441，450，453，454，456，468，469，475，485，487

（37）蛛甲　7，11，13，15，19，27，31，33，36，39，42，47，51，71，77，78，79，83，86，199-204，247，319，

432，433，440，453，454，460，461，463，465，468，476

（38）衣鱼　6，8，10，11，14，15，21，25，26，29，31，33，37，42，50，51，52，83，86，90，92，164-182，188，247，259，279，285，365，366，435，442，460，463，464，465，468，470，473，477，478，483

（39）普通衣鱼　164，170，171，172，173，175，176，179

（40）灰衣鱼　31，164，169，170，171，172-175，179，180

（41）家衣鱼　31，164，170，171，175-176，180，365，366，435，460，473，485，487

（42）毛衣鱼　83，86，164，165，170，171，176-177，179，180，366，435，442，487

（43）蜚蠊/蟑螂　2，9，12，13，18，25，26，27，29，30，33，42，50，51，52，56，61，77，78，90，92，93，149，176，182-192，247，250，251，279，280，285，286，289，436，442，460，468，476，479，487

（44）书虱　14，21，31，32，33，37，42，43，50，51，77，83，192-199，247，285，286，297，389，435，442，458，463，468，469，471，473，477，483，487

（45）白蚁　12，25，26，27，29，31，37，42，46，51，59，60，61，63，64，69，77，90，93，119，164，182，204，219，223，229-236，280，294，363，365，366，436，442，449，450，456，462，468，471，473，475，479，485，487